Deutschbuch

Sprach- und Lesebuch

9

Neue Grundausgabe

Herausgegeben von
Bernd Schurf
und Andrea Wagener

Erarbeitet von
Christoph Berghaus, Günther Biermann,
Friedrich Dick, Ute Fenske,
Josi Ferrante-Heidl, Andrea Gefeke,
Marlene Koppers, Anna Löwen,
Ruth Malaka, Sabine Matthäus,
Andrea Mevissen, Toka-Lena Rusnok,
Bernd Schurf, Volker Semmler,
Andrea Wagener und Carolin Wemhoff

Cornelsen

4

5

6

10

11

12

Orientierungswissen 249

Dein *Deutschbuch* auf einen Blick

Vier Lernbereiche

... sind miteinander verbunden:

- SPRECHEN · ZUHÖREN · SCHREIBEN
- LESEN · UMGANG MIT TEXTEN UND MEDIEN
- NACHDENKEN ÜBER SPRACHE
- ARBEITSTECHNIKEN UND METHODEN

Dreischritt

Jedes Kapitel besteht aus drei Teilen, z. B.:

3 Model oder Speditionskaufmann? – Den richtigen Beruf finden

Hauptlernbereich:

3.1 Mein Wunschberuf – Informieren und ...

Ein zweiter Lernbereich kommt hinzu:

3.2 Gaukler wäre schön – Literatur zur Arbeitswelt

Üben und Vertiefen des bisher Gelernten:

3.3 Es wird ernst– Praktikum, Bewerbung, ...

Besonders Wissenswertes

... fällt sofort ins Auge:

Ein Thema schriftlich erörtern kann man auf dreifache Weise:
- **Steigernd** oder **linear**
  Hier wird nur **ein** Standpunkt – entweder pro oder kontra – zu einem Thema vertreten, mit immer über-

Einleitung
Hauptteil

ARBEITSTECHNIK PORTFOLIO

Das Portfolio (zu ital. *portafoglio* „Blättermappe") ist eine Mappe mit Materialien zu einem Thema wie z. B. „Berufe".
Dazu kommen Bewertungen dieser Materialien und Hinweise

TIPP
- Übt euren Vortrag in einer „Generalprobe" vor ausgewähltem Publikum.
- Beachtet dabei die Hauptpunkte aus der H-S-V-Checkliste auf Seite 48.
- Stoppt eure Vortragszeit.

Wörterlisten

WÖRTERLISTE ▷ S. 282

Agentur	bilingual	parallel	absolvieren	referieren
Praktikum	dual	präsentieren	attraktiv	recherchieren
Portfolio	Folie			

Aufgaben Piktogramme

- **1** Aufgabe
- **5** Zusatzaufgabe
- Partnerarbeit
- Gruppenarbeit
- Rollenspiel
- Arbeiten mit dem Computer
- fächerverbindende Aufgabe
- Arbeitstechniken

1 In der Fremde heimisch werden – Informationen verarbeiten

1.1 Zwischen Heimweh und Integration – Über Hintergründe berichten

1 *Beschreibt die Abbildungen, Personen und Situationen.*

2 *Überlegt, in welchen Zusammenhang die Bilder wohl gehören.*

3 *Wie passen Kapitelüberschrift – „In der Fremde heimisch werden" – und Fotos zusammen?*

4 *Sammelt Ideen zu den Themen:*

5 *Was ist nötig, damit aus der „Fremde" eine „Heimat" wird?*

Fremd bin ich ausgezogen ... – Berichten und schildern

Günter Matthäus

Im Frühjahr 1946 mussten wir unser schlesisches Heimatdorf verlassen. Ich war 9 Jahre alt. Eine Woche lang fuhren wir mit fremden Familien in einem Güterwagen quer durch Deutschland. Als wir in einer westdeutschen Gemeinde bei Köln unsere Zweizimmerwohnung bezogen, vermisste ich sofort mein kleines Zimmer und den Garten vor dem Fenster.

An die ersten Schultage erinnere ich mich genau: Durch meine Sprache, die nicht die rheinländische Färbung der neuen Klassenkameraden hatte, aber auch durch meine Kleidung aus umgearbeiteten Militäruniformen fiel ich sogleich auf und musste manchen Spott über mich ergehen lassen.

Dem Rat meiner Mutter folgend, habe ich mir Mühe gegeben, mich an die neue Umgebung anzupassen. Aber erst Jahre später, als wir in ein anderes Dorf gezogen waren, fühlte ich mich allmählich heimisch.

Die Zeit heilt Wunden!

Necla und ihre Geschwister

Als ich im Mai 1966 das Schuljahr beendet hatte, [...] wurde meine inzwischen 16-jährige Schwester beauftragt, mit uns, ihren beiden acht- und neunjährigen Geschwistern, die Reise [von Istanbul] nach Deutschland anzutreten. [...]

Mit einem kleinen Koffer in der Hand und einem riesigen Fresskorb wurden wir von unseren Verwandten zum Bahnhof gebracht. [...]

Wir durchquerten Bulgarien, Jugoslawien, und bereits vor der Grenze zu Österreich fing die Welt an, grün zu werden. So viele grüne Wiesen, so grüne Wälder hatten wir noch nie gesehen. [...]

Meine Schwester hatte die Adresse meines Vaters in der Hand, ansonsten wusste sie nur, dass wir zweimal umzusteigen hatten. [...]

In München mussten wir aussteigen und standen dort wie bestellt und nicht abgeholt auf dem Bahnsteig. Irgendwann erbarmte sich ein Bahnwärter und setzte uns nach Begutachtung unserer Fahrkarten in den Zug nach Hannover. [...] Dort gelang uns das Umsteigen wieder mit Hilfe eines Schaffners. Er erklärte mit Händen und Füßen, wo wir dann als Nächstes aussteigen müssten. Da würde unser Vater auf uns warten. Der hatte mittlerweile einen ganzen Tag auf dem Bahnhof zugebracht, nicht wissend, mit welchem Zug wir ankommen würden. [...]

Endlich waren wir da. Meine Schwester stieg aus, um unseren Vater zu suchen. Wir beiden Jüngeren waren noch dabei, unsere Koffer und Taschen zur Tür zu bugsieren, als der Schaffner schon wieder pfiff und der Zug sich bereits in Bewegung setzte. Meine Schwester mit einem Koffer auf dem Bahnsteig, wir mit dem Rest im Zug. Wir begannen zu schreien, zu weinen, meine Schwester konnte gerade noch wieder einsteigen, bevor der Zug losfuhr.

Jetzt war selbst meine Schwester verzweifelt. Der Schaffner blieb bei uns und telefonierte über das Zugtelefon. Als mein Vater wieder zum Bahnhof gekommen und wir immer noch nicht da waren, war er zur Polizei gegangen. Die fahndete auf allen umliegenden Bahnhöfen nach drei türkischen Kindern. Inzwischen waren wir im nächsten Ort ausgestiegen und wurden von der Bahnhofsmission mit Tee und Keksen versorgt. Meine Schwester flüsterte: „Jetzt kann uns nur noch unser Schicksal helfen." Sie hielt uns fest an der Hand, starrte an die Decke und versuchte, ganz ruhig zu bleiben, um uns nicht in Panik zu versetzen, was uns eher noch mehr ängstigte. Wir Kleinen weinten leise, damit sie es nicht mitbekam. Wir müssen dort fast die ganze Nacht gesessen haben. Irgendwann gegen Morgen ging die Tür auf, und Vater stand mit zwei Polizeibeamten vor uns. Wir fielen ihm in die Arme.

Am nächsten Morgen ging er aus dem Haus, und meine Schwester begann zu weinen. Sie konnte gar nicht mehr aufhören damit. Mein kleiner Bruder und ich versuchten vergeblich, sie zu trösten und aufzumuntern. Als alles nichts nützte, nahmen wir sie an die Hand, und wir verließen das Haus, um die Gegend zu erkunden. […]

Geboren wurde ich in Russland in der Region Altaj, vor 16 Jahren. Seit vier Jahren lebe ich in Espelkamp in Nordrhein-Westfalen. Die Eingewöhnungsphase war schwierig, doch dann fand ich Freunde unter den anderen Einwanderern. Wir besuchten hier am Steilhof die Bischof-Hermann-Kunst-Schule, eine Sprachschule extra für Einwanderer. Hier lernte ich fließend Deutsch. Das war wichtig, um mich nicht mehr fremd, sondern „daheim" zu fühlen.

1 *Drei ganz verschiedene Menschen:*
Günter Matthäus – Necla Kelek – André
- *a) Berichtet davon, was sie erlebt haben.*
- *b) Erklärt, ob sie sich „fremd" oder „heimisch", „daheim" fühlten und fühlen. Nennt Gründe und Beispiele für ihre Empfindungen.*

2 *Untersucht die drei Texte sprachlich:*
Welcher ist eher ▷ berichtend, welcher eher ▷ schildernd? ▷ S. 254, 257

3 *Auch ihr habt euch bestimmt schon einmal fremd und verloren gefühlt.*
- *a) Schildert das möglichst anschaulich.*
- *b) Berichtet davon, wie ihr das Gefühl der Fremdheit schließlich überwunden habt.*

4 *Schlagt in einem Wörterbuch unter „fremd" und „Heimat" nach.*
- *a) Welche Wörter findet ihr da?*
- *b) Versucht „fremd" und „Heimat" zu erklären:*
  „Fremd" bedeutet für mich …
  Bei „Heimat" denke ich …

Migration und Integration in Texten und Tabellen

„Fremd" oder „heimisch" kann man sich für kürzere oder längere Zeit überall fühlen: in der Familie, in der Clique, der Klasse, der Stadt, ja sogar in einem ganzen Land.
Das zeigen die folgenden Materialien.

Matthias: *Katharina, du bist jetzt seit drei Wochen an unserer Schule. Woher stammst du eigentlich?*

Katharina: Ich stamme aus Kasachstan.

Matthias: *Seit wann lebst du in Deutschland?*

Katharina: Etwas länger als ein Jahr. Gemeinsam mit zwanzig anderen Migranten wohnte ich zunächst in einem Übergangsheim. Später ist meine Familie dann in eine Stadtwohnung gezogen.

Matthias: *Was genau ist denn unter dem Begriff „Migrant" zu verstehen?*

Katharina: Das Wort kommt aus dem Lateinischen. Es bedeutet übersetzt so viel wie „Wanderer", „Aus-" und „Einwanderer", denn wir sind ja aus unseren ursprünglichen Heimatländern aus- und dann nach Deutschland eingewandert. Migranten werden hier in Deutschland übrigens in verschiedene Gruppen eingeteilt. Da sind zum einen die „Gastarbeiter", zum anderen die Asylbewerber, und dann gibt es noch die Aussiedler. Bei uns, den so genannten „Spätaussiedlern", handelt es sich um Personen, die ursprünglich deutscher Herkunft sind und zum Beispiel in der Sowjetunion und in den anderen Ostblockstaaten lebten. Sie erhalten nach einem speziellen Aufnahmeverfahren die deutsche Staatsangehörigkeit sofort.

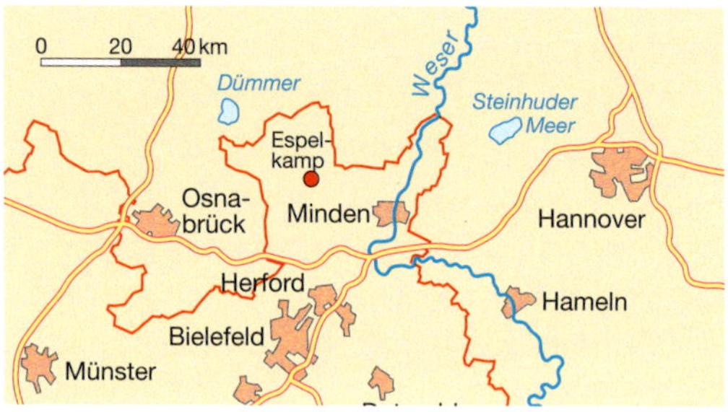

Matthias: *Du bist ja sehr gut informiert. Ist dir die Eingewöhnung nach dem Umzug sehr schwergefallen?*

Katharina: Zuerst hatte ich ganz schön Heimweh nach meiner alten Heimat. Zum Glück ist die ganze Familie mit nach Deutschland gekommen, sodass alle Personen, die mir wichtig sind, auch hier leben.

Matthias: *Welche Schwierigkeiten gab es nach dem Umzug nach Deutschland?*

Katharina: Die größte Schwierigkeit waren unsere fehlenden Deutschkenntnisse. Obwohl wir deutscher Herkunft sind, sprachen wir alle nur Russisch. Das war eine große Umstellung. Aber ich habe die Sprache glücklicherweise schnell gelernt. Meine Eltern hatten da größere Schwierigkeiten.

Matthias: *Wie konntest du die Sprache denn so schnell lernen?*

Katharina: Zum Glück gibt es im Rahmen der „Integration von Migranten" in Deutschland besondere Schulen, die Zuwanderern die Integration erleichtern. So habe ich jetzt ein Jahr lang eine so genannte „Sprach- und Förderschule für Migranten" in der Nachbarstadt besucht. Und weil ich so schnell Deutsch gelernt habe, durfte ich vor drei Wochen an die Realschule hier wechseln.

Matthias: *Erstaunlich, wie schnell du Deutsch gelernt hast. Was ist denn mit deinen Eltern?*

Katharina: Sie haben einen so genannten „Integrationskurs" besucht. Da lernten sie Deutsch und alles Wichtige über Geschichte, Kultur, Staat und Wirtschaft in Deutschland.

Matthias: *Wir wünschen dir alles Gute hier und natürlich viele Freunde!*
Vielen Dank für das Interview.

Katharina: Gern geschehen.

1 *Richtig oder falsch?*

a) Katharina lebt seit ca. einem Jahr in Deutschland.
b) Integrationskurse gibt es nur für Erwachsene.
c) Asylbewerber werden sofort eingebürgert.
d) Katharina ist „Spätaussiedlerin".
e) Ein Integrationskurs ist mehr als ein bloßer Deutschkurs.

2

a) An welcher Stelle auf dieser Fremd-heimisch-Skala ordnet ihr Katharina ein?
b) Überlegt, was passieren muss, damit sich Katharina in Deutschland restlos heimisch fühlt.

Katharina erwähnt in dem Interview auch so genannte „Integrationskurse". Betrachtet dazu folgende Tabelle:

Integrationskurse 2008 – Geschlecht

Kursart	Männlich	Anteil in %	Weiblich	Anteil in %	Gesamt
Allgemeiner Integrationskurs	22028	37,8 %	36321	62,2 %	58349
Eltern- und Frauenintegrationskurs	1701	15,5 %	9273	84,5 %	10974
Förderkurs	966	38,8 %	1523	61,2 %	2489
Intensivkurs	102	32,6 %	211	67,4 %	313
Alphabetisierungskurs	3437	29,4 %	8266	70,6 %	11703
Jugendintegrationskurs	392	40,6 %	574	59,4 %	966
Sonstiger spezieller Integrationskurs	353	36,6 %	611	63,4 %	964
Gesamt	**28979**	**33,8 %**	**56779**	**66,2 %**	**85758**

Bericht zur Integrationskursgeschäftsstatistik für den Zeitraum vom 01. 01. 2008 bis 30. 09. 2008

3 *Beantwortet mit Hilfe der Tabelle folgende Fragen:*

a) Wie viele Menschen haben 2008 (Januar – September) an einem Integrationskurs teilgenommen?
b) Bei welcher Kursart ist der Männeranteil höher als der Frauenanteil?
c) Bei welcher Kursart ist der Frauenanteil am höchsten?
d) Bei welchen Kursen ist der Abstand zwischen Männer- und Frauenanteil am geringsten?

4 *a) Formuliert eine zentrale Aussage zu der Tabelle:* Die Tabelle zeigt, dass …
b) Sprecht über mögliche Gründe für dieses Ergebnis.

5 *a) Welche Fragen ergeben sich für euch noch aus der Integrationstabelle?*
b) Recherchiert selbst für die passenden Antworten.

TIPP

Aktuelle Informationen zu allen Fragen der „Integration" findet ihr unter www.integration-in-deutschland.de.

Jugendintegrationsgipfel fordert mehr Chancengleichheit für Migranten

Mo, 05.05.2008

Der zweite Jugendintegrationsgipfel im Bundeskanzleramt ist mit der Übergabe eines Ideenpapiers der rund 80 Delegierten an die Bundeskanzlerin zu Ende gegangen.

Im Mittelpunkt der eintägigen Konferenz standen die Themen Schule, Ausbildung und Freizeit. Zentrale Forderung der Jugendlichen waren mehr Chancengleichheit für junge Migrantinnen und Migranten in der Schule, eine bessere Berufsvorbereitung und eine stärkere Nutzung des Sports für die Integration.
Die Staatsministerin und Beauftragte der Bundesregierung für Migration, Flüchtlinge und Integration, Maria Böhmer, erklärte dazu: „Das Signal des Jugendintegrationsgipfels ist: Die junge Generation aus Zuwandererfamilien betrachtet Deutschland als ihre Heimat. Die Jugendlichen sagen: Das ist auch unser Land. Sie wollen dazugehören, wollen die Zukunft unseres Landes mitgestalten und sind bereit, dafür Verantwortung zu übernehmen und Anstrengungen zu erbringen. Sie wissen, dass eine gute Bildung und Ausbildung die Voraussetzung für eine gute Zukunft ist – sowohl für sie selbst als auch für unsere gesamte Wirtschaft und Gesellschaft. Das ist ein sehr ermutigendes Signal für die Integration."

6 *Beantwortet folgende Fragen mit Hilfe dieser Pressemitteilung der Bundesregierung:*
a) Welche Hauptforderungen gegenüber der Bundeskanzlerin erheben die Jugendlichen?
b) Welches Signal des Jugendintegrationsgipfels nennt Maria Böhmer?

7 *Diskutiert über die Forderungen der jungen Migrant/inn/en und die Signale des Gipfels:*
- ☐ *Haltet ihr sie für wichtig und richtig?*
- ☐ *Haltet ihr andere Forderungen und Ziele für wichtiger?*

8 *Was versteht ihr unter „Integration"?*
Schlagt im Lexikon nach, recherchiert im Internet und versucht zu definieren:
Das Wort „Integration" kommt aus ... und bedeutet ...
Im Fernsehen, in der Politik, aber auch in der Schule ist viel von „Integration" die Rede. Was ist damit gemeint? Man versteht ...

Alia Siemund

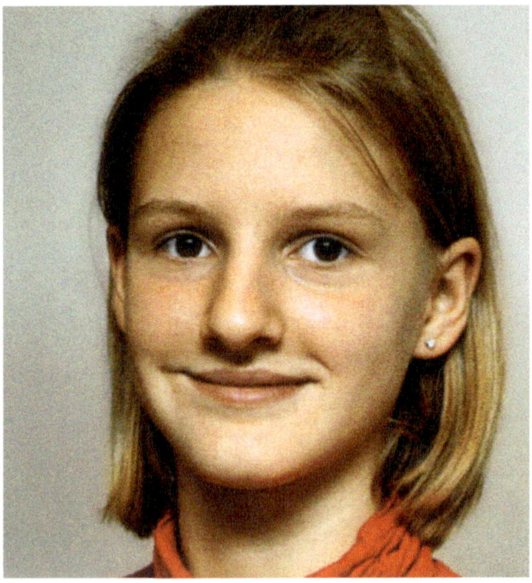

Ich bin 15 Jahre alt und wohne in Berlin-Mariendorf. Mein Vater ist Deutscher, meine Mutter hat einen türkischen Hintergrund, und ich habe von beiden etwas. Wir sprechen zu Hause Deutsch, mit meiner Mutter spreche ich auch Türkisch. Ich gehe in die 9. Klasse, habe die deutsche Staatsangehörigkeit und fühle mich als Deutsche mit deutschem und türkischem Hintergrund.

Ich würde meinen Freunden empfehlen, ihren türkischen Pass zu behalten, wenn sie wieder zurück in die Türkei gehen möchten, weil sie sich da z. B. wohler fühlen, ihre Familie da lebt oder sie bessere Arbeitsmöglichkeiten für sich sehen. Wenn sie aber auf Dauer hier bleiben wollen, da sollten sie sich für die deutsche Staatsangehörigkeit entscheiden. Nicht nur, dass sie z. B. wegen der Reisemöglichkeiten ins Ausland Vorteile haben, sie zeigen damit auch, dass sie mitbestimmen und dazugehören wollen, dass sie an der Weiterentwicklung Deutschlands interessiert sind.

Paul Schirop

Ich lebe in Berlin-Kreuzberg und komme aus einer Familie mit deutschem Hintergrund.

Ich gehe auf eine Gesamtschule und bin dort auf einem Zweig der deutsch-türkischen Europaschule. Ich lerne Türkisch seit meiner ersten Klasse. In meiner Schule sind Deutsche, ich glaube mit 20 %, die Ausnahme; da bin ich der Exot.

Mein Freundeskreis setzt sich entsprechend zusammen, überwiegend aber aus Jugendlichen mit türkischem Hintergrund.

Meine Freunde leben hier, haben aber auch noch sehr gute Kontakte zu ihren Verwandten in der Türkei. Für sie existiert das Problem, dass sie hier als Ausländer angesehen und behandelt werden und in der Türkei sind sie auch die Ausländer, nämlich die Deutschen. Sich in einer derartigen Situation für eine Staatsangehörigkeit zu entscheiden, würde mir auch schwerfallen. Das ist ein schmerzhafter Prozess und die Entscheidung für den deutschen Pass hilft einem da auch nicht viel weiter.

9 *Lest den Lebenslauf von Alia und Paul.*
a) Könnt ihr euch vorstellen, mit ihnen befreundet zu sein? – Warum?
b) Was findet ihr bemerkenswert an den beiden?

10 *Welche Staatsangehörigkeit haben Alia und Paul?*

11 *Welche Staatsangehörigkeit haben ihre türkischen Freunde?*
Lest dazu auch:

Kind mit deutschem Elternteil (§4 Abs. 1 StAG)[1]
Ein Kind erwirbt durch Geburt die deutsche Staatsangehörigkeit, wenn ein Elternteil die deutsche Staatsangehörigkeit besitzt [= Abstammungsprinzip].

Kind ausländischer Eltern (§4 Abs. 3 StAG)
Ergänzend zum Abstammungsprinzip gilt in Deutschland seit dem 1. Januar 2000 auch das Geburtsortsprinzip: Kinder ausländischer Elternpaare erlangen durch die Geburt in Deutschland die deutsche Staatsangehörigkeit und in der Regel die ihrer Eltern. Sie besitzen dann zwei oder ggf. sogar mehrere Staatsangehörigkeiten. Nach der Optionsregelung[2] müssen sie sich nach Erreichen der Volljährigkeit (ab Vollendung des 18. Lebensjahres) entscheiden, ob sie die deutsche oder die ausländische Staatsangehörigkeit behalten wollen.

1 **StAG:** Staatsangehörigkeitsgesetz

2 **die Option:** Wahl, Entscheidung

12 *Stellt euch vor:*
a) Filiz Alaçam hat türkische Eltern und ist 1995 in Bergheim geboren: Welche Staatsangehörigkeit(en) besitzt sie?
b) Marek Smirnov hat eine polnische Mutter, einen russischen Vater und ist 1994 in Wuppertal geboren: Welche Staatsangehörigkeit(en) besitzt er?

13 *Paul Schirops türkische Freunde müssen sich mit 18 Jahren entscheiden: deutsch oder türkisch?*
Paul nennt das einen „schmerzhaften Prozess": Was meint er damit?

Zwischen „fremd" und „integriert" – Einen Hintergrundbericht schreiben

Schreibt unter dieser Überschrift für eure Mitschüler/innen einen informierenden Text, einen **Hintergrundbericht** (z. B. für die Schülerzeitung, eine Plattform im Schul-Intranet).

1 *Macht einen* ***Schreibplan:***
- ☐ *Womit wollt ihr in der* ***Einleitung*** *neugierig machen?*
  eine Frage – ein Problem – ein Zitat – ein aufregendes Beispiel …
- ☐ *Welche wichtigen Punkte gehören in den* ***Hauptteil?***
  Notiert sie in Stichpunkten – Überlegt eine sinnvolle Reihenfolge.
- ☐ *Womit wollt ihr* ***schließen?***
  Zusammenfassung – offene Fragen, Probleme – Appell – Wünsche

ARBEITSTECHNIK RECHERCHIEREN

Wichtig bei der erfolgreichen Suche **(Recherche)** von Ideen und Material für euren Schreibplan ist zweierlei:

1. **Was** genau wollt ihr wissen?
   über Fremde/Fremdsein – Migration – Integration – Staatsangehörigkeit …
2. **Wo**/bei **wem** erfahrt ihr das, was ihr sucht, am besten?
   - aus den Materialien in diesem Kapitel
   - bei Experten/Expertinnen: Lehrer/inne/n, Eltern, Verwandten, Bekannten
   - in Zeitungen und Zeitschriften,
   - in Büchern aus der Schul-/Stadtbibliothek
   - bei öffentlichen Einrichtungen und Ämtern wie Stadtverwaltung, Jugendamt, Kirchen
   - über Suchmaschinen wie *Google, Geolino* im Internet

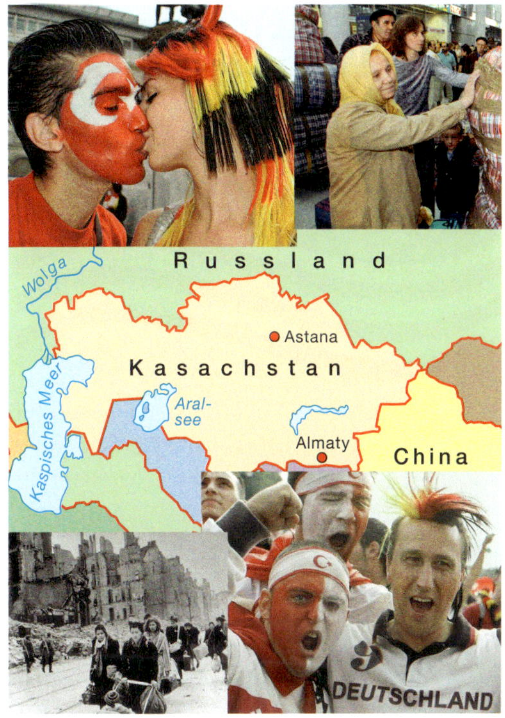

2 *Schreibt eine erste Fassung eures Hintergrundberichts zum Thema „Zwischen ‚fremd' und ‚integriert'".*

!

Ein **Hintergrundbericht** hat die Aufgabe, über Personen und Ereignisse zuverlässig zu informieren.

- Der **Inhalt** orientiert sich an den W-Fragen *Was? – Wer? – Wann? – Wo? – Warum? – Welche Folgen? …*
- Er nennt Zahlen und Fakten. Er verwendet ▷ Argumente und Beispiele. ▷ S. 250
- **Aufbau:** Ein Bericht nennt das Wichtigste am Anfang. Dann können Zusatzinformationen folgen.
- Der **Stil** ist sachlich. Ein Bericht enthält keine Gefühlsäußerungen und keine Umgangssprache. Aussagen von Beteiligten werden oft ▷ indirekt wiedergegeben, könnten aber auch wörtlich zitiert werden. ▷ S. 261
- Das **Tempus** in einem Bericht ist in der Regel das ▷ Präteritum; Hintergrundinformationen können auch im Präsens stehen. ▷ S. 260
- Vor allem bei anschaulichen Beispielen und Zusatzinformationen sind auch erzählerische Elemente erlaubt (▷ Reportage). ▷ S. 277

3 *Überarbeitet die Erstfassung eures Berichts; am besten in einer ▷ Schreibkonferenz.* ▷ S. 281

1.2 Über den Tellerrand blicken – Eine Reportage schreiben

Ihre Mitschülerinnen und Mitschüler staunten nicht schlecht, als die 16-jährige Marie ihnen von ihren Plänen für das nächste Schuljahr berichtete: Für ein Jahr wollte sie als Austauschschülerin ihrer Heimatstadt – einer Kleinstadt mit 14 000 Einwohnern – den Rücken kehren, um in den USA Erfahrungen zu sammeln. Besonders Maries beste Freundin Sina war erschrocken, aber Marie war entschlossen und freute sich auf das Jahr. Die Anregung hatte sie durch eine Organisation bekommen, die mit dem Slogan „Einmal über den Tellerrand blicken" für ein Schüleraustauschjahr warb.
„Das hörte sich für mich richtig gut an", erklärte sie, *„Außerdem war schon mein älterer Bruder für ein Jahr in Kanada gewesen und hatte gute Erfahrungen mit dem Austausch gemacht."*

So stieg Marie voller Vorfreude im August ins Flugzeug. Ihren Aufenthaltsort hatte sie erst sehr kurz vorher erfahren: Logansport in Indiana. Dort sollte sie die Lewis-Cass-Junior/Senior-Highschool im Nachbarort besuchen.
Zehn Stunden später stieg sie in Indianapolis aus dem Flugzeug. Sie wurde von ihrer „Gastmutter" und deren Freundin vom Flugplatz abgeholt, was sich zunächst etwas schwierig gestaltete, da sie vorher keine Fotos voneinander bekommen hatten. Schließlich fanden sie sich aber doch und nach weiteren anderthalb Stunden Fahrtzeit erreichte Marie ihr neues „Zuhause".

„Schon von Weitem konnte man das große Haus sehen, weil es auf einem Hügel stand. Es war umgeben von einem Wäldchen, viel Rasenfläche und einer Pferdewiese. Entlang der langen Auffahrt standen viele Bäume. Meine Gastmutter parkte den Wagen in der riesigen Dreifach-Garage. Dann gingen wir ins Haus."
Dort wurde Marie von einer großen Schar lebhaft und freundlich empfangen: von sechs Kindern – zwei leiblichen des Elternpaares sowie drei adoptierten (davon eins behindert) und einem Austauschbruder aus Ghana. Kurz nachdem man ihr das Haus gezeigt hatte, tobte Marie schon mit den anderen Kindern im Pool.
„Das Ganze wirkte gigantisch auf mich: Es gab im Haus fünf Badezimmer, drei Wohnzimmer, eine große Küche, sieben Schlafzimmer, einen riesigen Lagerraum und einen Poolraum, mit Hawaiibar."
Später lernte Marie auch die Haustiere kennen: vier Pferde, einen Hund, Kaninchen und Katzen. Am Abend kam der Vater nach Hause. Er arbeitete als Polizeichef in Indianapolis und auch er begrüßte den „Familienzuwachs" sehr freundlich.

Die nächste Aufregung gab es am folgenden Morgen: Der erste Schultag stand bevor und die erste Fahrt im gelben Schulbus, der Marie direkt vor der Haustür abholte.
„Ich war total aufgeregt", erklärte Marie, *„und auch ein bisschen ängstlich, was jetzt auf mich zukommen würde. Ich fühlte mich wie bei der Einschulung!"*
Dann erblickte Marie die Schule zum ersten Mal:
„Es war ein riesiges, flaches Gebäude, alle Räume lagen auf einer Ebene. Dazu gehörte ein großer Parkplatz, weil alle Schüler mit dem Auto fuhren, sobald sie den Führerschein hatten. Es

gab ein Footballfeld, ein Baseballfeld, sechs Tennisplätze und einen Softballplatz, eine Sporthalle und auch ein großes Schwimmbecken. Außerdem verfügte die Schule über einen Golfpark."

Zunächst gab es die Anmeldung und Fächerwahl im Sekretariat, dann begann die erste Unterrichtsstunde:

„Da hat niemand mit mir geredet. Das verunsicherte mich sehr. Wie ich aber später herausgefunden habe, darf allgemein während der Stunden nichts Privates geredet werden. Nach dem Unterricht wurde ich dann aber doch ausgefragt: Wer ich sei, woher ich komme und so. In diesen ersten Gesprächen machte ich sehr positive Erfahrungen, alle gingen offen und freundlich auf mich, ‚die Fremde', zu."

Es war zu erwarten, dass es neben diesen positiven Erfahrungen auch Schwierigkeiten und Probleme geben würde. Schließlich musste sich Marie in einem fremden Land zurechtfinden und überhaupt erst einmal herausfinden, an wen sie sich bei wichtigen Fragen wenden konnte:

„Was finde ich wo und wann und wie läuft das ab? Es gab so viele neue Dinge zu entdecken, die man erst einmal in sich aufnehmen und verstehen musste, denn es war schon vieles anders als bei uns. Auch war es in der ersten Zeit nicht so leicht, Freunde zu finden. Ich musste vorsichtig für mich herausfinden, wem ich vertrauen konnte und wer ein falsches Spiel mit mir trieb."

Eine besondere Herausforderung für Marie war das Gewöhnen an andere Sitten und Mentalitäten[1]:

„Wir mussten jeden Morgen auf die amerikanische Flagge schwören und vor jedem Sportevent die amerikanische Hymne singen."

Überhaupt hatte der Sport eine sehr große Bedeutung und Marie die Möglichkeit, täglich sportlich aktiv zu sein: Im Herbst spielte sie Volleyball, im Winter nahm sie am Mannschaftsschwimmen teil und im Frühjahr spielte sie Tennis. Diese sportlichen Aktivitäten erleichterten es, Freunde und Anschluss zu finden.

„Der Teamgeist war enorm", berichtet Marie. *„Wir hatten Spaß zusammen und spürten immer ein intensives Zusammengehörigkeitsgefühl. Jeden Freitagabend gab es Footballspiele des Schulteams, wo wir alle zum Zuschauen und Anfeuern zusammenkamen. Diese Spiele wurden sogar live im Radio übertragen!"*

Begeistert erzählte Marie von dem lustigen „Powder-Puff-Game", das einmal im Jahr stattfand:

„Bei diesem Spiel spielen die Mädchen Football und die Jungen sind die Cheerleader, dabei gibt es eine Menge Spaß."

Auffallend im Gegensatz zur Schule in der „Heimat" war für Marie das Vorherrschen des „Schulgeistes" (*„school spirit"*):

„Der Sport und viele andere Aktivitäten liefen über die Schule. Es gab sogar bestimmte Kleider-

1 **die Mentalität:** Einstellung

tage, an denen wir uns alle in den Schulfarben kleideten. Beeindruckend war auch die ‚Prom Night', der Abschlussball mit schicken Kleidern, einem echten Date und allem Drum und Dran."
Auch im Alltag ihrer Gastfamilie konnte Marie viele Erfahrungen sammeln.
So schwärmte sie von Ausflügen und anderen gemeinsamen Unternehmungen.
„Sogar die Niagarafälle habe ich gesehen!"
Oft aber war es in dieser Großfamilie auch stressig und anstrengend:
„Je länger ich da war, desto mehr wurden mir und meinem Gastbruder aus Ghana die Kinder und die Tiere übertragen. Das war nicht immer leicht. Wir hatten das Haus sauber zu halten und die Wäsche zu waschen. Da fühlte ich mich manchmal am Ende meiner Kräfte."
Auf die Frage, ob Marie auch schon einmal ans Aufgeben gedachte habe, schüttelte sie zunächst den Kopf, erklärte dann aber:
„Doch. In Momenten, in denen man das Gefühl hat, die Arbeit nicht mehr bewältigen zu können, dann kommt das Heimweh. Man denkt an zu Hause und wünscht sich, dort zu sein. Ja, da hatte ich Momente, in denen ich aufgeben wollte."
Aber Marie gab nicht auf. Sie gab sich einen Ruck und zwang sich durchzuhalten. Hinterher war sie stolz darauf.

Die Austauschschülerin schloss ihre Schilderung mit einem positiven Fazit:
„Ich bin selbstständiger, unabhängiger und vor allem auch erwachsener geworden. Mein Selbstbewusstsein und mein Verantwortungsbewusstsein anderen gegenüber sind gestärkt worden. Ich habe viel gelernt, z.B., dass man sich nicht mit fertigen Vorurteilen in die Fremde begeben sollte: Alles offen auf sich zukommen lassen und sich erst dann ein Bild machen."
Eine besondere Erfahrung war für Marie der schwierige Moment, als sie überlegte, den Aufenthalt abzubrechen:
„Ich habe gelernt, wie wichtig es ist, in Krisensituationen nicht zu schnell aufzugeben. Hinterher kann man dann oft stolz auf sich sein. Man sollte immer 100 % geben und verlässlich sein. Dann kann man sich auch auf andere verlassen."
Erfahrungen „in der Fremde" sollte nach Maries Ansicht jede/r mindestens einmal im Leben machen:
„Es steigert die eigene Toleranz und schärft den Blick für das Wesentliche, denn natürlich war es auch ein besonders schönes, ja, überwältigendes Erlebnis, wieder nach Hause zu kommen."
Neben der Familie freute sich Sina am meisten über Marie:
„Sie hat sich verändert", stellte die Freundin fest. *„Sie hat teilweise andere Ansichten als vorher."* – *„Was unserer Freundschaft aber nicht schadet"*, ergänzte Marie und beide lachten.

1 *Lest und besprecht diesen Artikel:*
- ☐ *Welche positiven, welche negativen Aspekte fallen bei Maries Aufenthalt besonders auf?*
- ☐ *Wer kann von ähnlichen oder anderen Auslandserfahrungen berichten?*

2 *Wie die Menschen auf den Seiten 10–15 schwankt Marie in den USA zwischen den Gefühlen „fremd" – „vertraut". Notiert (in einer Tabelle), was Marie als „fremd" empfindet und wie und wodurch sie es schafft, sich „heimisch/vertraut" zu fühlen.*

3 a) *Handelt es sich bei dem Artikel um*
- ☐ *eine Kurzgeschichte?* ▷ S. 273
- ☐ *einen Bericht?* ▷ S. 254
- ☐ *ein Interview?* ▷ S. 277
- ☐ *eine Reportage?* ▷ S. 277

b) *Begründet eure Meinung ausführlich, indem ihr eingeht auf*
- ☐ *besondere Verben:* staunen (Z. 1), …
- ☐ *Wendungen:* den Rücken kehren (Z. 6), …
- ☐ *besondere Adjektive:* lebhaft (Z. 39 f.), …

4 *Durch* ***ein*** *Stilmittel wird der Artikel besonders lebendig.*
Nennt dieses Mittel.

5 *Aufgaben für Könner/innen:*
a) *Übertragt den ersten Absatz aus dem Präteritum ins Präsens.*
b) *Macht aus einer wörtlichen Rede Maries (z. B. Z. 14–17) eine ▷ indirekte Rede.* ▷ S. 261
Wie ändert sich die Wirkung dieser Textstelle?

6 *Der Artikel hat keine Hauptüberschrift und keine Zwischenüberschriften.*
Wer findet die interessantesten? – Macht Vorschläge.

7 a) *Macht aus der 3-seitigen Reportage über Marie in Indiana einen deutlich kürzeren ▷ Bericht.* ▷ S. 277
b) *Überarbeitet euren Bericht (in einer ▷ Schreibkonferenz).* ▷ S. 281

8

a) *Schreibt zu einem dieser Themen*
- ☐ *eine ausführliche Reportage*
- ☐ *einen knappen Bericht.*

b) *Vergesst nicht den Gedanken an „Heimat" und „heimisch".*

!

Eine **Reportage** enthält neben **sachlichen** (Hintergrund-)Informationen zu einem Ereignis ▷ **schildernde** Teile mit Einzelbeobachtungen und Stimmungen. ▷ S. 257 Darüber hinaus wörtliche **Zitate** der Beteiligten und Kommentare und **Wertungen** des Verfassers/der Verfasserin.

Die zeitliche **Reihenfolge** kann von interessanten Einzelbeobachtungen unterbrochen werden. Die Reportage steht meist im Präsens; aber auch Abschnitte im Präteritum können vorkommen.

1.3 Ein multikulturelles Projekt – Für Integration werben

Bereitet ein Klassen- oder Schulfest vor, bei dem die Schüler/innen unterschiedlicher Herkunft sich und ihre Heimat vorstellen können. Hier einige Anregungen:

Begegnung der Kulturen

Wisst ihr eigentlich, wie viele Nationalitäten es in eurer Klasse/an eurer Schule gibt?
→ Ermittelt das (Auskunft freiwillig!).

Wie können sich die Nationalitäten präsentieren?
- ☐ im Interview
- ☐ mit einem Sketch
- ☐ mit leckeren Gerichten und Getränken
- ☐ in Plakat oder Wandzeitung
- ☐ in einem Video
- ☐ mit Liedern, Tänzen, typischen Kleidungsstücken

Bildet Gruppen und verteilt alle Aufgaben, damit ein tolles Fest zu Stande kommt.

1 *Formuliert und gestaltet ein packendes **Motto**, einen griffigen **Slogan** für ein einladendes Transparent über eurem multikulturellen Fest:*

So bunt ist unsre (Schul-)Welt   Freu(n)de statt Fremde

2 *Gestaltet ein ▷ **Plakat** und einen ▷ **Flyer**, womit ihr zu eurem Fest informiert, einladet, werbt.* ▷ S. 285

! Plakat und Flyer haben nicht nur eine informierende, sondern auch eine appellierende Wirkung. Dieser **Appellcharakter** wird besonders durch klangliche und sprachliche Mittel wie (Anfangs-)Buchstaben- und Wortwiederholungen, Reime, Gegensätze, Steigerungen, Ausrufe, Fragen, überraschende Satz-Abbrüche und direkte Adressaten-Ansprache hervorgerufen.

WÖRTERLISTE ▷ S. 282

Migration	Asyl	Prinzip	international	appellativ
Nation	Toleranz	Reportage	multikulturell	integrieren
Mentalität	Prozess	Pass	informativ	recherchieren

2 Mode ist Lebensstil – Argumentieren und erörtern

2.1 Kleidung zwischen Lust und Frust – Streitfragen diskutieren und erörtern

1 *Beschreibt die verschiedenen Modestile.*
- *a) Welche Kleidungsbestandteile (Accessoires) verwenden die Jugendlichen, um ihren Stil darzustellen?*
- *b) Welche Wirkung wollen sie erzielen?*
- *c) Welchem Stil ordnet ihr euch am ehesten zu? Erläutert eure Einstellung.*

2 *Wie wichtig ist euch euer Erscheinungsbild?*
- *a) Schätzt euch ein auf einer Skala von 0 (ganz unwichtig) bis 6 (sehr wichtig).*
- *b) Begründet eure Haltung.*

Jobben für Klamotten? – Argumente für eine Diskussion

*Ich bin ein echtes **fashion victim!** Gibt es einen neuen Modetrend, dann bin ich dabei. Das muss ich mir natürlich leisten können, also arbeite ich dafür, als Kellnerin in einer Eisdiele.*

Ich denke, man muss sich entscheiden. Entweder lerne ich nachmittags für die Schule oder ich arbeite, um mir schicke Klamotten kaufen zu können. Mein Entschluss steht fest: Ich lerne für einen guten Schulabschluss. Und wenn ich in der Ausbildung Geld verdiene, kann ich mir die Sachen leisten, die trendy sind.

Modetrends wechseln mir zu schnell. Das Geld, das ich mir neben der Schule verdiene, gebe ich für sinnvolle Sachen wie Bücher oder ein neues Fahrrad aus. Davon habe ich länger etwas.

Jobben für Klamotten? Na klar. Für Kleidung arbeiten zu gehen, ist heutzutage ganz normal. Die meisten Jugendlichen legen viel Wert auf ihr Äußeres und wollen den Erwachsenen in nichts nachstehen.

Meiner Meinung nach wird viel zu viel Aufwand um den nächsten Modetrend gemacht. Kleidung sollte funktional sein, das heißt für mich, sie soll im Winter wärmen oder vor Regen schützen. Ob der Pullover blau oder rot ist, vom letzten Jahr oder nicht, ist für mich zweitrangig.

1 *Begründet, welcher Meinung ihr euch anschließt.*

2 *a) Diskutiert die folgenden Meinungen:*
- *„Natürlich gehe ich für Klamotten arbeiten."*
- *„Wenn ich arbeite, dann für sinnvolle Sachen."*
- *„Ich würde niemals für Klamotten arbeiten gehen."*

Geht dabei so vor:

ARBEITSTECHNIK DIE POSITION WECHSELN
- Bildet Paare.
- Diskutiert ein Thema/eine Meinung, indem ihr eine Pro- oder Kontra-Position dazu einnehmt.
- Auf ein äußeres Signal wechselt ihr – auch mitten im Satz – die Position, indem ihr den Gedankengang eures/r Diskussionspartners/partnerin fortführt.
- Diskutiert so bis zum nächsten Wechselsignal.

b) Überlegt, wie euch diese Übung bei Diskussionen helfen kann.

3 *In einer Diskussion über ein bestimmtes Thema/eine bestimmte Meinung braucht ihr stichhaltige Argumente und Beispiele.*
Sammelt sie für das Thema „Jobben für Klamotten?"
Nutzt dazu die

ARBEITSTECHNIK RUNDER TISCH

- Bildet (Sechser-)Gruppen.
- Oben auf eurem Arbeitsblatt steht das Thema/eine bestimmte Meinung.
- Darunter notiert der/die Erste ein ▷ Pro- oder Kontra-Argument und einen Beleg/ein Beispiel und gibt das Blatt weiter. ▷ S. 250
- Zum Schluss werden die Argumentationen kurz besprochen.

4 *Führt die Diskussion „Jobben für Klamotten?" im Kreisgespräch durch.*
a) Bildet dazu zwei gleich große Gruppen:
- *die Diskutierenden im Innenkreis;*
- *die Beobachter/innen im Außenkreis mit Beobachtungsbogen und Overlay-Folie.*

b) Besprecht hinterher das Verhalten jedes/r einzelnen Diskutierenden und dann den Ablauf der gesamten Diskussion.

Zum Diskussionsverhalten von

	Gelingt gut	Gelingt nicht immer	Muss geübt werden
Bringt gute Argumente.			
Nennt anschauliche Beispiele.			
Knüpft geschickt an andere Beiträge an.			
Kann Gegenargumente entkräften.			
Ist zu einem Kompromiss bereit.			
Bleibt sachlich und höflich.			

!

Wer seine Meinung überzeugend vertreten will, muss angemessen argumentieren. Zu einer gelungenen **Argumentation** gehört
- eine klar formulierte **These** (Behauptung, Bewertung, Forderung),
- welche durch **Argumente** (Tatsachen, Expertenmeinungen, Erfahrungen, Einstellungen) begründet wird.

Die Argumente werden durch **Beispiele, Belege** und **Zitate** gestützt. Dadurch wird die gesamte Argumentation anschaulich und gut nachvollziehbar.

Wenn ihr besonders geschickt seid, nehmt ihr einen möglichen **Einwand,** ein Gegenargument vorweg und entkräftet es mit einem eigenen Argument (und Beispiel). Damit nehmt ihr eurem „Gegner" sozusagen „den Wind aus den Segeln".

Dresscode oder persönlicher Stil? – Ein strittiges Thema schriftlich erörtern

Die Klassen 9a, b und c der Lise-Meitner-Schule planen schon ihre Abschlussfeier am Ende der 10. Eine Arbeitsgruppe macht folgenden Vorschlag:

Liebe 9erInnen,

für unseren gemeinsamen 10er Abschluss planen wir, die Stadthalle zu mieten, denn die Feier soll unter dem Motto „Stilsicher bis zum Schluss!“ stehen. Das bedeutet: Wir, unsere Gäste und die Lehrer/innen werden in schicker Abendkleidung erscheinen!

Wir schlagen folgenden Dresscode vor:

Für die Damen

- ☐ *Abendkleid oder kleines Schwarzes*
- ☐ *Ausschnitt ja, aber nicht zu tief, bitte!*
- ☐ *Pumps statt Sneaker*
- ☐ *Hochsteckfrisur statt Fransen oder Gummiband*

Für die Herren

- ☐ *Anzug oder Zweiteiler*
- ☐ *Hemd statt T-Shirt*
- ☐ *Keine Turnschuhe, bitte!*
- ☐ *Diesmal auch keine Jeans*
- ☐ *Krawatte erwünscht*

Bitte stimmt über unseren Vorschlag ab und gebt uns eine begründete (!) schriftliche Rückmeldung bis zu unserer nächsten Gruppensitzung am ***.

Das Team „Mitwirkende“

Schritt 1 Argumente sammeln

1 *Überlegt, ob ihr an dieser Feier mit „Dresscode“ teilnehmen wollt.*

2 *Sammelt Argumente, die für und die gegen einen Dresscode auf der Abschlussfeier sprechen.*

Schritt 2 **Argumente ordnen**

Dresscode –
ja oder nein?

1. *Argumente dafür*
   - 1.1 *Man wird nicht wegen „falscher" Kleidung ausgegrenzt!*
   - 1.2 *Ähnlich wie eine Mottoparty (letztes Jahr Karneval: Piraten)*
2. *Argumente dagegen*
   - 2.1 *Der Dresscode lässt keinen Platz für Individualität.*
   - 2.2 *Das Outfit kostet viel Geld (für einen Abend): Kleid, Schuhe, Friseur ...*

Dresscode –
ja oder nein?

1. *Kontra Dresscode*
   - 1.1 *Nicht jeder fühlt sich darin wohl.*
   - 1.2 *Eine typisch „amerikanische" Art zu feiern!*
2. *Pro Dresscode*
   - 2.1 *Man weiß, was man anziehen soll (Vorgaben).*
   - 2.2 *Die Kleidung kann man später wieder verwenden (Ausbildung, Musical, Familienfeier ...).*

1 *Untersucht diese beiden Entwürfe:*
a) Wie sind sie gegliedert?
b) Was vermutet ihr, welche Position Gülcan und Sven zum Dresscode einnehmen?

!

Ein Thema schriftlich erörtern kann man auf dreifache Weise:

- **Steigernd** oder **linear**
  Hier wird nur **ein** Standpunkt – entweder pro oder kontra – zu einem Thema vertreten, mit immer überzeugenderen Argumenten und Beispielen.

- **Kontrovers**
  Nach dem **Sanduhr-Prinzip** werden sowohl Gründe und Beispiele **für** eine bestimmte Meinung vertreten als auch **gegen** sie.
  Beginnt mit der Position, die ihr **nicht** einnehmt, und endet mit der Position, die ihr überzeugt vertretet.

- Nach dem schwierigeren **Ping-Pong-Prinzip** wechselt ihr zwischen Pro (+)- und Kontra (−)-Argument ab. Das wichtigste Argument steht wirkungsvoll am Schluss.

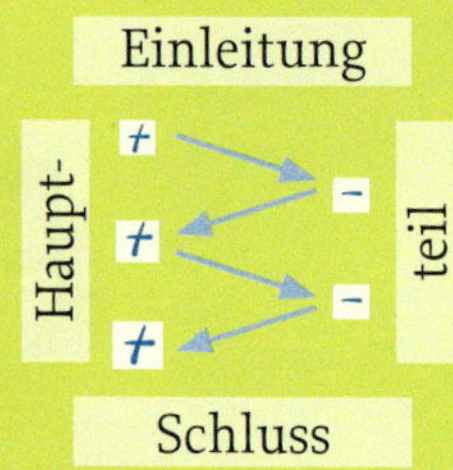

2 *Ordnet eure Argumente und Beispiele pro – kontra „Abschlussfeier und Dresscode" nach dem Sanduhr-Prinzip.*

Schritt 3 Schriftlich Stellung nehmen

Gut gebaute Argumente im Hauptteil

Jeder sollte anziehen, wozu er Lust hat, denn ...

Der vorgegebene Dresscode bietet eine klare Orientierung, sodass ...

Die Kosten sind hoch. Zum Beispiel muss man für ...

Es gibt ja auch kein einheitliches Bild auf dem Schulhof. Also sollten wir ...

1 *a) „Unterfüttert" diese Argumente mit anschaulichen Belegen und Beispielen.*
b) Prüft, ob eure eigenen Pro- und Kontra-Argumente mit Beispielen und Belegen versehen sind. Vielleicht könnt ihr auch ein Zitat von Fachleuten anführen?

TIPP

für Konjunktionen und Adverbien zwischen Argumenten, Beispielen und Belegen:
- **Begründung:** *weil, denn, deshalb, deswegen, darum ...*
- **Folge:** *also, folglich, insofern, infolgedessen, sodass, ...*
- **Absicht:** *damit, um zu ...*
- **Reihung:** *außerdem, ferner, darüber hinaus ...*
- **Steigerung/Kontrast:** *Manchmal wird gesagt, ... Einerseits – andererseits ..., Zunächst ist zu beachten, ... Wichtiger als ... ist doch, ... Noch wichtiger ist aber, ... Und schließlich muss man sagen ...*

Einleitungen für **Beispiele:** *Man denke etwa an ... So gilt z. B. ... Dazu kann man anführen, ...*
Einleitungen für **Zitate:** *Dazu heißt es: ... Dazu sagt ... XY schreibt dazu, ...*

Geschickt überleiten

Das Thema „Dresscode" hat nicht nur positive, sondern auch negative Seiten, auf die sich …

Es ist deutlich geworden, dass die positiven die negativen Aspekte überwiegen, und ich will …

Diese Frage soll hier näher untersucht werden.

Darauf soll im Folgenden ausführlich …

Neben diesen positiven Aspekten darf man aber die negativen nicht vergessen. Auf sie möchte …

Natürlich ist es angenehm anzuziehen, wozu man Lust hat. Trotzdem hat sich gezeigt, dass einheitliche Kleidung … für diesen besonderen Anlass angemessener ist.

Ein eigener Stil ist also wichtig. Aber was steht auf der Abschlussfeier eigentlich im Vordergrund?

Die Schlussfolgerung muss also lauten …

1 *Wohin gehören diese überleitenden Sätze:*
- ☐ *Zwischen Einleitung und Hauptteil?*
- ☐ *Zwischen Pro- und Kontra-Position?*
- ☐ *Zwischen Hauptteil und Schluss?*

Einleitung (E) und Schluss (S) – Einen Rahmen setzen

1

E *Dresscodes auf dem Schulball, das ist ein häufig diskutiertes Thema in 9er und 10er Klassen. Ich möchte dazu einige Punkte erörtern.*
[…]

[…]
S *Wenn man die Argumente gegeneinander abwägt, wird deutlich, dass ein einheitliches Bild zwar sehr harmonisch wäre, eine Mischung aus persönlichen Stilen aber eher die Individualität der Schüler widerspiegelt.*

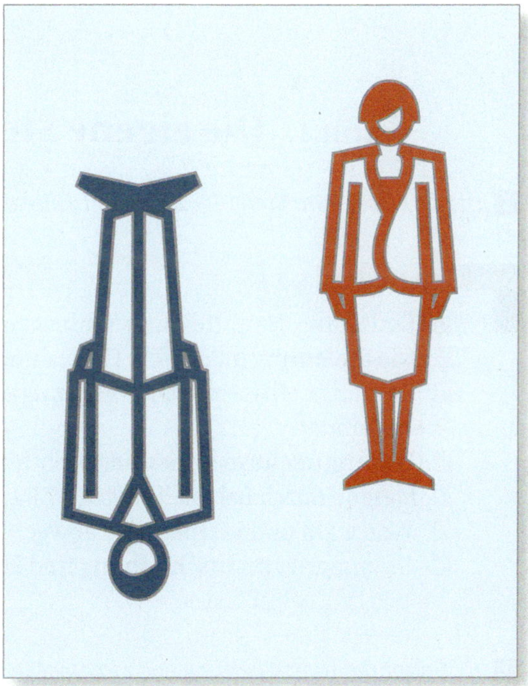

2

E Dresscodes – wer will das schon? Ich werde im folgenden Text meine Meinung deutlich machen.
[...]

S [...]
Ich finde: Dann sollen die anderen sich doch an ihren Dresscode halten! Ich ziehe an, was ich habe.
Und ganz am Ende bin ich der Auffassung: Ein Dresscode wird zu teuer!

1 *Diese beiden Entwürfe zu Einleitung und Schluss sind unterschiedlich gut gelungen.*
a) Begründet, wieso.
b) Überarbeitet den weniger gelungenen Entwurf.

2 *Formuliert eine passende Einleitung/einen passenden Schluss zu euren Dresscode-Argumenten.*

TIPP

- Die **Einleitung** führt in das Thema ein („Worum geht es?"), weist auf seine Wichtigkeit hin („Warum ist das Thema interessant?") und stellt einen aktuellen Bezug her.
- Am **Schluss** fasst ihr die Argumente aus dem Hauptteil zusammen und fällt euer eigenes Urteil. Fasst euch kurz und bringt keine neuen Argumente.

3 *Schreibt dem Team „Mitwirkende" eine begründete Rückmeldung zu seinem Vorschlag „Ein Dresscode für unsere Abschlussfeier" (S. 26).*

Schritt 4 Die eigene Stellungnahme überarbeiten

1 *Überarbeitet eure Stellungnahme mit Hilfe der folgenden*

CHECKLISTE

- ☑ Einleitung, Hauptteil und Schluss sind deutlich erkennbar (Absätze).
- ☑ Die Einleitung macht das Thema und seine Wichtigkeit klar.
- ☑ Der Hauptteil ist mit der Einleitung und dem Schluss durch einen Überleitungssatz verbunden.
- ☑ Die Argumente nehmen an Wichtigkeit zu.
- ☑ Sie sind durch Beispiele, Belege, Zitate gestützt.
- ☑ Wortwahl und Satzbau sind abwechslungsreich.
- ☑ Grammatik, Rechtschreibung und Zeichensetzung stimmen.

2 *Ihr könnt die Überarbeitung auch in einer ▷ Schreibkonferenz erledigen.* ▷ S. 281

2.2 Klamotten mit Bio-Siegel – Textbasiert erörtern

Öko-Fashion: Labels mit Herz

Bio-Beauty, Organic Fashion, Öko-Design machen es uns so leicht wie noch nie, umweltfreundlich zu leben – und dabei gut auszusehen. Also: Auf zum Shopping fürs gute Gewissen! Mit Natalie Portman, Gwyneth Paltrow und Pamela Anderson

Trendsetter in Sachen Fair Fashion ist das „Label Noir“: Die heißen Looks des Peter Ingwersen, der sein Unternehmen 2005 gründete, schlugen in der Fashionwelt sofort ein. Die Kleider von „Label Noir“ sind nicht nur trendy, sondern zum großen Teil auch mit einem Bio-Siegel versehen. Außerdem wird auf faire Arbeitsbedingungen in den Herstellungsländern geachtet.

Dass mittlerweile viele andere Labels seine Ideen klauen, stört Ingwersen nicht, im Gegenteil: „Kopiert ruhig“, meint er, „je mehr meinem Beispiel folgen, desto besser!“

1 *„Auf zum Shopping fürs gute Gewissen!“ (Z. 4)*
Wie sinnvoll ist Öko-Mode? – Nehmt Stellung dazu.

2 *Äußert euch zur sprachlichen Gestaltung des Artikels.* ▷ S. 74

Adrian engagiert sich in der AG „Umwelt und Schule“. Dort sammeln die Mitglieder in einem ▷ Portfolio Text- und Bildmaterial zu interessanten Themen, die sie untereinander, in der Klassenzeitung und im Intranet der Schule zur Diskussion stellen: ▷ S. 284

Wie sinnvoll ist Öko-Mode?

„Ich stehe dem neuen Öko-Boom skeptisch gegenüber. Ich frage mich, wie umweltverträglich diese neue Öko-Mode tatsächlich ist. Wir haben in der AG ja auch schon herausgefunden, dass es keine einheitlichen Standards für faire und ökologische Kleidung gibt. Manche Hersteller verarbeiten Wolle, die mit Chlor weich gemacht wird, obwohl Chlor hochgiftig ist. So eine Werbung finde ich echt scheinheilig. Die tun so, als ob sie sich total für die Umwelt interessieren würden, die Klamotten gehören aber eigentlich in den Sondermüll. Sicherlich macht es Sinn, beim Kaufen von Klamotten auf ein Umweltzeichen zu achten. Aber mal ehrlich, ich bin Schüler und muss meine Sachen zur Hälfte

selber bezahlen. Deshalb gucke ich erst mal auf den Preis. Dazu möchte ich, dass sie mir optisch gefallen, so einen Öko-Look werde ich nicht tragen.
Übrigens habe ich kein Moped, sondern fahre mit dem Fahrrad oder dem Bus zur Schule oder in die Stadt. Das ist mein Beitrag zum Umweltschutz als Schüler! Und solange es noch keine wirklich rundum umweltverträgliche und günstige Mode gibt, ist es doch am umweltfreundlichsten, einfach weniger Klamotten zu kaufen."
Adrian K. 9b

Schritt 1 Einem Text Argumente entnehmen und bewerten

1 *Richtig oder falsch? Lest Adrians Internet-Beitrag und entscheidet:*
Adrian meint …
- ☐ *… Öko-Kleidung ist gar nicht so umweltverträglich, wie es auf den ersten Blick scheint.*
- ☐ *… manche Hersteller verwenden giftige Chemikalien und bekommen daher kein Umweltzeichen für ihre Kleidung.*
- ☐ *… Schüler bezahlen nur die Hälfte für Kleidung mit dem Umweltzeichen.*
- ☐ *… dass sowieso viel zu viel Geld für Kleidung ausgegeben wird.*

2 *a) Nennt Adrian K.s zentrale These.*
b) Mit welchen Argumenten wird sie begründet?
c) Prüft, ob die Argumente durch Beispiele gestützt werden.

TIPP
- ☐ Schreibt die Ergebnisse eurer Text-/Argumentationsanalyse Punkt für Punkt untereinander auf die linke Hälfte eines DIN-A4-Blatts.
- ☐ Fragen dazu, Ergänzungen, Verbesserungen könnt ihr rechts daneben schreiben.

3 *Bewertet Adrians Argumentation in einer kurzen Stellungnahme.*

!

Die Argumentation eines Textes erschließen
- ☐ Fasst seine zentrale Aussage in einem Satz zusammen.
- ☐ Zählt nacheinander die Argumente (Gründe), Belege und Beispiele auf, mit denen die Hauptaussage untermauert wird.
- ☐ Welche Argumente überzeugen euch, welche nicht?
- ☐ Welche Gedanken und Argumente fehlen?

Schritt 2 Die eigene Meinung zum Thema bilden

Ihr kennt nun Adrians Meinung zur Frage „Wie sinnvoll ist Öko-Mode?“ und habt selbst Position bezogen.
Führt nun eure Meinung genauer aus – dieselbe wie Adrian, eine ähnliche, eine andere?

1 *Sammelt in einem ▷ Cluster Gedanken, Argumente, Beispiele, Meinungsäußerungen …, die pro oder kontra Öko-Mode sprechen.* ▷ S. 278

2 *Zur Anregung hier eine weitere Position zum Thema „Öko-Mode“. Prüft, was ihr davon überzeugend findet, was nicht.*

Manchmal finde ich es schon komisch, wie billig manche Kleidungsstücke sind. Wir haben in der AG schon darüber gesprochen, dass die Arbeitsbedingungen bei der Herstellung von Kleidung und Schuhen nicht immer so gut sind. Ich finde es schon richtig, wenn die Arbeiter in den Textilfabriken gut behandelt und gerecht bezahlt werden. Außerdem kann Kleidung nicht nur für die Umwelt, sondern auch für den eigenen Körper schädlich sein. In Chemie haben wir gelernt, dass bestimmte Stoffe in Textilien Allergien, Ekzeme und Hautentzündungen auslösen können. Seitdem gucke ich immer öfter nach Klamotten mit dem Umweltzeichen. Mittlerweile gibt es richtig tolle Öko-Mode aus ökologisch angebauter Baumwolle in allen Preisklassen, von Designer-Kleidung bis zu Klamotten vom Discounter. Die Anbieter dieser Kollektionen heben hervor, sie wollen mit ihrer so genannten „Green Fashion“ die Umwelt schützen, für faire Arbeitsbedingungen und gerechte Einkommen bei den Produzenten sorgen.
In Afrika bekommt ein Bauer beispielsweise für ein Kilo Bio-Baumwolle 41 Cent, für ein Kilo herkömmliche Baumwolle dagegen nur 22 Cent.
Auch recyclebare Kleidung ist spitze, denn auch das schont die Umwelt. Ein amerikanischer Bekleidungshersteller nimmt die abgetragenen Kleidungsstücke seiner Kunden entgegen. Die Klamotten werden geschreddert und zu neuen Stoffen gemacht.
Stellt euch vor: 25 Plastikflaschen verwandeln sich in einen kuschelig weichen Pullover mit garantiertem „Feel-good-Faktor“!

Wanda

3 *Nehmt das Blatt, auf dem ihr Adrians Stellungnahme analysiert habt (▷ S. 32, Aufgabe 2). Fügt an geeigneten Stellen eure eigenen Ideen, Argumente und Beispiele zur Frage „Wie sinnvoll ist Öko-Mode?“ hinzu.*

Schritt 3 Einen Schreibplan aufstellen und ausführen

Wie sinnvoll ist Öko-Mode?
In letzter Zeit wird viel über Umwelt und Öko-Produkte geredet und geschrieben. Mittlerweile gibt es nicht nur Öko-Lebensmittel, sondern auch Öko-Kleidung. Nach reiflicher Überlegung bin ich zu der Auffassung gekommen, dass Bio-Kleidung sinnvoll ist.

Wie sinnvoll ist Öko-Mode?
Wer geht nicht gerne shoppen, um sich neue, modische Klamotten zu kaufen? Vor allem, wenn sie auch noch ökologisch sind?
Adrian K. nennt in seinem Internet-Beitrag allerdings einige Bedenken, auf die ich im Folgenden eingehen möchte.

1 *Zwei unterschiedliche **Einleitungen** zur Erörterung der Streitfrage „Öko-Mode: ja oder nein?“.*
a) Worin unterscheiden sie sich?
b) Begründet, welche ihr besser findet.

2 *Schreibt eine kurze Zusammenfassung von Adrians Internet-Beitrag auf S. 31 f. Benutzt dazu eure Argumentationsanalyse aus Aufgabe 2, S. 32:*
Adrian K. steht „dem neuen Öko-Boom skeptisch gegenüber“ (Z. 1), weil …
Grundsätzlich hat Adrian K. nichts gegen ökologische Kleidung, allerdings …

3 *Vergleicht die drei folgenden schriftlichen Reaktionen auf Adrians Internet-Beitrag zur Öko-Mode: Nur eine davon ist akzeptabel – welche? Begründet.*

Wie sinnvoll ist Öko-Mode?
[…]
Ich kann nur sagen: Mit seiner skeptischen Meinung gegenüber Öko-Klamotten hat dieser Adrian total Recht! Mehr fällt mir dazu auch nicht ein.

Wie sinnvoll ist Öko-Mode?
Grundsätzlich stimme ich Adrian zu, dass man Ökomode skeptisch betrachten soll. Gut ist vor allem sein Argument, es sei am umweltverträglichsten, weniger Klamotten zu kaufen! Nur zwei Einschränkungen: Mittlerweile haben auch schon Klamottendiscounter schicke Biolinien, die echt super aussehen. Und wenn ich dieses Jahr ins Praktikum gehe, möchte ich schon paar coole neue Sachen fürs Büro haben.

Wie sinnvoll ist Öko-Mode?

[...]
Adrian lehnt Öko-Kleidung total ab. Das finde ich idiotisch. Wie kann man bloß behaupten, „dass es keine einheitlichen Standards für ökologische Kleidung" (Z. 3 f.) gibt?
Schon sein salopper Stil ist echt unmöglich:
Formulierungen wie „macht es Sinn" (Z. 8) oder „mal ehrlich" (Z. 9) oder „gucke" (Z. 10) kann man sagen, aber doch nicht schreiben!

4 *Erörtert nun schriftlich die Frage „Wie sinnvoll ist Öko-Mode?". Bezieht euch dabei auf den Internet-Beitrag von Adrian K. (S. 31 f.).*

!

Ein strittiges Thema im Anschluss an einen Text erörtern

- □ Die **Einleitung** nennt das Thema, nach Möglichkeit einen aktuellen Bezug und erwähnt Autor/in und Text(art), worauf ihr im folgenden Hauptteil eingeht.
- □ Der **Hauptteil** fasst die Argumentation des Textes zusammen, auf den ihr euch bezieht.
- □ Anschließend bestätigt, kritisiert oder ergänzt ihr die fremden Textaussagen durch eigene Gedanken, Argumente und Beispiele.
- □ Zum **Schluss** fasst ihr eure eigene Position zum Thema zusammen.

Schritt 4 Die eigene Erörterung überarbeiten

1 *Überarbeitet eure Erörterung mit Hilfe der folgenden*

CHECKLISTE

- ☑ Werden in der Einleitung Autor/in und Bezugstext der folgenden Ausführungen genannt?
- ☑ Fasst ihr die wichtigsten Argumente des Bezugstextes in logischer Reihenfolge zusammen?
- ☑ Belegt ihr eure zustimmende oder abweichende Meinung mit Gründen und Beispielen?
- ☑ Haben wörtliche oder indirekte ▷ Zitate eine Zeilenangabe? ▷ S. 285
- ☑ Sind Wortwahl und Satzbau abwechslungsreich und adressatengerecht?
- ☑ Stimmen Grammatik, Rechtschreibung und Zeichensetzung?

2 *Ihr könnt die Überarbeitung auch in einer ▷ Schreibkonferenz erledigen.* ▷ S. 281

2.3 Tauschbörse in der Schule – Eine Debatte protokollieren

Günstig tauschen statt teuer kaufen!

Kennt ihr das auch?

- Du hast eine Jacke im Schrank hängen, die du praktisch nicht mehr anziehst. Aber wegschmeißen? – Eigentlich sieht sie noch wirklich gut aus …
- Deine Schwester vermisst die zum Englischbuch gehörende CD. – Wer kennt jemanden, der seine nicht mehr braucht?

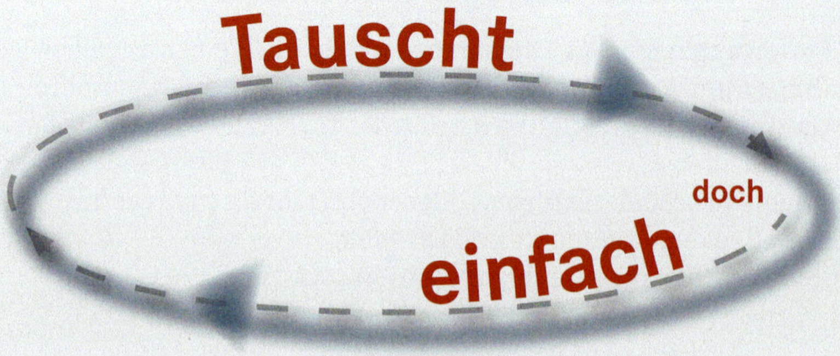

Wir sind behilflich:
Alexa (10d), Metin (7c), Sonja (8a) & Justin (9c)

Wo? Im Kartenraum

Wann? Jeden zweiten Mittwoch im Monat

Wie?
- Die Tauschobjekte müssen ungefähr gleichwertig sein (z. B. Jacke gegen Pulli, nicht Hose gegen Kuli).
- Die Tauschenden müssen mit dem Geschäft einverstanden sein.
- Eure Eltern müssen zustimmen.

Unterstützt unsere Idee!
Stimmt auf der Schülerversammlung mit JA!
Damit der Tausch losgehen kann.

1 *Überzeugt euch die Idee einer Tauschbörse an der Schule?*

2 *Tauscht euch im Drei-Schritt-Interview darüber aus.*

ARBEITSTECHNIK DREI-SCHRITT-INTERVIEW

- Bildet Vierergruppen.
  1. A teilt B seine Meinung mit.
  2. B sagt A seine Meinung.
- Trefft euch in der Vierergruppe.
  3. Jede/r gibt die Meinung der Partnerin/des Partners wieder.
- Wurden die Meinungen richtig wiedergegeben?

3 *Ermittelt das „Meinungsprofil" eurer Vierergruppe zur Frage „Tauschbörse – ja oder nein?"*

a) Habt ihr eine ***eindeutige*** *Ja- oder Nein-Position?*
Oder seid ihr ***kompromissbereit*** *unter bestimmten Bedingungen?*
Ja, allerdings nur, wenn ...
Nein, es sei denn ...

b) Notiert eure Argumente und Bedingungen, Einschränkungen auf Argumentkarten. Bringt sie in eine sinnvolle Reihenfolge.

c) Schreibt eure Position zu „Tauschbörse – ja oder nein?" in Form einer klaren, überzeugenden Erklärung (eines „Statements") auf.

!

In einem **Statement** erklärt man
- seine Auffassung zu einer Frage/einem Problem
- mit klaren, möglichst überzeugenden Worten
- einem skeptischen Publikum.

4 *Bereitet eine* ***Debatte*** *über die Frage „Tauschbörse – ja oder nein?" vor:*
- *Aus jeder Vierergruppe nehmen zwei teil. Zwei sitzen hinter ihnen („Ghostspeaker") und „soufflieren", wenn den Debattierenden die Argumente ausgehen.*
- *Bestimmt eine/n Moderator/in und eine Beobachtergruppe.*

!

In einer **Debatte** wird eine strittige Frage, ein Problem diskutiert und entschieden.
- Ein/e Moderator/in nennt eröffnend das Debattenthema und führt am Ende die Entscheidung/Abstimmung herbei, erteilt Wortmeldungen und fasst Zwischenergebnisse zusammen.
- Die Debattierenden geben einleitend ihr Statement ab und halten sich während der Debatte an die ▷ Diskussionsregeln. ▷ S. 250

5 *Führt eure Debatte durch. Besprecht sie anschließend mit der Beobachtergruppe.*

6 *Haltet die Debatte in einem* ***Ergebnisprotokoll*** *fest.*

ARBEITSTECHNIK ERGEBNISSE PROTOKOLLIEREN

Protokollieren ist eine Art von Berichten.
Im **Ergebnisprotokoll** werden die verschiedenen Aussagen nach Themen zusammengefasst – auch wenn sie zeitlich getrennt voneinander geäußert wurden – und nach so genannten Tagesordnungspunkten (TOPs) gegliedert:

Protokoll der Debatte „Tauschbörse – ja oder nein?"

Ort:	Martin-Luther-King-Schule, Raum 210
Zeit:	Montag, 27.05.XX, 8.45–10.30 Uhr
Anwesend:	Klasse 9a, Herr Fröhlich (Deutschlehrer)
Entschuldigt:	Nihan Öztürk, Julian Giese
Moderation:	Emre Buyruk
Protokoll:	Alina Fancino, Kevin Schmidt

Tagesordnung
TOP 1: Einführung
TOP 2: Statements der fünf Zweiergruppen
TOP 3: Debatte
TOP 4: Abstimmung

Zu TOP 1: Emre B. lässt die Debattierenden und die Beobachtergruppe die Plätze einnehmen. Er weist darauf hin, dass am Ende abgestimmt werden muss, und bittet die Zweiergruppen um ihre Statements.

Zu TOP 2: Gruppe 1 vertritt ...

Zu TOP 3: Die zwei wichtigsten Pro-Argumente lauten: ...
Folgende Kontra-Argumente werden genannt: ...
Als Kompromiss wird vorgeschlagen, ...

Zu TOP 4: Die Abstimmung hat folgendes Ergebnis: ...

Düsseldorf, 29.05.XX
[Unterschriften von Moderator/in, Lehrkraft, Protokollant/in]

7 *a) Wie ist das Protokoll gegliedert?*
b) Welches Tempus wird verwendet?

8 *Möglicherweise beschäftigen euch andere Fragen und Probleme als eine Tauschbörse an der Schule? Führt dazu eine Debatte nach dem Ablauf auf Seite 37.*

WÖRTERLISTE

▷ S. 282

Debatte	Position	Chemikalie	schick/chic	strittig
Protokoll	Statement	Allergie	skeptisch	umweltverträglich
Kompromiss	im Folgenden	Textilie	ökologisch	kontrovers

3 Model oder Speditionskaufmann? – Den richtigen Beruf finden

3.1 Mein Wunschberuf – Informieren und präsentieren

1 *Tragt zusammen, was ihr über diese Berufe wisst.*

2 *a) Äußert und befragt euch zu euren Berufswünschen.*
b) Klärt, welche Berufswünsche realistisch erscheinen, welche nicht.

3 *Über welche Berufe möchtet ihr – in einem Referat – mehr erfahren?*

TIPP

Ordnet eure Berufe nach bestimmten Gruppen, Berufsfeldern wie
Bau - Gesundheit - Kultur - Wirtschaft - Computer - Soziales ...
Es wäre interessant, zu allen wichtigen Feldern einen Beruf vorzustellen.

Wie arbeitet eigentlich ein/e ...? – Ein Berufsportfolio anlegen

Am besten sammelt ihr alle Berufsinformationen für euer **Referat** in einem ▷ Portfolio. ▷ S. 284

ARBEITSTECHNIK PORTFOLIO

Das Portfolio (zu ital. *portafoglio* „Blättermappe") ist eine Mappe mit Materialien zu einem Thema wie z. B. „Berufe".
Dazu kommen Bewertungen dieser Materialien und Hinweise, wie sie beschafft wurden.

Schritt 1 Schlüsselfragen zum Beruf stellen

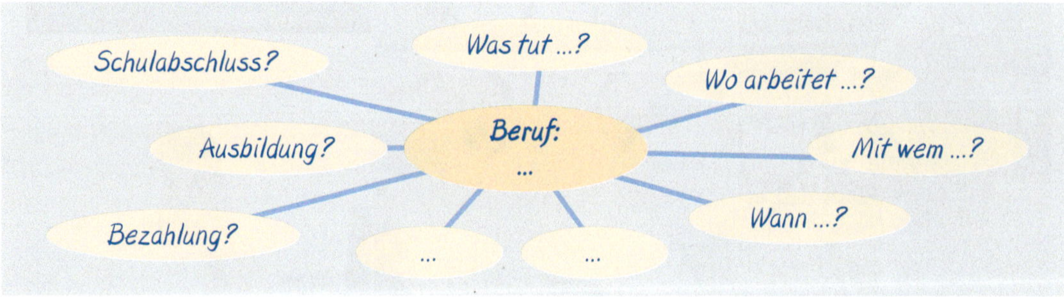

1 *Stellt die wichtigsten Fragen zu eurem Wunschberuf, auf die ihr und eure Referatzuhörer/innen eine Antwort erwarten.*

Schritt 2 Berufsinformationen recherchieren und sammeln

Gute, ausführliche Antworten auf eure Fragen rund um euren Wunschberuf bekommt ihr in den Infozentren der Bundesagentur für Arbeit (www.berufsinformationszentrum.org) – sowohl gedruckt auf Papier als auch online unter www.berufenet.de:

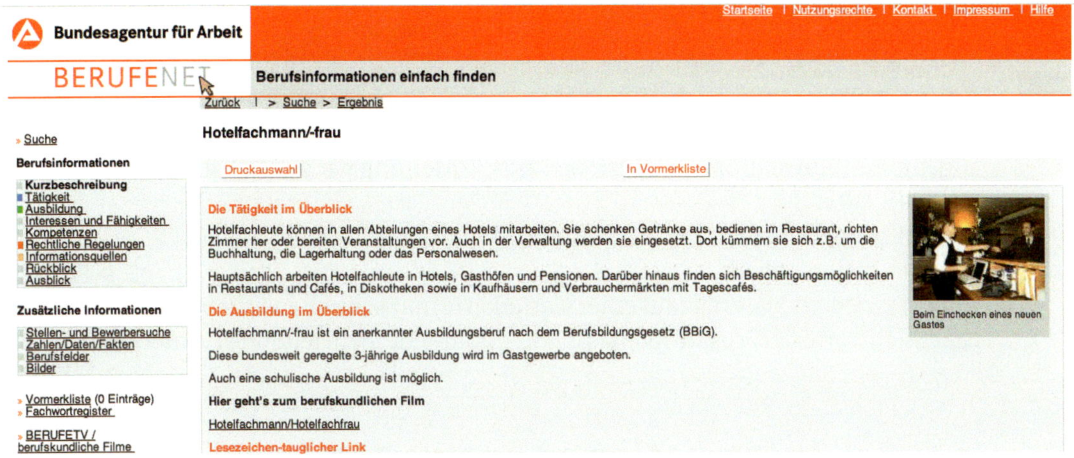

Bundesagentur für Arbeit

Startseite | Nutzungsrechte | Kontakt | Impressum | Hilfe

BERUFENET

Berufsinformationen einfach finden

Zurück | > Suche > Ergebnis

» Suche

Berufsinformationen

Kurzbeschreibung
Tätigkeit
Ausbildung
Interessen und Fähigkeiten
Kompetenzen
Rechtliche Regelungen
Informationsquellen
Rückblick
Ausblick

Zusätzliche Informationen

Stellen- und Bewerbersuche
Zahlen/Daten/Fakten
Berufsfelder
Bilder

» Vormerkliste (0 Einträge)
» Fachwortregister

» BERUFETV / berufskundliche Filme

Hotelfachmann/-frau

Druckauswahl | In Vormerkliste

Die Tätigkeit im Überblick

Hotelfachleute können in allen Abteilungen eines Hotels mitarbeiten. Sie schenken Getränke aus, bedienen im Restaurant, richten Zimmer her oder bereiten Veranstaltungen vor. Auch in der Verwaltung werden sie eingesetzt. Dort kümmern sie sich z.B. um die Buchhaltung, die Lagerhaltung oder das Personalwesen.

Hauptsächlich arbeiten Hotelfachleute in Hotels, Gasthöfen und Pensionen. Darüber hinaus finden sich Beschäftigungsmöglichkeiten in Restaurants und Cafés, in Diskotheken sowie in Kaufhäusern und Verbrauchermärkten mit Tagescafés.

Beim Einchecken eines neuen Gastes

Die Ausbildung im Überblick

Hotelfachmann/-frau ist ein anerkannter Ausbildungsberuf nach dem Berufsbildungsgesetz (BBiG).

Diese bundesweit geregelte 3-jährige Ausbildung wird im Gastgewerbe angeboten.

Auch eine schulische Ausbildung ist möglich.

Hier geht's zum berufskundlichen Film

Hotelfachmann/Hotelfachfrau

Lesezeichen-tauglicher Link

1 *Schaut euch diese Bildschirmseite „Hotelfachmann/-frau" genau an:*
a) Wie ist sie eingeteilt, gegliedert?
b) Wie muss der/die Nutzer/in damit umgehen, um alle nötigen Informationen zu erhalten?

2 *Welchen Link klickt ihr bei folgenden Anliegen/Fragen an?*
- ☐ *Wählen diesen Beruf eher Männer oder Frauen?*
- ☐ *Was bedeutet eigentlich „Wellness"?*
- ☐ *Wie ist die Arbeitszeit geregelt?*
- ☐ *Was verdient ein/e Auszubildende/r?*
- ☐ *Wie lange gibt es den Beruf schon?*
- ☐ *Ich möchte einmal zuschauen, was man als Hotelangestellter hinter dem Tresen in der Eingangshalle zu tun hat.*
- ☐ *Welche Zukunftsaussichten bietet der Beruf eigentlich?*

3 *Recherchiert möglichst umfassend Informationsmaterial zu dem Beruf, den ihr in einem Referat in der Klasse vorstellen wollt.*

TIPP

Informationsquellen rund um den Beruf sind
- ☐ elektronisch verfügbar unter www.berufsinformationszentrum.org, www.berufenet.de und www.machs-richtig.de
  Außerdem können euch folgende Internetadressen weiterhelfen:
  www.studienwahl.de www.bildungsserver.de www.einstieg.com
  www.azubi.net www.orientiere-dich.de
- ☐ Selbstverständlich könnt ihr euch auch in der Schul- und Stadtbibliothek nach Büchern und Materialien zum Thema „Beruf(swahl)" umsehen und erkundigen.
- ☐ Achtet darauf, ob ihr im Radio oder Fernsehen Informationen zu eurem Beruf(sfeld) bekommt.
- ☐ Schaut Zeitschriften und Zeitungen zum Thema Berufe durch. Viele Zeitungen haben am Wochenende eine umfangreiche Berufe-Beilage.
- ☐ Befragt Personen aus eurem Verwandten- und Freundeskreis, die Erfahrungen mit eurem Wunschberuf haben.

4 *Sammelt das Material in eurem Portfolio.*

TIPP

- Überlegt euch eine sinnvolle Gliederung, ein Inhaltsverzeichnis; z. B.: allgemeine Informationen – spezielle Infos; Einteilung nach den Schlüsselfragen (S. 40) ...
- Verseht alle gefundenen Texte, Grafiken, Abbildungen, Kopien mit einer ▷ Quellenangabe. ▷ S. 285
- Notiert zu jedem Material (auf einer Karteikarte) zur schnellen Orientierung ein paar Stichworte; z. B. zusammenfassende, erklärende, beurteilende Anmerkungen.

Schritt 3 Informationen auswerten

M1

M2 Schulische Vorbildung – praktiziert

Im Jahr 2006 begannen 12686 zukünftige Hotelfachleute ihre Ausbildung.

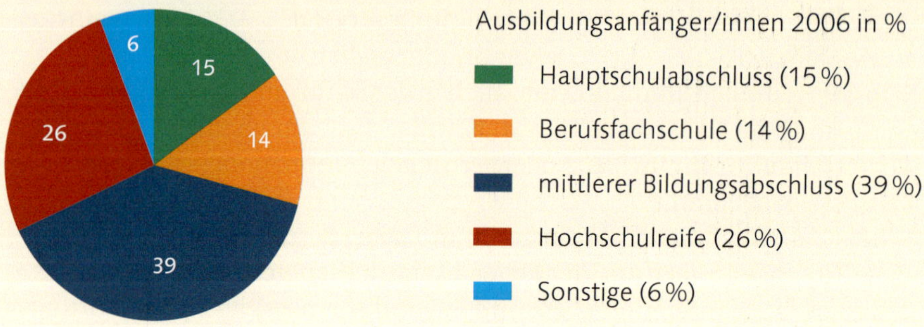

http://berufenet.arbeitsagentur.de (23. 02. 2009)

M3 Wichtige Schulfächer

Gute Voraussetzungen für eine erfolgreiche Ausbildung zum Hotelfachmann/zur Hotelfachfrau bilden vertiefte Kenntnisse in den nachfolgend genannten Schulfächern:
Deutsch – Englisch und weitere Fremdsprachen – Mathematik.
Förderlich sind darüber hinaus Erfahrungen und Kenntnisse in
Datenverarbeitung.
Die Gründe liegen auf der Hand.

M4

Liebe Birthe,
du fragst mich, ob ich dir meinen zukünftigen Beruf als „Hotelfachmann" empfehlen kann. Das ist nicht so leicht zu beantworten. Mir gefällt vor allem daran, dass dies ein sehr vielseitiger Beruf ist. Während meiner dreijährigen Ausbildung werde ich in allen Bereichen des Hotels arbeiten, sowohl am Empfang als auch in der Küche. Auch die Verwaltungsabteilung des Hotels werde ich kennen lernen. Zurzeit bin ich im Restaurantservice eingesetzt. Ich muss die Tische eindecken und dekorieren, Büfetts auf- und abbauen, die Bestellungen der Gäste aufnehmen und Getränke ausschenken. Keine Tätigkeit gleicht der anderen – man muss sich immer neuen Anforderungen stellen.
Woran ich mich erst gewöhnen musste, waren die unregelmäßigen Arbeitszeiten. Nach wie vor fällt es mir manchmal noch sehr schwer, an Wochenenden und Feiertagen, z. B. an Weihnachten, arbeiten zu müssen. Nicht alle meine Freunde haben Verständnis dafür.
Auch die Erwartung, immer höflich und freundlich zu bleiben, egal wie der Gast sich dir gegenüber benimmt, lässt sich nicht immer leicht erfüllen, vor allem dann, wenn es an einem Tag besonders stressig zugeht. Aber das ist eine grundlegende Voraussetzung für diesen Beruf.
Froh bin ich, dass ich im letzten Schuljahr noch einmal in Englisch richtig rangeklotzt habe. Das kann ich jetzt gut gebrauchen! Wir haben viele internationale Gäste, vor allem dann, wenn Messen stattfinden. Gute Englischkenntnisse sind da unerlässlich.
Meine Kolleginnen und Kollegen sind fast alle nett und hilfsbereit. Einige von ihnen haben bereits mehrere Jahre im Ausland gearbeitet, denn das Hotel gehört zu einer großen internationalen Kette. Wenn ich meine Ausbildung abgeschlossen habe, werde ich mich auf jeden Fall für einen Mitarbeiteraustausch bewerben.

Wenn dich der Beruf wirklich interessiert, solltest du dich um einen Praktikumsplatz in einem Hotel bemühen. So kannst du in einem überschaubaren Zeitraum die Vor- und Nachteile selbst herausfinden. Vielleicht findest du ja auf diese Weise sogar schon einen Ausbildungsplatz!
[…]

M5 Hotelfachleute haben folgende Aufgaben

Aufgaben im Bereich Restaurantservice ausführen
- *Restaurant vorbereiten, Tische eindecken und dekorieren*
- *Bestellungen aufnehmen*
- *Speisen auftragen und fachgerecht servieren, ggf. auch vorlegen, tranchieren oder flambieren*
- *Abrechnungen erstellen, Rechnungsbeträge kassieren*

Aufgaben in der Food-and-Beverage-Abteilung (Wirtschaftsabteilung) durchführen
- *übergeordnete Zuständigkeit für sämtliche Aufgaben, die mit Einkauf, Verwaltung, Verarbeitung und Verkauf der Speisen und Getränke zusammenhängen, wahrnehmen*
- *bei der Koordinierung und Zusammenarbeit zwischen Direktion, Food and Beverage und den unterstellten Bereichen Küche, Keller, Einkauf, Magazin, Stewarding, Büfett, Bankett und Restaurantservice mitwirken*

Aufgaben bei Empfang/Reservierung/Verwaltung durchführen
- *Korrespondenz mit Gästen, Lieferanten und sonstigen Geschäftspartnern erledigen*
- …

Aufgaben im Marketing durchführen
- *beim Erstellen von Untersuchungen über den Markt, Marktbeobachtung und Marktanalyse mitwirken, Kundenbedürfnisse und -trends ermitteln*
- …

http://berufenet.arbeitsagentur.de (27. 02. 2009)

1 *Schaut euch die Materialien M1–M5 aus einem Schüler-Portfolio „Hotelfachleute" näher an:*
a) Erklärt, ob ihr sie alle für ein Referat geeignet findet.
b) Erläutert, in welcher Reihenfolge man sie anordnen könnte.

2 *Prüft jedes einzelne Material und macht Vorschläge, wie es am wirkungsvollsten in einem Referat vor der Klasse vorgestellt werden kann; z. B.:*
- ☐ *vollständig vorlesen,*
- ☐ *nur die wichtigsten Punkte auf Folie schreiben,*
- ☐ *anschauliche Beispiele mündlich hinzufügen,*
- ☐ *mit Hilfe eines elektronischen Präsentationsprogramms (z. B. PowerPoint) vorführen,*
- ☐ *ein Plakat damit gestalten und …*

Schritt 4 Einen Beruf im Referat präsentieren

Die Gliederung – Einleitung, Hauptteil, Schluss

Die Einleitung
macht neugierig auf den Beruf durch

eine typische Redewendung	*ein originelles Foto*
ein persönliches Erlebnis	*einen wichtigen Fachbegriff*
eine charakteristische Bewegung, Tätigkeit	*eine unerwartete Information/Frage*
einen auffälligen Gegenstand	*eine statistische Angabe/Zahl*

1 *Überlegt euch eine originelle Einleitung zu eurem Beruf:*
a) Beschafft alles Nötige (Gegenstand, Foto ...).
b) Notiert einleitende Stichworte dazu auf einer Karteikarte. (Keine ganzen Sätze zum Ablesen!)

Der Hauptteil
- ☐ nennt/zeigt zuerst nur die Überschriften der folgenden Abschnitte zum Beruf, also die Gliederung;
- ☐ enthält alle wichtigen Informationen zum Beruf;
- ☐ nennt seine positiven Seiten,
- ☐ verschweigt aber auch seine problematischen Seiten nicht.

2 *Legt mit Hilfe passender Überschriften fest, in welcher Reihenfolge ihr der Klasse euer Berufe-Material aus dem Portfolio präsentieren wollt; z.B.:*
- ☐ *Geht von den ▷ Schlüsselfragen zum Beruf aus.* ▷ S. 40
- ☐ *Nennt kritische Aspekte des Berufs.*
- ☐ *Stellt seine besonderen Vorzüge heraus.*

Der Schluss
- ☐ empfiehlt den Beruf mit einprägsamen Gründen;
- ☐ geht auf Zukunftschancen des vorgestellten Berufs ein;
- ☐ kann auf einen Gedanken in der Einleitung zurückgreifen.

3

Am Ende meines Referats merkt ihr, dass der Satz „Was kann ich für Sie tun, bitte?", den ich am Anfang in der Einleitung zitiert habe, für Hotelfachleute viel mehr ist als eine Floskel ...

Notiert euch Stichpunkte und Gedanken, mit denen ihr euer Berufe-Referat wirkungsvoll beenden könnt.

Vortragskarten und Folien – Inhalte anschaulich machen

Hauptteil *Karte Nr. 2*

2.1 Wie ist die Ausbildung aufgebaut?
„Duale" A.
Betrieb Schule

OHP 2

Wie ist die Ausbildung aufgebaut?

Die Ausbildung dauert in der Regel drei Jahre und läuft nach einem dualen System ab, d.h., man wird in einem Betrieb ausgebildet und besucht parallel dazu die Berufsschule.
Nach dem ersten Ausbildungsjahr findet eine praktische Zwischenprüfung, am Ende der Ausbildung eine praktische und schriftliche Abschlussprüfung statt.

OHP II

Die Ausbildung

Duales System

	Betrieb	Schule
1	Praktische IHK-Zwischenprüfung	
2		
3	Praktische und schriftl. IHK-Abschlussprüfung	

PP Folie 1

Im 1. Ausbildungsjahr lernen die Auszubildenden im Ausbildungsbetrieb beispielsweise:

- *wie man sich als Gastgeber den Gästen gegenüber verhält, diese empfängt, betreut und angemessen über das Angebot an Dienstleistungen und Produkten informiert*
- *wie man Geräte, Maschinen und Gebrauchsgüter wirtschaftlich einsetzt, reinigt und prüft*
- *wie man Produkte des Küchenbereichs auf ihre Beschaffenheit prüft und sie ihren Verwendungsmöglichkeiten zuordnet*
- *wie n… richte…*
- *wora… Geträ…*
- *wie n…*
- *welcl…*
- *wie n… prüft*
- *wie V…*

PP Folie I

Im 1. und 2. Ausbildungsjahr	**Ausbildung im Betrieb**	**Ausbildung in der Berufsschule** *in den Lernfeldern*
	Umgang mit Gästen, Beratung und Verkauf Einsetzen von Geräten, Maschinen und Gebrauchsgütern, Arbeitsplanung Hygiene Küchenbereich Servicebereich Büroorganisation und -kommunikation Warenwirtschaft Werbung und Verkaufsförderung Wirtschaftsdienst	Arbeiten in der Küche Arbeiten im Service Arbeiten im Magazin Beratung und Verkauf im Restaurant

Hier seht ihr, wie ein/e Schüler/in den Hauptteil des Referats zum Beruf „Hotelfachmann/frau“ vorbereitet hat:

- 1 Vortragskarte (Nr. 2)
- 2 blaue OHP-Folien (2 und II zur Auswahl)
- 2 themengleiche grüne PowerPoint-Folien (PP Folie 1 und I zur Auswahl)

1 *a) Beschreibt, welche Informationen die Vortragskarte enthält.*
Wie ist sie gestaltet?
Habt ihr ergänzende Vorschläge dazu?
b) Vergleicht die beiden OHP-Folien-Varianten:
Welche findet ihr besser?
c) Begründet, welche der zwei PowerPoint-Folien besser in einen Vortrag passt.

2 *Erarbeitet nun das Referat zu eurem Wunschberuf mit eurer Gliederung (▷ S. 45, Aufgabe 2) und dem Material in eurem Portfolio.*

ARBEITSTECHNIK REFERAT GESTALTEN

- Schreibt die Gliederung des Referats in Stichpunkten auf eine Folie/an die Wandtafel.
- Haltet die wichtigsten Aussagen des Referats in Stichpunkten – keine ganzen Sätze! – auf nummerierten **Vortragskarten** fest.
  Beschreibt nur die Vorderseite.
  Wählt drei verschiedene Farben für Einleitung – Hauptteil – Schluss.
- Schreibt zentrale Thesen, Gedanken in Stichpunkten auf übersichtliche Folien.
- Überlegt, welche Teile des Referats durch Gegenstände, Bilder, Tabellen, Diagramme, ein Plakat, ein Video usw. anschaulich gemacht werden können.

Lebendig vortragen – Aktiv zuhören

Wenn ihr alle Vorschläge und Hinweise auf den vorangehenden Seiten beherzigt habt, könnt ihr ohne Angst und Lampenfieber mit eurem Berufe-Referat vor die Klasse treten!

TIPP

- Übt euren Vortrag in einer „Generalprobe“ vor ausgewähltem Publikum.
- Beachtet dabei die Hauptpunkte aus der H-S-V-Checkliste auf Seite 48.
- Stoppt eure Vortragszeit.

Der beste Vortrag bleibt wirkungslos, wenn das Publikum nicht zuhört!

1 *Wie kann man einem Redner/einer Rednerin während des Vortrags Interesse zeigen?*

2 *Zum aktiven Zuhören gehören auch* ***Fragen.***
Klärt vor dem Vortrag, wann ihr fragen dürft: sofort oder nachher?

Wer ein Referat hält, braucht „Feedback" (Publikumsreaktionen), um sich zu verbessern:

H – S – V – Checkliste für gute Vorträge

HÖREN	**Lautstärke**	zu laut	angemessen	zu leise
	Sprechtempo	zu schnell	angemessen	stockend, zu viele Pausen
	Stimmführung und Sprechweise	übertrieben	abwechslungsreich	undeutlich, monoton
SEHEN	**Auftreten**	überheblich	sicher, ruhig	unsicher, schüchtern
	Gestik/Mimik	hektisch	locker	verkrampft
	Blickkontakt	schaut nur Einzelne an	schaut das Publikum immer wieder an	schaut nur auf den Zettel
	Hilfsmittel, Medien, Technik	ohne besondere Wirkung	veranschaulichen wichtige Gedanken	fehlen oder verwirren
VERSTEHEN	**Satzbau**	zu lang, verschachtelt	verständlich	unvollständig, abgehackt
	Aufbau	klar gegliedert	wenig Gliederung	durcheinander
	(Fach-)Wortwahl	oft verständlich	meist verständlich	schlecht verständlich
	Einstieg	vorhanden	originell	fehlt
	Schluss	vorhanden	wirkungsvoll	fehlt
	Informationsgewinn	vorhanden	hoch	gering

3 *Hören – Sehen – Verstehen: Danach kann man einen Vortrag beurteilen.*
- ☐ *Teilt euch in Gruppen und übernehmt einzelne Beobachtungsaufträge.*
- ☐ *Macht euch während des Vortrags Notizen: Notiert gelungene und misslungene Beispiele. Überlegt euch Verbesserungsvorschläge. Lobt gutes Vortragsverhalten.*

3.2 Gaukler wäre schön – Literatur zur Arbeitswelt

Waris Dirie

Eine Wüstenblume auf dem Laufsteg

Waris („Wüstenblume") Dirie stammt aus Somalia, arbeitete als Fotomodell, Model und Schauspielerin, war UN-Sonderbotschafterin und erregte 1998 Aufmerksamkeit mit dem autobiografischen Buch „Wüstenblume", aus dem dieser Abschnitt stammt:

Mit wachsender Erfahrung und größerem Selbstbewusstsein kristallisierte[1] sich für mich allmählich heraus, dass ich am liebsten auf dem Laufsteg arbeitete. Zweimal im Jahr präsentieren die Modeschöpfer ihre neuen Kollektionen bei eigenen Modenschauen, zuerst zwei Wochen in Mailand, dann in Paris, es folgen London und New York. Meine Kindheit als Nomadin hatte mich auf dieses Leben bestens vorbereitet: Ich reiste mit leichtem Gepäck, fuhr der Arbeit hinterher, nahm, was mir das Leben zu bieten hatte, und machte das Beste daraus.

Sobald die Saison in Mailand eröffnet wird, macht sich jede Frau und jedes Mädchen aus der Modelbranche dorthin auf, und auch jedes weibliche Wesen, das von einer Karriere als Model träumt. Plötzlich wimmelt es in der Stadt von auffallend großen Frauen, es geht zu wie in einem Ameisenhaufen. An jeder Straßenecke, an jeder Bushaltestelle, in jedem Café – überall Models.

Ah, da ist ja eine. Oha, dort drüben die Nächste. Und hier schon wieder eine.

Irrtum ausgeschlossen. Manche sind freundlich: „Hallo!" Andere wieder mustern sich von oben bis unten: „Mmmmh." Einige kennen sich. Andere wiederum sind völlig fremd hier, zum ersten Mal allein, und ängstigen sich zu Tode. Verschiedene kommen ganz gut miteinander aus. Etliche überhaupt nicht. Die ganze Palette ist vertreten. Und wenn jemand behauptet, hier gäbe es keine Eifersucht, nun, das ist kompletter Blödsinn. Natürlich gibt es auch hier jede Menge Neid und Missgunst.

Die Agentur macht Termine für dich aus, und dann rennst du wie all die anderen Models quer durch Mailand, gehst zu Castings und versuchst, dir einen Auftritt in einer der Schauen zu sichern. An dem Punkt wird auch noch der Letzten klar, dass Modeln nur wenig mit Glamour zu tun hat. Eigentlich gar nichts. Du hast sieben, zehn, elf Termine an einem einzigen Tag. Das ist wirklich harte Arbeit, denn du rennst den ganzen Tag herum und hast keine Zeit, etwas zu essen, weil du gerade einen Termin hast und für zwei weitere schon sehr spät dran bist. Endlich hast du es zum nächsten Casting geschafft, und da warten schon dreißig Mädchen, von denen jede Einzelne vor dir drankommt. Wenn du endlich an der Reihe bist, zeigst du deine Setcard mit deinen Fotografien und persönlichen Angaben. Interessierst du den Kunden, wirst du

1 **herauskristallisieren:** verdeutlichen, zeigen

aufgefordert, ein paar Schritte zu gehen. Und findet er wirklich Gefallen an dir, bittet man dich, etwas anzuprobieren. Das war's dann. „Danke. Die Nächste."

Du hast keine Ahnung, ob sie dich nehmen oder nicht, aber auch gar keine Zeit, dir darüber den Kopf zu zerbrechen, denn du bist schon unterwegs zum nächsten Termin. Wenn sie dich haben wollen, rufen sie deine Agentur an und buchen dich. Inzwischen hast du hoffentlich gelernt, nicht ständig darüber nachzugrübeln, ob sie dich wohl nehmen werden, oder dich zu grämen, weil du einen Auftritt nicht bekommen hast, an dem dein Herz hing. Sei bloß nicht verletzt, weil einer deiner Lieblingsdesigner dich abgelehnt hat. Wenn du erst einmal anfängst zu überlegen: *Habe ich es wohl geschafft? Kriege ich den Job? Warum wollten sie mich nicht?*, machst du dich völlig verrückt. Vor allem darfst du nicht zulassen, dass es dich persönlich trifft, wenn du bestimmte Aufträge nicht bekommst, denn sonst gehst du kaputt. Irgendwann hast du dann kapiert, dass die ganze Casting-Prozedur vor allem aus Enttäuschungen besteht. Anfangs habe ich mich auch noch gefragt: *Verdammt, warum habe ich den Auftrag nicht gekriegt? Ich habe ihn doch unbedingt haben wollen!* Doch später habe ich dann gelernt, in dieser Branche gemäß dem Motto zu leben: *C'est la vie.* Scheiße, *es hat eben nicht geklappt.* Du hast ihnen nicht gefallen, so einfach ist das. Und das ist nicht deine Schuld. Wenn sie nach jemandem Ausschau halten, der über zwei Meter groß ist, keine vierzig Kilo wiegt und langes blondes Haar hat, dann interessieren sie sich eben nicht für Waris, Punkt. Nichts wie weiter, Mädchen.

Wenn man von einem Kunden gebucht wird, hat man dort weitere Termine zur Anprobe der Sachen, die man auf dem Laufsteg tragen soll. All dieses hektische Hin und Her passiert im Vorfeld, die Modenschauen sind noch gar nicht angelaufen. Du bist abgehetzt und erschöpft und unausgeschlafen und hast keine Zeit, ordentlich zu essen. Du wirkst ausgemergelt und müde. Und während du tagtäglich darum kämpfst, so gut wie nur möglich auszusehen, weil deine Karriere davon abhängt, wirst du immer magerer. Du fragst dich: *Warum tue ich mir das an? Was habe ich hier überhaupt verloren?*

Dann werden die großen Schauen eröffnet, zeitgleich geht aber das Casting weiter, denn die ganze Sache dauert ja nur zwei Wochen. Am Tag der Vorführung muss man ungefähr fünf Stunden vor Beginn da sein. Die Mädchen drängen sich, du wirst geschminkt, dann sitzt du herum, irgendwann werden deine Haare frisiert, und du sitzt wieder herum und wartest, dass die Schau endlich losgeht. Schließlich ziehst du das erste Outfit an, jetzt stehst du herum, weil du dich nicht mehr hinsetzen darfst, es könnte ja etwas zerknittern! Die Modenschau wird eröffnet, und plötzlich herrscht völliges Chaos, der absolute Wahnsinn. „Whoa! Wo steckst du? Was machst du da? Wo ist Waris? Naomi, komm. Hier nach vorne, Beeilung. Du bist Nummer neun, du bist die Nächste." Man streift sich vor all diesen wildfremden Menschen die Kleider über. „Ja, ja, ich komme ja, Moment." Jeder schubst jeden. „Was soll das? Aus dem Weg, ich bin dran!"

Und dann der Lohn für all die Mühe: der Auftritt. Du bist die Nächste, stehst neben der Bühne. Schon betrittst du den Laufsteg, die Scheinwerfer blenden dich, ohrenbetäubende Musik, alle starren dich gebannt an, und du schreitest selbstbewusst den Laufsteg entlang, und dir schießt durch den Kopf: „Ich bin es! Schaut mich alle an!" Du bist von den Besten der Branche frisiert und geschminkt worden, und deine Klamotten sind so teuer, dass du sie dir niemals leisten könntest. Aber für wenige Sekunden gehören sie dir, und du weißt, dass du aussiehst wie eine Multimillionärin. Das Adrenalin schießt dir durch die Adern, und wenn du abtrittst, kannst du es kaum erwarten, dich umzuziehen und wieder rauszugehen. Nach all der langwierigen Vorbereitung dauert die komplette Schau nur zwanzig oder dreißig Minuten, aber du bist an diesem Tag vielleicht von drei, vier, fünf Modeschöpfern

gebucht, also reißt du dir nach deinem letzten Auftritt die Sachen vom Leib und rast zum nächsten.
Nach den zwei Wochen Irrsinn in Mailand zieht die ganze Heerschar von Designern, Visagisten, Hairstylisten und Models weiter nach Paris. Dort wiederholt sich das Geschehen, ebenso wie dann in London und in New York. Am Ende der Tournee bist du restlos fertig. [...]

1 *Beschreibt, wie das Leben von Waris Dirie abläuft – während und außerhalb der Modenschauen.*

2 *Worin sieht Dirie den Lohn für ihre Arbeit? Nennt Textbelege.*

3 *„Warum tue ich mir das an?" (Z. 104 f.)*
Findet ihr das Leben als Model attraktiv? Diskutiert und begründet eure Meinungen.

4 *„Kollektionen", „Model", „Saison" ...*
Der Text enthält zahlreiche Fremdwörter.
a) Schreibt sie heraus und klärt ihre Bedeutung (Fremdwörterbuch).
b) Aus welcher Berufs-/Lebenswelt und aus welcher Sprache stammen die Wörter? ▷ S. 249

Frank McCourt

Mein erster Job als Mann

Frank McCourt wurde 1930 in New York geboren, kam mit vier Jahren nach Irland und kehrte mit neunzehn nach Amerika zurück.
In dem folgenden Abschnitt seiner „Irischen Erinnerungen" tritt der Vierzehnjährige seinen ersten Job an.

Es ist schwer, zu schlafen, wenn man weiß, dass man am nächsten Tag vierzehn ist und seinen ersten Job als Mann antritt. [...] Als ich weggehe, frage ich mich, warum Tante Aggie die Gasse heraufkommt. [...] Sie sagt, um wie viel Uhr musst du bei diesem Job sein?
Neun.
In Ordnung.
Sie macht kehrt und geht mit mir zum Postamt in der Henry Street. [...] Sie sagt, geh rein und sag ihnen, deine Tante wartet draußen und du kommst eine Stunde später. Wenn sie Streit wollen, komme ich rein und streite mich mit ihnen.
Warum soll ich eine Stunde später kommen?
Du tust, wie dir verdammt noch mal geheißen.
Auf einer Bank an einer Wand sitzen Telegrammjungen. An einem Schreibtisch sitzen zwei Frauen, eine dick, eine dünn. Die Dünne sagt, ja?
Ich heiße Frank McCourt, Miss, und ich bin hier, um mit der Arbeit anzufangen.
Und was für eine Arbeit wäre das?
Telegrammjunge, Miss.
Die Dünne gackert, o Gott, ich dachte, du bist hier, um die Toiletten zu putzen.
Nein, Miss. Meine Mutter ist mit einem Schreiben vom Priester, Dr. Cowpar, gekommen, und angeblich gibt es hier Arbeit für mich.
Ach ja? Arbeit? Für dich? Und weißt du auch, was heute für ein Tag ist?
Ja, Miss. Heute ist mein Geburtstag. Ich bin vierzehn.
Ist das nicht großartig, sagt die dicke Frau.
Heute ist Donnerstag, sagt die dünne Frau. Dein Job beginnt am Montag. Geh weg und wasch dich und komm dann wieder.

Die Telegrammjungens an der Wand lachen. Ich weiß nicht, warum, aber ich spüre, dass mein Gesicht heiß wird. Ich sage zu der Frau, danke schön, und auf dem Weg hinaus höre ich die Dünne sagen, Jesus in der Höhe, Maureen, wer hat denn das Exemplar angeschleppt?, und sie lachen zusammen mit den Telegrammjungens.

Tante Aggie sagt, nun?, und ich sage ihr, ich fange erst Montag an. Sie sagt, meine Sachen sind eine Schande und worin ich sie gewaschen habe.

Karbolseife.

Sie riechen nach toten Tauben, und du machst die ganze Familie zum Gespött.

Sie nimmt mich mit zu Roche's und kauft mir ein Hemd, einen Wollpulli, eine kurze Hose, zwei Paar Strümpfe und im Ausverkauf ein Paar Sommerschuhe. Sie gibt mir zwei Shilling, damit ich mir zum Geburtstag Tee und ein Rosinenbrötchen leisten kann. [...]

Das Paket mit den neuen Sachen unter dem Arm, gehe ich zum Arthur's Quay, und ich muss mich ans Ufer des Shannon stellen, mit dem Gesicht zum Fluss, damit nicht die ganze Welt am Tag, an dem er vierzehn wurde, die Tränen eines Mannes sieht.

Am Montagmorgen stehe ich früh auf, um mir das Gesicht zu waschen und die Haare mit Wasser und Spucke zu glätten. Der [Onkel] sieht mich in meinen neuen Sachen. Jeeesus, sagt er, hast du heute Hochzeit oder was?, und schläft wieder ein.

Mrs O'Connell, die dicke Frau, sagt, na aber, wir sind ja nach dem letzten Schrei der Mode eingekleidet, und die Dünne, Miss Barry, sagt, hast du am Wochenende eine Bank überfallen?, und groß ist das Gelächter von den Telegrammjungens auf der Bank an der Wand.

Ich soll mich ans Ende der Bank setzen und warten, bis ich mit Telegrammaustragen an der Reihe bin. Die Telegrammjungens mit Uniformen sind die Unbefristeten, die die Prüfung gemacht haben. Sie können immer bei der Post bleiben, wenn sie wollen, dann können sie die nächste Prüfung für Briefträger machen und dann die für Schalterbeamter,

dann dürfen sie drinnen arbeiten und unten im Parterre am Schalter Briefmarken verkaufen und Geldanweisungen auszahlen. Das Postamt gibt unbefristeten Jungens große wasserdichte Capes für das schlechte Wetter, und sie kriegen jedes Jahr zwei Wochen Urlaub. Jeder sagt, das sind gute Jobs, krisenfest, mit Pensionsberechtigung und respektabel, und wenn man so einen Job kriegt, braucht man sich sein Leben lang nie wieder Sorgen zu machen, nie wieder.

Befristete Telegrammjungens dürfen den Job nur machen, bis sie sechzehn sind. Es gibt keine Uniformen, keinen Urlaub, man kriegt weniger bezahlt, und wenn man einen Tag krankfeiert, kann man gefeuert werden. Keine Ausreden. Es gibt keine wasserdichten Capes. Bring deinen eigenen Regenmantel mit oder weiche den Regentropfen aus.

Mrs O'Connell ruft mich an ihren Schreibtisch, um mir einen schwarzen Gürtel und eine Umhängetasche zu geben. Sie sagt, es herrscht eine große Fahrradknappheit, also werde ich meinen ersten Packen Telegramme zu Fuß austragen müssen. Ich soll zuerst zur am weitesten entfernten Adresse gehen und mich dann zum Postamt zurückarbeiten und nicht den ganzen Tag brauchen. Sie ist lange genug bei der Post, um zu wissen, wie lang man für sechs Telegramme braucht, auch zu Fuß. Ich soll nicht in Kneipen, bei Buchmachern[1] oder auch nur zu Hause auf eine Tasse Tee Halt machen, und wenn ich das doch tue, kriegt sie das heraus. Ich soll auch nicht in Kirchen Halt machen, um ein Gebet zu sprechen. Wenn ich unbedingt beten muss, dann auf dem Huf[2] oder auf dem Fahrrad. Wenn es regnet, kümmer dich nicht drum. Stell die Telegramme zu und sei kein Waschlappen. [...]

Am Ende der Woche überreicht mir Mrs O'Connell den ersten Wochenlohn meines Lebens, ein Pfund, mein erstes Pfund. Ich renne die Treppe hinunter und hinauf zur O'Connell Street, der Hauptstraße, wo die Lichter an sind und die Menschen von der Arbeit nach Hause gehen, Menschen wie ich, mit einem Wochenlohn in der Tasche, sie sollen wissen, dass ich einer bin wie sie, dass ich ein Mann bin, dass ich ein Pfund habe. Ich gehe die O'Connell Street auf der einen Seite hinauf und auf der anderen wieder herunter und hoffe, dass sie mich bemerken. Sie bemerken mich nicht. Ich will der Welt mit meiner Pfundnote zuwinken, damit alle sagen, da geht er, Frankie McCourt, der Arbeitsmann, mit einem Pfund in der Tasche.

Es ist Freitagabend, und ich kann machen, was mir passt. Ich kann Fisch mit Fritten essen und ins Lyric Cinema gehen. Nein, nie wieder ins Lyric [...] Ich kann jetzt ins Savoy gehen und Sixpence für einen Platz ganz vorne bezahlen, wo eine bessere Klasse von Menschen sitzt, die Pralinen aus der Schachtel isst und beim Lachen die Hand vor den Mund hält. Nach dem Film kann ich eine Treppe höher im Restaurant Tee trinken und Rosinenbrötchen essen.

Michael ist auf der anderen Straßenseite und ruft mich. Er hat Hunger und will wissen, ob wohl die Möglichkeit besteht, dass er zum [Onkel] geht und ein Stück Brot kriegt und über Nacht bleiben kann, anstatt den ganzen Weg zu Laman Griffin zurückzugehen. Ich sage ihm, er braucht sich wegen Brot keine Sorgen zu machen. Wir werden ins Coliseum Café gehen und Fisch mit Fritten essen, so viel er will, jede Menge Limonade, und danach sehen wir uns Yankee Doodle Dandy mit James Cagney an und essen zwei große Tafeln Schokolade. Nach dem Film trinken wir Tee und essen Rosinenbrötchen, und den ganzen Weg zum [Onkel] singen und tanzen wir wie Cagney. Michael sagt, es muss toll sein, in Amerika zu sein, wo die Menschen nichts anderes zu tun haben als zu singen und zu tanzen. Er schläft schon halb, aber er sagt, eines Tages geht er hin, um zu singen und zu tanzen, und ob ich ihm helfen kann, dass er da hinkommt, und als er eingeschlafen ist, fange ich an, über Amerika nachzudenken und wie ich Geld für meine Überfahrt sparen muss, anstatt es an Fisch mit Fritten und Rosinenbrötchen mit Tee zu verschwenden. Ich werde ein paar Shilling von meinem Pfund sparen müssen, denn wenn ich das nicht tue, werde ich ewig in Limerick bleiben. Ich bin jetzt vierzehn, und wenn ich jede Woche etwas spare, bin ich bestimmt etwa im Alter von zwanzig in der Lage, nach Amerika zu gehen.

1 **Buchmacher:** Er bietet Wetten gegen Geld an.
2 **auf dem Huf:** im Gehen

1 *a) Beantwortet folgende Fragen zu Franks Bericht:*
- ☐ *In welcher Ortschaft passieren die Ereignisse?*
- ☐ *In welchem Jahr tritt Frank seinen Job an?*
- ☐ *In welchen Familienverhältnissen lebt er?*

b) Notiert die entsprechenden Textzeilen.

2 *Franks „erster Job als Mann" (Z. 3 f.):*
a) Beschreibt die Umstände, unter denen Frank seinen ersten Job beginnt.
b) Erklärt, worin die Tätigkeit von Frank besteht.

3 *a) Wie beurteilt ihr Franks Arbeitsbedingungen? Vergleicht mit heutigen Verhältnissen.*
b) Was könnte Frank in einem „Tagesbericht" über seine Arbeit schreiben? Verfasst einen solchen Bericht.

4 *a) Beschreibt die Empfindungen, Handlungen und Pläne, die Frank nach seiner ersten Lohnzahlung hat.*
b) ▷ Schildert, was ein/e heutige/r Jugendliche/r mit dem ersten Lohn in der Tasche denken, fühlen und tun könnte. ▷ S. 257

5 *a) Beschreibt, wie das Geschehen in dem Bericht dargestellt wird: ernst …? Belegt eure Meinung mit Textstellen, Formulierungen, bestimmten Wörtern.*
b) Welche ▷ Sprachebene (Schriftsprache, gesprochene/Jugendsprache …) nimmt der Text ein? Zitiert Beispiele. ▷ S. 249

Robert Walser

Der Beruf

Der Schweizer Erzähler (1878–1956) führte ab 1895 ein ruheloses Wanderleben in Deutschland und seiner Heimat und lebte ab 1929 in einer Heilanstalt.

Um in der Welt ein rechtschaffenes Leben führen zu können, muss man einen Beruf haben. Man kann nicht nur so in den Tag hineinarbeiten. Die Arbeit muss ihren bestimmten Charakter und einen Zweck haben, zu dem sie führen soll. Um das zu erreichen, wählt man einen Beruf. Dies geschieht, wenn man aus der Schule tritt, und mit diesem Ereignis ist man ein erwachsener Mensch, das heißt, nun hat man eine andere Schule vor sich: das Leben. Das Leben sei ein strenger Schulmeister, sagen sie einem, und das muss wahr sein, weil es eine allgemeine Ansicht ist. Wir dürfen nach unserer Lust den Beruf wählen, und wo wir das nicht dürfen, tut man uns Unrecht. Ich habe zu allen möglichen Berufen Lust. Da ist das Wählen eine schwere Sache. Ich glaube, ich tue am besten, wenn ich irgendeinen, vielleicht den erstbesten ergreife, ihn erprobe, und, wenn ich ihn satthabe, fortwerfe. Kann man denn überhaupt wissen, wie es innerhalb eines Berufes aussieht? Ich denke, das muss man doch zuerst erfahren. Unerfahrene Geister, wie wir sind, können vor kein Urteil gestellt werden, ohne sich glänzend zu blamieren. Das ist durchaus Geschmack und Sache unserer Eltern, uns einen Beruf auszusuchen. Sie wissen am besten, wozu wir taugen. Taugen wir zu Besserem, als wozu sie uns fürs Leben bestimmt haben, so ist später immer Zeit umzusatteln. Man sinkt deshalb noch nicht zum Sattler hinunter. Nein, Unrecht geschieht uns in diesem Falle selten. – Nun, mein Geschmack wäre ein Schiffskapitän. Aber ich frage mich, ob meine Eltern mit diesem Wunsch einverstanden sind. Sie lieben mich sehr, und sie würden besorgt sein um mich, wenn sie mich den Stürmen des Meeres ausgesetzt wüssten.

Das Beste wäre freilich, heimlich durchzubrennen. So zur Nachtzeit, durchs Fenster, an einem Seil herabgelassen und – ade. Aber nein! Meine Eltern habe ich nicht den Mut zu hintergehen, und wer weiß, ob ich überhaupt das Zeug zu einem Schiffskapitän habe. Schlosser, Schreiner oder Drechsler will ich nicht werden. Für einen Aufsatzschreiber von meiner Qualität ziemt sich kein solches Handwerk. Buchbinder wäre hübsch, aber meine Eltern werden es nicht zugeben wollen, weil ich ihnen, das weiß ich, viel zu gut dafür bin: Sie sollen mich nur nicht studieren lassen, ich würde verkommen. Zum Arzt habe ich keine Lust, zum Pfarrer kein Talent, zum Juristen kein Sitzleder, und Lehrer werden ... ich möchte lieber sterben. Unsere Lehrer zum Mindesten sind alle nicht glücklich, man sieht es ihnen an. Förster möchte ich werden. Ich würde mir ein kleines efeuumranktes Haus am Waldrand bauen und den Tag lang bis in die Nacht im Wald umherschweifen. Vielleicht käme es mir mit der Zeit auch langweilig vor und ich sehnte mich nach großen eleganten Städten. Als Dichter möchte ich in Paris, als Musiker in Berlin, als Kaufmann nirgends leben. Man tue mich nur in ein Bureau und erfahre dann das Weitere. Nun habe ich noch eines auf der Seele: Gaukler sein wäre schön. Ein berühmter Seiltänzer, Feuerwerk hinten auf dem Rücken, Sterne über mir, einen Abgrund neben,

und so eine feine schmale Bahn vor mir zum Schreiten. – Clown? Ja, ich fühle, ich habe zum Spaßmachen Talent. Aber den Eltern würde es Kummer bereiten, mich auf der Bühne zu wissen mit einer rot bemalten, langen Nase und mehlbestreuten Wangen und im weiten lächerlichen Anzug. – Was nun denn? Daheim bleiben und greinen? Das niemals. Eins ist sicher, mir ist nicht bang vor Berufen. Es gibt so viele.

1 *Wie wirkt dieser Text auf euch: ernst, witzig ...?*
Belegt eure Auffassung mit Zitaten.

2 *Charakterisiert den Ich-Erzähler:*
a) In welcher Lebenssituation befindet er sich?
b) Wie ist sein Verhältnis zu den Eltern?

3 *„Eins ist sicher, mir ist nicht bang vor Berufen. Es gibt so viele." (Z. 79 f.)*
Erklärt, wie ihr diese Aussage versteht.

4 *a) Untersucht, an welchen Berufen der Ich-Erzähler*
- *interessiert ist;*
- *nicht interessiert ist.*

b) Wie beurteilt ihr diese Berufseinstellung aus heutiger Sicht?

3.3 Es wird ernst – Praktikum, Bewerbung, Vorstellungsgespräch

Das Praktikum – Beschreiben und berichten

1 Fotoleiste	2 Stichworte	3 Die Vorgänge im Einzelnen
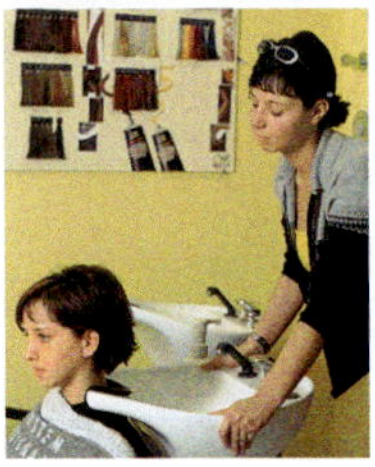	*- Umhang und Handtuch umlegen/Schutz* *- Haarwaschbecken heranziehen* *- Rückenlehne/Frisierstuhl neigen* *- Nacken/Passform Beckenrand* *- Keine Haare einklemmen!*	*Zunächst bekommt die Kundin zum Schutz ihrer Kleidung einen Umhang und ein Frottiertuch umgelegt. Nachdem das Waschbecken rückwärtig zum Frisierstuhl herangezogen worden ist, neigt man die Rückenlehne des Frisierstuhls zurück.* *Der Nacken der Kundin muss genau in die Form des Beckenrandes passen. Hierbei ist darauf zu achten, dass keine Haare zwischen Beckenrand und Nacken eingeklemmt werden.*
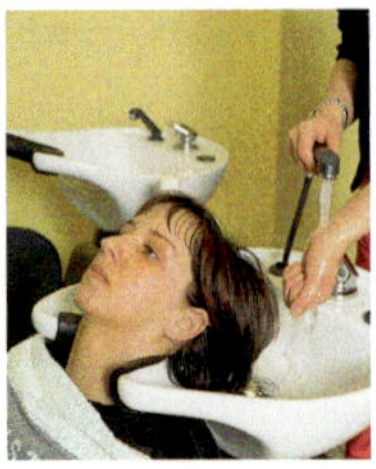	**Tipp 1** Achtet auf die richtige Reihenfolge der Arbeitsschritte. **Tipp 2** Beschreibt zunächst nur in Stichworten.	*Anschließend werden warmes und kaltes Wasser im Rückwärtswaschbecken gemischt. Um für die Kundin eine angenehme Wassertemperatur zu erhalten, prüft man am Handrücken oder am Puls die Wassertemperatur. Nun werden die Haare mit der Handbrause gut angefeuchtet. Dabei darf nicht vergessen werden zu fragen, ob die Wassertemperatur in Ordnung ist. Wenn dies nicht der Fall ist, muss warmes oder kaltes Wasser hinzugefügt und neu kontrolliert werden.*
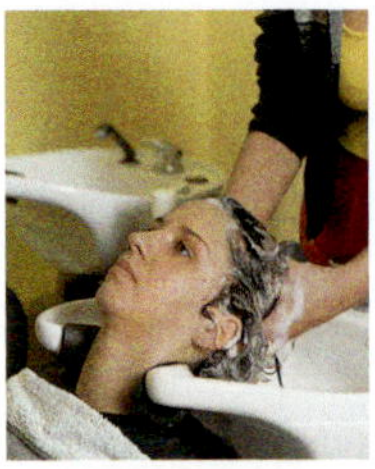	**Tipp 3** Schreibt im Präsens.	*Daraufhin …* **Tipp 4** Auch Ich- oder Du-Form möglich: *Zunächst lege ich/legst du der Kundin … um.*
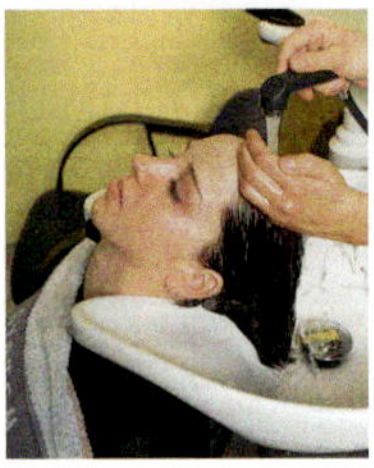	*- Shampoo ausspülen* *- Wassertemperatur beachten!* *- Wasser von Stirn über Hinterkopf laufen lassen* *- Achtung: Stirn/Shampooreste/Augen!*	**Tipp 5** Wählt treffende Zeitangaben: *zuerst, zu Beginn, später, danach, jetzt, zum Schluss, schließlich …*

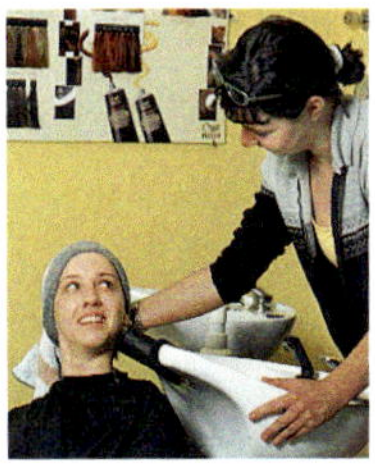

Tipp 6
Drückt euch klar und sachlich aus.
Benutzt Fachwörter.

Sobald die letzten Spuren des Haarshampoos ausgespült sind, schließt man den Wasserzulauf. Überschüssiges Wasser in den Haaren der Kundin wird danach mit der Hand abgestreift. Dabei kann man bei langen Haaren diese bündeln und leicht ausdrücken. Der Kopf der Kundin wird nun leicht angehoben, um das Haarwaschbecken gefahrlos entfernen zu können. Dann legt man von hinten ein Frottiertuch ...

Hier versucht die Praktikantin in einem Frisörsalon, den wichtigen Vorgang „Haare waschen" zu beschreiben.

1 *a) In welcher Reihenfolge verfasst sie ihre Vorgangsbeschreibung? Beachtet die Tipps.*
b) Ergänzt die fehlenden Abschnitte.

2 *Welcher Vorgang ist in eurem Berufspraktikum wichtig?*
▷ Beschreibt ihn nach dem Frisör-Beispiel. Verwendet das Präsens. ▷ S. 255

*1. 3. 20***

7. Praktikumstag:

8.30–9.00 Uhr	*Lagerarbeiten, aufgeräumt, sortiert*
9.00–10.00 Uhr	*Kabel isoliert, in der Werkstatt Leitungen gelötet*
10.00–10.15 Uhr	*Pause*
10.15–12.15 Uhr	*Reparatur eines Fernsehgeräts/ Erklärungen von Herrn P.*
12.15–13.00 Uhr	*Mittagspause*

1. 3. 20**
7. Praktikumstag:

Um 8.25 Uhr traf ich in der Werkstatt ein. **In den verbleibenden Minuten bis** zum Arbeitsbeginn unterhielt ich mich mit meinem Betreuer, der sich immer noch darüber wundert, dass Mädchen sich für Technik interessieren.

Von 8.30–9.00 Uhr arbeitete ich im Lager, wo ich Stecker und andere Kleinteile sortieren musste, die in Unordnung geraten waren. **Daraufhin** übte ich mich von 9.00–10.00 Uhr in der Werkstatt im Isolieren von Kabeln und im Verlöten von elektrischen Leitungen. **Nachdem** ich eine kurze Pause von 15 Minuten eingelegt hatte, ging ich meinem Betreuer bei der Reparatur eines Fernsehgeräts

13.00–16.00 Uhr	mit dem Monteur bei Kunden, Auslieferungen, defekte Waschmaschine geholt
16.00–16.30 Uhr	Werkstatt, Arbeitsplatz aufgeräumt, Notizen gemacht
16.30 Uhr	Feierabend

zur Hand. Dabei erklärte er mir die wesentlichen Bestandteile eines Fernsehers.

Schließlich ging es in die Mittagspause, die von 12.15–13.00 Uhr dauerte.

Am Nachmittag durfte ich einen Monteur bei Kundendienstfahrten begleiten. **Zunächst** lieferten wir das reparierte Fernsehgerät und **danach** eine funkelnagelneue Stereoanlage aus. Beides musste bei den Kunden installiert und auf einwandfreie Funktionstüchtigkeit geprüft werden. Auf der Rückfahrt luden wir bei einem weiteren Kunden noch eine defekte Waschmaschine ein. Gegen 16.00 Uhr trafen wir wieder im Betrieb ein …

Insgesamt war es ein sehr abwechslungsreicher Tag. Er war eher untypisch, weil interessante Begegnungen mit den Kunden direkt in ihren Wohnungen stattfanden.

3 *Worin unterscheiden sich diese beiden Versionen eines* ***Tagesberichts?*** *Nennt Vor- und Nachteile.*

4 *Verfasst einen ▷ Bericht (im Präteritum)* ▷ S. 254
- *über einen gewöhnlichen Tag in Stichworten.*
- *über einen besonderen Tag in ausformulierter Form.*

Verfasst am Ende eures Praktikums einen **Abschlussbericht** für eure Praktikumsmappe. Beachtet dabei:
- Was hat mir besonders gut/nicht so gut gefallen?
- Was waren meine Haupttätigkeiten?
- Wo/wann/in welchem Beruf absolvierte ich das Praktikum?
- Kann ich den Praktikumsbetrieb weiterempfehlen?
- Was habe ich im Praktikum gelernt
  - über die Arbeitswelt im Allgemeinen?
  - über spezielle Tätigkeiten?
- Wie kam ich mit den Kolleginnen und Kollegen, den Vorgesetzten aus?
- Welchen Einfluss hat das Praktikum auf meinen Berufswunsch?

5 *a) Bringt die einzelnen Punkte in eine sinnvolle Reihenfolge.*
b) Schreibt den Bericht im Präteritum: Mein Praktikum absolvierte ich vom …

Eine formvollendete Bewerbung

Franziska Arendt
Kurhausstr. 51
56789 Oberstadt
Tel.: 0123-57683
E-Mail: franziska.arendt@internet.de

Oberstadt, 20. April 20XX

Intertrans Spedition
Frau Stefanie Roth
Waldstr. 37
59876 Unterstadt

Bewerbung um eine Ausbildungsstelle zur Speditionskauffrau

Sehr geehrte Frau Roth,

Ihre Anzeige im Oberstädter Stadtanzeiger vom 17.04.20XX hat mich auf Grund der interessanten Stellenbeschreibung sehr angesprochen. Da Ihre Firma eine der größten im Speditionsbereich ist und sehr gute Arbeitsmöglichkeiten bietet, möchte ich mich bei Ihnen um einen Ausbildungsplatz bewerben.

Zurzeit besuche ich die 9. Klasse der Lise-Meitner-Gesamtschule in Oberstadt. Am Ende des nächsten Schuljahrs werde ich mit Abschluss der 10. Jahrgangsstufe die Fachoberschulreife erwerben und meine Schulzeit beenden.

Im Januar 2008 erhielt ich durch ein dreiwöchiges Praktikum bei der Transportfirma Eurotrans erste Einblicke in das Tätigkeitsfeld einer Speditionskauffrau. Dabei habe ich viel über die verschiedenen Aufgabenbereiche gelernt. Besonders interessant fand ich den telefonischen und elektronischen Umgang mit vielen verschiedenen Kunden an zahlreichen Orten.

Im Berufsinformationszentrum habe ich mich über den Speditionsberuf gründlich informiert und festgestellt, dass das Berufsbild meinen Interessen und Fähigkeiten gut entspricht. Sowohl Deutsch als auch Mathematik gehören zu meinen Lieblingsfächern. Im Englischunterricht besuche ich seit der 5. Klasse den bilingualen Kurs. Außerdem nehme ich seit Klasse 9 im AG-Bereich an einem Computerkurs teil. Die darin gewonnenen Kenntnisse kann ich sicher gut in die Arbeit einbringen.

Über eine Einladung zu einem Vorstellungsgespräch würde ich mich sehr freuen.

Mit freundlichen Grüßen
F. Arendt

Anlagen
Lebenslauf
Zeugnis 8./Halbjahreszeugnis 9. Klasse
Englisch-Zertifikat

1 *Ordnet dem Bewerbungsschreiben von Franziska Arendt die folgenden Textteile zu:*
Absender Betreff Anlagen Anrede Grußformel Berufserfahrungen Datum
Anschrift Unterschrift augenblickliche Schulsituation Berufsvoraussetzungen
Einladungswunsch Grund für die Bewerbung Fundort der Stellenanzeige

2 *Verfasst ein persönliches Bewerbungsschreiben.*

Den **Lebenslauf** von Franziska Arendt findet ihr auf ▷ S. 253.

Das erfolgreiche Vorstellungsgespräch

So könnte ein Vorstellungsgespräch beginnen.
Im Detail verläuft jedes anders, aber mit folgenden Themen und Fragen solltet ihr rechnen:

Warum haben Sie sich gerade bei unserer Firma beworben?

Welcher Beruf käme für Sie außerdem in Frage?

Was interessiert Sie besonders an Ihrem Wunschberuf?

Welche Schulfächer fallen Ihnen schwer und warum?

Was machen Sie in Ihrer Freizeit?

Wo liegen die inhaltlichen Schwerpunkte meiner Ausbildung?

Meine Fragen zu Arbeitszeit, Urlaubsregelung und Ausbildungsvergütung: Wer beantwortet ...?

Wann darf ich mit einer Benachrichtigung rechnen, ob ich den Ausbildungsplatz bekomme?

Meine Chancen nach der Ausbildungszeit ...?

1 *a) Bereitet euch auf ein Vorstellungsgespräch in eurem Wunschberuf vor:*
- ☐ *als Bewerber/in*
- ☐ *als Mitarbeiter/in der Personalabteilung*

b) Spielt das Gespräch so realistisch wie möglich:
- ☐ *in einem „Büro"*
- ☐ *in angemessener Kleidung*
- ☐ *vor einer kritischen Beobachtergruppe*

2 *Zeichnet das Gespräch mit der Videokamera auf und besprecht es kritisch.*

WÖRTERLISTE ▷ S. 282

Agentur	bilingual	parallel	absolvieren	referieren
Praktikum	dual	präsentieren	attraktiv	recherchieren
Portfolio	Folie			

4 Krass reden? – Lebendiges Deutsch zwischen Standard und Denglisch

4.1 Jugendszene(n) – Jugendsprache(n)

1 *Tauscht eure Erfahrungen mit der „Jugendszene" aus:*
a) Welche Gruppen, Stilrichtungen, Musikarten, Medieneinflüsse und Moden kennt ihr?
b) Wann würdet ihr von einer „Szene" sprechen?

2 *a) Recherchiert hierzu auf folgenden Webseiten:*
www.jugendszenen.com und www.jugendkulturen.de.
b) Wie könnt ihr vorgehen, um andere passende Webseiten ausfindig zu machen?

Jugendkultur - Wikipedia

Anmelden

Artikel | Diskussion | Seite bearbeiten | Versionen/Autoren

Ihre **Spenden** helfen, Wikipedia zu betreiben.

WIKIPEDIA
Die freie Enzyklopädie

Suche

Artikel | Volltext

Navigation
- Hauptseite
- Über Wikipedia
- Themenportale
- Von A bis Z
- Zufälliger Artikel

Mitmachen
- Hilfe
- Autorenportal
- Letzte Änderungen
- Kontakt
- Spenden

Buch erstellen
- Seite hinzufügen
- Hilfe zu Büchern

Werkzeuge
- Links auf diese Seite
- Änderungen an verlinkten Seiten
- Spezialseiten
- Druckversion
- Permanentlink
- PDF-Version
- Seite zitieren

Andere Sprachen
- Català
- Dansk
- English
- Français
- Interlingua
- Italiano
- 日本語
- Nederlands

Jugend – Szene – Subkultur

Mittels ihrer selbst erfundenen und selbst bestimmten Jugendkultur grenzen sich Jugendliche vom Geschmack der großen Mehrheit und von den Erwachsenen ab. Allerdings gibt es längst nicht mehr *die* Jugendkultur. Die verschiedensten Szenen und Untergruppen (so genannte *„Subkulturen"*) von Jugendlichen werden allgemein als Jugendkultur bezeichnet.
Man denke beispielsweise an die Skater-, Hip-Hop-, Boarder-, Raver- oder Punkszene, aber auch an die rechte Jugendszene als Untergruppe der Jugendkultur.
Größtenteils erkennen sich Angehörige einer bestimmten Szene oder Subkultur an bestimmten Gruppensymbolen. Sie unterscheiden sich in ihrer Sprache, in sichtbaren Merkmalen, wie einer eigenen Mode, bestimmten Musikstilen oder Verhaltensweisen. Jugendkulturen entwickeln häufig eine eigene Sicht auf die Welt.
Oft werden jedoch die äußeren, für jeden sichtbaren Merkmale vor allem in der Mode aus einer Szene nach kurzer Zeit von einer breiten Masse und der Wirtschaft aufgenommen (z. B. die „Baggy Pants" aus der Hip-Hop-Szene). Das, was ursprünglich an besonderen, kreativen Ideen und Werten dahinterstand, bleibt auf der Strecke.
Jugendkultur ist ein Teil unserer Konsumgesellschaft, in der das Konsumieren von Waren und Dienstleistungen sowie Spaß und Erlebnis im Mittelpunkt stehen und Eigeninitiative, Individualität und soziales Engagement verdrängt werden. Wer dabei sein will, muss „in" sein – oder andersherum gesagt: Wer keine Baggy Pants kauft, ist „out"!

Fertig

1 *Lest und untersucht diesen Artikel über die Jugend(kultur):*
a) Unterteilt ihn in Sinnabschnitte mit passenden Überschriften.
b) Schreibt eine knappe ▷ Inhaltsangabe des Artikels. ▷ S. 254

2 *„Größtenteils erkennen … eine eigene Sicht auf die Welt." (Z. 10–15).*
Versucht Beispiele für diese Aussagen zu finden.

3 *Welches Urteil wird in dem Artikel über die Jugendkultur(en) gefällt?*
Teilt ihr diese Auffassung? Diskutiert darüber.

Der Punk geht ab! – Jugend- oder Standardsprache?

Das von Shea Taylor produzierte „Burnt“ eröffnet das Album und zündet zugleich das Feuerwerk eines gnadenlosen Spitters.
Seien es Dancehall-Tunes oder strikte Hip-Hop-Instrumentals – Kardinal Offishall beweist genre-übergreifendes MCing.
„Not 4 sale“ hat kaum Schwächen, liefert pfundschwere Flows und macht auf der Riddim- wie auf der Hip-Hop-Seite Spaß.
Und die Lyrics – voll crazy!!

Die Puppetmasters rocken in jeder Hinsicht wie die Viecher. Zu allem Überfluss beweisen die Jungs ein Händchen für Refrains: Cheesy ist oft gar kein Ausdruck für die Hooklines, die den Creature-Funk-Ergüssen die krönenden Sahnehäubchen aufsetzen. Allererste Käsesahne, sozusagen. Aus breitem Maul schwappen ebenso breite Punchlines, wenn In „Spellbound Room 18“ die Aufforderung laut wird: „Ey, frog! Tell me that ghost story again!“

Das soll fetter Freestyle sein????? Mit einer Gesamtlänge von 35 Minuten, davon viereinhalb Intro und Skits, ist die Scheibe ein verdammt kurzer Ständer geworden. Einen superschlaffen Eindruck macht das derart propagierte Edelmetall dann beim Track „Selbst halbtot bin ich besser als ihr Säcke / halt die Fresse, wenn ich rappe / es gibt Kette in die Fresse.“
Zu eintönig der Sound, zu einfältig die – wenn man so will – Raps.
Hört sich irgendwie scheiße an …

1 *Lest die drei kurzen Texte:*
a) Worum geht es darin?
b) Welcher Jugendszene („Subkultur“) ordnet ihr sie zu? Begründet.

2 *Welche Ausdrücke und Formulierungen in den drei Texten sind euch unklar? Schreibt sie heraus und versucht sie zu erklären. Welche Hilfsmittel könnt ihr verwenden?*

3 *„Übersetzt“ die CD-Kritiken in eine möglichst allgemein verständliche Schriftsprache („Standardsprache“).*

4 *Vergleicht eure „Übersetzungen“ mit den oben abgedruckten Originalen: Worin unterscheiden sie sich*
- *sprachlich?*
- *in Absicht, Wirkung und Adressatenkreis?*

5 *a) Schreibt zu einer CD eine lobende/kritische Besprechung. Berücksichtigt: Welche* ***Wirkung*** *wollt ihr bei* ***welchen Adressaten*** *erzielen?*
b) Besprecht und überarbeitet eure Ergebnisse.

Das Stück ist echt der absolute Hammer!

Ferdinand von Walter, ein adliger Typ, ist spitz wie ein Rettig auf Luise, eine Schleckrosine von Frau aus dem Bürgertum. Luise steht auch auf ihren Schneckenchecker. Zu ihren Standesunterschieden meinen die beiden, das muss man ja nicht so verbissen sehen.

Doch ihre Erzeuger sagen: Mit High Life läuft hier nichts! Und Ferdinands Alter textet ihn laufend zu, dass er 'ne andere heiße Tussi nehmen soll. Für Luise ist die Sache schon gebongt, denn sie fährt total auf Ferdinand ab.

Jetzt geht der Punk ab! Es wird richtig derb, denn sein Alter, der Vollhorst, will Ferdinand gnadenlos mit einer anderen Tusse verkuppeln und zieht alle Register: Die Alten von Luise wandern in den Knast.

Und Luise hat angeblich einen anderen McDreamy! Ferdinand flippt vor Eifersucht aus, total hammerhart, weil ihm so ein Dreher diese verschärfte Lüge aufgetischt hat. Mit einer Giftpulle schleicht er zu seiner Luise, lüpft eiskalt einen und dreht auch Luise einen an. Hau rein, Süße!

Doch die Sache geht nach hinten los …

Dies ist eine Inhaltsangabe zu einem klassischen Schauspiel, das auch heute noch viel gespielt und gelesen wird.

1 a) *Kennt ihr das berühmte Theaterstück von Friedrich Schiller (1759–1805)?* ▷ S. 286
b) *Versucht mit allgemein verständlichen Worten auszudrücken, worin es in dem Schauspiel geht.*

2 a) *In welchem Stil, welcher Sprache ist die Inhaltsangabe abgefasst? Nennt Textbeispiele für eure Meinung.*
b) *An wen könnte diese Inhaltsangabe gerichtet („adressiert") sein – wo wäre sie eher fehl am Platz? Nennt Beispiele und Gründe.*

Stellt euch vor, die obige Inhaltsangabe hätte ein/e Schüler/in mit in den Deutschunterricht gebracht und darauf folgende Reaktion erhalten:

Inhaltlich hast du den Text voll gerafft. Sprachlich sind einige lollige Phrasen echt spacig! Allerdings solltest du mit deinem Gedankenmanifestor so schreiben, dass ich keinen Translater brauche. Absolut pornöser Text!!!

3 *Wie beurteilt ihr diese sprachliche Reaktion?*

4 *Verfasst eine Inhaltsangabe des Schiller-Dramas, die man z.B. in einer Jugendzeitschrift abdrucken oder in einer Literatursendung im Fernsehen oder Radio vortragen könnte.*

5 *Einigt euch auf eine frühere Klassenlektüre.*
a) Verfasst eine jugendsprachliche Inhaltsangabe dazu.
b) Errät die Klasse die Lektüre?
c) Schreibt nun die schrift-/standardsprachliche Fassung.

Echt alt aussehen – Jugendsprache überall?

„Popelbremse“ ist eines der zahlreichen Beispiele, die man in einem „Wörterbuch der Jugendsprache“ finden kann:

Lungenbrötchen · Miss Holland · abzicken · DVD · dissen · Schneckenchecker · Rauchmelder · agro · Beckenrandschwimmer · Heftknutscher · MOF · uniformierter Bewegungsmelder · Glockendisko · FRAUENVERSTEHER · leindwandglubschen

1 *a) Welche dieser so genannten „jugendsprachlichen Wörter“*
- ☐ *kennt ihr?*
- ☐ *benutzt ihr?*

b) Was folgert ihr daraus für
- ☐ *die Allgemeingültigkeit,*
- ☐ *die zeitliche „Haltbarkeit“*

solcher jugendsprachlicher Wörterbücher?

▷ S. 286

2 *a) Stellt Listen mit jugendsprachlichen Wörtern und Wendungen zusammen, die* ***ihr*** *kennt und benutzt.*
b) Ordnet sie nach folgenden Gesichtspunkten:
- ☐ *Wortarten: Nomen, Adjektiv, Interjektion (Ausruf) …*
- ☐ *Wortbildung: Zusammensetzung, Abkürzung, Sprachmischung …*
- ☐ *Herkunft: deutsch, italienisch …*
- ☐ *Bedeutung: bildhaft, vergleichend, übertreibend, provozierend …*

c) Stellt eure Ergebnisse in der Klasse vor. Diskutiert darüber.

3 *a) Besprecht folgende Fragen:*
- *Wann/Wo/Mit wem sprecht ihr Jugendsprache?*
- *Welche Absicht habt ihr dabei?*

b) Diskutiert eure Ansichten in der Klasse.

4 *Erklärt (definiert) schriftlich, was ihr unter „Jugendsprache" versteht.*

5 *Eröffnet im Intranet eurer Schule unter einem „fetzigen" Titel eine Rubrik „Jugendsprache" und veranstaltet Umfragen, Preisausschreiben, Schreibwettbewerbe usw. Auch die Schülerzeitung eignet sich für ein solches Projekt.*

> **Dustin:** Heute wollen irgendwie alle jung sein und jung bleiben – forever young!! Find ich echt krass, dass die Medien unsre Sprache nachmachen, um ihre Produkte – z. B. in der Werbung – zu verkaufen: Geiz ist geil – und dann wird das Wort irgendwie salonfähig!

> **Ariane:** Mich würde interessieren, ob Jugendliche in andern Ländern auch 'ne Jugendsprache haben. Wär doch echt der Hammer, wenn das so 'ne Weltjugendsprache gäbe!!

> **Vivien:** Eigentlich spreche ich nur Jugendsprache, wenn wir in der Clique zusammenhängen – vielleicht auch mal zu Hause, dann kriegen meine Eltern ab und zu die Krise. Aber in der Schule zum Beispiel sprechen wir mit unsern Lehrern ganz normal.

> **Leon:** Meine Eltern haben mir erzählt, dass zu ihrer Zeit sich auch alle aufregten, welche Wörter sie verwendet haben. Die ham zu einer Tussi halt Barbie gesagt. Würde doch mein Vater heute nicht mehr sagen – wächst sich wohl mit dem Alter aus :-)

> **Sina:** Ich glaub eigentlich nicht, dass sich Jugendsprache auf die allgemeine Sprache auswirkt. Wir gehen halt kreativ mit unserer Sprache um ☺, das ist doch eine Bereicherung! Wenn jemand irgendwie nicht so toll aussieht, ne blöde Hose anhat, dann sagen wir halt: Was ist das für ne Scheiß-Hose, die sieht voll kacke aus!

1 *Äußert euch zu dem Cartoon. Worin besteht sein Witz?*

2 *Wertet die Aussagen der Weblogger aus: Welchen könnt ihr euch anschließen; welchen nicht?*

3 *Untersucht, ob Dustin, Ariane … selbst Jugendsprache oder Umgangssprache verwenden.*

4 *Untersucht, **wo** und **warum** in den Medien – Fernsehen, Radio, Internet, Zeitungen, Zeitschriften … – Jugendsprache verwendet wird.*

5 *„Sinn und Unsinn der Jugendsprache": Veranstaltet eine Diskussion zu diesem Thema.*

! Die **Standardsprache** (Hochsprache, Schriftsprache) ist die allgemein verbindliche Form einer Sprache, wie sie in der Öffentlichkeit – vor allem in den Medien – gebraucht wird. Die besondere Ausdrucksweise junger Leute wird als **Jugendsprache** bezeichnet. Sie unterscheidet sich je nach „Szene" und sozialer Herkunft. Der jugendsprachliche Wortschatz – relativ kurzlebig – ist

- verstärkend: *fett, krass*
- bildhaft: *keinen Bock haben*
- drastisch: *geil, Scheiß*
- fremdsprachlich: *cool, boring*

Jugendsprache ist innerhalb der Gruppe Verständigungs- und Bestätigungsmittel, außerhalb dient sie der Abgrenzung.

Krass reden – Kiezdeutsch

1 *Dies sind vier Beispiele für „Kiezdeutsch". Was fällt euch daran besonders auf?*

2 *a) Übersetzt die Äußerungen in Standarddeutsch.*
b) Worin unterscheiden sich Wortwahl, Satzbau, Wortstellung?

Isch geh Arbeitsamt, lan!

Unter dem Einfluss des Türkischen und Arabischen sind in den letzten Jahren in der Kiez-Sprache[1] neuartige Konstruktionen entstanden, die chaotisch erscheinen, aber in ihrer einfachen Struktur durchaus regelhaft sind. Sätze wie „Musstu Doppelstunde machen", „Lassma Hermannplatz aussteigen", „Isch geh Arbeitsamt", „Kommßu mit Stadion?" – „Nee, isch fahr morgen Türkei" folgen demselben Muster. Reizvoll ist auch das Eindringen ganz neuer Fremdwörter wie „Yalla!" aus dem Arabischen (= „Los! Tempo!"), „vallah!" (= „Ich schwöre!") oder „lan", was so etwas wie „Kerl" bedeutet, aber oft auch einfach eine Bekräftigungsfloskel ist.

Problematisch könnte die Entwicklung werden, wenn die jungen Leute weder Hochdeutsch noch die Muttersprache ihrer Eltern beherrschen und […] nur noch in Infinitiven reden, […] wie es in manchen besonders benachteiligten Stadtvierteln der Fall zu sein scheint: Es entstehen einsprachige Sprachinseln, in denen Hochdeutsch zur Fremdsprache wird. Die Jugendlichen haben nur noch in der Schule damit zu tun, in der übrigen Zeit wird „krass geredet". Die Stigmatisierung[2], die damit verbunden ist, führt dazu, dass die jungen Leute sich noch mehr in ihre Gruppen zurückziehen und sich der Kommunikation mit der Umwelt verweigern. Das führt aber zu einem eminenten[3] Verlust für Gesellschaft und Arbeitsmarkt.

Um eine solche Spaltung der Gesellschaft zu verhindern, muss von früh an Sprachförderung betrieben werden. Es kann nicht Sinn der frühkindlichen Spracherziehung sein, den Englischunterricht zu fördern, statt erst einmal Sicherheit in der Muttersprache zu vermitteln.

1 **der Kiez:** Orts-, Stadtteil
2 **die Stigmatisierung:** Ausgrenzung
3 **eminent:** groß

3 *Der Artikel nennt mehrere Merkmale von Kiezdeutsch. Zählt sie auf.*

4 *a) Worin besteht die Problematik von Kiezdeutsch?*
b) Welchen Lösungsvorschlag enthält der Artikel?

5 *Unter www.kiezdeutsch.de findet ihr weitere Informationen zu dem Thema.*

! **Kiezdeutsch** ist eine Form der Jugendsprache, deren Wortschatz stark durch die Herkunftsprachen ihrer Sprecher/innen geprägt ist. Grammatik (Wortbeugung) und Satzbau werden häufig vereinfacht, verkürzt und zusammengezogen.

4.2 Ehre unter der Lupe – Einen Begriff definieren

Alles Ehre? – Den Sprachgebrauch klären

Einmarsch der deutschen Olympiamannschaft!

1 *Was bedeutet es wohl für die Sportler/innen, an diesem Ereignis teilzunehmen? Was bedeutet es vor allem für den/die Fahnenträger/in?*

Das **Ehrenbürgerrecht** ist die bedeutendste Auszeichnung Berlins. Der Senat verleiht es im Einvernehmen mit dem Abgeordnetenhaus an Persönlichkeiten, die sich in hervorragender Weise um die Stadt verdient gemacht haben (z. B. Marlene Dietrich, Michail Gorbatschow).

> fuzzi: **EHRE** das ist für mich meine PERSÖNLICHKEIT!!! **:-D** Wenn mich jemand beleidigt, bricht die Person meine EHRE, weil sie mich nicht respektiert!!!

Mit dem befreundet sein?! Nie! Das geht gegen meine ***Ehre.***

„Du sollst deinen Vater und deine Mutter **ehren,** auf dass es dir wohl ergehe und du lange lebest auf Erden." (Die Bibel, 4. Gebot)

2 *Worin ähneln, worin unterscheiden sich diese Ehr-Begriffe?*

3 *Beantwortet folgende Fragen in der ▷ „Sprechmühle":* ▷ S. 70
a) Wodurch fühlst du dich geehrt?
b) Was geht gegen deine Ehre?
c) Was ist Jungen-Ehre, was Mädchen-Ehre?

ARBEITSTECHNIK SPRECHMÜHLE

1. Ihr schlendert im Takt der Musik durcheinander.
2. Wenn die Musik abbricht, nimmt jede/r Blickkontakt mit der Person direkt vor sich auf.
3. Der/die Lehrer/in nennt
   - die erste Frage;
   - eine Bedingung, wer zuerst antwortet; z. B.: „Der/die Kleinere von euch beiden."
4. Wer zuhört, darf den/die Sprechende/n nicht unterbrechen; muss nur gut aufpassen.
5. Auf ein Zeichen des/der Lehrer/in werden Sprecher-/ und Zuhörerrolle gewechselt.
6. Die Musik setzt wieder ein für die zweite Frage ...

4 *Notiert euch in Stichpunkten, welche interessanten Antworten ihr auf die drei Fragen gehört habt. (Später sollt ihr damit eine ▷ Definition zu „Ehre" schreiben.)* ▷ S. 73

Ist **Ehre** nicht etwas Überholtes in unserer Zeit? Stehen wir nicht **Ehren**doktorwürden, **Ehren**abzeichen, Eintragungen als **Ehren**bürger etwas befremdet gegenüber? Sicher, **Ehren**runden werden weiter gedreht, auch wenn die **Ehren**tribünen verschwunden sind, denn die **Ehren**gäste heißen jetzt VIPs.
Ehrenwerte Häuser finden wir spießig, **ehr**erbietiges Buckeln unter unserer Würde, und wann sagen wir ernsthaft: „Ich fühle mich ge**ehr**t?"
Wann fühlen wir uns bei unserer **Ehre** gepackt? Wer gibt schon gern sein **Ehren**wort?

Doch zu unserer **Ehren**rettung können wir sagen:
Für viele ist es **Ehren**sache, **ehren**amtlich tätig zu sein, manche entwickeln richtigen **Ehr**geiz darin!
Das sollte aller **Ehren** wert sein, ganz **ehr**lich.

5 *Ist „Ehre" etwas Überholtes? Tauscht eure Meinungen darüber aus.*

6 *a) Schlagt im Wörterbuch nach und stellt fest, welche Wörter/Zusammensetzungen es rund um „Ehre" gibt:*

Nomen	Adjektive
Ehre	ehrerbietig
Ehrenbürger	...

b) Prüft, welche Wörter ihr kennt und verwendet, welche nicht.

7 *Informiert euch unter www.sozialministerium.hessen.de über „Jugend und Ehrenamt".*

Ehre gestern – Ehre heute

Udo Jürgens

Ein ehrenwertes Haus (1974/*2000*)

In diesem Mietshaus wohnen wir seit einem Jahr und sind hier wohl bekannt.
Doch stell dir vor, was ich soeben unter unsrer Haustür fand:
Es ist ein Brief von unsern Nachbarn, darin steht, wir müssen raus!
Sie meinen, du und ich, wir passen nicht
IN DIESES EHRENWERTE HAUS.

Weil wir als Paar zusammenleben und noch immer ohne Trauschein sind,
Weil wir hier Partys feiern und weil unsre Freunde schräge Vögel sind,
Hat man sich gestern hier getroffen und dann hat man abgestimmt.
Und die Gemeinschaft aller Mieter schreibt uns nun: „Ziehn Sie hier aus!“
Denn eine wilde Ehe, das passt nicht
Denn es herrscht Anstand und Moral bei uns,
IN DIESES EHRENWERTE HAUS.
IN DIESEM EHRENWERTEN HAUS.

Es haben alle unterschrieben. Schau dir mal die lange Liste an:
Die Frau von nebenan, die ihre Lügen nie für sich behalten kann,
Der Immobilienschieber, der total legal bescheißen kann,
Und die vom Erdgeschoss, täglich spioniert sie jeden aus.
Die Journalistin, für sie zahlen Sex und Klatsch sich prächtig aus,
Auch dieser Kerl, der seine Tochter schlägt, spricht:
Auch der vom Bauamt mit der offnen Hand,
FÜR DIESES EHRENWERTE HAUS.
AUS DIESEM EHRENWERTEN HAUS.

Und dann die Dicke, die den Hund verwöhnt, jedoch ihr eignes Kind vergisst,
Die Dicke mit dem Hund, die meckert, wenn ein Kinderrad im Hausflur steht,
Der Alte, der uns stets erklärt, was hier im Haus verboten ist,
Der Juppi mit den Steuertricks, der Anwalt, der das Recht verdreht,
Und der vom ersten Stock, er schaut die ganze Zeit zum Fenster raus,
Der alte Skinhead mit dem Trachtenlook, er hält uns nicht mehr aus,
Und er zeigt jeden an, der mal falsch parkt
Weil er von neuen alten Zeiten träumt
VOR DIESEM EHRENWERTEN HAUS.
IN DIESEM EHRENWERTEN HAUS.

Der graue Don Juan, der starrt dich jedes Mal im Aufzug schamlos an,
Die Witwe, die verhindert hat, dass hier ein Schwarzer[1] einziehn kann,
Auch die von oben, wenn der Gasmann kommt, zieht sie den Schlafrock aus,
sie alle schämen sich für uns,

DENN DIES IST JA EIN EHRENWERTES HAUS.

Wenn du mich fragst, diese Heuchelei halt ich nicht länger aus.
Bevor wir selber auch so werden, ist es besser, wir ziehn aus.
Wir packen unsre sieben Sachen und ziehn fort
Ich denke, du und ich, wir passen nicht

AUS DIESEM EHRENWERTEN HAUS.
IN DIESES EHRENWERTE HAUS.

1 **der Schwarze:** Vorsicht! Klingt heute kränkend.

„Ein ehrenwertes Haus" hat Udo Jürgens 1974 zum ersten Mal gesungen. 26 Jahre später hat er den Liedtext an einigen Stellen geändert.

1 *a) Lest den Song.*
b) Vergleicht die Änderungen von 2000 mit dem 1974er Original.

2 *a) Stellt zusammen,* ***was*** *und* ***wen*** *Udo Jürgens in seinem Song „nicht ehrenwert" nennt:*
unverheiratet zusammenleben …
b) Nehmt Stellung dazu.

3 ***Wer*** *oder* ***was*** *ist*

ehrenhaft	*unehrenhaft*
…	…

Veranstaltet dazu ein ▷ Brainstorming. ▷ S. 278

Die Ehre der Familie – Eine Wertvorstellung mit Tradition

In vielen traditionell ausgerichteten Ländern ist die Familie die wichtigste soziale Einheit, der sich alle Mitglieder unterzuordnen haben. Die zentralen Werte sind „Ehre", „Achtung" sowie „Würde" und „Ansehen".
Der Verlust der Ehre gilt als Schande für die ganze Familie, vor allem aber für die männlichen Mitglieder, die für die Familienehre verantwortlich sind: für die Familie sorgen, sie gegen Angriffe von außen verteidigen und die sexuelle Integrität[1] der Frauen innerhalb der Familie gewährleisten.

1 **sexuelle Integrität:** körperliche Unverletzlichkeit, Unbescholtenheit, „guter Ruf"

Wenn der Mann bei einem Angriff gegen diese Werte nicht handelt, verliert er seine Ehre. Die Ehre der Frau leitet sich aus Regeln zum Schutze ihrer Keuschheit ab. Dies führt zu Problemen, die in vielen Familien das Ausmaß normaler Generationskonflikte übersteigen.

1 *Nur* ***eine*** *Aussage über diesen Text trifft zu:*
- ☐ *Die Frauen sind für die Familienehre verantwortlich.*
- ☐ *Zuständig für die Familienehre sind die Ältesten.*
- ☐ *Nur Frauen können ihre Ehre verlieren.*
- ☐ *Die Familienehre ist Männersache.*

2 *a) Nehmt kritisch Stellung zum Begriff „Ehre" in diesem Text.*
b) Sprecht mit euren (Groß-) Eltern darüber.
c) Überlegt, wovon die verschiedenen Vorstellungen über „Ehre" abhängen.

3 *Was versteht ihr unter „Ehre"?*
Antwortet auf diese Frage schriftlich mit einer Definition (Erklärung)
- ☐ *für ein Jugendlexikon,*
- ☐ *in einer E-Mail an eine/n Freund/in,*
- ☐ *in einem Internetforum/Chatroom/Weblog.*

!

Das Verb **definieren** kommt von lateinisch „be-/abgrenzen".
Man definiert (erklärt) ein Wort (z. B. „Ehre"), indem man es von anderen Wörtern abgrenzt; von ähnlichen Wörtern (Synonymen) wie „Würde" oder von gegensätzlichen Wörtern (Antonyme) wie „Schande".

Zu einer Definition gehören auch anschauliche Beispiele (z. B. für ehrenhaftes Handeln), die das zu erklärende Wort verdeutlichen.

Bei „Ehre" denke ich ... | *„Ehre" ist ...* | *„Ehre" heißt ...*

„Ehre" bedeutet nicht ..., sondern ... | *Unter „Ehre" verstehe ich ...*

4 *Gestaltet ein Poster/Plakat oder eine Collage aus Wort und Bild zum Thema „Ehre".*

4.3 Champions League oder Meisterliga? – Anglizismen im Trend

- Zeitgeist-Irritationen -

1 *Worin besteht der Witz, was ist das Thema dieses Cartoons?*

2 *Klärt – z. B. mit Hilfe eines (Fremd-)Wörterbuchs –, was „Anglizismen" sind.*

3 *a) Besprecht folgende Punkte:*
- *Wo lest/hört ihr Anglizismen? Sammelt Beispiele (Mode, Sport, Tourismus, Musik ...).*
- *Stören euch (einige dieser) Anglizismen? Überlegt Lösungsmöglichkeiten.*

b) Diskutiert in der Klasse über „Anglizismen – ein Problem?"

Anti-Anglizismen-WG

Man spricht deutsch

Shampoo, Chips und Pullover? Diese Dinge kommen in einer Berliner Wohngemeinschaft nicht vor. Sie heißen dort Haarwaschmittel, Kartoffelscheiben und Überzieher. Die drei Mitbewohner haben sich der Sprachpflege verschrieben: Wer Anglizismen gebraucht, zahlt in die Haushaltskasse.

„Kompaktschallplattenspieler", „Lichtabtaster" oder „Herrenunterhose mit kurzem Beinteil": Diese deutschen Übersetzungen der englischen Begriffe „CD-Player", „Scanner" oder „Boxershorts" gebraucht eigentlich niemand. Und doch gehören sie zum täglichen Vokabular der drei WG-Genossen Tim, Fabian und Kiki. [...]

Für einen sprachlichen Lapsus[1] wie „Ketchup", „Toast" oder „Laptop" müssen 20 Cent abgedrückt werden. Schwere Vergehen wie „gedownloaded" und „absaven" werden mit 50 Cent geahndet. [...]

An anderer Stelle ist Kreativität gefragt, wie etwa bei der Abkürzung „SMS". Bei den Berliner

1 **der Lapsus:** Ausrutscher, Fehler

Sprachpflegern heißt die elektronische Botschaft „KND" – das steht für „Kurznachrichtendienst" [...]
Das fängt ja schon beim Kinderspielzeug an", meint Kiki. „Plastikauto hört sich nicht so toll an, wie Bobby Car, aber es kann doch nicht sein, dass Kinder die deutschen Begriffe nicht einmal mehr kennen." Hier besteht nach Meinung der Berliner dringender Handlungsbedarf, schließlich seien Kinder die Deutschsprecher von morgen." [...]
Mit Deutschtümelei habe das Sprachprojekt nichts zu tun, betonen die Studenten. Sie seien nur neugierig darauf, ob sie es schaffen, ganz ohne „Denglisch" auszukommen.

Birgit Tanner

1 *Tim, Fabian und Kiki wollen ohne „Denglisch" auskommen. Versucht das seltsame Wort zu erklären.*

2 *Was wünschen sich die drei für „die Deutschsprecher von morgen"?*
Besonders unsere Kinder ...

3 *Könnt ihr euch vorstellen, an einem solchen Sprachprojekt teilzunehmen? Begründet eure Meinung.*

4 *Sucht treffende deutsche Wörter für folgende Anglizismen:*

Background | Call center | Mountain Bike | Event | Half Pipe
Fast Food | Laptop | Service Point | Blackout | coffee to go
all you can eat | Factory Outlet | Flatrate | Newsletter | Feedback

5 *a) Informiert euch über die „Stiftung deutsche Sprache".*
b) Berichtet über ihre Aktivitäten.

Wo lebt Gott eigentlich heute?

Mireille Mathieu wusste 1972 noch zu singen: „Gott lebt in Frankreich, denn Frankreich ist schön." Und niemand hätte ihr damals widersprochen. Frankreich ist immer noch schön, aber Gott ist umgezogen. Er wohnt jetzt in den USA. Vermutlich im Rentnerparadies Miami, oder im beschaulichen Santa Barbara.

Wie ich darauf komme? Unsere Sprache liefert genügend Indizien[1] dafür! Einst war die deutsche Sprache von französischen Ausdrücken gespickt. Denn bevor die Deutschen ihre Antennen ganz und gar auf die USA ausrichteten, kamen die wichtigsten kulturellen – und somit auch sprachlichen – Impulse aus Frankreich.

Als Gott noch in Frankreich lebte, da wusste noch jeder, was *Savoir-vivre* und *Laisser-faire* bedeuten. Heute dreht sich alles um *Lifestyle*, und aus dem *Laissez-faire-Prinzip* wurde *Take it easy!* Was früher *en vogue* war, ist heute *trendy*, und eine Mode, die irgendwann *passé* war, ist heute *out*. Wer auf dem Laufenden war, der war mal *a jour*, und wenn er einverstanden war, dann war er *d'accord*. Heute ist er *up to date* und gibt sein *Okay*. Und wer im Fahrstuhl jemandem auf die Füße tritt, der sagt nicht mehr *Pardon!* sondern murmelt nur noch *Sorry*.

1 **das Indiz:** Hinweis

Wer seinen Geburtstag feiern will, der gibt keine *Fete* mehr, sondern eine *Party*. Und der *Grand Prix Eurovision de la Chanson* nennt sich neuerdings *Eurovision Song Contest*. Wenn irgendwann auch die französische Punktezählung abgeschafft wird *(L'Allemagne deux points)*, dann ist der Sieg der englischen Sprache komplett. *Adieu, la France*, oder genauer gesagt: *Bye, bye!* [...]

Wann waren Sie das letzte Mal in einer *Boutique?* Die wirklich angesagten Klamotten bekommt man heute im *Fashion Store*, und den wiederum gibt's in jedem *Shopping Center*. Frankreich hat seinen Status als Mutterland der *Haute Couture* und der *Prêt-à-porter*-Modeschauen eingebüßt – heute heißt das *Fashion Week*. Da führen die *Models*, die früher *Mannequins* genannt wurden, nicht mehr knackige *Dessous* vor, sondern *hot underwear*. Frauen, die sich einst in *schicken Kostümen* zeigten, haben heute ein *stylishes Outfit*. Wer ehedem *salopp* oder *leger* gekleidet war, der trägt heute *casual wear*. [...]

Es besteht kein Zweifel: Gott lebt heute in Amerika. Von dort schrieb er mir kürzlich eine Karte: „Wow, es ist einfach cool hier! Fühle mich great! Jeden Tag Party und Fun! Alles viel relaxter als bei den Frenchies!

So ein *bullshit*, habe ich gedacht und die Karte zerrissen.

Bastian Sick

1 *Lest den Artikel und formuliert die These, die Bastian Sick aufstellt.*

2 *Wie würdet ihr den Artikel nennen: traurig – kritisch – ironisch – lustig – anklagend – zustimmend Begründet eure Meinung.*

3 *„Anglizismen in der deutschen Sprache – pro oder kontra oder sowohl als auch?" Führt eine Diskussion über dieses Thema.*

WÖRTERLISTE ▷ S. 282

Standardsprache	Jugendszene	Integrität	recherchieren
Anglizismus	Kiez	Konflikt	definieren
Denglisch	Weblog	Cartoon	integrieren
Subkultur	Adressat	krass	konsumieren

5 Miteinander oder auseinander? – Kurzgeschichten erschließen

5.1 Familienbande – Geschichten lesen und verstehen

Sebastian Walter-Lilienfein: Die Familie, Öl auf Leinen, 1998

Magdalena Willems-Pisarek: Ins Freie, Softpastell, 2010

Christian Borchert: Familie W., Stralsund, 1993

1 *Wählt ein Bild aus und tragt in einem ▷ Brainstorming zusammen, was euch beim Betrachten durch den Kopf geht.* ▷ S. 278

2 *Stellt das Thema „Familie“ in einem Standbild dar.*
a) Fotografiert und erklärt euer Standbild.
b) Vergleicht mit den hier abgebildeten Kunstwerken.

3 *Sucht euch ein Bild aus und schreibt zur dargestellten Situation eine (Vor-/Nach-)Geschichte.*

Äußere und innere Handlung

1 *Bevor ihr die Kurzgeschichte lest, betrachtet euch in einem Spiegel (oder stellt euch das vor). Notiert die Gedanken und Empfindungen, die ihr dabei habt.*

Margret Steenfatt

Im Spiegel (1984)

Margret Steenfatt ist am 7. 1. 1935 in Hamburg geboren, wo sie als freie Schriftstellerin auch lebt. Sie schreibt seit 1970 vor allem Romane und Erzählungen für Jugendliche, in denen sie soziale Probleme thematisiert. Die Autorin verfasst aber auch Drehbücher, Biografien, Theaterstücke und Hörspiele.

„Du kannst nichts", sagten sie, „du machst nichts, aus dir wird nichts." Nichts. Nichts. Nichts.

Was war das für ein NICHTS, von dem sie redeten und vor dem sie offensichtlich Angst hatten, fragte sich Achim, unter Decken und Kissen vergraben.

Mit lautem Knall schlug die Tür hinter ihnen zu.

Achim schob sich halb aus dem Bett. Fünf nach eins. Wieder mal zu spät. Er starrte gegen die Zimmerdecke. – Weiß. Nichts. Ein unbeschriebenes Blatt Papier, ein ungemaltes Bild, eine tonlose Melodie, ein ungesagtes Wort, ungelebtes Leben.

Eine halbe Körperdrehung nach rechts, ein Fingerdruck auf den Einschaltknopf seiner Anlage. Manchmal brachte Musik ihn hoch.

Er robbte zur Wand, zu dem großen Spiegel, der beim Fenster aufgestellt war, kniete sich davor und betrachtete sich: lang, knochig, graue Augen im blassen Gesicht, hellbraune Haare, glanzlos. „Dead Kennedys" sangen: „Weil sie dich verplant haben, kannst du nichts anderes tun als aussteigen und nachdenken."

Achim wandte sich ab, erhob sich, ging zum Fenster und schaute hinaus. Straßen, Häuser, Läden, Autos, Passanten, immer dasselbe. Zurück zum Spiegel, näher heran, so nahe, dass er glaubte, das Glas zwischen sich und seinem Spiegelbild durchdringen zu können. Er legte seine Handflächen gegen sein Gesicht im Spiegel, ließ seine Finger sanft über Wangen, Augen, Stirn und Schläfen kreisen, streichelte, fühlte nichts als Glätte und Kälte.

Ihm fiel ein, dass in dem Holzkasten, wo er seinen Kram aufbewahrte, noch Schminke herumliegen musste. Er fasste unters Bett, wühlte in den Sachen im Kasten herum und zog die Pappschachtel heraus, in der sich einige zerdrückte Tuben fanden. Von der schwarzen Farbe war noch ein Rest vorhanden. Achim baute sich vor dem Spiegel auf und malte zwei dicke Striche auf das Glas, genau dahin, wo sich seine Augenbrauen im Spiegel zeigten. Weiß besaß er reichlich. Er drückte eine Tube aus, fing die weiche ölige Masse in seinen Händen auf, verteilte sie auf dem Spiegel über Kinn, Wangen und Nase und begann, sie langsam und sorgfältig zu verstreichen. Dabei durfte er sich nicht bewegen, sonst verschob sich seine Malerei. Schwarz und Weiß sehen gut aus, dachte er, fehlt noch Blau. Achim grinste seinem Bild zu, holte sich das Blau aus dem Kasten und färbte noch die Spiegelstellen über Stirn und Augenlidern.

Eine Weile verharrte er vor dem bunten Gesicht, dann rückte er ein Stück zur Seite, und wie ein Spuk tauchte sein farbloses Gesicht im Spiegel wieder auf, daneben eine aufgemalte Spiegelmaske.

Er trat einen Schritt zurück, holte mit dem Arm weit aus und ließ seine Faust in die Spiegelscheibe krachen. Glasteile fielen herunter, Splitter verletzten ihn, seine Hand fing an zu bluten. Warm rann ihm das Blut über den Arm und tröpfelte zu Boden. Achim legte seinen Mund auf die Wunden und leckte das Blut ab. Dabei wurde sein Gesicht rot verschmiert.

Der Spiegel war kaputt. Achim suchte sein Zeug zusammen und kleidete sich an. Er wollte runtergehen und irgendwo seine Leute treffen.

2 *Überprüft, ob ihr den Inhalt der Geschichte verstanden habt. Löst dazu folgenden Aufgaben:*
a) Benennt die Hauptfigur und stellt kurz ihre Ausgangssituation dar.
b) Beschreibt, was Achim auf den Spiegel malt.
c) Was geschieht, als er sowohl die farbige Maske als auch sein eigenes Gesicht im Spiegel wahrnimmt?

3 *a) Sucht die Textstellen, an denen von Farben die Rede ist.*
b) Überlegt und notiert, welche Bedeutung ihnen zukommt.

4 *Ordnet die Schritte der äußeren Handlung in der richtigen Reihenfolge:*

Achim zerschlägt den Spiegel.

Achim ist auf dem Weg zu seinen Freunden.

Achim bemalt den Spiegel.

Achim liegt im Bett und wird beschimpft.

5 *a) Erstellt zur äußeren Handlung eine Tabelle über das, was Achim hört, sieht und spürt.*
b) Ergänzt, was er in den jeweiligen Situationen (wohl) denkt (innere Handlung):

Äußere Handlung	Achim hört	… sieht	… spürt	Innere Handlung … denkt:
Achim liegt im Bett und wird beschimpft.	Schimpfen, Knallen der Tür	Eltern im Türrahmen	die Bettdecke	Was sollen die Vorwürfe?

!

Das **Geschehen** in einer Kurzgeschichte umfasst meist zwei Ebenen:
- **äußere Handlung:** *Achim im Bett – hört Musik – …*
  Sie beschränkt sich auf sicht- und hörbare Ereignisse.
- **innere Handlung:** *Achim fühlt sich unsicher – ratlos – aggressiv – …*
  Sie bietet die Innensicht der Figuren (Gefühle, Wünsche, Gedanken).
  Die innere Handlung muss manchmal aus der äußeren erschlossen werden.

6 *Weist nach, dass es sich bei „Im Spiegel" um eine ▷ Kurzgeschichte handelt, indem ihr deren charakteristische Merkmale überprüft.* ▷ S. 273

7 *Schreibt eine mögliche Fortsetzung der Kurzgeschichte. Verwendet das ▷ Präteritum.* ▷ S. 260

Figurenkonstellation

Nadja Einzmann

An manchen Tagen (2001)

Nadja Einzmann, 1974 bei Karlsruhe geboren, lebt und arbeitet als Schriftstellerin in Frankfurt am Main. Für ihre Romane, Erzählungen und Gedichte wurde sie mehrfach ausgezeichnet. „An manchen Tagen" ist dem Erzählband „Da kann ich nicht nein sagen" entnommen, der Geschichten über die Liebe enthält.

An manchen Tagen warte ich, dass etwas passiert. Auf einen Anruf; dass das Haus einstürzt; oder der Arzt mir sagt, dass ich nur noch wenige Wochen zu leben habe. Ich sitze im Bett und warte, und meine Mutter klopft an die Türe. Zu berichten hat sie nichts. Sei so gut, sagt sie, bring den Müll hinunter, oder: Wie wäre es mit einem Spaziergang, es ist ein wunderbarer Tag, sonnig, und die Spatzen pfeifen es von allen Dächern. Nein, rufe ich ihr zu, durch die geschlossene Tür, mir ist nicht danach, mir ist nicht nach Welt. Und ich sitze im Bett, der Himmel schaut blau durch mein Fenster oder umwölkt sich, oder ein Gewitter zieht auf. Mein Bett ist mein Schiff, mein Bett ist mein Floß, ich treibe dahin, Haie und andere Meerestiere unter mir und Sterne und Himmel über mir.

Was soll ich unternehmen mit dir, sagt meine Mutter, und stellt mir das Abendessen vor die Tür. Keines meiner Kinder, *keines* meiner Kinder, alle sind sie normal und gehen zur Arbeit, gehen morgens aus dem Haus und kehren abends zurück, nur du nicht. Was soll nur werden mit dir?

Es gab Zeiten, da ich anders war, solche Zeiten hat es gegeben. Ausgesprochen lebhaft war ich. Keine Aufgabe war sicher vor mir, und dann noch zum bloßen Zeitvertreib zeichnete ich und voltigierte[1] und focht und tanzte die Nächte durch. Meine Geschwister sahen müde aus, wenn sie von der Arbeit kamen. Sie hatten sich das Weiß in ihren Augen blutig gesehen über den Tag, und auch ihre Hände waren wund und schmerzten. Mir sah man keine Mühen an. Ich schwebte über den Boden, wo andere gingen, und dass ich mich bückte, kam nur sehr selten vor. Ja, es hat Zeiten gegeben, da ich anders war, und ich trauere ihnen nicht nach. Packt eure Herzen in Alufolie, dass sie geschützt sind, wenn ihr aus dem Haus geht, und reicht sie nicht frei herum!

1 **voltigieren:** besondere Bewegungen beim Kunstreiten oder Fechten ausführen

Es hat Zeiten gegeben, da ich anders war, und meine Mutter trauert ihnen nach. Kind, sagt sie, willst du nicht aufstehen, dass dein Vater mit dir fischen gehen kann und deine Geschwister dir berichten von ihrem Tag? Nein, sage ich, mir ist nicht nach Welt. In meinem Bett sitze ich, das mein Floß ist, und der Seegang ist hoch. Salziger Wind fährt mir durchs Haar und die Wellen überschlagen sich.

1 *Lest und besprecht die Kurzgeschichte:*
a) In welcher Lage, in welcher Stimmung ist die Hauptfigur?
b) Haltet ihr die Verfassung der Hauptfigur für Besorgnis erregend?
Beachtet dabei auch die Überschrift.
Belegt eure Meinung mit Textstellen.

2 *Vergleicht die beiden Hauptfiguren dieser Geschichte und der ▷ „Spiegel"-Geschichte: Welche Gemeinsamkeiten, welche Unterschiede stellt ihr fest?* ▷ S. 78

3 *Bereitet die Geschichte für ein gestaltendes Vorlesen vor.*
Verwendet dafür eine (vergrößernde) Kopie des Textes mit breitem Rand.

ARBEITSTECHNIK GESTALTENDES VORLESEN

- ☐ Pausenzeichen für kurzes ' oder | langes Atemholen setzen.
- ☐ Betonungszeichen für wichtige und besonders wichtige Wörter eintragen. Ihr habt verschiedene Möglichkeiten, um ein Wort oder einen Abschnitt zu betonen:
  - leise oder laut sprechen *(geheimnisvoll, aggressiv)*,
  - sehr deutlich oder gedehnt sprechen *(wütend, unsicher)*,
  - vor und nach dem Wort/Abschnitt eine Pause machen.
- ☐ Lesetempo: Ein gleichmäßig vorgetragener Text („leiern") langweilt das Publikum. Welchen Abschnitt sollte man atemlos schnell lesen, welchen geheimnisvoll oder drohend langsam? – Am Rand notieren.
- ☐ Stimme heben ↗ oder senken ↘
- ☐ Mimik/Gestik: Schaut euer Publikum immer wieder an! Setzt ein lebhaftes „Mienenspiel" und ausdrucksvolle Hand- und Armbewegungen ein.

4 *Untersucht die Figurenkonstellation.*
In welchem Verhältnis steht die Hauptfigur
☐ *zur Mutter?* ☐ *zu Vater und Geschwistern?*
a) Geht nach der „Think-pair-share"-Methode vor:
- ☐ *Analysiert die Beziehung der Figuren zuerst in Einzelarbeit (= think).*
- ☐ *Vergleicht/Ergänzt eure Ergebnisse im Partnergespräch (= pair).*
- ☐ *Gleicht eure Ergebnisse in der Gruppe ab (= share).*

b) Stellt eure Untersuchung der Figurenkonstellation in der Klasse vor.

TIPP

Die Stellung der Figuren zueinander, die ▷ **Figurenkonstellation** – Nähe, Ferne, Liebe, Konkurrenz, Neid usw. –, kann man in einem Schaubild mit Pfeilen, Zeichen und Piktogrammen verdeutlichen; ähnlich denen in Comics. ▷ S. 104

Die Geschichte enthält zahlreiche sprachliche Bilder (▷ Metaphern): *Mein Bett ist mein Schiff ...* (Z. 15). ▷ S. 263

5 *Untersucht und präsentiert die Metaphern, ihre Bedeutung und Wirkung nach der „Think-pair-share"-Methode.*

6 *a) Aus welcher ▷ Perspektive wird die Geschichte erzählt?* ▷ S. 272
b) Ist die Erzählfigur männlich oder weiblich?

Figurencharakteristik

Malin Schwerdtfeger

Mein erster Achttausender (2002)

Malin Schwerdtfeger ist 1972 in Bremen geboren und studierte jüdische und islamische Wissenschaft in Berlin.
Nachdem sie sich bereits als Jugendliche literarisch versucht hatte, startete sie in den 1990er Jahren ihre Karriere als Erzählerin. Nach Veröffentlichungen in Zeitschriften und Anthologien erschien 2000 ihr erster Sammelband mit Erzählungen: „Leichte Mädchen". Der Roman „Café Saratoga" folgte nur ein Jahr später.

Wieder einmal kam Mama nachts zurück. Sie beugte sich über mich, küsste mich zwischen die Augen, und mir wurde schlecht von ihrem Geruch nach ranziger Yakbutter, nach Qualm und verdorbenem Magen. Noch halb im Schlaf tippte ich auf Tibet oder Nepal. So widerlich konnte nur jemand riechen, der geradewegs aus Zentralasien kam.
Am nächsten Morgen saß sie am großen Tisch im Esszimmer und rührte Gerstenmehl in ihren Tee.

„Morgen, Schätzchen", sagte sie, als ich hereinkam, „ist es nicht längst Zeit für die Schule?"

„Wir haben Ferien", sagte ich. Ich begann im Esszimmer herumzulaufen und ihre Sachen aufzusammeln, die sie in der Nacht einfach überall hingeschmissen hatte. Matschverkrustete Goretex-Klamotten, Alutöpfe mit angetrockneten Gerstenbreiresten, ein Spezialkocher, die Fotoausrüstung und ihre stinkenden Bergschuhe waren über das ganze Zimmer verteilt. Immerhin hatte sie es noch geschafft, ihren Schlafsack draußen über das Verandageländer zu hängen. Er war bestimmt voller Läuse.

Ich schleppte alles hinaus auf die Veranda. Nur mit dem Kochgeschirr lief ich ins Badezimmer.

Ich stellte es in die Wanne und ließ heißes Wasser darüberlaufen.

„Setz dich hin", sagte Mama, als ich zurück ins Esszimmer kam. Sie zeigte auf den Stuhl neben sich. „Hast du irgendetwas mitgebracht, wovon ich wissen sollte?", fragte ich und setzte mich ans entgegengesetzte Ende des Tisches. „Läuse, Krätze, Ruhr, Dengue-Fieber?"

„Ich glaube nicht", sagte Mama. „Nur Blasen an den Füßen."

Ich rückte ein paar Stühle weiter vor.

Ich trank meinen Kakao und sah zu, wie sie ihren Tee schlürfte. Sie hatte einen Klumpen Yakbutter in einer schmierigen Plastiktüte vor sich liegen. Davon drehte sie mit den Fingern kleine Stückchen ab, warf sie in den Tee und rührte um, bevor sie den Tee trank.

„Mama", sagte ich schließlich, „wir müssen dir die Haare waschen!"

Während ich fast eine ganze Flasche Pfirsichöl-Pflegespülung in ihre verfilzte Matte einmassierte, erzählte Mama ungefragt von Steinschlägen am Annapurna, Überschwemmungen im Rolwalingtal und Schneestürmen in Solo Khumbu. Sie erzählte von den Wäldern Osttibets, wo es Blutegel regnet, von chinesischen Dorfgefängnissen und betrunkenen Polizisten, von Bussen, die in tiefen Schluchten zerschellen und von den schwarz gefrorenen Gesichtern der Bergsteiger, die in den verrotteten Absteigen von Lukla im Everest-Gebiet auf ihren Rückflug nach Kathmandu warteten. Sie erzählte davon, wie die Höhenkrankheit ihr Gehirn aufgeweicht hatte, als sie versuchte, den Pumori zu besteigen, und von der dünnen Luft des Himalaja, die das Blut träge macht und an der sich die Lungen wund atmen.

Zwei Stunden später hatte ich den letzten Knoten aus ihren Haaren gekämmt und alle Blasen an ihren Füßen aufgestochen und desinfiziert. Dann war Mama wieder so müde, dass sie sich aufs Sofa legte und sofort einschlief.

Das Telefon klingelte. Es war Arne von *Trekking Guides.*

„Hallo", sagte Arne. „Ist sie da?"

„Sie schläft", sagte ich, „und will nicht gestört werden. Schon gar nicht von euch."

„Sie soll nicht so viel schlafen, lieber schreiben", sagte Arne.

Ich legte einfach auf.

Ich kochte Kaffee für Papa. Dann brachte ich Papa den Kaffee, eine Schüssel Cornflakes und seine Thrombosespritze auf einem Tablett ans Bett.

Im Schlafzimmer war es kühl und dunkel. Aber Papa war schon wach. Sein Laptop warf einen grünlichen Schimmer über die zerwühlte Bettdecke. Papa nannte das, was er machte, Telearbeit, das heißt, er hatte einen Internetanschluss und einen E-Mail-Account und brauchte nie aufzustehen. Ich stellte das Frühstück neben den Laptop auf sein Bett.

„Sie ist wieder da", sagte ich. „Hab's gehört", sagte Papa.

„Willst du wissen, wo sie war?", fragte ich.

„Es stinkt nach ranzigem Fett. Grönland?", riet Papa.

„Nepal", sagte ich. „Und Tibet. Tibet ohne Einreiseerlaubnis. Sie musste sich nachts über die Grenze schleichen. Sie musste in Nomadenzelten wohnen und sich in verlassenen Bergdörfern verstecken. Einmal hat sie ein Polizist gefunden und ins Gefängnis gesteckt, aber sie hat ihn mit Tschang betrunken gemacht und ist abgehauen."

„Betrunken gemacht?“ Papa lachte und schwitzte. [...]
Ich nahm die Thrombosespritze, zog die Schutzkappe von der Nadel, schlug die Decke zurück, drückte etwas von Papas Bauchfett mit den Fingern zusammen und gab ihm eine Injektion in die Fettrolle.
„Das ist lieb!“, sagte Papa. „Bringst du mir das Bildtelefon?“
Mit der Telearbeit hatte Papa angefangen, als Mama für *Trekking Guides* zu arbeiten begann. Ihren ersten Reiseführer schrieb Mama über den Kaukasus, als ich sechs war. Wir bekamen Postkarten aus dem Gebirge, die andere Reisende für sie in Jerevan oder Tiflis eingesteckt hatten. Manchmal aber hörten wir wochenlang gar nichts von ihr. Als sie wiederkam, brachte sie literweise Armagnac mit und riesige Büschel eines Krauts mit lilafarbenen Blättern. Diese Blätter kaute sie ununterbrochen und tat sie an jedes Essen. Nachts kam sie an mein Bett und erzählte stundenlang von ihren Wanderungen mit den Schafhirten und ließ mich nicht schlafen. Sie erzählte auch von einem Hirten namens Dmitri, in den sie sich verliebt hatte.
Ein paar Monate später verschwand sie wieder. Diesmal, um auf Spitzbergen zu überwintern. Sie teilte ihre Hütte mit Einar, einem Pelztierjäger, der halb Norweger, halb Eskimo war. Von dieser Reise brachte sie fünf Blaufuchsfelle mit, die sie mir vors Bett legte, und diesmal erzählte sie nächtelang vom Packeis, vom Geschmack des schwarzen Seehundfleisches, den Schrecken der langen Polarnacht und den schönen Ablenkungen, mit denen Einar sie während der monatelangen Finsternis vor dem Verrücktwerden bewahrt hatte.
Das war die Zeit, als Papa mit der Telearbeit begann.
Am Nachmittag suchte ich Mama im ganzen Haus. Ich fand sie in der Dunkelkammer. Ich riss die Tür auf und ruinierte einen Abzug. „Mach die Tür hinter dir zu“, sagte Mama. „Hat Arne angerufen?“
Ich gab keine Antwort. Arne von *Trekking Guides* war der Mensch, den Papa und ich von allen Menschen auf der Welt am meisten hassten.
Mama machte das Licht am Vergrößerungsapparat an und wieder aus. Sie nahm das belichtete Papier und legte es in die Wanne mit der Entwicklerflüssigkeit. Nach und nach erschien ein Gesicht auf dem Papier. Mama stupste es mit der Zange unter, als wolle sie es ertränken. Dann kam es in den Stopper und zum Schluss in Fixierbad. Ich stellte mich neben Mama. Das Gesicht auf dem Foto war dunkel und glänzte fettig.
„Das ist Lopsang“, sagte Mama.
[...]
Wie immer am ersten Tag nach Mamas Rückkehr lief ich ununterbrochen zwischen meinen Eltern hin und her. Wie immer verbrachte Mama diesen Tag in der Dunkelkammer und den Abend telefonierend in der Badewanne. Und wie immer lag Papa im Bett und hackte wie verrückt auf seinen Laptop ein.
Als ich die Zinksalbe aus dem Bad holen wollte, um Papas offene Stellen damit einzuschmieren, lag Mama in der Wanne und telefonierte mit Arne. Ich setzte mich leise auf den Wäschepuff und hörte zu. Ich schaute mir ihren Körper an: Er war sehr dünn, muskulös, übersät mit blauen Flecken und Insektenstichen, und an vielen Stellen konnte man die Adern sehen. Jeden Tag saß ich auf dem Hometrainer, damit ich auch solche Muskeln bekäme wie sie.
„Neue Steigeisen und einen Daunenanzug von *Mountain Equipment*“, sagte Mama zu Arne, „ein Dreimannzelt von *Wild East*, Eisschrauben und 1000 Meter Seil. Mein Eispickel muss nur geschärft werden, aber ich brauche noch zwei dazu. Und dreißig Flaschen Sauerstoff.“
„Wo willst du hin, Mama?“, fragte ich.
„Moment mal“, sagte Mama zu Arne. Dann hielt sie die Sprechmuschel zu und sagte zu mir: „Mit Lopsang auf den Everest.“
Seit den Vorbereitungen für ihre Neuguinea-Expedition, die sie zu den Menschenfressern in die Sümpfe von Irian Jaya geführt hatte, war Mama nicht mehr so voller Reisefieber gewe-

sen. Zwei Tage lang saß sie über Landkarten gebeugt am Küchentisch und legte Routen fest. Während ich kochte und abwusch, arbeitete sie einen Akklimatisationsplan aus. Sie blätterte und kritzelte in ihrem Kalender herum und versuchte zu berechnen, wie sie ihren Körper am besten den Bedingungen in achttausendachthundertachtundvierzig Metern Höhe über dem Meeresspiegel anpassen könnte. Zwischendurch telefonierte sie immer wieder mit Kathmandu. Die restliche Zeit verbrachte Mama auf dem Hometrainer, oder sie joggte im Park. Morgens nahm sie mich mit ins Hallenbad.

Sie hatte Papa noch immer nicht guten Tag gesagt. Wenn er nach ihr schrie, ging ich zu ihm und gab ihm Johanniskrauttropfen. Wenn er dann immer noch schrie, gab ich ihm Diazepam.

Eines Nachts wachte ich auf, weil mir einfiel, dass Papa seine Einschlafmilch nicht bekommen hatte. Vielleicht weckte mich aber auch das kratzende, schabende Geräusch, das aus der Küche kam. Von Zeit zu Zeit gab es ein Quietschen, wie von einem Messer, das auf einem Teller abrutscht. Ich lief über den dunklen Flur. Hinter Papas Tür brannte noch Licht. Wahrscheinlich konnte er nicht einschlafen ohne seine Milch. In der Küche sah ich Mama sitzen und ihren Eispickel schleifen, sie saß da, in voller Goretex-Montur, drehte mit einer Hand den Schleifstein und hielt mit der anderen die Spitze des Pickels dagegen. Es kratzte und schabte, und Funken sprühten. An ihrem Stuhl lehnte der fertig gepackte Rucksack mit dem baumelnden Kochgeschirr daran. Als Mama mich sah, hörte sie auf zu schleifen.

„Was machst du denn hier?“, fragte sie, „warum bist du nicht im Bett?“

„Ich hole nur Papas Milch.“

Der Schleifstein drehte sich weiter. „Arne holt mich in einer Viertelstunde ab und bringt mich zum Flughafen“, sagte Mama.

„Gut“, sagte ich. Dann lief ich zurück in mein Zimmer. Ich holte meinen Rucksack unter dem Bett hervor, riss den Schrank auf, stopfte

Pullover, Hosen, Unterwäsche, den Skioverall und meine Schneebrille in den Rucksack. Ich zog das Nachthemd aus und einen Trainingsanzug an, darüber die Daunenjacke. Mit dem Rucksack auf dem Rücken lief ich über den Flur. Hinter Papas Tür hörte ich es schnaufen.

„Liebes“, rief Papa, „bist du’s? Hast du meine Milch vergessen?“

Ich rannte in die Küche, holte die Milchtüte aus dem Kühlschrank, ein Glas aus der Anrichte und goss so hastig ein, dass etwas auf den Boden kleckerte. Als ich die Tabletten aus der Packung in die Milch drückte, vergaß ich mitzuzählen. Mama sah mir zu.

Mit dem Glas in der Hand lief ich ins Schlafzimmer. „Hier ist deine Milch, Papa“, sagte ich. Papa hing schief in den Kissen, und sein Schlafanzug war falsch zugeknöpft. Es sah unbequem aus.

„Wo willst du hin mit dem Rucksack?“, fragte Papa, und das hatte mich noch niemand gefragt.

„Meinen ersten Achttausender besteigen“, sagte ich.

Als wir im *Trekking-Guides*-Jeep saßen und die Straße hinunterfuhren, schaute ich noch einmal zurück. Ich hatte das Licht in der Küche nicht ausgeschaltet. Und gerade, als ich zurückschaute, schob sich ein Schatten vor das erleuchtete Küchenfenster. Der Schatten füllte das Fensterviereck ganz aus. Es war ein sehr großer, sehr breiter, ein riesiger Schatten. Es war wie eine totale Sonnenfinsternis. Papa war aufgestanden.

1 *Lest die Geschichte und formuliert euren ersten Eindruck von der Familiensituation.*

2 *a) Notiert/Markiert (auf einer Folie) unbekannte Wörter und unklare Textstellen.*
b) Löst alle Unklarheiten mit Hilfe von Nachschlagewerken und im Partnergespräch.
c) Benutzt einen Atlas.

3 *Ist die Hauptfigur männlich oder weiblich?*
Belegt eure Meinung am Text.

4 *Fasst den ▷ Inhalt der Geschichte möglichst knapp vor der Klasse oder einem/einer Partner/in zusammen. Notiert dazu Stichworte für jeden Sinnabschnitt.* ▷ S. 254

5 *Wie ist das Verhältnis (die „Konstellation") der drei Familienmitglieder untereinander?*
a) Untersucht die Beziehung Tochter-Mutter, Tochter-Vater, Mutter-Vater.
Formuliert eure Einschätzung in Stichworten, nennt Beispiele und Textstellen.
b) Klärt das Kommunikationsverhalten der Figuren.
Berücksichtigt Wortwahl und Satzbau.

6 *a) Stellt die Familie in einem Standbild/Familienfoto dar.*
Die Figuren sollen bezeichnende Posen einnehmen und an einem passenden Requisit zu erkennen sein. Lasst sie „durch Handauflegen" ihre Meinung äußern.
b) Gestaltet ein großes ***Plakat,*** *aus dem durch farbige Abbildungen, Zeichen, Pfeile, Zitate die ▷ Figurenkonstellation deutlich wird.* ▷ S. 104

7 *a) Verfasst eine ausführliche Beschreibung/Charakteristik einer der drei Familienmitglieder.*
b) Überarbeitet eure Beschreibungen. Stellt sie der Klasse vor.

!

In einer **Figurenbeschreibung** wird jemand nicht nur äußerlich, sondern in seiner gesamten Persönlichkeit dargestellt und beurteilt. Das nennt man auch **charakterisieren.** Dabei sind wichtig:
- Allgemeine Angaben: Name, Alter ...
- Aussehen: körperliche Merkmale, Kleidung, besondere Auffälligkeiten ...
- Lebensumstände: Familienverhältnisse, Beruf, gesellschaftliche Stellung ...
- Eigenschaften, Verhalten: Vorlieben, Abneigungen, Verhältnis zu Mitmenschen, Verhalten in besonderen Situationen, Redeweise ...
- Abschließend beurteilt man die Figur.

Das Tempus einer Figurenbeschreibung ist das Präsens. Wichtig ist, dass man sich bei der Beschreibung auf Textstellen bezieht und diese nennt (Seiten-, Zeilenangaben).

Perspektive, Aufbau und Gliederung

James Joyce

Eveline (1914)

James Joyce (1882–1941) war ein irischer Schriftsteller, der mit wenigen Erzählungen und Romanen die Literatur des 20. Jahrhunderts tiefgreifend beeinflusste.

Sie saß am Fenster, beobachtete, wie der Abend auf die Straße herabsank. Ihr Kopf lehnte gegen die Fenstervorhänge, und sie roch den Duft des staubigen Kreton[1]. Sie war müde. Wenige Leute gingen vorbei. Der Mann aus dem letzten Hause kam auf dem Heimweg vorüber; sie hörte seine Schritte auf dem harten Pflaster hallen und dann auf dem Aschenpfad vor den neuen, roten Häusern knirschen. Früher war da mal ein Feld gewesen, auf dem sie jeden Abend mit den Kindern anderer Leute spielten. Dann kaufte ein Mann aus Belfast das Feld und baute Häuser darauf – die waren nicht wie ihre kleinen, braunen Häuser, sondern helle Backsteinhäuser mit glänzenden Dächern. Die Kinder der Straße spielten zusammen auf diesem Felde – die Devines, die Waters, die Dunns, der kleine Krüppel Keogh, sie und ihre Brüder und Schwestern. Ernst aber spielte nie mit, er war schon zu groß. Oft jagte der Vater mit seinem Schwarzdornstock hinter ihnen her, jagte sie von dem Felde; aber gewöhnlich stand der kleine Keogh Schmiere und rief, wenn er ihren Vater kommen sah. Aber damals waren sie doch ziemlich glücklich: Der Vater war zu jener Zeit noch nicht so schlimm; und außerdem lebte die Mutter noch. Das war lange her; sie und ihre Brüder und Schwestern waren jetzt alle erwachsen; ihre Mutter war tot. Tizzie Dunn war auch schon tot, und die Waters waren wieder nach England zurückgekehrt. Alles ändert sich. Jetzt wollte auch sie fort wie die andern, wollte ihr Heim verlassen.

Heim! Prüfend ließ sie die Blicke durch das Zimmer schweifen, sah noch einmal auf all seine vertrauten Gegenstände, die sie so viele Jahre hindurch einmal wöchentlich abgestäubt hatte, wobei sie sich immer wieder fragte, woher all der Staub käme. Vielleicht würde sie diese vertrauten Gegenstände nie wiedersehen, von denen sich einmal trennen zu müssen ihr nie in den Sinn gekommen war. Und doch hatte sie während all der Jahre nie den Namen des Priesters erfahren, dessen vergilbte[2] Fotografie an der Wand über dem zerbrochenen Harmonium neben dem farbigen Druck hing, der die Verheißungen an die gesegnete Maria Alacoque darstellte. Er war ein Schulfreund ihres Vaters gewesen. Jedes Mal wenn ihr Vater einem Besucher die Fotografie zeigte, hatte er so beiläufig bemerkt: „Er ist jetzt in Melbourne."

Sie hatte sich bereit erklärt fortzugehen, ihre Heimat zu verlassen. War das klug? Sie ver-

1 **der Kreton:** (Gardinen-)Stoff

2 **vergilbt:** verblasst

suchte, die Frage nach jeder Seite zu ergründen. In ihrer Heimat hatte sie auf jeden Fall Schutz und Nahrung; sie hatte die Menschen, die sie ihr ganzes Leben lang um sich gehabt hatte. Natürlich musste sie schwer arbeiten, sowohl zu Hause als auch im Geschäft. Was würde man über sie im Geschäft sagen, wenn man erfuhr, dass sie mit einem Mann fortgelaufen war? Vielleicht, dass sie nicht bei Sinnen wäre; dann eine Annonce, und ihre Stelle war neu besetzt. Fräulein Gavan würde sich freuen.

Sie hatte sie immer auf dem Zug gehabt, besonders dann, wenn Kunden in der Nähe waren und zuhörten.

„Fräulein Hill, sehen Sie denn nicht, dass die Damen warten?"

„Machen Sie bitte ein freundliches Gesicht, Fräulein Hill."

Sie würde dem Geschäft keine Träne nachweinen. Aber in ihrer neuen Heimat, in einem fernen, unbekannten Lande, würde alles anders sein. Dann würde sie sich verheiraten – sie, Eveline. Die Leute würden ihr dann voller Achtung begegnen. Sie würde nicht behandelt werden, wie ihre Mutter behandelt worden war. Selbst jetzt noch, obwohl sie schon über neunzehn war, fühlte sie sich oft von den Gewalttätigkeiten ihres Vaters bedroht. Sie wusste, dass sie davon das Herzklopfen hatte. Als sie noch Kinder waren, war er nie zu ihr gewesen, wie er zu Harry oder Ernst zu sein pflegte, weil sie ein Mädchen war; aber seit einiger Zeit hatte er angefangen, sie zu bedrohen, und sagte, dächte er nicht an ihre tote Mutter, würde ihr dies und das passieren. Und jetzt hatte sie niemand, der sie schützte. Ernst war tot, und Harry, der Kirchenmaler war, war fast immer irgendwo anders im Lande. Außerdem waren ihr die ewigen Geldstreitigkeiten am Samstagabend unsäglich widerwärtig. Immer gab sie ihren ganzen Lohn – sieben Shilling – und Harry schickte immer, was er konnte, aber immer hielt es schwer, von ihrem Vater Geld zu bekommen. Er sagte, sie vertäte das Geld, sie wäre nicht bei Trost, er gäbe ihr doch nicht sein schwer verdientes Geld, dass sie es auf die Straße würfe, und so weiter, denn samstagabends war er immer sehr schlechter Laune. Schließlich gab er ihr aber doch das Geld und fragte sie, ob sie das Sonntagessen einkaufen wolle. Dann musste sie so schnell wie möglich aus dem Hause laufen und die Einkäufe besorgen; die schwarze Lederbörse hielt sie fest in der Hand, während sie sich mit dem Ellbogen ihren Weg durch die Menge bahnte; erst spät kehrte sie dann schwer bepackt nach Hause zurück. Sie musste schwer arbeiten, wollte sie das Haus in Ordnung halten, mußte darauf achten, dass die beiden kleinen Kinder, für die sie zu sorgen hatte, regelmäßig zur Schule kamen und regelmäßig ihre Mahlzeiten bekamen. Es war nicht leicht – war ein schweres Leben – aber jetzt, wo sie es aufgeben wollte, fand sie es doch nicht so ganz unerträglich. Sie wollte ein anderes Leben mit Frank zusammen kennen lernen. Frank war sehr freundlich, männlich, offenherzig. Sie wollte mit dem Abendschiff mit ihm fortfahren, wollte sein Weib werden und mit ihm in Buenos Aires wohnen, wo er ein Haus hatte, das auf sie wartete. Wie gut sie sich erinnerte, wie sie ihn zum ersten Mal gesehen hatte; er wohnte in einem Hause der Hauptstraße, in das sie öfters kam. Es schien erst ein paar Wochen her zu sein. Er stand am Gitter, die Mütze hatte er in den Nacken geschoben, und sein Haar fiel ihm in das bronzefarbene Gesicht. Dann hatten sie einander kennen gelernt. Jeden Abend hatte er sie vor dem Geschäft getroffen und nach Hause begleitet. Er nahm sie mit in *The Bohemian Girl*, und sie war sehr stolz gewesen, als sie neben ihm auf einem ungewohnten Platz im Theater saß. Er mochte Musik ungeheuer gern und sang ein wenig. Die Leute wussten, dass sie miteinander gingen, und wenn er das Lied von dem Mädchen sang, das einen Matrosen liebt, war sie jedes Mal so angenehm verwirrt. Aus Spaß nannte er sie Puppi. Zuerst war für sie der Gedanke, einen Geliebten zu haben, eine Erregung gewesen, und dann hatte sie ihn auch bald geliebt. Als Schiffsjunge hatte er auf einem Schiff der Allan Linie, das nach Kanada fuhr, angefangen; ein Pfund hatte er monatlich verdient. Er nannte ihr die Namen der Schiffe, auf denen er gefahren war, und die der verschiedenen Gesellschaften. Er war durch die Magellanstraße gefahren und erzählte ihr Geschichten über die schrecklichen Patagonier[3]. In Buenos Aires hätte es dann geklappt, sagte er, und er wäre mal, um Ferien zu machen, in die alte Heimat gekommen. Natürlich hatte ihr Vater die Geschichte gemerkt und ihr verboten, auch nur ein Wort mit ihm zu reden.

„Ich kenne diese Matrosen", sagte er.

Eines Tages hatte er sich mit Frank gezankt, und nach diesem Zwischenfall konnte sie den Geliebten nur noch heimlich treffen.

Immer dunkler wurde es in der Straße. Das Weiß zweier Briefe auf ihrem Schoß wurde undeutlich. Der eine war an Harry, der andere an ihren Vater. Ernst war ihr Lieblingsbruder gewesen, aber auch Harry mochte sie gerne. Sie hatte bemerkt, dass ihr Vater seit einiger Zeit alterte; er würde sie vermissen. Manchmal konnte er sehr nett sein. Vor Kurzem noch, als sie einen Tag krank zu Bett lag, hatte er ihr eine Gespenstergeschichte vorgelesen und Toast für sie auf dem Feuer bereitet. Ein anderes Mal, als ihre Mutter noch lebte, waren sie alle auf den Hill of Howth gegangen und hatten dort gepicknickt. Sie sah den Vater noch vor sich, wie er den Hut der Mutter aufsetzte, damit die Kinder lachten.

Die Zeit verging schnell, aber immer noch saß sie am Fenster, lehnte den Kopf gegen den Fenstervorhang, atmete den Duft des staubigen Kreton. Weit unten in der Straße konnte sie eine Straßenorgel spielen hören. Sie kannte die Melodie. Seltsam, dass sie sie grade jetzt hörte, dass sie sie an das Versprechen an die Mutter erinnerte, das Haus so lange sie nur konnte zusammenzuhalten. Sie dachte an den letzten Abend der Krankheit ihrer Mutter; sie war wieder in dem schwülen, dunklen Zimmer auf der andern Seite des Flurs, und draußen hörte sie eine melancholische[4], italienische Melodie. Dem Orgelspieler hatte man gesagt, er solle weitergehen, und hatte ihm Sixpence gegeben. Sie dachte auch an den Vater, der wieder ins Krankenzimmer stolzierte und sagte:

„Die verfluchten Italiener! Kommen sogar bis hierhin!" Während sie so sann, tropfte ihr Erkenntnis aus der Vision des jämmerlichen Lebens ihrer Mutter bis ins Innerste – dies banale Opferleben, das im Irrsinn endete. Sie erbebte, als sie immer wieder ihrer Mutter Stimme mit närrischer Beharrlichkeit sagen hörte:

„Derevaun Seraun! Derevaun Seraun!"

Von plötzlicher Angst gepackt, stand sie auf. Fliehe! Sie musste fliehen! Frank würde sie retten! Er würde ihr Leben, vielleicht auch Liebe geben. Aber sie wollte leben. Warum sollte sie unglücklich sein? Sie hatte ein Recht auf Glück. Frank würde sie in seine Arme nehmen, sie in seine Arme hüllen. Er würde sie retten.

3 **Patagonier:** Bewohner von Patagonien in Südamerika

4 **melancholisch:** sehnsüchtig, traurig

1 *Lest die Erzählung. Sprecht über Unklarheiten.*

2 *Richtig oder falsch? Korrigiert die Falschaussagen.*

- ☐ *Die Geschichte spielt in Irland.*
- ☐ *Eveline ist eine ältere, arbeitslose Frau.*
- ☐ *Ihr Familienleben verläuft harmonisch.*
- ☐ *Mit Frank will sie in Buenos Aires ein neues Leben beginnen.*
- ☐ *Eveline hasst ihren Vater.*

3 *Die Geschichte geht weiter!*
Wie könnte sie enden? Begründet und besprecht eure Vorschläge.

So endet die Erzählung im Original:

She stood among the swaying crowd in the station at the North Wall. He held her hand and she knew that he was speaking to her, saying something about the passage over and over again. The station was full of soldiers with brown baggages. Through the wide doors of the sheds she caught a glimpse of the black mass of the boat, lying in beside the quay wall, with illumined portholes. She answered nothing. She felt her cheek pale and cold and, out of a maze of distress, she prayed to God to direct her, to show her what was her duty. [...]
„Come!"
All the seas of the world tumbled about her heart. He was drawing her into them. He would drown her. She gripped with both hands at the iron railing.
„Come!"
No! No! No! It was impossible. Her hands clutched the iron in frenzy. Amid the seas she sent a cry of anguish.
„Eveline! Evvy!"
He rushed beyond the barrier and called to her to follow. He was shouted at to go on, but still called to her. She set her white face to him, passive like a helpless animal. Her eyes gave him no sign of love or farewell or recognition.

4 *Erschließt euch den Inhalt mit Hilfe des Wörterbuchs.*

5 *Vergleicht mit der ▷ deutschen Übersetzung: Ist sie genau? Oder geht sie frei mit dem Original um?* ▷ S. 286

6 *Die Geschichte wird erzählt aus der ▷* ***Perspektive*** ▷ S. 272
- ☐ *eines „allwissenden" (auktorialen) Erzählers;*
- ☐ *von Eveline;*
- ☐ *eines erzählenden „Ich".*

a) Welche Antwort trifft zu?
b) Belegt mit Textbeispielen, welche Wirkung die Erzählperspektive hat.

Um eine (längere) Geschichte richtig zu verstehen, ist es sinnvoll, sie in ihre **Sinnabschnitte** zu gliedern.

Sinnabschnitt	äußere Handlung	innere Handlung	Bemerkung
Z. 1–33	E. sitzt abends am Fenster.	Sie erinnert sich an die Kindheit. Sie will weggehen.	Sie ist unzufrieden.
Z. 34–52	...	...	...

7 *Versucht diese Gliederung fortzusetzen. Nicht in jedem Kästchen muss etwas notiert sein.*

8 *Vergleicht Eveline mit der Mutter und der Ich-Erzählerin in ▷ „Mein erster Achttausender".* ▷ S. 82

5.2 Das Glück als Single? – Eine Kurzgeschichte analysieren und interpretieren

Angelika Domhof, 1946 in der Nähe von Köln geboren, lebt und arbeitet als Lehrerin in Düsseldorf. Ihre Kurzgeschichten thematisieren häufig zwischenmenschliche Beziehungen. „Er hat alles, was er braucht" ist einer von drei Texten, mit denen sie sich an einem Literaturwettbewerb „Prosa von Frauen" beteiligt hat.

Angelika Domhof
Er hat alles, was er braucht (1981)

Sie hatte ihn besucht. Er war krank. Irgendjemand hatte ihr erzählt, dass er krank sei. Er selbst hätte sie deswegen nicht angerufen, nicht um ihren Besuch gebeten.
Sie hatte sich Sorgen gemacht, war gleich zu ihm gegangen, hatte ihn bettlägerig angetroffen.
Er freute sich nicht über ihren Besuch.
Komm mir nicht so nahe, hatte er gesagt, du wirst dich anstecken.
Ich habe keine Angst vor Ansteckung, hatte sie gesagt, ich bleibe auch nicht lange. Ich wollte nur sehen, wie es dir geht.
Sie hatte sich einen Stuhl in die Nähe seines Bettes gezogen, versuchte, die Befangenheit, seine und ihre, zu überspielen, indem sie ihm etwas Belangloses erzählte.
Sie spürt, dass ihr Besuch ihm nicht angenehm ist. Er teilt seine Hilflosigkeit nicht gern, schon gar nicht mit ihr.
Die Blumen sind hübsch, sagt er, lieb von dir.
Ja, sagt sie, ich habe sie gestern gekauft, eigentlich für mich. Ich hatte sonst nichts, was ich dir hätte mitbringen können.
Sie fühlt sich nicht wohl, wünscht plötzlich, nicht gekommen zu sein. Ich hätte anrufen sollen, denkt sie. Es wäre einfacher gewesen.
Sie sieht das Tablett auf seinem Nachttisch: Mineralwasser, eine nicht zu Ende gegessene Brotschnitte, Fieberthermometer, Medikamente. Er war mit den Augen ihren Blicken gefolgt.
Ich habe alles, was ich brauche, sagt er, ich komme zurecht.
Ja, ich sehe, sagt sie und steht auf, um sich zu verabschieden.
Ach bitte, sagt er, als sie schon an der Tür ist, stell die Vase mit den Blumen so, dass ich sie sehen kann.

Die Kurzgeschichte wird in mehreren Schritten untersucht und beurteilt. Nach diesem Muster könnt ihr dann auch andere Geschichten interpretieren.

1 *Kopiert die Geschichte, klebt sie auf ein Blatt Papier mit viel Platz rundum für eure Notizen.*

1. Schritt: Mit dem Text ins Gespräch kommen[1]

1 **Talking to the text** heißt diese Arbeitstechnik im Englischen

Auf diese Weise hat jemand mit der Kurzgeschichte „gesprochen“:

Wer? **Er hat alles, was er braucht** *wirklich? s. Schluss!*

keine Namen! Ort? Zeit?

Sie hatte ihn besucht. Er war krank. Irgendjemand hatte ihr erzählt, dass er krank sei. Er selbst hätte sie deswegen nicht angerufen, nicht um ihren Besuch gebeten.

warum?

Sie hatte sich Sorgen gemacht, war gleich zu ihm gegangen, hatte ihn bettlägerig angetroffen. Er freute sich nicht über ihren Besuch. *Ablehnung*

keine Anführungszeichen

Komm mir nicht so nahe, hatte er gesagt, du wirst dich anstecken.

Ich habe keine Angst vor Ansteckung, hatte sie gesagt, ich bleibe auch nicht lange. Ich wollte nur sehen, wie es dir geht. *Zuwendung*

Sie hatte sich einen Stuhl in die Nähe seines Bettes gezogen, versuchte, die Befangenheit, seine und ihre, zu überspielen, indem sie ihm etwas Belangloses erzählte.

Zeitwechsel

Sie spürt, dass ihr Besuch ihm nicht angenehm ist. Er teilt seine Hilflosigkeit nicht gern, schon gar nicht mit ihr. *Grund?*

Die Blumen sind hübsch, sagt er, lieb von dir.

1 a) *Prüft und besprecht, wie hier vorgegangen wurde. Was überzeugt euch? Was vermisst ihr?*
b) *Führt in ähnlicher Weise „ein Gespräch“ mit der Kurzgeschichte.*

2. Schritt: Die Einleitung schreiben

In Jo Pestums Kurzgeschichte „Warten kurz vor sieben" aus dem Band „City-Glück und Straßen-Blues" (1989) wird deutlich gemacht, wie wichtig Gefühle für die Wahrnehmung sind: Wenn Menschen verliebt sind, nehmen sie auch ihre Umgebung freundlich wahr.

1 *Aus welchen Bestandteilen besteht diese Einleitung?*

2 *Schreibt eine ähnliche Einleitung für „Er hat alles, was er braucht".*

TIPP
Haltet euch nicht zu lange mit der Kernaussage der Geschichte auf. Ihr könnt sie später bei der ▷ Überarbeitung eures Aufsatzes ändern. ▷ S. 95

3. Schritt: Den Hauptteil verfassen

Handlungsaufbau und Inhalt

Den Text kann man in vier Abschnitte gliedern: Der erste, Zeile 1–8, erwähnt „Die Nachricht von der Krankheit". „Die Abwehrhaltung" passt als Überschrift zum zweiten Erzählschritt von Zeile 9–15. „Eine unangenehme Situation" wird von Zeile 16–27 geschildert und mit der „Zuwendung" endet die Geschichte. (Hilal)

Teilt man die Geschichte in verschiedene Abschnitte, so bilden die Zeilen 1–8 den ersten Abschnitt: Hier erfährt man, dass eine Hauptfigur krank ist und die andere sie deswegen besucht. Danach (von Zeile 9–15) wird gezeigt, dass dies dem Kranken nicht recht ist. (Fabian)

1 *Untersucht, in welcher Weise Hilal und Fabian auf den Aufbau und Inhalt der Geschichte eingehen: Worin unterscheiden sie sich?*

2 *Schreibt eine kurze ▷* ***Inhaltsangabe*** *der Kurzgeschichte im Präsens:* ▷ S. 254
- ☐ *Fasst sie in Sinnabschnitte mit Zeilenangaben und Überschriften zusammen.*
- ☐ *Gebt den Ort und die ▷ äußere Handlung knapp im Präsens wieder.* ▷ S. 79
- ☐ *Haltet auch die Innensicht der beiden Figuren fest.*

Figuren und Beziehungen

Bei den beiden Figuren der Kurzgeschichte handelt es sich um eine männliche und eine weibliche Person. Sie werden namentlich nicht benannt, um zu unterstreichen, dass sie ... Die beiden könnten ein ehemaliges Liebespaar sein, aber auch ... (Marek)

1 *Versucht Mareks Ansichten über die beiden Hauptfiguren zu ergänzen.*

2 *a) Lest die Geschichte noch einmal und markiert/notiert alles, was die Beziehung („Konstellation") der beiden Figuren verdeutlicht.*
b) Zeichnet ein farbiges Schaubild der ▷ Figurenkonstellation. ▷ S. 104

3 *Anschließend ▷ charakterisiert ihr jede Figur für sich.* ▷ S. 86

Form und Sprache

„Er hat alles, was er braucht" beginnt wie jede typische Kurzgeschichte: ... Auch andere Kurzgeschichtenmerkmale findet man: ... (Nele)

Obwohl das Verb „sagen" sehr häufig in der Kurzgeschichte vorkommt (z. B. Z. 10, Z. 11, Z. 18), sprechen die Figuren nicht wirklich miteinander. Ihre „Kommunikation" wirkt ... (Nils)

1 *Ergänzt diese Beobachtungen über formale und sprachliche Besonderheiten der Geschichte.*

2 *Markiert/Notiert (mit Zeilenangabe) alle Auffälligkeiten zu Sprache/Stil und Form der Geschichte:*
- ☐ *Wortschatz (neutral, altertümlich, gehoben, salopp ...)*
- ☐ *Bilder und Vergleiche*
- ☐ *Satzbau und -länge*
- ☐ *Tempusgebrauch und -wechsel*

3 *Schreibt einen zusammenhängenden Abschnitt über Sprache und Form der Geschichte von Angelika Domhof.*

TIPP
- ☐ Versucht eure sprachlichen und formalen Beobachtungen mit einer inhaltlichen Erklärung zu versehen: *Der offene Schluss ist typisch für eine Kurzgeschichte. Dadurch muss man sich inhaltlich fragen, ...*
- ☐ ▷ Zitiert genau und mit Zeilenangaben. ▷ S. 285

4. Schritt: Am Schluss Stellung nehmen

*Für mich steckt die zentrale Aussage der Geschichte im letzten Satz (Z. 28 f.): Mit diesem Satz macht „er" deutlich, dass die Behauptung in der Überschrift ...
Das gefällt mir. Denn jetzt besteht die Chance, dass ...*

1 *Schaut euch noch einmal eure Aufzeichnungen von Schritt 1 bis Schritt 3 an und versucht in einer zusammenfassenden Deutung zu beantworten:*
a) Worin besteht das **Hauptproblem,** *die* **zentrale Aussage** *der Kurzgeschichte?*
b) Welche persönliche Meinung habt ihr dazu?
Begründet und belegt sie mit Beispielen.

2 *Verbindet eure schriftlichen Aufzeichnungen in Schritt 1 bis Schritt 3 zu einer vollständigen Interpretation der Kurzgeschichte „Er hat alles, was er braucht".*

5. Schritt: Die Interpretation überarbeiten

CHECKLISTE SCHRIFTLICH INTERPRETIEREN

Einleitung
- ☑ Titel, Autor/in, Textsorte, Quelle?
- ☑ Kernaussage/Thema?

Hauptteil
- ☑ Inhaltsangabe und Handlungsaufbau?
- ☑ Figurenkonstellation und -beschreibung?
- ☑ Sprachliche und formale Besonderheiten und ihre Bedeutung?

Schluss
- ☑ Zentralaussage/Hauptproblem des Textes?
- ☑ Persönliche, begründete Stellungnahme?

Form
- ☑ Übersichtliche Gliederung durch Absätze?
- ☑ Genaue Zitate und Zeilenangaben?
- ☑ Wortwahl abwechslungsreich?
- ☑ Satzbau übersichtlich?
- ☑ Rechtschreibung und Zeichensetzung korrekt?
- ☑ Präsens verwendet?

1 *Überprüft (im Rahmen einer ▷ Schreibkonferenz) mit diesen Fragen eure Interpretation.* ▷ S. 281

5.3 Ein Familiendrama abwenden – Eine Geschichte kreativ bearbeiten

Irene Dische

Liebe Mom, lieber Dad (2006)

Irene Dische wurde 1952 in New York als Tochter eines Biochemikers und einer deutschen Ärztin geboren. Sie lebt abwechselnd in Deutschland und in den USA und schreibt Jugendbücher, Erzählungen und Romane.

Liebe Mom, lieber Dad, bitte entschuldigt, dass ich mich so lange nicht gemeldet habe. Ich kann mir vorstellen, dass ihr euch meinetwegen Sorgen gemacht habt, aber ich konnte wirklich nicht anrufen. Bis gestern lag ich im Krankenhaus. Zum ersten Mal seit anderthalb Monaten sitze ich wieder an einem Tisch. Nach unserem Streit vor sechs Wochen wegen Ralph, der euch nicht gefällt, weil er so viel älter als ich und überhaupt eine seltsame Wahl ist, weil er kein Arzt oder Anwalt ist wie alle anderen, die ich kenne, war ich so wütend, dass ich mich besser nicht ans Steuer gesetzt hätte. Jackie hatte die ganze Zeit im Wagen auf mich gewartet. Sie ist immer meine beste Freundin gewesen. Ich war doch bloß vorbeigekommen, um euch kurz zu umarmen. Danach wollten wir weiterfahren – über das Wochenende nach Maine, wo Ralph eine Farm hat. So arm ist er nämlich gar nicht, wisst ihr. Ich war hereingekommen und sagte: „Ich wollte euch bloß Guten Tag sagen, ich bin auf dem Weg nach Maine. „Da habt ihr gleich angefangen, mir Vorwürfe wegen Ralph zu machen. Ihr werdet euch daran erinnern. Als du, Dad, meine Beziehung zu ihm eine „Katastrophe“ nanntest und Mom zu weinen anfing, da habe ich eben kehrtgemacht und bin gegangen. Ihr seid hinter mir her, aber ich war schneller. Ich habe mich in den Wagen gesetzt, mit zitternden Händen. Jackie bot an, sie könne fahren. Aber ich wollte nicht. Ich fuhr auf den Highway. Alles in mir war im Aufruhr. Ich konnte mich nicht konzentrieren. Ich fuhr zu schnell. Ich fuhr viel zu schnell. Jackie schrie mich an. Ich stand einfach auf dem Gaspedal. [...]

1 *Lest diesen ersten Teil einer Geschichte in Briefform:*
- *Was geschieht hier?*
- *In welcher Beziehung (▷ Konstellation) stehen die Figuren zueinander?* ▷ S. 104

2 *Wie könnte die Geschichte weitergehen? Äußert Vermutungen. Beachtet dabei Z. 5 ff.*

3 *Irene Dische bringt die Geschichte wider Erwarten zu einem ▷ guten Ende.* ▷ S. 287
Versetzt euch in die Rolle der Tochter und bringt den Brief zu einem versöhnlichen Schluss.

WÖRTERLISTE ▷ S. 282

miteinander leben	charakterisieren	aggressiv	Piktogramm
sich auseinanderleben	die beiden	auktorial	Minenspiel
Besorgnis erregen	kreativ	Konstellation	Perspektive

6 „Der Richter und sein Henker“ – Einen Kriminalroman untersuchen

Dies ist die erste Seite eines von Schülern und Schülerinnen gezeichneten und geschriebenen Comics zu dem berühmten Kriminalroman des Schweizer Schriftstellers Friedrich Dürrenmatt (1921–1990).

1 *Notiert in Stichworten:*
a) Was ist passiert? Wann und wo spielt die Handlung? Was erfahrt ihr über den Toten?
b) Wie beurteilt ihr das Verhalten des Dorfpolizisten?
c) Stellt Vermutungen zum Fortgang der Handlung an.

6.1 Der Mord – Handlung und Figuren

Bärlach – Den Kommissär kennen lernen

Während man die Untersuchung der Hauptsache noch von Biel aus einleitete, wurde in Bern der traurige Fund Kommissar Bärlach übergeben, der auch Vorgesetzter des Toten gewesen war.
Bärlach hatte lange im Auslande gelebt und sich in Konstantinopel und dann in Deutschland als bekannter Kriminalist hervorgetan. Zuletzt war er der Kriminalpolizei Frankfurt am Main vorgestanden, doch kehrte er schon dreiunddreißig[1] in seine Vaterstadt zurück. Der Grund seiner Heimreise war nicht so sehr seine Liebe zu Bern, das er oft sein goldenes Grab nannte, sondern eine Ohrfeige gewesen, die er einem hohen Beamten der damaligen neuen deutschen Regierung gegeben hatte. In Frankfurt wurde damals über diese Gewalttätigkeit viel gesprochen, und in Bern bewertete man sie, je nach dem Stand der europäischen Politik, zuerst als empörend, dann als verurteilenswert, aber doch noch begreiflich, und endlich sogar als die einzige für einen Schweizer mögliche Haltung; dies aber erst fünfundvierzig[1].
Das erste, was Bärlach im Fall Schmied tat, war, daß er anordnete, die Angelegenheit die ersten Tage geheim zu behandeln – eine Anordnung, die er nur mit dem Einsatz seiner ganzen Persönlichkeit durchzubringen vermochte. „Man weiß zu wenig, und die Zeitungen sind sowieso das Überflüssigste, was in

den letzten zweitausend Jahren erfunden worden ist“, meinte er.
Bärlach schien sich von diesem geheimen Vorgehen offenbar viel zu versprechen, im Gegensatz zu seinem „Chef“, Dr. Lucius Lutz, der auch auf der Universität über Kriminalistik las[2]. Dieser Beamte, in dessen stadtbernisches Geschlecht ein Basler Erbonkel wohltuend eingegriffen hatte, war eben von einem Besuch der New Yorker und Chicagoer Polizei nach Bern zurückgekehrt und erschüttert „über den vorweltlichen Stand der Verbrecherabwehr der schweizerischen Bundeshauptstadt“, wie er zu Polizeidirektor Freiberger anläßlich einer gemeinsamen Heimfahrt im Tram offen sagte.

1 **dreiunddreißig/fünfundvierzig:** nationalsozialistische Herrschaft in Deutschland

2 **über Kriminalistik lesen:** Verbrechensbekämpfung wissenschaftlich betreiben

Der Tatort liegt am Bielersee. Der Tote und der mit dem Fall beauftragte „Kommissär“ – so die schweizerische Bezeichnung – lebten bzw. leben in Bern.

1 *Versucht die genannten Orte auf einem Atlas zu finden.*

2 *a) Gebt mit eigenen Worten wieder, was ihr hier über Bärlachs Vergangenheit erfahrt.*
b) Wie beurteilt ihr Bärlachs Verhalten in Deutschland?

Kommissär Bärlach stößt in der Wohnung seines toten Mitarbeiters Schmied auf eine Mappe mit persönlichen Dokumenten, die er an sich nimmt und sichtet. Dann sucht er seinen Vorgesetzten auf.

Dr. Lucius Lutz empfing Bärlach nervös, da seiner Meinung nach noch nichts unternommen worden war, und wies ihm einen bequemen Sessel in der Nähe seines Schreibtisches an. [...]

„Haben Sie irgendwen im Verdacht, Kommissär Bärlach?"

Bärlach sah Lutz lange an und sagte endlich: „Ja, ich habe irgendwen im Verdacht, Doktor Lutz."

„Wen denn?"

„Das kann ich Ihnen noch nicht sagen."

„Nun, das ist ja interessant", sagte Lutz, „ich weiß, daß Sie immer bereit sind, Kommissär Bärlach, einen Fehlgriff gegen die großen Erkenntnisse der modernen wissenschaftlichen Kriminalistik zu beschönigen. Vergessen Sie jedoch nicht, daß die Zeit fortschreitet und auch vor dem berühmtesten Kriminalisten nicht haltmacht. Ich habe in New York und Chicago Verbrechen gesehen, von denen Sie in unserem lieben Bern doch wohl nicht die richtige Vorstellung haben. Nun ist aber ein Polizeileutnant ermordet worden, das sichere Anzeichen, daß es auch hier im Gebäude der öffentlichen Sicherheit zu krachen beginnt, und da heißt es rücksichtslos eingreifen."

Gewiß, das tue er ja auch, antwortete Bärlach.

Dann sei es ja gut, entgegnete Lutz und hustete.

An der Wand tickte eine Uhr.

Bärlach legte seine linke Hand sorgfältig auf den Magen und drückte mit der rechten die Zigarre im Aschenbecher aus, den ihm Lutz hingestellt hatte. Er sei, sagte er, seit längerer Zeit nicht mehr so ganz gesund, der Arzt wenigstens mache ein langes Gesicht. Er leide oft an Magenbeschwerden, und er bitte deshalb Doktor Lutz, ihm einen Stellvertreter in der Mordsache Schmied beizugeben, der das Hauptsächliche ausführen könnte. Bärlach wolle dann den Fall mehr vom Schreibtisch aus behandeln. Lutz war einverstanden. „Wen denken Sie sich als Stellvertreter?" fragte er.

„Tschanz", sagte Bärlach. „Er ist zwar noch in den Ferien im Berner Oberland, aber man kann ihn ja heimholen."

Lutz entgegnete: „Ich bin mit ihm einverstanden. Tschanz ist ein Mann, der immer bemüht ist, kriminalistisch auf der Höhe zu bleiben."

R

3 *Lest das Gespräch zwischen Dr. Lutz und Bärlach.*
a) Welchen Eindruck gewinnt ihr von den kriminalistischen Fähigkeiten Bärlachs?
b) Welche Meinung hat Dr. Lutz von seinem Kommissär?
Belegt eure Auffassung am Text.

Wenn es auch schon gegen fünf ging, beschloß Bärlach, doch noch diesen Nachmittag nach Twann zum Tatort zu fahren. Er nahm Blatter mit, einen großen aufgeschwemmten Polizisten, der nie ein Wort sprach, den Bärlach deshalb liebte, und der auch den Wagen führte. In Twann wurden sie von Clenin empfangen, der ein trotziges Gesicht machte, da er einen Tadel erwartete. Der Kommissär war jedoch freundlich, schüttelte Clenin die Hand und sagte, daß es ihn freue, einen Mann kennenzulernen, der selber denken könne. Clenin war über dieses Wort stolz, obgleich er nicht recht wußte, wie es vom Alten gemeint war. Er führte Bärlach die Straße gegen den Tessenberg hinauf zum Tatort. Blatter trottete nach und war mürrisch, weil man zu Fuß ging.

Bärlach verwunderte sich über den Namen Lamboing. „Lamlingen heißt das auf deutsch", klärte ihn Clenin auf.

„So, so", meinte Bärlach, „das ist schöner."

Sie kamen zum Tatort. Die Straßenseite zu ihrer Rechten lag gegen Twann und war mit einer Mauer eingefaßt.

„Wo war der Wagen, Clenin?"

„Hier", antwortete der Polizist und zeigte auf die Straße, „fast in der Straßenmitte", und, da Bärlach kaum hinschaute: „Vielleicht wäre es besser gewesen, ich hätte den Wagen mit dem Toten noch hier stehenlassen."

„Wieso?" sagte Bärlach und schaute die Jurafelsen empor. „Tote schafft man so schnell als möglich fort, die haben nichts mehr unter uns zu suchen. Sie haben schon recht getan, den Schmied nach Biel zu führen."

Bärlach trat an den Straßenrand und sah nach Twann hinunter. Nur Weinberge lagen zwischen ihm und der alten Ansiedlung. Die Sonne war schon untergegangen. Die Straße krümmte sich wie eine Schlange zwischen den Häusern, und am Bahnhof stand ein langer Güterzug.

„Hat man denn nichts gehört da unten, Clenin?" fragte er. „Das Städtchen ist doch ganz nah, da müßte man jeden Schuß hören."

„Man hat nichts gehört als den Motor die Nacht durch laufen, aber man hat nichts Schlimmes dabei gedacht."

„Natürlich, wie sollte man auch."

Er sah wieder auf die Rebberge. „Wie ist der Wein dieses Jahr, Clenin?"

„Gut. Wir können ihn ja dann versuchen."

„Das ist wahr, ein Glas Neuen möchte ich jetzt gerne trinken."

Und er stieß mit seinem rechten Fuß auf etwas Hartes. Er bückte sich und hielt ein vorne breitgedrücktes, längliches, kleines Metallstück zwischen den hageren Fingern. Clenin und Blatter sahen neugierig hin.

„Eine Revolverkugel", sagte Blatter.

„Wie Sie das wieder gemacht haben, Herr Kommissär!" staunte Clenin.

„Das ist nur Zufall", sagte Bärlach, und sie gingen nach Twann hinunter. R

4 *Fasst zusammen, was ihr hier über den Fortgang der Handlung erfahrt.*

5 *„Das ist nur Zufall", sagte Bärlach … (Z. 64), als er auf die Revolverkugel stieß.*
a) Wie beurteilt ihr diese Bemerkung?
b) Beschreibt Bärlachs Art, den Fall Schmied zu verfolgen.
c) Wie beurteilt ihr Bärlachs kriminalistisches Vorgehen?

6 *Vergleicht Bärlachs und Dr. Lutz' Ansichten zur Verbrechensbekämpfung.*

7 *Untersucht, welches Verhältnis Bärlach zu seinen Mitmenschen hat, seinen Vorgesetzten, seinen Mitarbeitern.*
a) Notiert Stichpunkte dazu.
b) Ihr könnt die ▷ Figurenkonstellation auch zeichnen. ▷ S. 104

ARBEITSTECHNIK FIGURENKARTE

Um beim Lesen eines Romans den Überblick zu behalten, bietet es sich an, Figurenkarten anzulegen, auf denen ihr wichtige Informationen zu den Romanfiguren nach und nach zusammentragt (Alter, Beruf, äußere Erscheinung, äußere Lebensumstände, Vorgeschichte, Interessen, Abneigungen, typische Verhaltensweisen, Charakter ...).
Lasst also ausreichend Platz auf der Karte bzw. legt sie als Computerdatei an.

8 *a) Legt eine „Figurenkarte Bärlach" an.*
b) Vergleicht eure Ergebnisse.

9 *Was für ein Mensch ist Kommissär Bärlach?*
Fertigt eine kurze ▷ Figurenbeschreibung/Charakterisierung an. ▷ S. 255

Tschanz – Der Assistent wird aktiv

*Nach seinem Urlaub meldet sich Assistent Tschanz bei Bärlach. Er stürzt sich mit Eifer in die Ermittlungen und entnimmt dem Kalender des Toten, dass dieser am Abend des Unglücks im Haus eines Herrn **Gastmann** eingeladen war, einsam in der Nähe von Twann gelegen.*
Bei einer gemeinsamen Auskundschaftung der Villa Gastmann wird Bärlach von einem riesigen Hund angefallen, den Tschanz jedoch geistesgegenwärtig erschießt. Bärlach behauptet, unbewaffnet zu sein.
Während Bärlach ein Restaurant aufsucht, ermittelt sein Assistent im nahen Dorf Lamboing weiter.

Es war zehn Uhr, als Tschanz [Lamboing] verließ, um zum Restaurant bei der Schlucht zu fahren, wo Bärlach wartete. Er hielt jedoch, wo der Feldweg zu Gastmanns Haus abzweigte, den Wagen noch einmal an. Er stieg aus und ging langsam zu der Gartentüre und dann der Mauer entlang. Das Haus war noch wie zuvor, dunkel und einsam, von den riesigen Pappeln umstellt, die sich im Winde bogen. Die Limousinen standen immer noch im Park. Tschanz ging jedoch nicht rund um das Haus herum, sondern nur bis zu einer Ecke, von wo er die erleuchtete Hinterfront überblicken konnte. Hin und wieder zeichneten sich Menschen an den gelben Scheiben ab, und Tschanz preßte sich eng an die Mauer, um nicht gesehen zu werden. Er blickte auf das Feld. Doch lag der Hund nicht mehr auf der kahlen Erde, jemand mußte ihn fortgeschafft haben, nur die Blutlache gleißte[1] noch schwarz im Licht der Fenster. Tschanz kehrte zum Wagen zurück.
Im Restaurant zur Schlucht war Bärlach jedoch nicht mehr zu finden. Er habe die Gast-

1 **gleißen:** glänzen

stube schon vor einer halben Stunde verlassen, um nach Twann zu gehen, nachdem er einen Schnaps getrunken, meldete die Wirtin; kaum fünf Minuten habe er sich im Wirtshaus aufgehalten.

Tschanz überlegte sich, was der Alte denn getrieben habe, aber er konnte seine Überlegungen nicht länger fortsetzen; die nicht allzu breite Straße verlangte seine ganze Aufmerksamkeit. Er fuhr an der Brücke vorbei, bei der sie gewartet hatten, und dann den Wald hinunter.

Da hatte er ein sonderbares und unheimliches Erlebnis, das ihn nachdenklich stimmte. Er war schnell gefahren und sah plötzlich in der Tiefe den See aufleuchten, einen nächtlichen Spiegel zwischen weißen Felsen. Er mußte den Tatort erreicht haben. Da löste sich eine dunkle Gestalt von der Felswand und gab deutlich ein Zeichen, der Wagen solle anhalten.

Tschanz stoppte unwillkürlich und öffnete die rechte Wagentüre, obgleich er dies im nächsten Augenblick bereute, denn es durchfuhr ihn die Erkenntnis, daß, was ihm jetzt begegnete, auch Schmied begegnet war, bevor er wenige Atemzüge darauf erschossen wurde. Er fuhr in die Manteltasche und umklammerte den Revolver, dessen Kälte ihn beruhigte. Die Gestalt kam näher. Da erkannte er, daß es Bärlach war, doch wich seine Spannung nicht, sondern er wurde weiß vor heimlichem Entsetzen, ohne sich über den Grund der Furcht Rechenschaft geben zu können. Bärlach beugte sich nieder, und sie sahen sich ins Antlitz, stundenlang scheinbar, doch handelte es sich nur um einige Sekunden. Keiner sprach ein Wort, und ihre Augen waren wie Steine. Dann setzte sich Bärlach zu ihm, der nun die Hand von der verborgenen Waffe ließ.

„Fahr weiter, Tschanz“, sagte Bärlach, und seine Stimme klang gleichgültig.

Der andere zuckte zusammen, wie er hörte, daß ihn der Alte duzte, doch von nun an blieb der Kommissär dabei.

Kurz nach elf hielt man vor Bärlachs Haus im Altenberg, und der Kommissär stieg aus.

„Ich danke dir noch einmal, Tschanz“, sagte er und schüttelte ihm die Hand. „Wenn's auch genierlich[2] ist, davon zu reden; aber du hast mir das Leben gerettet.“

Er blieb noch stehen und sah dem verschwindenden Schlußlicht des schnell davonfahrenden Wagens nach. „Jetzt kann er fahren, wie er will.“

Er betrat sein unverschlossenes Haus, und in der Halle mit den Büchern fuhr er mit der Hand in die Manteltasche und entnahm ihr eine Waffe, die er behutsam auf den Schreibtisch neben der Schlange legte. Es war ein großer, schwerer Revolver.

Dann zog er langsam den Wintermantel aus. Als er ihn jedoch abgelegt hatte, war sein linker Arm mit dicken Tüchern umwickelt, wie es bei jenen Brauch ist, die ihre Hunde zum Anpacken einüben. R

2 **genierlich:** peinlich

1 *Wenn ihr aufmerksam gelesen habt, könnt ihr die folgenden Handlungsschritte in der richtigen Reihenfolge links in die Tabelle eintragen:*

eine unheimliche Gestalt – Zwischenstopp bei Gastmann – Bärlach dankt seinem Lebensretter – der Assistent auf dem Weg nach Twann – Bärlach wieder zu Hause – der Kommissär ist verschwunden – seltsames Zusammentreffen mit Bärlach und Weiterfahrt – der verschwundene Hund – ~~Tschanz auf dem Weg zu Bärlach~~

äußere Handlung	*innere Handlung/Innensicht*
Tschanz auf dem Weg zu Bärlach	

2 *Nutzt die rechte Spalte, um etwas über die ▷* ***innere Handlung,*** *die Gedanken und Gefühle der Figuren zu notieren.* ▷ S. 272

3 *Versucht den Romanabschnitt in Comic-Form zu bringen; mit Sprech- und Denkblasen, Kommentaren und Pictogrammen.*

4 *Lest noch einmal das „sonderbare und unheimliche Erlebnis" (Z. 36–64): Versucht eine Erklärung dafür zu finden.*

5 *In welchem Verhältnis stehen Bärlach und sein Assistent zueinander?*
herzlich - vertrauensvoll - vorsichtig - misstrauisch ...
Belegt eure Meinung am Text.

Gastmann – Der Verdächtige in der Figurenkonstellation

Als Bärlach von Schmieds Beerdigung nach Hause kommt, erlebt er eine Überraschung:

Hinter dem Schreibtisch saß ein Mann und blätterte in Schmieds Mappe. Seine rechte Hand spielte mit Bärlachs türkischem Messer.

„Also du", sagte der Alte.

„Ja, ich", antwortete der andere.

Bärlach schloß die Türe und setzte sich in seinen Lehnstuhl dem Schreibtisch gegenüber. Schweigend sah er nach dem andern hin, der ruhig in Schmieds Mappe weiterblätterte, eine fast bäurische Gestalt, ruhig und verschlossen, tiefliegende Augen im knochigen, aber runden Gesicht mit kurzem Haar.

„Du nennst dich jetzt Gastmann", sagte der Alte endlich. [...]

„Über vierzig Jahre ist es her", begann der andere von neuem zu reden, „daß wir uns in irgendeiner verfallenden Judenschenke am Bosporus[1] zum erstenmal getroffen haben. [...] Du, Bärlach, warst damals ein junger Polizeifachmann aus der Schweiz in türkischen Diensten, herbestellt, um etwas zu reformieren, und ich – nun, ich war ein herumgetriebener Abenteurer wie jetzt noch, gierig, dieses

mein einmaliges Leben und diesen ebenso einmaligen, rätselhaften Planeten kennenzulernen. [...]

Deine These war, daß die menschliche Unvollkommenheit, die Tatsache, daß wir die Handlungsweise anderer nie mit Sicherheit voraussagen und daß wir ferner den Zufall, der in alles hineinspielt, nicht in unsere Überlegungen einzubauen vermögen, der Grund sei, der

1 **der Bosporus:** Meerenge in Istanbul

die meisten Verbrechen zwangsläufig zutage fördern müsse. Ein Verbrechen zu begehen, nanntest du eine Dummheit, weil es unmöglich sei, mit Menschen wie mit Schachfiguren zu operieren. Ich dagegen stellte die These auf, mehr, um zu widersprechen, als überzeugt, daß gerade die Verworrenheit der menschlichen Beziehungen es möglich mache, Verbrechen zu begehen, die *nicht* erkannt werden könnten, daß aus diesem Grunde die überaus größte Anzahl der Verbrechen nicht nur ungeahndet[2], sondern auch ungeahnt seien, als nur im Verborgenen geschehen. [...]
Ich hielt die kühne Wette, in deiner Gegenwart ein Verbrechen zu begehen, ohne daß du imstande sein würdest, mir dieses Verbrechen beweisen zu können.“ [...]
Immer wieder tauchte ich in deiner Laufbahn auf wie ein graues Gespenst, immer wieder trieb mich die Lust, unter deiner Nase sozusagen immer kühnere, wildere, blasphemischere[3] Verbrechen zu begehen, und immer wieder bist du nicht imstande gewesen, meine Taten zu beweisen. Die Dummköpfe konntest du besiegen, aber ich besiegte dich.“
[...]
Und jetzt warf er mit einer fast unmerklichen Bewegung der Hand das Messer, genau und scharf Bärlachs Wange streifend, tief in den Lehnstuhl. Der Alte rührte sich nicht. Der andere lachte:
„Du glaubst nun also, ich hätte diesen Schmied getötet?“
„Ich habe diesen Fall zu untersuchen“, antwortete der Kommissär.
Der andere stand auf und nahm die Mappe zu sich.
„Die nehme ich mit.“ R

2 **ungeahndet:** ohne Strafe

3 **blasphemisch:** Gott lästernd

1 *Bärlach und Gastmann waren über Verbrechen und ihre Aufklärbarkeit unterschiedlicher Meinung.*
a) Formuliert die zwei Meinungen und ihre Begründung.
b) Welche Wette schlossen die beiden?
c) Beurteilt das Verhalten Gastmanns.

2 *Legt eine ▷ Figurenkarte zu Gastmann an.* ▷ S. 101

3 *Bärlach, Gastmann, Tschanz …*
a) Welche Romanfiguren habt ihr bisher kennen gelernt? Wie ist ihr Verhältnis (ihre „Konstellation“) untereinander?
b) Gestaltet ein Plakat mit den (wichtigsten) Figuren des Romans und ihren Beziehungen.

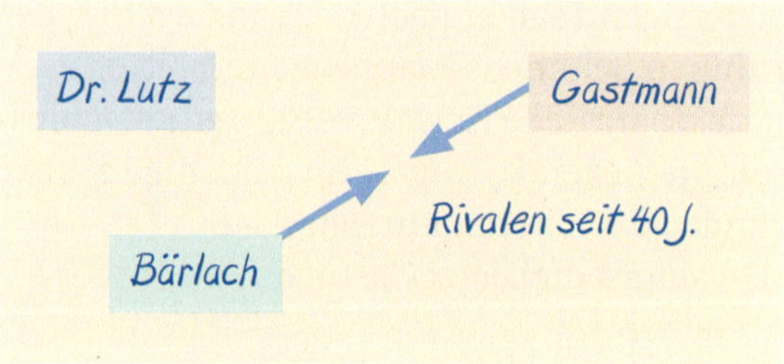

! In einer **Figurenkonstellation** veranschaulicht man, welche Beziehungen die Figuren in einer Erzählung, einem Theaterstück, einem Film usw. untereinander haben:
- Woher kennen sich die Figuren?
- Was denken und wollen sie voneinander?
- Nähe, Ferne, Liebe, Konkurrenz, Neid usw. werden mit Stichworten, Pfeilen, Zeichen und Piktogrammen dargestellt. ←→ →← ?

6.2 Täter und Ermittler zum Sprechen bringen

Eine unheimliche Begegnung – Erzählperspektiven erarbeiten

Kurz nach der überraschenden Begegnung mit Gastmann in seiner Bibliothek bekommt Bärlach dort noch einmal unerwarteten Besuch:

Gegen zwei Uhr nachts wachte Bärlach plötzlich auf. [...] Er lag nicht im Schlafzimmer, [...] sondern in der Bibliothek. [...] Mit der Zeit erkannte er im Dunkeln ein Büchergestell und einen Stuhl, auch die Kante des Tisches, auf dem, wie er mühsam erkannte, noch immer der Revolver lag. Da spürte er plötzlich einen Luftzug, im Schlafzimmer schlug ein Fenster, dann schloß sich die Türe mit einem heftigen Schlag. Unmittelbar nachher hörte der Alte vom Korridor her ein leises Schnappen. Er begriff. Jemand hatte die Haustüre geöffnet und war in den Korridor gedrungen, jedoch ohne mit der Möglichkeit eines Luftzuges zu rechnen. Bärlach stand auf und machte an der Stehlampe Licht.

Er ergriff den Revolver und entsicherte ihn. Da machte auch der andere im Korridor Licht. Bärlach, der durch die halboffene Türe die brennende Lampe erblickte, war überrascht; denn er sah in dieser Handlung des Unbekannten keinen Sinn. Er begriff erst, als es zu spät war. Er sah die Silhouette eines Arms und einer Hand, die in die Lampe griff, dann leuchtete eine blaue Flamme auf, es wurde finster: Der Unbekannte hatte die Lampe herausgerissen und einen Kurzschluß herbeigeführt. Bärlach stand in vollkommener Dunkelheit, der andere hatte den Kampf aufgenommen und die Bedingungen gestellt: Bärlach mußte im Finstern kämpfen. Der Alte umklammerte die Waffe und öffnete vorsichtig die Türe zum Schlafzimmer. Er betrat den Raum. Durch die Fenster fiel ungewisses Licht, zuerst kaum wahrnehmbar, das sich jedoch, wie sich das Auge daran gewöhnt hatte, verstärkte. Bärlach lehnte sich zwischen dem Bett und Fenster, das gegen den Fluß ging, an die Wand; das andere Fenster war rechts von ihm, es ging gegen das Nebenhaus. So stand er in undurchdringlichem Schatten, zwar benachteiligt, da er nicht ausweichen konnte, doch hoffte er, daß seine Unsichtbarkeit dies aufwöge. Die Türe zur Bibliothek lag im schwachen Licht der Fenster. Er mußte den Umriß des Unbekannten erblicken, wenn er sie durchschritt. Da flammte in der Bibliothek der feine Strahl einer Taschenlampe auf, glitt suchend über die Einbände, dann über den Fußboden, über den Sessel, schließlich über den Schreibtisch. Im Strahl lag das Schlangenmesser. Wieder sah Bärlach die Hand durch die offene Türe ihm gegenüber. Sie steckte in einem braunen Lederhandschuh, tastete über den Tisch, schloß sich um den Griff des Schlangenmessers. Bärlach hob die Waffe, zielte. Da erlosch die Taschenlampe. Unverrichteter Dinge ließ der Alte den Revolver wieder sinken, wartete.

Der Alte atmete kaum. Er stand da und umklammerte die Waffe, kaum daß er fühlte, wie kalter Schweiß über seinen Nacken floß. Er dachte an nichts mehr, nicht mehr an Gastmann, nicht mehr an Lutz, auch nicht mehr an die Krankheit[1], die an seinem Leibe fraß, Stunde um Stunde, im Begriff, das Leben zu zerstören, das er nun verteidigte, voll Gier zu leben und nur zu leben. Er war nur noch ein Auge, das die Nacht durchforschte, nur noch ein Ohr, das den kleinsten Laut überprüfte, nur noch eine Hand, die sich um das kühle Metall der Waffe schloß. Doch nahm er endlich die Gegenwart des Mörders anders wahr, als er geglaubt hatte; er spürte an seiner Wange eine ungewisse Kälte, eine geringe Veränderung der Luft. Lange konnte er sich das nicht erklären, bis er erriet, daß sich die Türe, die vom Schlafzimmer ins Eßzimmer führte, geöffnet hatte. Der Fremde hatte seine Überlegung zum zweiten Male durchkreuzt, er war auf einem Umweg ins Schlafzimmer gedrungen, unsichtbar, unhörbar, unaufhaltsam, in der Hand das Schlangenmesser. Bärlach wußte nun, daß er den Kampf beginnen, daß er zuerst handeln mußte, er, der alte, todkranke Mann, den Kampf um ein Leben, das noch ein Jahr dauern konnte, wenn alles gut ging, wenn [sein Arzt] Hungertobel gut und richtig schnitt. Bärlach richtete den Revolver gegen das Fenster, das nach der Aare sah. Dann schoß er, dann noch einmal, dreimal im ganzen, schnell und sicher durch die zersplitternde Scheibe hinaus in den Fluß, dann ließ er sich nieder. Über ihm zischte es, es war das Messer, das nun federnd in der Wand steckte. Aber schon hatte der Alte erreicht, was er wollte: Im andern Fenster wurde es Licht, es waren die Leute des Nebenhauses, die sich nun aus ihren geöffneten Fenstern bückten; zu Tode erschrocken und verwirrt starrten sie in die Nacht. Bärlach richtete sich auf. Das Licht des Nebenhauses erleuchtete das Schlafzimmer, undeutlich sah er noch in der Eßzimmertüre den Schatten einer Gestalt, dann schlug die Haustüre zu, hernach durch den Luftzug die Türe zur Bibliothek, dann die zum Eßzimmer, ein Schlag nach dem andern, das Fenster klappte, darauf war es still. Die Leute vom Nebenhaus starrten immer noch in die Nacht. Der Alte rührte sich nicht an seiner Wand, in der Hand immer noch die Waffe. Er stand da, unbeweglich, als spüre er die Zeit nicht mehr. Die Leute zogen sich zurück, das Licht erlosch. Bärlach stand an der Wand, wieder in der Dunkelheit, eins mit ihr, allein im Haus. R

1 **Krankheit:** Bärlach hat eine Lebenserwartung von einem Jahr.

1 *a) Beschreibt, wie sich der Kommissär in dieser gefährlichen nächtlichen Situation verhält.*
b) Wie beurteilt ihr dieses Verhalten?

2 *Stellt Schritt für Schritt dar, was in dieser nächtlichen Szene passiert.*
a) Haltet das äußere Geschehen fest.
b) Notiert, was Bärlach durch den Kopf geht/gehen könnte.

äußere Handlung	innere Handlung/Innensicht
B. erwacht.	
Er hört verdächtige Geräusche.	B. versucht sich die Geräusche zu erklären.
Jemand betritt das Haus.	

3 *Die nächtliche Szene ist spannend erzählt. Erklärt, wie diese Spannung entsteht:*
- *Was passiert?*
- *Aus welchem Blickwinkel wird erzählt?*
- *Welche besonderen Wörter werden verwendet?*
- *Wie ist der Satzbau?*

4 *Untersucht die Erzählperspektive näher:*
Aus welchem Blickwinkel erleben wir das Geschehen?

Erzählperspektiven
- Ein/e **Ich-Erzähler/in** ist unmittelbar in das Geschehen verwickelt und schildert alles aus ganz persönlicher Sicht. (Was andere denken und fühlen, kann er/sie allerdings nur vermuten.)
- Ein **personaler Erzähler** erzählt in der Er-/Sie-Form aus der Sicht einer handelnden Figur und weiß nur, was diese wahrnimmt, denkt und fühlt.
- Der **auktoriale** („allwissende“) **Erzähler** steht über dem gesamten Geschehen und weiß alles über die äußere Handlung, die Figuren und ihre Gedanken, Wünsche, Pläne (innere Handlung). Auch hier entsteht ein gewisser Abstand zwischen den Romanfiguren und den Lesenden.

5 *Welche Wirkung hat die im „Richter und sein Henker“ gewählte Erzählperspektive auf die Lesenden?*

6 *a) Übertragt den letzten Abschnitt, in dem Bärlach den Unbekannten vertreibt (Z. 88 ff.), in die* ***Ich-Perspektive*** *des Kommissärs: Ich richtete den Revolver gegen das Fenster, das …*
b) Vergleicht die Wirkung eurer Fassung mit dem Original: Beschreibt den Unterschied.

Schussmotive – Einen inneren Monolog schreiben

Tschanz trifft sich an einem sonnigen Vormittag vor der Berner Kathedrale mit Anna, der von ihm geliebten Freundin des ermordeten Ulrich Schmied, und verspricht ihr, das Verbrechen aufzuklären.

Sie gaben sich die Hand, und Anna ging ans andere Ufer. Er sah ihr nach. Ihr weißer Mantel leuchtete zwischen den Birkenstämmen, tauchte zwischen Spaziergängern unter, kam wieder hervor, verschwand endlich. Dann ging er zum Bahnhof, wo er den Wagen gelassen hatte. Er fuhr nach Ligerz. Es war gegen Mittag, als er ankam; denn er fuhr langsam, hielt manchmal auch an, ging rauchend in die Felder hinein, kehrte wieder zum Wagen zurück, fuhr weiter. Er hielt in Ligerz vor der Station, stieg dann die Treppe zur Kirche empor. Er war ruhig geworden. Der See war tiefblau, die Reben entlaubt und die Erde zwischen ihnen braun und locker. Doch Tschanz sah nichts und kümmerte sich um nichts. Er stieg unaufhaltsam und gleichmäßig hinauf, ohne sich umzukehren

und ohne innezuhalten. Der Weg führte steil bergan, von weißen Mauern eingefaßt, ließ Rebberg um Rebberg zurück. Tschanz stieg immer höher, ruhig, langsam, unbeirrbar, die rechte Hand in der Manteltasche. [...]

Er erreichte Prêles, schritt am Hotel Bären vorbei und wandte sich gegen Lamboing. Die Luft über der Hochebene stand unbewegt und ohne Dunst. Die Gegenstände, auch die entferntesten, traten überdeutlich hervor. Nur der Grat des Chasserals war mit Schnee bedeckt, sonst leuchtete alles in einem hellen Braun, durchbrochen vom Weiß der Mauern und dem Rot der Dächer, von den schwarzen Bändern der Äcker. Gleichmäßig schritt Tschanz weiter; die Sonne schien ihm in den Rücken und warf seinen Schatten vor ihm her. Die Straße senkte sich, er schritt gegen die Sägerei, nun schien die Sonne seitlich. Er schritt weiter, [...] ohne zu sehen, nur von *einem* Willen getrieben, von *einer* Leidenschaft beherrscht. Ein Hund bellte irgendwo, dann kam er heran, beschnupperte den stetig Vordringenden, lief wieder weg. Tschanz ging weiter, immer auf der rechten Straßenseite, einen Schritt um den andern, nicht langsamer, nicht schneller, dem Haus entgegen, das nun im Braun der Felder auftauchte, von kahlen Pappeln umrahmt. Tschanz verließ den Weg und schritt über die Felder. Seine Schuhe versanken in der warmen Erde eines ungepflügten Ackers, er schritt weiter. Dann erreichte er das Tor. Es war offen, Tschanz schritt hindurch. Im Hof stand ein amerikanischer Wagen. Tschanz achtete nicht auf ihn. Er ging zur Haustüre. Auch sie war offen. Tschanz betrat einen Vorraum, öffnete eine zweite Türe und schritt dann in eine Halle hinein, die das Parterre einnahm. Tschanz blieb stehen. Durch die Fenster ihm gegenüber fiel grelles Licht. Vor ihm, nicht fünf Schritt entfernt, stand Gastmann und neben ihm riesenhaft die Diener, unbeweglich und drohend, zwei Schlächter. Alle drei waren in Mänteln, Koffer neben sich getürmt, alle drei waren reisefertig.

Tschanz blieb stehen. [...]

Gastmanns Augen waren weit aufgerissen, und eine gespenstische Heiterkeit leuchtete in ihnen auf.

Ruhig, ohne ein Wort zu sprechen, und fast langsam nahm einer der zwei Schlächter einen Revolver aus der Tasche und schoß. Tschanz fühlte an der linken Achsel einen Schlag, riß die Rechte aus der Tasche und warf sich auf die Seite. Dann schoß er dreimal in das nun wie in einem leeren, unendlichen Raume verhallende Lachen Gastmanns hinein. R

1 *Gebt abwechselnd wieder, was in diesem Romanabschnitt geschieht.*

2 *Tschanz „schritt weiter, [...] nur von **einem** Willen getrieben, von **einer** Leidenschaft beherrscht.“ (Z. 37 ff.)*

a) Von welchem Willen, welcher Leidenschaft wird Tschanz beherrscht?

b) Prüft, ob und was wir von den Gedanken, Hoffnungen und Befürchtungen des Kriminalpolizisten erfahren.

3 *Notiert in einem Cluster, was Tschanz alles auf seinem Weg zu Gastmann durch den Kopf gehen könnte (wer möchte, kann dazu die Auflösung des Falls S. 110 f. lesen):*

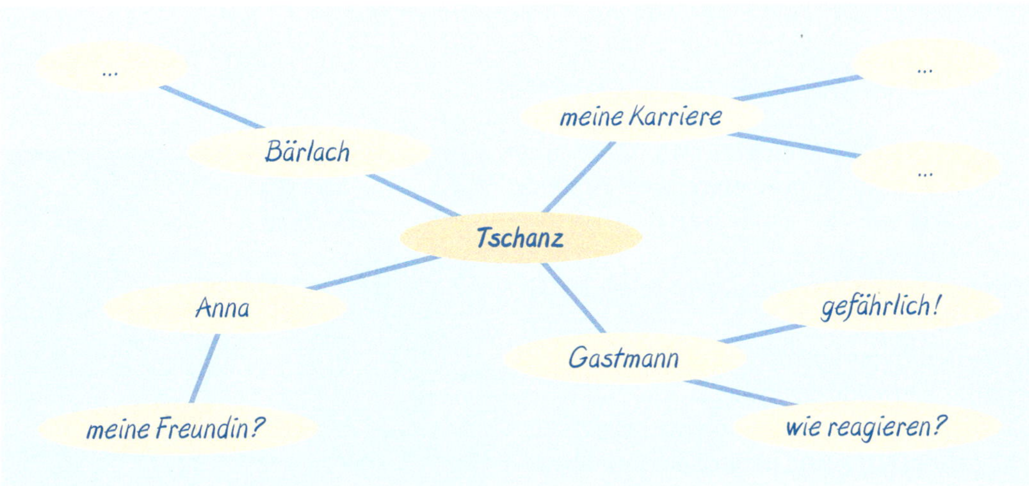

4 *Schreibt in der Form eines* ***inneren Monologs*** *auf, was Tschanz auf dem Weg zu Gastmann durch den Kopf geht.*
Drei Textstellen bieten sich dafür an:

- *Z. 12 ff.: ... stieg dann die Treppe zur Kirche empor. Er war ruhig geworden. ...*
- *Z. 38 f.: ... nur von einem Willen getrieben, von einer Leidenschaft beherrscht. ...*
- *Z. 73 ff.: Dann schoß er dreimal in das ... Lachen Gastmanns hinein. ...*

ARBEITSTECHNIK INNERER MONOLOG

Ein innerer Monolog ist das stumme Selbstgespräch einer Figur, z. B. in einer Konfliktsituation oder vor einer schwierigen Entscheidung.

- Verwendet Ich-Form und Präsens: *Heute will ich die Entscheidung, echt!*
- Benutzt Ausrufe und Fragen: *Und dann Anna! Was will ich von Anna?*
- Wiederholungen verstärken den Ausdruck: *Nur jetzt keinen Fehler! Nicht den kleinsten Fehler! Tödlichen Fehler!!*
- Gedankenabbrüche und -sprünge sind erlaubt: *Und wenn er ...? – Ach was! Keine Zeit mehr dafür!*
- Auch umgangssprachliche Wörter und Wendungen sind – maßvoll – im inneren Monolog erlaubt.

5 *Vergleicht und überarbeitet eure inneren Monologe.*

6 *„Doch Tschanz sah nichts und kümmerte sich um nichts." (Z. 16 f.)*

a) *Erklärt, warum sich der Kriminalpolizist so verhält.*
b) *Notiert in Stichpunkten,* ***was*** *Tschanz in seiner Umgebung alles übersieht und überhört.*
c) *Belegt am Text, ob hier nüchtern* ***beschrieben*** *oder anschaulich ▷* ***geschildert*** *wird.* ▷ S. 257

Die überraschende Lösung – Stellung nehmen

Nachdem man in der Pistole von Gastmanns Diener Patronen findet, mit denen auch Ulrich Schmied getötet worden ist, gilt Gastmann als Schmieds Mörder und Tschanz als erfolgreicher Aufklärer des Falls. Da bittet Bärlach seinen Assistenten um einen Besuch:

Das Mädchen öffnete ihm die Türe zum Eßzimmer, und erstarrt blieb Tschanz stehen: Der Tisch war feierlich für zwei Personen gedeckt. In einem Leuchter brannten Kerzen, und an einem Ende des Tisches saß Bärlach in einem Lehnstuhl, von den stillen Flammen rot beschienen, ein unerschütterliches Bild der Ruhe. [...]

Da begriff Tschanz, daß er in eine heimtückische Falle geraten war, deren Türe nun hinter ihm ins Schloß schnappte. Kalter Schweiß brach aus seinen Poren. Das Entsetzen umklammerte ihn mit immer stärkeren Armen. Die Erkenntnis seiner Lage kam zu spät, es gab keine Rettung mehr.

„Sie wissen es, Kommissär“, sagte er leise.

„Ja, Tschanz, ich weiß es“, sagte Bärlach fest und ruhig, aber ohne dabei die Stimme zu heben, als spräche er von etwas Gleichgültigem. „Du bist Schmieds Mörder.“ Dann griff er nach dem Glas Champagner und leerte es in einem Zug. [...]

„Die Kugel stammt aus dem Revolver, den man beim Diener gefunden hat“, stellte er trotzig fest. Aber seine Stimme klang verzagt.

In Bärlachs zusammengekniffenen Augen wetterleuchtete es verächtlich. „Unsinn, Tschanz. Du weißt genau, daß es *dein* Revolver ist, den der Diener in der Hand hielt, als man ihn fand. Du selbst hast ihn dem Toten in die Hand gedrückt. Nur die Entdeckung, daß Gastmann ein Verbrecher war, verhinderte, dein Spiel zu durchschauen.“

„Das werden Sie mir *nie* beweisen können“, lehnte sich Tschanz verzweifelt auf. [...]

„Hast du es immer noch nicht begriffen, Tschanz“, sagte er endlich, „daß du mir deine Tat schon lange bewiesen hast? Der Revolver stammt von dir; denn Gastmanns Hund, den du erschossen hast, mich zu retten, wies eine Kugel vor, die von der Waffe stammen mußte,

die Schmied den Tod brachte: von *deiner* Waffe. Du selbst brachtest die Indizien herbei, die ich brauchte. Du hast dich verraten, als du mir das Leben rettetest. [...]

Seit Wochen hattest du Schmied beobachtet, jeden seiner Schritte überwacht, eifersüchtig auf seine Fähigkeiten, auf seinen Erfolg, auf seine Bildung, auf sein Mädchen. Du wußtest, daß er sich mit Gastmann beschäftigte, du wußtest sogar, wann er ihn besuchte, aber du wußtest nicht, warum. Da fiel dir durch Zufall auf seinem Pult die Mappe mit den Dokumenten in die Hände. Du beschlossest, den Fall zu übernehmen und Schmied zu töten, um einmal selber Erfolg zu haben. Du dachtest richtig, es würde dir leichtfallen, Gastmann mit einem Mord zu belasten. Als ich nun in Grindelwald einen blauen Mercedes sah, wußte ich, wie du vorgegangen bist: Du hast den Wagen am Mittwochabend gemietet. Ich habe mich erkundigt. Das Weitere ist einfach: Du fuhrst über Ligerz nach Schernelz und ließest den Wagen im Twannbachwald stehen [...] Bei den Felsen wartetest du Schmied ab, er erkannte dich und stoppte verwundert. Er öffnete die Türe, und dann hast du ihn getötet. [...] Und nun hast du, was du wolltest: seinen Erfolg, seinen Posten, seinen Wagen und seine Freundin.“ [...]

„Sie haben mit mir gespielt", sagte Tschanz langsam.
„Ich habe mit dir gespielt", antwortete Bärlach mit furchtbarem Ernst. „Ich konnte nicht anders. Du hast mir Schmied getötet, und nun mußte ich dich nehmen."
„Um Gastmann zu töten", ergänzte Tschanz, der mit einem Male die ganze Wahrheit begriff.
„Du sagst es. Mein halbes Leben habe ich hingegeben, Gastmann zu stellen [...].
Tschanz taumelte. Es überlief ihn eiskalt.
„Da haben Sie mich und Gastmann aufeinandergehetzt wie Tiere!"
„Bestie gegen Bestie", kam es unerbittlich vom andern Lehnstuhl her.
„Dann waren Sie der Richter und ich der Henker", keuchte der andere. [...] R

1 *Nehmt Stellung zu diesem überraschenden Schluss des Kriminalromans: Überzeugt er euch oder nicht? Begründet euer Urteil.*

2 *Auf welche Weise gelingt es Bärlach, seinen Assistenten zu überführen? Erstellt eine Beweisliste:*
Bärlach findet am Tatort eine Revolverkugel – ...

Was für ein Mensch ist Kommissär Bärlach? Auf diese Frage habt ihr schon am Anfang dieses Kapitels (S. 101) zu antworten versucht.

3 *a) Ergänzt eure „Figurenkarte Bärlach" (S. 101) um wichtige Informationen über den Kommissär.*
b) Verfasst eine ausführliche ▷ Figurenbeschreibung/Charakterisierung Bärlachs; z. B.: ▷ S. 255

Bärlach ist Kommissär bei der Berner Polizei.
Er hat lange im Ausland gelebt und war in Konstantinopel und in Deutschland ein bekannter Kriminalist ...
Bei seiner täglichen Ermittlungsarbeit verhält sich der Kommissär ...

4 *Legt auch eine Figurenkarte zu Tschanz an und charakterisiert ihn schriftlich.*

In zwei Stellungnahmen zu dem Kriminalroman kann man lesen:

In „Der Richter und sein Henker" ermittelt Kommissär Bärlach in einem Mordfall, bei dem er Täter und Motiv von Anfang an kennt. Obwohl todkrank, führt er alle Figuren wie Marionetten nach seinem Willen. Am Ende wird für Gerechtigkeit gesorgt – koste es, was es wolle! Der Kommissär, der das Recht vertritt, bricht es schließlich selbst.

In „Der Richter und sein Henker" steht der Einzelkämpfer Kommissär Bärlach im Zentrum. Dank seiner durchdachten Ermittlungsmethoden gelingt es ihm am Ende, zwei Täter auf einmal zu fassen. Viel wichtiger als das Recht ist ihm die Gerechtigkeit. Um diese herzustellen, sind ihm alle Mittel recht.

5 *Welcher Bewertung würdet ihr am ehesten zustimmen? Nehmt schriftlich begründet Stellung.*

6 *a) Lest den „Richter und sein Henker" vollständig und tauscht eure Leseerfahrungen aus.*
b) Informiert euch über den Autor **Friedrich Dürrenmatt.** *Stellt ihn in einem Kurzreferat vor (Plakat).*

6.3 Projekt – „Der Richter und sein Henker“ als Fotokrimi

Das ist der Beginn eines Fotokrimis.

1 *Beschreibt, mit welchen*
- ☐ *sprachlichen Mitteln: Bildkommentar, Sprechblase, Denkblase …*
- ☐ *fotografischen Mitteln: Perspektive, Bildausschnitt, Einstellungsgröße …*

gearbeitet wird.

2 *Gestaltet eine Szene aus Dürrenmatts Kriminalroman als Fotokrimi:*
- ☐ ***1. Schritt:** Wählt eine geeignete Roman-Szene aus.*
- ☐ ***2. Schritt:** Gestaltet ein ▷ Storyboard der ausgewählten Szene.* ▷ S. 276
- ☐ ***3. Schritt:** Wählt die geeigneten „Schauspieler“ aus. Sucht passende „Drehorte“. Beschafft die nötigen Kostüme, Kulissen, Requisiten …*
- ☐ ***4. Schritt:** Fotografiert die Szene nach eurem Storyboard.*
- ☐ ***5. Schritt:** Bearbeitet die Fotos am PC. Fügt die gewünschten Texte ein.*
- ☐ ***6. Schritt:** Präsentiert euren Fotokrimi in einer Ausstellung.*

WÖRTERLISTE ▷ S. 282

Kriminalpolizei	Tatort	Patrone	mörderisch
Kommissar	Motiv	Charakterisierung	tot
Assistent	Revolver	Figurenkonstellation	tödlich

7 „Erklär mir, Liebe" – Lyrik interpretieren

7.1 Der Liebe auf der Spur – Gedichte erschließen

Mit jedem Frühling
Das träge Herz wird leichter
Wohin des Weges?
(Fanny, 14 J.)

Erklär mir, Liebe, was ich nicht erklären kann:
Sollt ich die kurze schauerliche Zeit
nur mit Gedanken Umgang haben und allein
nichts Liebes kennen und nichts Liebes tun?
Muss einer denken? Wird er nicht vermisst?
(Ingeborg Bachmann)

Die rosarote Brille
abnehmen
Nicht mehr
Blauäugig sein
Auf den siebten
Himmel pfeifen
Doch
Schwebend neben dir
Immer wieder aus
Allen Wolken
fallen

Im Himmel
Blind vor Liebe
Wie geht es weiter?
Traum?
(Maurice, 14 J.)

Liebe ist ein Gefühl,
das jeder kennt,
doch nicht alle wissen,
was Liebe ist.
Viele denken, Liebe ist nur ein
Gefühl – falsch,
Liebe kommt auch vom
Verstand.
(Samed, 15 J.)

1 *Welche dieser Gefühle und Gedanken über die Liebe und das Verliebtsein sprechen euch an?*

2 *Schreibt kleine Texte über die Liebe, gereimt oder reimlos; z. B. in Form eines Elfchens, eines Akrostichons – seine fünf „Verse" beginnen mit **L-i-e-b-e** –, eines Haikus oder eines Rap.*

Anonym

Du bist mîn, ich bin dîn (um 1180)

Du bist mîn, ich bin dîn,
des solt du gewis sîn.
Du bist beslozzen
in mînem herzen,
verlorn ist daz sluzzelîn –
du muost ouch immêr dar inne sîn.

Dieses Gedicht ist in „mittelhochdeutscher" Sprache (1050–1350) geschrieben; wahrscheinlich von einer namentlich nicht bekannten Nonne.

1 *Versucht es (laut) zu lesen und zu verstehen:*
*a) Die Vokale **ê** und **î** sind lang, alle anderen kurz.*
*Die Doppelvokale **uo** und **ou** muss man **beide** hören.*
*Die Konsonanten **z** und **zz** entsprechen **s/ss.***
b) Schreibt eure „Übersetzung" in modernem Deutsch auf. Vergleicht eure Lösungen. Versucht eine „Bestfassung" herzustellen. ▷ S. 288

2 *„... verlorn ist daz sluzzelîn –" (V. 5)*
Erklärt, was mit diesem sprachlichen Bild (▷ Metapher) gemeint ist. ▷ S. 263

3 *Das **Herz** ist nicht nur in der Liebeslyrik und der Kunst allgemein (siehe die Abbildung auf S. 113) ein beliebtes „Bild" (▷ Metapher).* ▷ S. 263
a) Nennt Herz-Beispiele, die ihr kennt.
b) Erklärt, was mit dem Bild des Herzens ausgedrückt wird.

4 *a) Betrachtet die Abbildung (die „Miniatur") aus der berühmten Manessischen Liederhandschrift.*
b) Vergleicht Bild und Gedicht: Passen sie gut zusammen?

Codex Manesse (14. Jahrhundert)

René Magritte: Das Versprechen

*Die österreichische Autorin Friederike Mayröcker (*1924) hat dieses Gedicht an ihren Mann und Dichterkollegen Ernst Jandl gerichtet, der 2000 gestorben ist.*

Friederike Mayröcker

an Ernst Jandl

will dir Schwalbe ausschneiden:
blaues BUNTPAPIER
himmelblau wie dein Herz
das ich entbehre

1 *In welcher Lage befindet sich das „Ich" (das sog.* ***lyrische Ich****) in diesem Gedicht?*

2 *Was bedeutet die Schwalbe für das lyrische Ich? Wofür ist sie ein Bild (eine ▷ Metapher)?* ▷ S. 263
Die Schwalbe ist/bedeutet/steht für ...

!
In vielen Gedichten spricht ein „Ich" über seine Beobachtungen, Gedanken, Gefühle und Stimmungen.
Dieses ▷ **lyrische Ich** darf nicht mit dem/der Autor/in verwechselt werden. ▷ S. 274

3 *Betrachtet „Das Versprechen" von René Magritte.*
Überlegt, ob es Friederike Mayröcker gesehen haben könnte, bevor sie ihr Gedicht an Ernst Jandl schrieb.

4 *Schreibt ein eigenes Liebesgedicht, in dem ihr das Bild eines Vogels verwendet.*

Wenn ich ein Vöglein wär

Wenn ich ein Vöglein wär
Und auch zwei Flüglein hätt,
Flög ich zu dir;
Weil's aber nicht kann sein,
Bleib ich allhier.

Bin ich gleich weit von dir,
Bin ich doch im Schlaf bei dir
Und red mit dir;
Wenn ich erwachen tu,
Bin ich allein.

Es vergeht kein Stund in der Nacht,
Da nicht mein Herze erwacht
Und an dich gedenkt,
Dass du mir vieltausendmal
Dein Herze geschenkt.

Auch in diesem alten, verfasserlosen („anonymen“) Volkslied taucht ein Vogel auf – wie im Schwalben-Gedicht von Friederike Mayröcker auf S. 115.

1 *Welche Bedeutung hat das „Vöglein“ in dem Volkslied?*

2 *Sammelt andere Gedichte, Lieder oder auch Prosa-Texte, in denen Vögel vorkommen. Welche Rolle, welche Bedeutung haben sie?*

!

Motiv und Bild
In literarischen Texten ganz verschiedener Zeiten und Autor/inn/en tauchen oft übereinstimmende Gegenstände oder inhaltliche Vorstellungen auf:
Vogel, Herz, Wolke, Traum usw.

Das sind so genannte inhaltliche **Motive.**
Ein Motiv wie „Vogel“ ist ein sprachliches ▷ Bild für „Sehnsucht, Hoffnung, Liebe“. ▷ S. 263

3 *Das sprechende (lyrische) Ich im Volkslied wäre gern ein „Vöglein“ – vergeblich! Beschreibt die Stimmung, in dem sich das lyrische Ich befindet, anfangs und am Ende:*

Zu Beginn ... Am Ende ...

4 *Untersucht die **Form**, die **Sprache** des Volkslieds:*
a) Welche Wörter, Formulierungen fallen auf?
Welche Wirkung haben sie?
b) Gibt es Verse (Zeilen), die sich reimen?
c) Lest das Gedicht mit Betonung: Was stellt ihr dabei fest?

5 *Versucht mit zwei, drei Sätzen zu beschreiben, was euch bei der Sprache und Form des Gedichtes aufgefallen ist:*

Sprachlich fällt auf, dass …
Der Gedichtform nach besteht das Volkslied aus …

!

Gedichte bestehen oft aus zwei oder mehr ▷ **Strophen** mit einer bestimmten Zahl von ▷ **Versen.** ▷ S. 274
Oft, aber nicht immer enden die Verse in einem **Reim** und haben eine mehr oder weniger regelmäßige Betonung (▷ Metrum, Rhythmus).

6 *„Wenn ich ein Vöglein wär" ist mehrfach vertont worden, unter anderem von Franz Schubert oder Robert Schumann.*
a) Sucht nach Vertonungen im Internet.
*(**TIPP:** Sucht neben dem Liedtitel auch mit dem Stichwort „mp3". So kommt ihr an frei verfügbare Vertonungen.)*
b) Welche Vertonung gefällt euch, welche nicht?
Überlegt, woran das liegt.

Gedichte wirken am besten, wenn man sie laut vorträgt, z. B. so:

ARBEITSTECHNIK SINNERSCHLIESSENDER GEDICHTVORTRAG

- ☐ Macht euch die regelmäßige Betonung (▷ Metrum) klar. ▷ S. 274
- ☐ Vermeidet aber gleichmäßiges Vortragen („Leiern"), hebt wichtige Wörter hervor.
- ☐ Setzt wirkungsvolle Pausen.
- ☐ Beschleunigt oder verlangsamt euren Vortrag.
- ☐ Sprecht lauter oder leiser.
- ☐ Beachtet das Ende der Verse (▷ Reim) und Strophen: Manchmal dürft ihr **keine** Pause machen! ▷ S. 274
- ☐ Passt euren Gesichtsausdruck (Mimik) und eure Bewegungen (Gestik) eurem Vortrag an.
- ☐ Tragt diese verschiedenen Vortragstechniken mit farbigen Markierungszeichen in das von euch abgeschriebene Gedicht ein.

Johann Wolfgang Goethe

Nähe des Geliebten (1795)

Ich denke dein, wenn mir der Sonne Schimmer
Vom Meere strahlt;
Ich denke dein, wenn sich des Mondes Flimmer
In Quellen malt.

Ich sehe dich, wenn auf dem fernen Wege
Der Staub sich hebt;
In tiefer Nacht, wenn auf dem schmalen Stege
Der Wandrer bebt.

Ich höre dich, wenn dort mit dumpfem Rauschen
Die Welle steigt.
Im stillen Haine geh ich oft zu lauschen,
Wenn alles schweigt.

Ich bin bei dir, du seist auch noch so ferne,
Du bist mir nah!
Die Sonne sinkt, bald leuchten mir die Sterne.
O wärst du da!

Johann Wolfgang Goethe, Aufgehender Mond am Fluss, Kreidezeichnung 1777

1 *Kennt ihr die Formulierung: „jemanden mit allen Sinnen lieben"? Untersucht, ob sie sich auf J. W. Goethes Gedicht anwenden lässt. Achtet besonders auf die Verben.*

2 *a) Stellt fest, wodurch das lyrische Ich an den Geliebten erinnert wird:*
In der ersten Strophe ...
b) Leuchten euch diese Erinnerungs-Auslöser an den Geliebten jedes Mal ein? Äußert eure Meinung dazu.

3 *Schreibt persönliche Gedichtverse in der Art:*
Ich denk an dich / sehe dich / höre dich / spüre dich / rieche dich, wenn ...

4 *Wie ist das Gedicht der Form nach aufgebaut? Äußert euch zu:*
- ☐ *Strophen, Versen, ihrer Zahl*
- ☐ *Verslänge*
- ☐ *Reim*
- ☐ *Betonung: gleich-/regelmäßig, unregelmäßig*

▷ S. 274

5 *Beschreibt in einem, höchstens zwei Sätzen das Verhältnis des lyrischen Ichs zu dem Geliebten:*
Das lyrische Ich denkt ..., sieht ... und wünscht sich ...

6 *Das „lyrische Ich“:*
a) Lest den Gedichttitel noch einmal und entscheidet dann: Ist das lyrische Ich männlich oder weiblich?
b) Ergänzt: Das lyrische Ich in einem Gedicht und sein/e Verfasser/in darf man ...

7 *Betrachtet J. W. Goethes Kreidezeichnung: Zu welcher Gedichtstrophe passt sie am besten?*

8 *„O wärst du da!“ (V. 16)*
1975 veröffentlichte Pink Floyd den Song „Wish you were here“. Untersucht, ob er etwas mit Goethes „Nähe des Geliebten“ zu tun hat.

Joseph von Eichendorff (1788–1857)

In einem kühlen Grunde,
Da geht ein Mühlenrad,
Mein Liebchen ist verschwunden,
Das dort gewohnet hat.

Sie hat mir Treu versprochen,
Gab mir ein' Ring dabei,
Sie hat die Treu gebrochen,
Das Ringlein sprang entzwei.

Ich möcht als Spielmann reisen
Wohl in die Welt hinaus
Und singen meine Weisen
Und geh von Haus zu Haus.

Ich möcht als Reiter fliegen
Wohl in die blutge Schlacht,
Um stille Feuer liegen
Im Feld bei dunkler Nacht.

Hör ich das Mühlrad gehen,
Ich weiß nicht, was ich will;
Ich möcht am liebsten sterben,
Da wär's auf einmal still!

(1810)

Heinrich Heine (1797–1856)

Ein Jüngling liebt ein Mädchen,
Die hat einen andern erwählt;
Der andre liebt eine andre,
Und hat sich mit dieser vermählt.

Das Mädchen heiratet aus Ärger
Den ersten besten Mann,
Der ihr in den Weg gelaufen,
Der Jüngling ist übel dran.

Es ist eine alte Geschichte,
Doch bleibt sie immer neu;
Und wem sie just passieret,
Dem bricht das Herz entzwei.

(1822)

1 *Lest die beiden Gedichte und findet einen Titel für sie.* ▷ S. 288

2 ***Gedichtvergleich:***
*Was haben die beiden Gedichte **inhaltlich** gemeinsam? Worin unterscheiden sie sich?*
In beiden Gedichten ... Allerdings ...

3 *Die beiden Gedichte liegen nur gut zehn Jahre auseinander, doch in Sprache und Stimmung unterscheiden sie sich erheblich.*
a) Nennt passende Adjektive zu jedem Gedicht:

traurig, ...	nüchtern, ...

b) Zitiert passende Gedichtstellen für die jeweilige Stimmung.

4 *a) Der Ring (V. 6, 8) im Eichendorff-Gedicht ist ein Gegenstand (ein ▷ Motiv), der in vielen (Liebes-)Gedichten vorkommt. Wofür ist er ein Bild?* ▷ S. 116
b) Sowohl im Eichendorff- als auch im Heine-Gedicht zerbricht etwas. Was drücken diese beiden sprachlichen Bilder aus?

5 *Ihr könnt zu dem Heine-Gedicht eine Zeichnung mit Pfeilen (ein „Soziogramm“) anfertigen, um die Beziehung (die ▷ Figurenkonstellation) zwischen den erwähnten Figuren zu verdeutlichen.* ▷ S. 104

6 *Untersucht die ▷* ***Form*** *eines der beiden Gedichte:* ▷ S. 274
- ☐ *Strophen- und Verszahl*
- ☐ *Reime*
- ☐ *Betonung in den Versen (Metrum)*

7 *Betrachtet die Illustration zu den beiden Gedichten:*
a) Findet ihr sie zu beiden passend oder nicht?
b) Fertigt eine eigene Zeichnung an:
- ☐ *die zu beiden passt;*
- ☐ *die zu einem von beiden Gedichten passt.*

Bertolt Brecht (1950)

Als ich nachher von dir ging
An dem großen Heute
Sah ich, wie ich sehn anfing
Lauter lustige Leute.

Und seit jener Abendstund
Weißt schon, die ich meine
Hab ich einen schönern Mund
Und geschicktere Beine.

Grüner ist, seit ich so fühl
Baum und Strauch und Wiese
Und das Wasser schöner kühl
Wenn ich's auf mich gieße.

1 *Sicher kennt ihr den Satz: „Liebe macht blind!“ Was ist damit gemeint?*

2 *Wendet den Satz „Liebe macht blind!“ auf das Gedicht von Bertolt Brecht an: Passt er? – Diskutiert darüber.*

3 *Brechts Gedicht beschreibt, wie die Liebe ... Setzt den Satz fort.*

4 *Das lyrische Ich in Brechts Gedicht: Haltet ihr es eher für männlich oder für weiblich? Begründet eure Meinung.*

5 *Brecht hat seinem Gedicht keinen Titel gegeben. Findet einen passenden.*

Element of Crime

Weil du ... (1994)

Auf dem Gerüst vor unserem Fenster
kommt kein Maurer mehr vorbei.
Das Bett wird immer größer
und das Bad ist immer frei.
Der blöde Hund,
der mich sonst jeden Tag verbellt,
liegt nur noch stumpf im Gras
und glotzt mit leeren Augen in die Welt.
Weil du ...

Ein Vogel, der nur Körner frisst,
Macht Regenwürmer kalt.
Im Bus, der nur noch stündlich kommt,
sind alle angeschnallt.
Die alte Frau,
die mich sonst jeden morgen grüßt,
kennt mich nicht mehr und tut,
als ob sie Groschenhefte liest.
Weil du ...

Vom Nachbarn kommt Musik,
nach der schon lang kein Hahn mehr kräht.
Eine Maus holt sich ihr Nachtmahl
und auf meinem Nachttisch steht
ein Schokoladenhase,
traurig und allein.
Ich weiß ihm nicht zu helfen
und stopf ihn in mich rein.
Weil du ...

1 *Element of Crime?*
Informiert euch darüber, wer sich hinter dieser englischen Bezeichnung verbirgt.

2 *Lest den Song von Element of Crime.*
Macht Vorschläge, wie man den unvollständigen Refrain ergänzen kann.

3 *a) Wendet den Satz „Liebe macht blind!“ auf den Song von Element of Crime an: Erläutert, ob das möglich ist oder nicht.*
b) Beschreibt in einem oder zwei Sätzen den inhaltlichen Unterschied zwischen Gedicht und Song:

Während in Brechts Gedicht ..., zeigt der Song von Element of Crime ...

4 *Untersucht die ▷ **Form** von Brechts Gedicht oder dem Song von Element of Crime:* ▷ S. 274
- ☐ *Strophen- und Verszahl*
- ☐ *Betonung (Metrum) und Reime*
- ☐ *Wortwahl, Satzbau (gehoben, alltäglich, umgangssprachlich ...)*

5 *Begutachtet die Illustrationen zu Brecht-Gedicht und Crime-Song: Seid ihr einverstanden oder schlagt ihr eine andere vor?*

Ulla Hahn

Er kommt

Einkaufen: Kirschsaft Spinat und
neue Kartoffel Spargel nicht der
ist noch zu teuer oder ach was
zwei Pfund Spargel bitte.

O mein Gott: dem Friseur ging
die Farbe aus. Nehm ich statt
Rot Mahagoni nur nicht
vorne so kurz.

Wie angegossen das Kleid: aber
die Jeans sitzt straffer Blau
liebt er und Schwarz schön
also Schwarzblau.

Steht die Uhr: nein noch einmal das
Beethoven-Trio im zweiten Satz geht
die Klingel ich öffne die Tür
du schon da?

1 *Lest das Gedicht. Besprecht eure ersten Eindrücke: Form, Inhalt ...*

2 *Wer ist das lyrische Ich, wer das „du“ (V. 16)? Äußert Vermutungen, die ihr mit Textstellen belegt.*

Agnes Riske: Brot und Eier – Bin ich schön – Hoppla, 2001

3 *a) Setzt die fehlenden Satzzeichen (Punkt, Komma, Frage- und Ausrufezeichen, wörtliche Rede). Ändert die Großschreibung am Satzanfang.*
b) Vergleicht eure Ergebnisse.

4 *Versucht das Gedicht möglichst wirkungsvoll vorzutragen.* ▷ S. 117

!

Von einem Enjambement („Zeilensprung") spricht man, wenn man zum Verständnis einer Verszeile die folgende mitlesen muss:

O mein Gott: dem Friseur ging
die Farbe aus.

5 *Habt ihr eine Erklärung für die fehlenden Satzzeichen und die merkwürdigen Zeilensprünge? Überlegt, wie sie mit dem Inhalt des Gedichts und der Verfassung des lyrischen Ich zusammenhängen.*

6 *Das Bild von Agnes Riske ist nicht speziell zum Gedicht von Ulla Hahn gemalt worden. Erklärt, ob ihr es passend findet.*

7 *Schreibt ein Parallelgedicht zu Ulla Hahns*

Er kommt *Sie kommt*

7.2. „Gefunden" – Ein Gedicht analysieren

Johann Wolfgang Goethe

Gefunden (1813)

Ich ging im Walde
So für mich hin,
Und nichts zu suchen,
Das war mein Sinn.

Im Schatten sah ich
Ein Blümchen stehn,
Wie Sterne leuchtend,
Wie Äuglein schön.

Ich wollt' es brechen,
Da sagt' es fein:
Soll ich zum Welken
Gebrochen sein?

Ich grub's mit allen
Den Würzlein aus,
Zum Garten trug ich's
Am hübschen Haus.

Und pflanzt' es wieder
Am stillen Ort;
Nun zweigt es immer
Und blüht so fort.

Johann Wolfgang Goethe 1788

Christiane Vulpius 1788

Johann Wolfgang Goethe schrieb dieses Gedicht 1813 seiner Frau Christiane (1765–1816), der er 25 Jahre vorher in einem Park in Weimar zum ersten Mal begegnet war.

Dieses Gedicht von Johann Wolfgang Goethe (1749–1832) soll in Schritten untersucht und bewertet werden. Nach diesem Muster könnt ihr dann auch andere Gedichte schriftlich analysieren.

1 *Kopiert das Gedicht, klebt es auf ein Blatt Papier mit viel Platz rundum für eure Notizen.*

1. Schritt: Mit dem Text ins Gespräch kommen

Auf diese Weise hat jemand mit dem Gedicht „gesprochen“[1]:

1 **Talking to the text** heißt diese Arbeitstechnik im Englischen.

Johann Wolfgang Goethe

Gefunden *Was?*

Ich ging im Walde *a* *Jambus: x x́ x x́ x*
So für mich hin, *b* *= lyr. Ich verträumt, ziellos*
Und nichts zu suchen, *c*
Das war mein Sinn. *b*

Im Schatten sah ich *versteckt, nicht beachtet*
Ein Blümchen stehn, *niedlich!*
Wie Sterne leuchtend, *2 Vergleiche*
Wie Äuglein schön.

Ich wollt' es brechen,
Da sagt' es fein: *Personifikation: Blume spricht!*
Soll ich zum Welken
Gebrochen sein?

1 *a) Prüft und besprecht, wie hier mit dem Gedicht „gesprochen“ wurde.*
b) Führt in ähnlicher Weise ein möglichst „intensives Gespräch“ mit Goethes „Gefunden“.

2 *Versucht eure ersten Eindrücke beim Lesen und Markieren des Gedichts in einem kurzen – auch stichpunktartig möglich! – Kommentar festzuhalten:*
Ich verstehe das Gedicht als ...
Beim Lesen von „Gefunden“ entsteht bei mir der Eindruck ...“
Mir fällt besonders auf ...

TIPP

Haltet eure ersten Eindrücke von dem Gedicht in einem kurzen Kommentar fest. Damit legt ihr eine gute Grundlage für die anschließende gründliche Auslegung des Textes.

2. Schritt: Das Gedicht inhaltlich, sprachlich und formal untersuchen

Durch euer intensives „Gespräch“ mit Goethes Gedicht auf einem großen Bogen Papier und unter Verwendung verschiedener (Farb-)Stifte habt ihr viele verschiedene Eindrücke, Ideen, Erkenntnisse, aber vielleicht auch Fragen dazu erarbeitet.
All dies gilt es nun in eine sinnvolle Ordnung und Reihenfolge zu bringen. Dazu empfiehlt sich ein einfaches Schema:

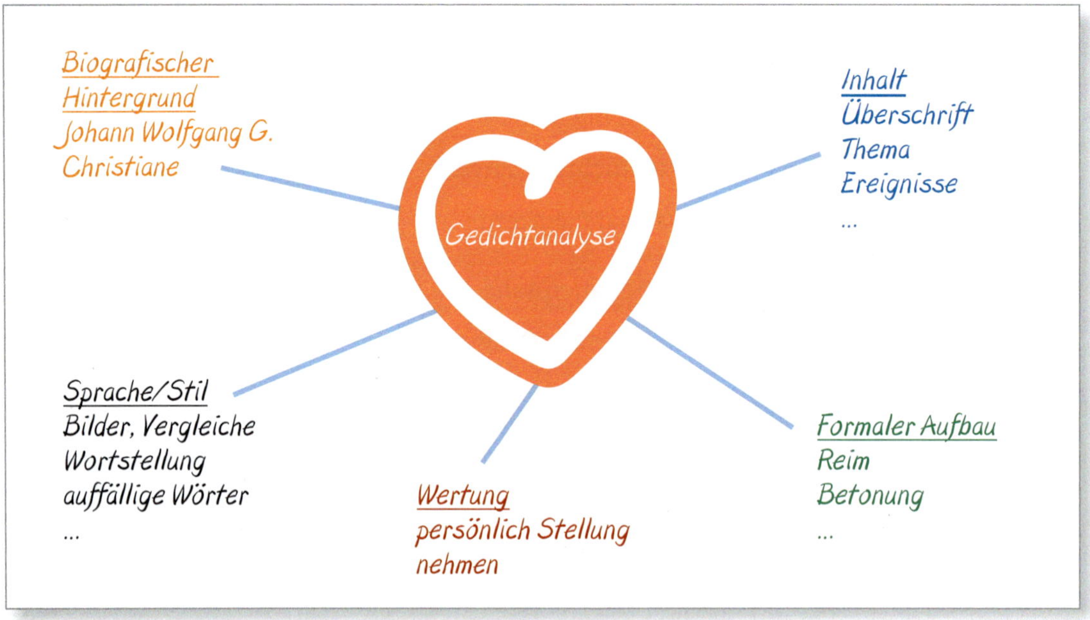

1 *Versucht eure Notizen rund um Goethes „Gefunden“ diesen fünf Hauptfeldern einer Gedichtanalyse zuzuordnen. Ein paar Anregungen:*

Zum biografischen Hintergrund von „Gefunden“

Goethe erzählt in seinem Gedicht davon, wie er vor 25 Jahren seiner späteren Frau ...

Man darf das lyrische Ich im Gedicht „Gefunden“ zwar nicht einfach mit Goethe gleichsetzen. Aber trotzdem ...

1 *Schreibt auf, von welchen Gemeinsamkeiten in Goethes Leben und seinem Gedicht „Gefunden“ ihr wisst (▷ S. 124).*

Zum Inhalt von „Gefunden"

TIPP

Ein sehr guter Anlass, sich mit dem Inhalt eines Gedichtes zu befassen, ist sein **Titel:** Der fasst den Inhalt oft zusammen oder nennt ein Schlüsselwort, mit dem man ihn gut erschließen kann.

1 *Versucht den Inhalt von Goethes Gedicht wiederzugeben, indem ihr im ersten Satz auf seinen Titel eingeht:*

Bei dem Gedichttitel „Gefunden" fragt man sich sofort, ...
Der Titel „Gefunden" weist sofort darauf hin, worum es ...

Zu Form und Stil von „Gefunden"

Goethes Gedicht hat fünf Strophen mit je vier Versen, von denen sich immer der 2. und der 4. reimen. Sein Metrum ist der Jambus.

Die Verse sind kurz und ganz regelmäßig betont. Immer Vers zwei und Vers vier reimen sich. Diese einfache Form passt zum Inhalt des Gedichts, der ...

1 *Vergleicht die beiden Aussagen zur Form des Gedichts:*
Begründet, welche Feststellung euch besser gefällt.

TIPP

Es ist gut, wenn ihr in einer Gedichtanalyse ▷ Jambus oder Trochäus, ▷ Kreuzreim oder Paarreim, ▷ Vergleiche und Metaphern nennt. Besser ist es, wenn ihr sagen könnt, was diese formalen Dinge mit dem Inhalt, der Stimmung des Gedichts zu tun haben.

▷ S. 274
▷ S. 274, S. 263

2 *Formuliert eure Markierungen und Randbemerkungen (▷ S. 125) zur Form und Sprache von „Gefunden" in ganzen Sätzen.*
Achtet darauf, dass ihr dabei auch etwas zum Inhalt und zur Wirkung des Gedichts sagt.

Zur **Wertung** (persönlichen Stellungnahme) ▷ S. 130.

3. Schritt: Einen Schreibplan erstellen

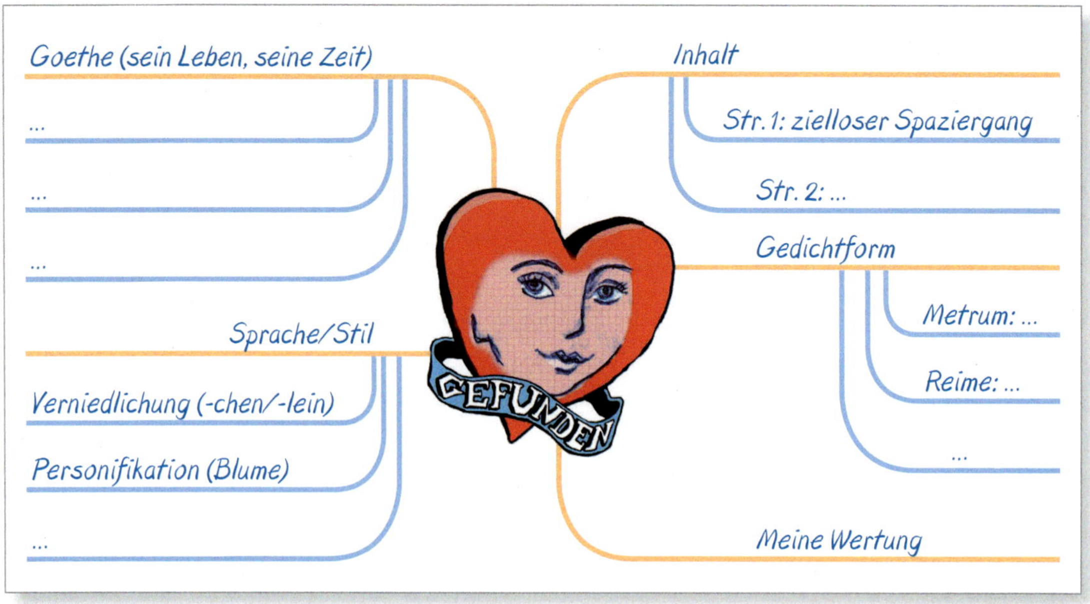

1 *Haltet eure bisherigen Eindrücke und Ergebnisse zu „Gefunden“ stichpunktartig in einer Mind-Map auf einem großen Blatt Papier fest.*

2 *Prüft, an welchen Stellen ihr die Mind-Map ergänzen könnt, indem ihr das Gedicht ein weiteres Mal aufmerksam lest.*

3 *Versucht die Eintragungen aus eurer Mind-Map in einer sinnvollen Reihenfolge in ein* ***Inhaltsverzeichnis*** *einzutragen mit den Hauptpunkten Einleitung – Hauptteil – Schluss.*

4. Schritt: Die Analyse schreiben und überarbeiten

Die Einleitung

Das Gedicht „Gefunden“ von Johann Wolfgang Goethe, 1813 veröffentlicht, ist aus Anlass des 25-jährigen Jubiläums der Beziehung zu Christiane V. entstanden. Es befasst sich ...

Das Gedicht „Gefunden“ von Johann Wolfgang Goethe handelt von einem lyrischen Ich, das durch Zufall eine Blume findet, die es pflücken will. Es entscheidet sich jedoch anders und ...

1 *Vergleicht diese beiden Einleitungen.*

2 *Schreibt mit Hilfe eurer Beobachtungen und Aufzeichnungen eine eigene Einleitung zu „Gefunden“.*

ARBEITSTECHNIK GEDICHTANALYSE (1)

Die **Einleitung** nennt kurz Textsorte, Titel, Autor/in und Thema/Kernaussage.

Der Hauptteil

Das Gedicht besteht aus fünf Strophen mit je vier Versen, wobei sich jeweils der 2. und 4. Vers einer Strophe reimen.
In der ersten und zweiten Strophe wird beschrieben, wie das lyrische Ich ziellos durch einen Wald geht (V. 1–4) und „im Schatten“ (V. 5) eine Blume entdeckt, die besonders schön ist. Diese Schönheit wird durch Vergleiche hervorgehoben: „wie Sterne leuchtend, wie Äuglein schön“ (V. 7 und 8).
In der dritten Strophe ...

1 *Schaut euch diese Sätze genau an:*
- ☐ *Worauf wird zuerst hingewiesen?*
- ☐ *In welcher Weise wird auf den Inhalt des Gedichtes eingegangen?*
- ☐ *In welchem Verhältnis, in welcher Reihenfolge stehen Aussagen zum Inhalt und zur Sprache, zum Stil?*
- ☐ *Wie werden Aussagen über das Gedicht am Text belegt?*

2 *Verfasst mit Hilfe eurer Notizen (S. 125) eine ausführliche Untersuchung aller fünf Strophen von J. W. Goethes Gedicht.*

ARBEITSTECHNIK GEDICHTANALYSE (2)

Der **Hauptteil** beginnt am einfachsten mit einer knappen Beschreibung der Form des Gedichtes und einer strophenweisen Inhaltsangabe.
Anschließend geht ihr im Einzelnen auf inhaltliche Besonderheiten ein in Verbindung mit sprachlichen Auffälligkeiten: Inwiefern verstärken die stilistischen Mittel (z. B. Metaphern, Vergleiche, Wiederholungen) den Inhalt in seiner Wirkung?
Belegt eure Feststellungen mit wörtlichen oder ▷ indirekten Zitaten. ▷ S. 285

Der Schluss

Zusammenfassend kann man sagen, dass es in dem Gedicht nur auf den ersten Blick um den rücksichtsvollen Umgang mit einer Blume geht. Kennt man den persönlichen Hintergrund Goethes, so muss man die Blume im übertragenen Sinn verstehen. Goethes Gedicht lässt sich dann als persönliches Liebesgedicht lesen. Dass man die Liebe, wenn man Glück hat, vielleicht einfach findet, aber dass man mit ihr behutsam und fürsorglich umgehen sollte.

Mir hat das Gedicht nicht so gut gefallen. Zwar ist es einfach zu verstehen und auch die Gestaltung des Gedichts ist sehr harmonisch, sodass man es gut vortragen kann. Doch mir gefällt die Botschaft des Gedichts nicht. Wenn Goethe zeigen will, wie man mit seiner Freundin umgehen soll, so ist mir das viel zu einseitig. Die Rolle der Frau ist doch viel zu passiv.

1 *Was sind die wichtigsten Bestandteile dieser beiden Schlüsse?*

2 *Beendet eure schriftliche Untersuchung von Goethes Gedicht „Gefunden“ mit einer Zusammenfassung der wichtigsten Ergebnisse des Hauptteils (S. 129) und äußert eure begründete Meinung dazu.*

ARBEITSTECHNIK GEDICHTANALYSE (3)

Zum **Schluss** fasst ihr die wichtigsten Ergebnisse aus dem Hauptteil zusammen und nehmt begründet Stellung zur zentralen Aussage des Gedichts.

3 *Verbindet alle eure bisherigen schriftlichen Aufzeichnungen zu einer vollständigen Interpretation des Gedichtes „Gefunden“ von Johann Wolfgang Goethe.*

4 ***Textüberarbeitung:***
Überprüft (im Rahmen einer ▷ Schreibkonferenz) mit diesen Fragen eure Interpretation: ▷ S. 281

- ☐ *Wird ein neuer Gedanke durch einen Absatz kenntlich gemacht?*
- ☐ *Ist die Reihenfolge der einzelnen Gesichtspunkte überzeugend?*
- ☐ *Sind die Sätze vollständig und übersichtlich?*
- ☐ *Werden wörtliche und inhaltliche Wiederholungen vermieden?*
- ☐ *Sind Wortwahl und Satzbau abwechslungsreich?*
- ☐ *Wird das Präsens verwendet?*
- ☐ *Sind die Zitate genau und*
- ☐ *Rechtschreibung und Zeichensetzung korrekt?*

5 *a) Sucht euch ein anderes Gedicht auf den S. 114–122 aus und interpretiert es in den vier Schritten von S. 125–130.*
b) Interpretiert das Gedicht ▷ „Heidenröslein“, das J. W. Goethe als 22-Jähriger geschrieben hat. Wie unterscheidet es sich von „Gefunden“ des 64-Jährigen? ▷ S. 288

7.3 Liebeslyrik öffentlich – Auf Papier oder als Podcast

Regina Weitz

Zwei Menschen (1979)

die sich sehnen
suchen
die sich sehen
betrachten
die sich berühren
gefallen
die sich bedenken
begreifen
die sich verstehen
fühlen
die sich küssen
lieben
die sich hingeben
hinnehmen
die sich kennen
wehtun
die sich angreifen
verwunden
die sich abwenden
zweifeln
die sich quälen
leiden
die sich brauchen
erkennen
die sich wiedersuchen
neu zu beginnen
die sich sehnen

1 *Schreibt ein* ***Parallelgedicht*** *oder ein ähnliches Gedicht wie „Zwei Menschen" von Regina Weitz. Am PC könnt ihr dabei mit Schriftarten, -größen und -sorten experimentieren.*

2 *Lasst euch von einem der vielen Liebesgedichte dieses Kapitels zu einem Parallelgedicht oder einem ähnlichen Gedicht anregen.*

3 ***Gedichte fortsetzen***
Prüft, ob ihr eines der abgedruckten Gedichte um einige Zeilen/Verse oder auch eine ganze Strophe erweitern könnt. Wenn ihr mit dem PC arbeitet, könnt ihr dabei die Schrifttype und -farbe ändern.

4 ***Gedichte modernisieren***
Sucht euch ein älteres Liebesgedicht und „dichtet“ es in moderner Sprache nach:

Gefunden

Ich ging im Walde	Ich hing in meiner Straße
So für mich hin	So rum
Und nichts zu suchen	Und nichts außer Chillen
Das war mein Sinn.	War mein Ding.

5 *Verfasst ein* ***Liebes-Haiku:***

Farben der Liebe

Gelbes Weizenfeld
Klatschmohn, rot wie deine Lippen
Blasser Sommerwind

! Das **Haiku** ist ein Gedicht aus drei reimlosen Versen mit der Silbenzahl 5 – 7 – 5.

6 *Sammelt Liebesgedichte, -lieder, -schlager, Love-Songs, -Raps …*
- ☐ *Leiht euch Gedichtsammlungen („Anthologien“) aus und kopiert die schönsten Liebesgedichte.*
- ☐ *Recherchiert im Internet.*
- ☐ *Fragt Freunde/Freundinnen, Eltern … nach ihrem liebsten Liebesgedicht.*

7 *Gestaltet eine* ***Liebeslyrik-Anthologie.***
- ☐ *mit gesammelten und eigenen Gedichten;*
- ☐ *geordnet nach Themen (▷ Motiven) wie „Träume“, „Liebeskummer“, „Eifersucht“ …;* ▷ S. 116
- ☐ *reizvoll gestaltet am PC;*
- ☐ *illustriert mit Fotos, Bild-Collagen, eigenen Zeichnungen …*

8 *Macht aus eurer Liebeslyrik-Anthologie einen ▷* ***Podcast*** *(www.netzcheckers.de).* ▷ S. 168

WÖRTERLISTE ▷ S. 282

lyrisch	anonym	Daktylus	Strophe	Enjambement
prosaisch	Trochäus	Rhythmus	Refrain	Biografie
metaphorisch	Jambus	Metrum	Motiv	Anthologie

8 Sara und Andri – Vorurteil und Ausgrenzung in Theaterstücken

8.1 „Ab heute heißt du Sara“ – Ein Drama analysieren

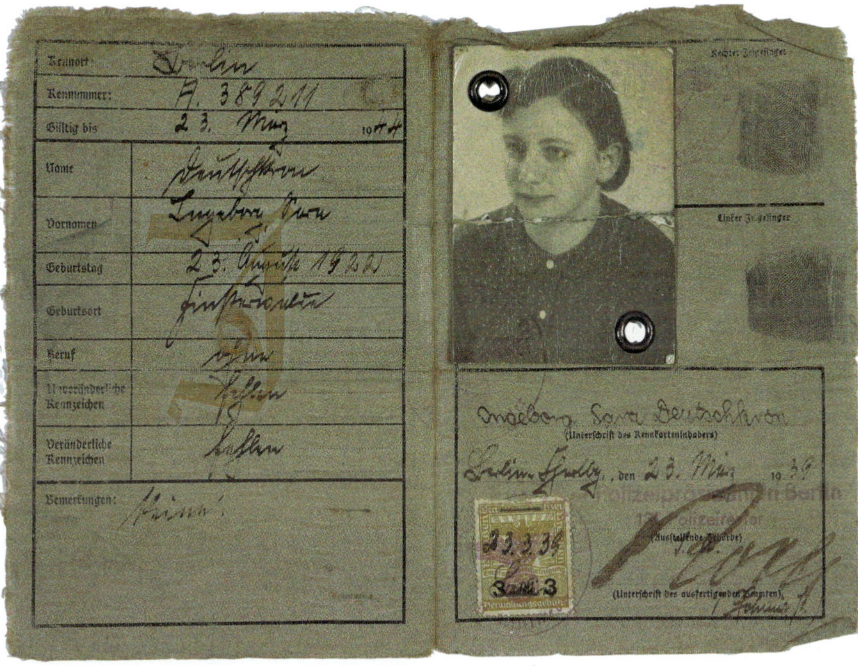

1 *Beschreibt diesen Pass. Was erfahrt ihr über die Inhaberin?*

Inge Deutschkron hat die Judenverfolgung durch die Nationalsozialisten überlebt und arbeitete nach dem Krieg in England, Deutschland und Israel als Journalistin. Heute wohnt sie wieder in Berlin.

2008 erhielt Inge Deutschkron den Carl-von-Ossietzky-Preis und die Louise-Schroeder-Medaille und wurde so als streitbare Mahnerin gegen das Vergessen geehrt sowie für ihren Einsatz gegen Rassismus und für Demokratie, Frieden und Menschenrechte.

2 *Vergleicht Inge Deutschkrons Stellung in der Gesellschaft heute und zwischen 1933 und 1945.*

3 *a) Tragt zusammen, was ihr über den Nationalsozialismus im Allgemeinen wisst und insbesondere über das Schicksal der Juden in dieser Zeit. (Erstellt eine ▷ Mind-Map.)* ▷ S. 278
b) Wer waren Carl von Ossietzky und Louise Schroeder?

„Kleene Kröte" – Figuren beschreiben

1988 haben Volker Ludwig und Detlef Michel, zwei Autoren des Berliner GRIPS-Theaters, aus Inge Deutschkrons Lebensbericht „Ich trug den gelben Stern" ein Theaterstück gemacht: „Ab heute heißt du Sara". Es steht immer noch auf dem Spielplan vieler Bühnen.

1. Bild

31. März 1933
Wohnung Deutschkron, Hufelandstraße 9

Wohnraum. Hinten rechts Tür zur Küche, links zum Flur, hinten Mitte steht die 11-jährige Inge am Fenster, durch das Straßengeräusche mit spielenden Kindern dringen. Aus der Küche Geschirrklappern. Nervös legt die Mutter eine neue Tischdecke auf, stellt die Blumenvase auf den Tisch.

INGE: Warum darf ich denn nicht runter?
MUTTER: Weil ich das nicht will.
INGE: Und warum nicht?
MUTTER: Bitte lass mich jetzt in Frieden!
INGE: Die anderen Kinder spielen auch auf der Straße!
MUTTER: Aber für 'n kleines Mädchen wie dich ist das zu gefährlich, hier in der Gegend. Außerdem wird 's gleich dunkel.
INGE: Ach, Mensch –!
MUTTER: Bitte, Inge!! *(geht in den Flur.)*
INGE: *(reißt schnell das Fenster auf und brüllt):* Ulli! Gerda! Huhu!
MUTTER: *(kommt zurückgerast, reißt Inge vom Fenster, knallt es zu):* Jetzt langt 's aber! – *(Besinnt sich)* Mensch, Kleine ...
(Will sie in die Arme nehmen, Inge wehrt sich ruppig.)
Wir müssen einfach in der nächsten Zeit etwas vorsichtig sein.
Wir sind Juden, Inge.

INGE: Was sind wir?
MUTTER. Wir sind Juden.
INGE: Na und?!
MUTTER: Für die Nazis sind wir Feinde –
INGE: Weiß ich doch! Weil wir in der SPD sind.
MUTTER: Ja, weil wir in der SPD sind. Das auch – aber dass wir Juden sind, macht alles noch viel schlimmer.

Inge: Quatsch …

Mutter: Das ist leider überhaupt kein Quatsch.

Inge: Hamse vielleicht deswegen Steine auf'n Balkon geschmissen?

Mutter: Nein, wegen dem SPD-Transparent.

Inge: Siehste!

Mutter: Wir reden nachher mal mit Vati drüber. Spiel noch 'n bisschen Domino, ja? *(Ruft in die Küche):* Lotte, Sie können den Abwasch stehen lassen. Spielen Sie lieber noch 'n bisschen mit Inge.

Lotte *(kommt aus der Küche, wischt die Hände ab):* Aber jerne, Frau Deutschkron.

Inge: Domino!

(Lustlos geht sie hinaus. Das Telefon klingelt, Mutter nimmt hastig den Hörer ab.)

Mutter *(entsetzt):* Was?! *(Aufmerksam beobachtet Lotte die Mutter.)* Ja – ja. Er hat noch Abitur-Prüfung. – Ich geh hin. Uns fällt schon was ein. – Danke. *(Legt auf.)* Sie haben Dr. Ostrowski verhaftet und zwei Kollegen von meinem Mann. Ich muss schnell zu ihm. Er darf heute Abend nicht herkommen.

(Inge kommt herein, hat offenbar gelauscht.)

Inge: Was is 'n?

Mutter: Ich muss schnell noch mal weg. Spielt schön, ja?

Lotte: Machen Se sich man keene Sorjen, Frau Deutschkron.

Mutter: Sie sind vielleicht gut … *(Sie hastet hinaus.)*

Inge: Wo musse denn hin?

(Lotte nimmt ihr das Spiel aus der Hand und schüttet die Steine auf den Boden.)

Lotte: Na los, komm. Diesmal jewinnste!

Inge: Wo musse denn hin?

Lotte: Weeß ick doch nich.

(Sie ordnen die Steine, die Mutter kommt im Mantel zurück.)

Mutter: Lotte, bringen Sie Inge ins Bett, falls es zu spät wird?

Lotte: Mach ick.

Inge: Wo gehst 'n hin? *(Die Mutter zögert.)*

Lotte: Zu Frau Klein. Die is' krank.

Mutter: Also tschüss ihr beiden! Bis später! *(Ab.)*

Lotte: Komm, fangen wir an!

Inge: Mutti geht Vati warnen, damit se 'n nicht verhaften, stimmt doch, oder?

Lotte: Wie oft hat dir deine Mutter gesagt, dass de nich' heimlich lauschen sollst? – Dein Vater schläft heute ma' woanders, und morgen is' allet wieder jut. Nu fang schon an! *(Sie beginnen zu spielen.)*

Inge: Lotte –?

Lotte: Hm.

Inge: Biste auch Jüdin?

Lotte: Nee.

Inge: Is' das was Schlimmes?

Lotte: Quatsch …

Inge: Sondern?

Lotte: Also – die Juden, ja, die sind 'n besonderer Stamm. Wie die Franzosen. Oder Engländer.

Inge: Aber wir sind doch Deutsche!

Lotte: Haste ooch wieder Recht … Aber janz früher, da waren die Juden 'n eignet Volk und die sind dann hier einjewandert. – Wie der Dr. Ostrowski! Der is' doch Deutscher! Aber hat 'n polnischen Namen, weil seine Vorfahren Polen waren.

INGE: Aber wir haben doch'n deutschen Namen! Deutschkron!

LOTTE: Stimmt auch wieder ...

INGE: Und Dr. Ostrowski is'n Pole?

LOTTE: Nee! Deutscher!

INGE: Wie wir!

LOTTE: Jenau.

INGE: Aber wenn der kein Pole mehr is', sind wir auch keine Juden mehr.

LOTTE. Nee. Bei Juden is' det anders. Jude bleibt Jude.

INGE: Was ist bei Juden anders?

LOTTE: Na nischt! – Weeß ja ooch nich, warum die so'ne Angst vor euch haben. – Du bist dran.

INGE: Lotte?

LOTTE: Hm.

INGE: Haste Angst vor mir?

LOTTE: Icke? Vor dir kleene Kröte?

INGE: Ich bin aber eine Jüdin! Ich bin eine Jüdin! Huaaah!
(Geht wie ein Ungeheuer auf sie los, sie balgen sich unter großem Gelächter.)

1 *Lest die Szene (das „Bild") mit verteilten Rollen. Wie wirken die drei Figuren auf euch?*

2 *Beschreibt das **Verhalten** von Mutter und Tochter und ihr Verhältnis zueinander.*

3 *Lotte, das „Dienstmädchen" der Familie Deutschkron, versucht Inge zu erklären, was Juden sind. Erläutert, inwiefern sie dabei Schwierigkeiten hat.*

4 *a) Sammelt wichtige Informationen über Inge in einer **Tabelle:***

	allgemeine Angaben	Verhalten/Eigenschaften
Inge	11 Jahre alt (Z. 2)	spielt gerne draußen (Z. 7 ff.)
	jüdisch (Z. 27)	diskutiert gern (Z. 7, 28 ff., 90 ff.)
	...	ist ruppig (Z. 16, 36)
		...

b) Haltet auch Informationen über Inges Mutter in einer Tabelle fest.

5 *Untersucht das **sprachliche Verhalten** der drei Figuren:*
a) Wer spricht ▷ Hochsprache, wer Umgangssprache, wer Dialekt? ▷ S. 249
Nennt Beispiele für die drei Sprachformen.
b) Erklärt, was die jeweilige Sprechweise über Inge, Frau Deutschkron und Lotte aussagt.

6 *a) Präsentiert das 1. Bild in einer **szenischen Lesung.***
b) Welche neuen Erkenntnisse über die drei Figuren und ihr Verhältnis gewinnt ihr dabei?

ARBEITSTECHNIK SZENISCHES LESEN

Beim szenischen Lesen
- spricht man seinen Rollentext möglichst ausdrucksvoll,
- achtet auf angemessene Gestik, Mimik und Körperhaltung,
- geht, steht und bewegt sich dem Verhalten der Figur entsprechend,
- notiert im kopierten Rollentext zusätzliche „Regieanweisungen".

„Das könnt' ich nie …“ – Konflikte untersuchen

4. Bild

1935
Hackescher Markt[1]

Zwei Hitlerjungen (HJ)[2]*, ca. 15 Jahre alt, rauchen heimlich.*

1. HJ: Mach hinne! Kuckt doch keener!

2. HJ: 'n alter Mann is' doch kein D-Zug. *(Sie paffen. Ein 13-jähriges jüdisches Mädchen mit Schultasche kommt aus dem Hintergrund auf sie zu.)* Los, Mensch, da kommtse!

1. HJ *(tritt die Zigarette aus):* Warte, bis sie nah dran ist. *(Als sie an ihnen vorbeigehen will, versperren ihr die Hitlerjungen den Weg.)* Ihh, wie das hier wieder stinkt!

2. HJ: Judenschweiß! Uäh!

1. HJ: Haben wir dir nicht gesagt, dass du unsere Gegend nicht mehr verstänkern sollst? *(Sie will ausreißen, der 2. HJ stellt ihr brutal ein Bein, sodass sie hinfliegt.)*

2. HJ: Ausreißen willse, die feige Judensau. Mann, und ick hab jetzt Judenschleim am Stiefel! Los – ablecken, du Schwein! *(Er zieht ihren Kopf an den Haaren über seine Stiefel, dass sie schreit. Aus dem Hintergrund kommt Inge – jetzt dreizehn –)* Leck ab! *(Der 1. HJ tritt dem Mädchen kräftig in den Hintern. Inge rennt von hinten auf ihn zu, tritt ihn, dass er hinfliegt, und geht sofort mit Fäusten auf den überraschten 2. HJ los.)*

INGE: Ihr feigen Schweine, ihr!

2. HJ *(kann sich ihrer kaum erwehren):* Mensch, biste verrückt, dass ist doch 'ne Judensau! Die hat uns beleidigt! *(Das Mädchen steht auf, bleibt in sicherer Entfernung stehen. Der erste HJ greift Inge von hinten an, sie schlägt sofort zurück.)*

INGE: Dann bin ich auch 'ne Judensau, ihr blöden Ärsche!

2. HJ: Glaubste ja selber nich', ich weiß doch, wie Juden aussehen!

1. HJ: Juden, die sich wehren –! Die arbeiten doch nur mit Tricks von hinten! *(Inge will wieder loslegen, die Hitlerjungen halten sie fest.)*

2. HJ: Kannst froh sein, dass wir kein deutsches Mädchen schlagen.

INGE *(tritt um sich):* Loslassen! – Ich hab 'n Onkel, der ist Obersturmbannführer!

1. HJ *(entschuldigend zu Inge):* Du, die da is' wirklich 'ne Judensau!

INGE: Na und? *(Die Hitlerjungen lassen sie los.)*

2. HJ: Weiber –! Nischt wie Stroh im Kopp! – Komm, wir ziehen Leine.

1. HJ: Scheiß Weiber … *(Spuckt aus, beide gehen ab.)*

INGE *(zum Mädchen):* Haste dir wehgetan?

MÄDCHEN: Nich' so schlimm … Du warst vielleicht knorke! – Vielen Dank.

INGE: Das hat Spaß gemacht! – Du gehst auch in eine jüdische Schule?

1 **Hackescher Markt:** Stadtteil im Zentrum Berlins
2 **HJ:** Hitlerjugend, Jugendorganisation der Nationalsozialisten

MÄDCHEN: Wieso – du auch?

INGE: Seit 'ner Woche. In der Bismarck, wo ich weg bin, dürfen Juden keinen Sport mehr mitmachen.

MÄDCHEN: Dann biste also wirklich – Mensch, wenn die das wüssten! Das könnt' ich nie, so zuhaun ...

INGE: Musste lernen!

1 *Beschreibt das Verhalten der beiden Hitlerjungen*
a) dem jüdischen Mädchen gegenüber,
b) gegenüber Inge.

2 *Beurteilt Verhalten, Sprechen und Denken („Vorurteile") der beiden 15-Jährigen.*

3 *Beschreibt das Verhalten der beiden 13-jährigen jüdischen Mädchen.*
Ihr könnt dazu folgende Adjektive verwenden:

clever · brutal · eingeschüchtert · aktiv · ängstlich · erfinderisch · frech

feige · dreist · einfallsreich · kühn · mutig · passiv · unverschämt

4 *a) Beurteilt Inges Verhalten in diesem Konflikt.*
b) Erweitert die Tabelle zu Inge (S. 136) um geeignete Angaben.

5 *Stellt die Beziehung der Hitlerjungen zu den beiden Mädchen im ▷ Standbild dar.* ▷ S. 279

Die Aasgeier kommen – Der alltägliche Antisemitismus

Inges Vater kann Anfang 1939 nach England auswandern. Ihre Mutter und sie hoffen, ihm bald folgen zu können. Deshalb versuchen sie, die Wohnung aufzulösen.

9. Bild

März 1939
Wohnung Deutschkron, Uhlandstraße 168

Der Raum ist halb leer, mehrere Gegenstände auf Tisch und Schreibtisch zusammengestellt. Mutter und Inge tragen noch Gegenstände herum. Es klingelt.

INGE: Die Aasgeier kommen aber schnell.

MUTTER: Versuch dich zu beherrschen, ja?!

DR. HOFFMANN *(off)*: Heil Hitler! – Ich komme wegen der Wohnungsauflösung.
(Inge führt ihn ins Zimmer.)
Hoffmann, mein Name, Doktor Hoffmann.

MUTTER: Deutschkron. Kommen Sie wegen des Schreibtischs oder wegen des Schlafzimmers?

HOFFMANN *(sieht sich um)*: Eigentlich weder – noch ...

INGE: Sondern?

HOFFMANN: Na ja – nur mal so umschaun! Was Sie sonst noch so haben …
Was wolln Sie 'n für die Lampe?

MUTTER: Die ist 'n altes Erbstück … Bronze … also –

INGE: Hundert Mark.

HOFFMANN: Also bitte keine Witze hier!

MUTTER: Fünfzig.

HOFFMANN: Ich nehmse für fünf Mark, damit sind Se gut bedient.

MUTTER: Kommt nicht in Frage!

HOFFMANN: Gut – wenn Sie das Geld nicht brauchen …

INGE: Die Lampe ist das Zigfache wert!

HOFFMANN: Früher vielleicht, Frollein. Aber jetzt, wo der Markt überschwemmt ist von Judengut –

INGE: Könn' Se sich schweinisch an uns bereichern.

MUTTER: Inge!

HOFFMANN: Ich habs auch nicht dicke. Als kleiner Studienrat – und die Kinder wolln ja studieren –

MUTTER: Und jüdische Kinder dürfen ja nicht studieren, also brauchen sie kein Geld.
Mein Mann wäre heute Oberstudiendirektor …
Wissen Sie, wovon wir leben müssen?

HOFFMANN: Also nu mal langsam! Dafür wolln Se ja wohl nicht mich verantwortlich machen!
Ich bin nicht in der Partei, wenn Se das meinen.

INGE: Muss man denn in der Partei sein, um sich unverschämt zu benehmen?

HOFFMANN: Dafür könnte ich Sie jetzt anzeigen. [*GS Inge][1]

MUTTER: Herr Dr. Hoffmann, merken Sie denn nicht –

HOFFMANN: Ich merke so manches, Frau, äh – *(Es klingelt.)*

INGE: Noch so eener … *(Geht öffnen.)*

HOFFMANN: Den Sessel nehm' ich auch. Für 'n Zehner. In Ordnung?

(Mutter ist sprachlos.) [*GS Mutter]

(Der Händler Meier kommt mit seinem Gehilfen, den er Russki nennt.)

MEIER *(sprudelt schon im Off los):* Heil Hitler, hier kommt der Weihnachtsmann! Meier! Möbel-Meier! Koofe allet, zahle bar! Kurz und klein: Ick nehme Ihren Krempel komplett, ham wat hinter uns, sparn Se sich den Ärjer mit de Müllabfuhr, und det Jeld für die Reichsfluchtsteuer[2] und die Fahrkarten ham Se dreimal raus. Jeschachert und jefeilscht wird bei mir nich', ooch wenn det in Ihre Kreise so üblich is', ick bin Deutscher und zahle Festpreise. Allet klar, Madame? Denn mal los: Schreiben Se uff, Russki: Ein Schreibtisch mit Stuhl und Lampe –

HOFFMANN: Moment! Lampe und Sessel gehören bereits mir.

MUTTER: Das ist nicht wahr!

HOFFMANN: Dafür seh ich auch einstweilen von der Anzeige ab. Hetze gegen die NSDAP … [*GS Inge]

1 [*GS Inge] usw.: Siehe dazu Aufgabe 4, S. 141.

2 **Reichsfluchtsteuer:** Auswanderern von den Nazis auferlegte Steuer

MUTTER *(hält der kochenden Inge den Mund zu):* Herr Dr. Hoffmann, ich bitte Sie, meine Tochter hat doch nur –

MEIER: Die Sachen kriejen Se später von mir, mein Herr. Billjer als hier im Detail. Also Russki: Schreibtisch samt Zubehör, Reichsmark 60. Schlafzimmer – darf ich mal ...

MUTTER: Inge, führst du mal Herrn Meier. *(Inge geht mit Meier und Russki ins Nebenzimmer.)* Haben Sie denn überhaupt kein Gefühl dafür, Sie – als Pädagoge[3] – wie meine Tochter leiden muss, wenn alles, womit sie aufgewachsen ist –

HOFFMANN: Wenn Sie sich ins Ausland verdrücken, ist das Ihre Sache. Aber dann tragen Sie auch gefälligst mit Anstand die Konsequenzen!

MEIER *(kommt zurück, Russki schreibt):* Also, Russki: Schlafzimmer – sechs Teile – 120 RM. Wat hatten wir noch? Der Teppich – na, 20 RM. Bilderrahmen mit Inhalt fünnef. Der Bücherschrank *(zählt durch)* RM 110.

MUTTER: Und die Bücher?

MEIER: Det is für die Bücher, Zehn Meter Bücher à 8 macht 80 plus 30 für det Möbel.

HOFFMANN: Herr Meier, einen Meter Romantiker[4] da oben, wenn Se mir den reservieren ...

MEIER: Selbstredend. – Eine Kommode, leer – zehn. Und eene Vase, na, drei Mark –

INGE: Nein!!

MEIER: Wat denn so uffjeregt –?!

MUTTER: Die Vase ist über 100 Jahre alt!

MEIER: Ich nehm 'se trotzdem. *(Hoffmann lacht übertrieben)*

MUTTER: Echtes Biedermeier!

MEIER: Allet oder jarnischt. Wat wolln Se mit dem Topp? Etwa mitnehmn?

HOFFMANN *(immer noch lachend):* Ich biete sechs Mark.

MEIER: Später, später. Also her damit.

MUTTER *(die die Vase festhält, lässt sie jetzt entschlossen fallen, sie zersplittert):* Schade!

INGE *(die ihre Mutter bewundert und ein triumphierendes Prusten kaum unterdrücken kann):* Nu' kriegtse keener.

HOFFMANN: Das war Absicht!

MEIER: Nee, det war 'ne Vase, mein Herr. Wie viel ham wir, Russki?

RUSSKI: Ohne die Vase ... Reichsmark 310.

MEIER: Minus 20 % Engros-Rabatt[5], macht 248 Reichsmark, bar jejen Quittung. Na, det is dochn Vermöjen!

MUTTER: Und dafür haben wir zwanzig Jahre gearbeitet – Allein die Bücher sind das Zehnfache wert! [...]

MEIER: Ihr Jeld, Madame! *(Reicht ihr das Geld.)*

INGE: Das ist Erpressung!

HOFFMANN: „Erpressung"? Ham Se das gehört?! – Das ist geschenktes Geld!

MUTTER *(zu Hoffmann):* Verlassen Sie sofort diese Wohnung! *(Hoffmann ist sprachlos.)*

MEIER: Wie war det noch mal mit Ihre Anzeije, mein Herr?

HOFFMANN: Die steht.

MEIER: Und det mit die staatliche Erpressung ...?

INGE: „Staatlich" hab ich nie gesagt!

MEIER: Ich bin Ihr Zeuje, Herr. – Schade. Denn wird wohl der janze Krempel konfisziert[6] werden. Ham Se mit Zitronen jehandelt. Ham Se sich selber zuzuschreiben.

MUTTER: Also geben Sie schon her ...

INGE: Nein!!!

MEIER *(ohne auf Inge zu achten):* Na sehn Se! Hab ick jleich jesehn, det Sie 'ne vernünftije Frau sind. Da reißte dir 'n Been aus, um wat Jutet zu tun für die Menschheit *(gibt ihr Geld und Quittung)* – und denn so wat ...

RUSSKI: Undank is der Welt Lohn, Meesta!

HOFFMANN: Exakt. Frech und unverschämt. Bis zur letzten Minute. *(Mutter zählt das Geld.)*

RUSSKI: Aber Jeld zähln. Jeld zähln. Det könnse! *(Die drei Männer lachen.)*

3 **der Pädagoge:** Erzieher
4 **Romantiker:** romantische Literatur (1. Hälfte 19. Jh.) auf dem Bücherregal
5 **Engros-Rabatt:** Mengenrabatt
6 **konfiszieren:** beschlagnahmen

1 *Welches von den hier genannten Themen beschreibt das 9. Bild am besten?*
Begründet eure Entscheidung am Text:
- ☐ *Wie Frau Deutschkron das Beste aus der Situation macht.*
- ☐ *Wie Inge den drei Männern ihr schäbiges Verhalten klarmacht.*
- ☐ *Wie der Möbelhändler Frau Deutschkron in einer schwierigen Situation hilft.*
- ☐ *Wie die drei Männer die bedrückende Lage der jüdischen Familie Deutschkron ausnutzen.*

2 *a) Haltet in Stichpunkten fest, wie sich Dr. Hoffmann und Möbelhändler Meier gegenüber Frau Deutschkron und Inge verhalten, was sie sagen, welche Gründe sie anführen:*

Dr. Hoffmann	Händler Meier
... nur mal so umschaun!" (Z. 17)	Will kaufen, um den Deutschkrons angeblich „Ärjer" zu ersparen. (Z. 66 ff.)

b) Zeigt, wie das antisemitische Verhalten der Männer sichtbar wird.

3 *Untersucht – wie in Aufgabe 2a – die Reaktionen von Frau Deutschkron und Inge auf das Verhalten der Männer.*

4 *Lest das 9. Bild mit „Gedankenstopps" von Inge und Frau Deutschkron. (Geeignete Textstellen sind mit [*GS] markiert. Ihr könnt aber auch andere Stellen aussuchen.)*

ARBEITSTECHNIK GEDANKENSTOPP

Das Lesen einer Szene mit Gedankenstopps dient dazu, Gedanken und Gefühle einer Figur auszusprechen und sich noch besser in sie und in die Situation einzufühlen. Auf den Zuruf „Stopp!" unterbricht der/die Lesende die Text-Rezitation und äußert Gedanken und Empfindungen.

5 *a) Wie beurteilt ihr das Verhalten*
- ☐ *von Frau Deutschkron?*
- ☐ *der nun 17-jährigen Inge?*

b) Ergänzt eure tabellarischen Angaben über die beiden (S. 136, Aufgabe 4, bzw. S. 138, Nr. 4).

6 *Verfasst eine ▷* ***Figurenbeschreibung*** *(„Charakteristik")* ▷ S. 255
a) von Inge und ihrer Mutter.
b) von Dr. Hoffmann und Möbelhändler Meier.

7 *„Diese Szene zeigt den Konflikt zwischen Tätern/Mitläufern und Opfern im Nationalsozialismus und den verächtlichen Umgang mit der Menschenwürde. Er endete schließlich in der Ermordung der Opfer."*
Erklärt dieses Urteil und belegt es am Text.

8 *Wie im 1. Bild (S. 134 ff.) kann man auch im 9. Bild ▷ Hochsprache, Umgangssprache und Dialekt unterscheiden.* ▷ S. 249
Nennt Beispiele für die drei Sprachformen.

8.2 „Ich trug den gelben Stern“ – Szenisches Interpretieren

Von 1941 bis 1943 – Selbst Szenen schreiben

Die Hoffnungen Inges und ihrer Mutter zerschlagen sich, Deutschland in Richtung England verlassen zu können. Die Lage der Juden wird immer bedrohlicher.
Inge Deutschkron schreibt in ihrem Lebensbericht „Ich trug den gelben Stern“:

September 1941 – In der U-Bahn

Ein kleiner, untersetzter Mann erhob sich von seinem Sitzplatz in der U-Bahn.
„Ich bitte Sie darum, sich sofort zu setzen!“, sagte er sehr laut und energisch, indem er mit seiner linken Hand auf den Sitzplatz wies, den er mir anbot. Die meisten anderen Fahrgäste taten so, als hörten sie nichts. Die U-Bahn war voll besetzt wie an jedem Morgen um diese Zeit vor Beginn der Arbeit. Ich war nur eine von vielen, die stehen mussten. Sicherlich hätte der Mann nicht gerade mir seinen Platz angeboten, wenn ich nicht an jenem Morgen das erste Mal einen „Judenstern“ getragen hätte.
Es war der 19. September 1941, der erste Tag, an dem wir dazu gezwungen waren. Am Abend zuvor hatte ich diesen gelben Lappen wie vorgeschrieben an der linken Brust in Herzhöhe fest an den Mantel genäht. Die jüdischen Wohlfahrtsämter hatten jedem Juden vier solche Sterne gegen ein Entgelt abgeben müssen. [...]
Nicht jeder war so mutig wie der Herr, der mich zwingen wollte, seinen Sitzplatz einzunehmen. Erst als ich ihm zuflüsterte, dass es mir gesetzlich verboten sei und nicht er, sondern ich Gefahr liefe, bestraft zu werden, gab er nach.

1 *Untersucht in diesem Textauszug*
- ☐ *die staatliche Maßnahme des „Judensterns“,*
- ☐ *das Verhalten des Mannes in der U-Bahn,*
- ☐ *das Verhalten der anderen Fahrgäste,*
- ☐ *Situation und Verhalten der 19-jährigen Inge.*

2 *Stellt die Beziehungen der Fahrgäste untereinander im ▷ Standbild dar.* ▷ S. 279

3 *Setzt den U-Bahn-Bericht in eine Schauspiel-Szene um:*
- ☐ *Wie viele Figuren wollt ihr einsetzen?*
- ☐ *Überlegt und notiert die Rede- und Gedankenbeiträge der verschiedenen Figuren. Wie lassen sich auf der Bühne Gedanken zum Ausdruck bringen?*
- ☐ *Besprecht mögliche Verhaltensweisen, Handlungen und Reaktionen.*
- ☐ *Fertigt eine Skizze des U-Bahn-Abteils an.*
- ☐ *Klärt die Frage von Kostümen, Requisiten, Beleuchtung, Geräuschen …*

4 *Verfasst ein „Textbuch“ zu der U-Bahn-Szene mit*
- ☐ *Rede-/Gedankenbeiträgen,*
- ☐ *Regieanweisungen (Lautstärke, Gestik, Mimik, Verhalten …).*

5 *Probt und präsentiert eure Szene.*

Frühjahr 1943 – Im Premierenkino

Im Frühjahr 1943 wagen es die inzwischen 20-jährige Inge und ihr Freund Hans, unerkannt und ohne „Judenstern“ eine Filmpremiere zu besuchen.

Premierenkino Admiralspalast, Friedrichstraße

Beklommen setzten wir uns auf die angewiesenen Plätze. Wir waren unter lauter fröhlichen Menschen, die sorglos über Belanglosigkeiten plauderten. Als es dunkel wurde und der Film begann, atmeten wir erleichtert auf. Was uns vorgeführt wurde, war ein leichter bis seichter Film ohne Probleme. Das Volk musste unterhalten und von der Wirklichkeit abgelenkt, nicht aber zum Nachdenken angeregt werden.

„Welch ein entzückender Film. Wie schön Sie gespielt haben, meine Liebe“, so schwirrten die Stimmen um mich herum, als dem geladenen Premierenpublikum anschließend Sekt serviert wurde. Neue Filmprojekte wurden diskutiert. Von Skireisen, Fahrten nach Italien oder Paris war die Rede. Der Krieg schien für diese Menschen gar nicht zu existieren. Ich war sehr neidisch, weil sie so sorglos waren. Die Damen waren gut gekleidet. Sie erhielten alles, was sie brauchten. Soldaten schleppten aus den besetzten Gebieten Seidenstrümpfe, Stoffe, Pelze und Schuhe heran. Ich wurde mir meines armseligen Kleidchens bewusst, das ich als heranwachsendes Mädchen noch vor Beginn des Krieges erhalten hatte. [...]

Hans und ich gingen so bald wie möglich. Wir hatten in eine andere Welt hineingesehen. Es gab sie unmittelbar neben uns. Die Menschen dort sprachen Deutsch wie wir. Sie waren vielleicht keine Nazis. Aber von dem Elend und der Not von Menschen, die zwar aus ihrer Gesellschaft ausgestoßen, aber neben ihnen lebten, wussten sie nichts – oder wollten nichts wissen. Und so ging Hans wieder in seine Wohnung zurück, aus der er jeden Tag abgeholt werden konnte, und ich in mein Versteck hinter dem Ladentisch[1].

1 **Versteck hinter dem Ladentisch:** Siehe unten 23. Bild.

1 *Beschreibt, wie die 20-jährige Inge und ihr Freund die Filmpremiere erleben.*

2 *Legt eine Tabelle an mit Informationen über*
- *das Kinopublikum,*
- *Inge, Hans, die jüdische Bevölkerung.*

3 *a) Erarbeitet das „Textbuch" mit Regieanweisungen für folgendes*

> **** Bild**
>
> **Frühjahr 1943**
> **Versteck hinter Gretes Laden**
>
> *Inge, ihre Mutter und Hans im Gespräch über die Filmpremiere.*

b) Spielt die Szene vor.

„Frechheit siegt!" – Interview mit einer Figur

1943 – Die 20-jährige Inge und ihre Mutter werden von der befreundeten deutschen Geschäftsfrau Grete Sommer unter Lebensgefahr hinter ihrem Laden versteckt. Der Krieg macht alles noch schlimmer.

23. Bild

Februar 1943
Gretes Laden, Westfälische Straße 64

Papierwarenladen mit Leihbibliothek, dahinter Andeutung des Raums, in dem die Deutschkrons übernachten. Inge, Grete.

GRETE: Weißte was, Inge? Du arbeitest ab sofort bei mir im Geschäft.
INGE: Wat?!

GRETE: Klar! Jetzt, wo die Nazis Berlin für „judenrein“ halten, kommt doch keiner auf die Idee, dass ihr „Geflitzte“[1] seid. Inge: Frechheit siegt! [...]

KREMP *(hat den Laden mit ein paar Leihbüchern betreten):* Heil Hitler, Frau Sommer.

GRETE *(nimmt die Bücher entgegen):* Darf's was Neues sein, Herr Kremp?

KREMP: Jawohl, wie immer. Wat Romantischet für meine Trude und wat Spannendet für mich.

GRETE: Bedienen Sie sich, Sie kennen sich ja bei mir aus. [...]

KREMP *(mit Blick auf Inge):* Neue Bedienung?

GRETE: Ja – Fräulein Inge. Seien Sie nett zu ihr, Sie wissen ja, wie schwer man heutzutage Lehrlinge kriegt.

KREMP *(zu Inge):* Angenehm. Da könnten Sie mir ja gleich was empfehlen, gnädiges Fräulein. Sie wissen ja –

INGE: Wat Romantischet und wat Spannendet. Mal kucken. Ich fang ja grade erst an. *(Sucht im Bücherregal herum.)*

KREMP: Sie machen das schon, Fräulein. – Also jestern, Frau Sommer, da hab ich den Schreck meines Lebens jekriegt. Kloppt doch die Polizei die Tür von meinem Nachbarn uff. Früh um sieben. Und wat kommt zum Vorschein? Zwee versteckte Juden. Ich denke, mich laust der Affe! Da liegt man nischt ahnend in seinem Bette, und plötzlich erfährste, dass de monatelang Wand an Wand mit zwee Judensäuen jepooft hast. Mann, da machste wat mit! Eijeijeijeijei! –
Na, ham Se wat, Fräulein?
(Inge gibt ihm zitternd ein dickes Buch.)
„Das Auge des Fo“! Kenn' ick noch nich.
(Schlägt die Innenseite auf.)
Ja – wat seh ick denn da?! Wo ham Se denn die Schwarte her?! „Ex libris[2] Commerzienrat Dr. Levi[3]“! Der Herr dürfte inzwischen ooch im Massengrab schmorn! *(Lacht.)* Ich nehm's trotzdem. Wenn Sie mir's empfehlen, Frollein.

GRETE: Herr Kremp, wir müssen schließen. *(Nimmt das Buch, notiert es, Inge legt schnell ein zweites dazu.)*

KREMP *(liest den Titel):* „Liebe, die wie Feuer brennt“. Jawoll, das isses.
(Grete trägt es auch ein.)
Man dankt. Heil Hitler, meine Damen!

INGE *(verbissen):* Heil Hitler!
(Grete sieht sie erschrocken an, Kremp verlässt den Laden)

1 **Geflitzte:** Untergetauchte

2 **das Exlibris:** persönliches Buchzeichen

3 **Levi:** jüdischer Name

1 *„Frechheit siegt!“ (Z. 10) – Was ist Grete Sommer für eine Frau? Bedenkt ihre Situation, ihr Verhalten und formuliert ein Urteil:*

Grete Sommer ist für mich ..., weil ...
Obwohl ..., hilft/versteckt/... Grete Sommer ... Das ist für mich ...

2 *a) Führt gruppenweise **Rolleninterviews** mit Grete Sommer.*
b) Was erfährt man dabei über sie und ihren Charakter?

ARBEITSTECHNIK ROLLENINTERVIEW

Dabei stellt ein/e Interviewer/in einer Figur Fragen über ihr Leben, ihr Denken, ihre Gefühle und ihr Verhalten.
Der/Die Interviewte antwortet aus der Sicht der Figur und ihrer Rolle *(„Ich ...“)*.

3 *a) Vergleicht Grete Sommer mit ihrem Kunden Kremp.*
b) Nehmt Stellung zu der Behauptung:
„In einer Diktatur gibt es keine Ausnahmen, jeder muss gehorchen!"

4 *Versetzt euch in die Rolle der 20-jährigen Inge.*
a) Lest das 23. Bild noch einmal und unterbrecht an einer geeigneten Stelle mit einem ▷ Gedankenstopp. ▷ S. 141
b) Formuliert Inges Gedanken, Gefühle, Ängste, Erwartungen …
c) Vergleicht eure Ergebnisse.

5 *a) Führt jetzt eine ▷ szenische Lesung des 23. Bildes durch.* ▷ S. 136
b) Besprecht und verbessert eure Präsentationen.

!

Ein **Drama** (griech. „*Handlung*") oder Schauspiel (= Theaterstück) besteht aus Gesprächen und Handlungen mehrerer Figuren auf einer Bühne. Dabei sprechen die Darsteller/innen nicht nur ihren Text, sie gebrauchen ihren ganzen Körper, um Gefühlen und Stimmungen Ausdruck zu verleihen.

Im klassischen Drama seit der Antike gibt es einen strengen **Handlungsaufbau** aus drei oder fünf **Akten** („Kapiteln") mit jeweils mehreren **Szenen.** Die Handlung steigert sich zu einem konfliktreichen Höhepunkt und wird aufgelöst in einem glücklichen oder tragischen Ende.

Im modernen Drama sind die Szenen (Bilder) oft weniger streng aneinandergereiht. Die Handlung kann z. B. dadurch unterbrochen werden, dass einzelne Figuren laut über ihr Verhalten nachdenken und es (dem Publikum) erklären.

Konflikt: die zentrale Auseinandersetzung, um die das Geschehen auf der Bühne kreist.

Szene/Bild: kurzer, abgeschlossener Teil eines Theaterstücks (an dessen Ende die Schauspieler/innen abtreten und die Bühnenbeleuchtung erlischt).

Regieanweisung: Anweisung des Autors oder der Theaterregie, wie eine bestimmte Szene gespielt werden soll. Neben dem Redetext hilft sie den Spielenden, sich die Personen und das Geschehen besser vorzustellen. Sie kann auch Auskunft geben über die Gestaltung der Bühne, Requisiten usw.

Figuren (Rollen) sind die im Drama von Schauspieler/inne/n verkörperten Personen. Sie werden dargestellt mit ihren Eigenschaften, ihren typischen Verhaltensweisen in ihrer Beziehung („Konstellation") zu anderen Figuren.

Dialog: Gespräch zwischen den Figuren auf der Bühne.
Ein Selbstgespräch nennt man **Monolog.**

6 *a) Inge Deutschkron und ihre Mutter überlebten Judenverfolgung und Krieg. Informiert euch in ihrem Lebensbericht „Ich trug den gelben Stern" und stellt Inges Geschichte in der Klasse vor.*
b) Recherchiert über Inge Deutschkron, ihr Leben und ihre Aktivitäten bis heute.
c) Informiert euch über aktuelle Theateraufführungen von „Sara" am Berliner GRIPS-Theater und anderswo.

8.3 „Andorra" – Einen Theaterabend vorbereiten

„Antworte frank und blank" – Monologisieren und improvisieren

In Andorra lebte ein junger Mann, den man für einen Juden hielt.

Diesen Gedanken notierte der Schweizer Schriftsteller **Max Frisch** (1911–1991) in seinem Tagebuch und schrieb später dazu sein berühmtes Schauspiel „Andorra" (1961). Den „jungen Mann" nennt er darin **Andri**. Der macht eine Tischlerlehre.

Max Frisch

Andorra

Drittes Bild (1)

Man hört eine Fräse[1], Tischlerei, Andri und ein Geselle je mit einem fertigen Stuhl.

[...]

Der Geselle steckt sich eine Zigarette an.

ANDRI: Das ist toll, Fedri, daß du mein Freund bist.

GESELLE: Dein erster Stuhl?

ANDRI: Wie findest du ihn?

Der Geselle nimmt den Stuhl von Andri und versucht ein Stuhlbein herauszureißen, Andri lacht.

Die sind nicht zum Ausreißen!

GESELLE: So macht er's nämlich.

ANDRI: Versuch's nur!

Der Geselle versucht es vergeblich.

Er kommt.

GESELLE: Du hast Glück.

ANDRI: Jeder rechte Stuhl ist verzapft[2]. Wieso Glück? Nur was geleimt ist, geht aus dem Leim.

Auftritt Tischler.

TISCHLER: ... schreiben Sie diesen Herrschaften, ich heiße Prader. Ein Stuhl von Prader bricht nicht zusammen, das weiß jedes Kind, so ein Stuhl von Prader ist ein Stuhl von Prader. Und überhaupt: bezahlt ist bezahlt. Mit einem Wort: Ich feilsche[3] nicht.

Zu den beiden:

Habt ihr Ferien?

Der Geselle verzieht sich flink.

Wer hat hier wieder geraucht?

Andri schweigt.

Ich riech es ja.

Andri schweigt.

Wenn du wenigstens den Schneid hättest ...

ANDRI: Heut ist Sonnabend.

TISCHLER: Was hat das damit zu tun?

ANDRI: Wegen meiner Lehrlingsprobe. Sie haben gesagt: Am letzten Sonnabend in diesem Monat. Hier ist mein erster Stuhl.

Der Tischler nimmt den Stuhl.

Nicht dieser, Meister, der andere!

TISCHLER: Tischler werden ist nicht einfach, wenn's einer nicht im Blut hat. Nicht einfach. Woher sollst du's im Blut haben. Das hab ich deinem Vater aber gleich gesagt. Warum gehst du nicht in den Verkauf? Wenn einer nicht aufgewachsen ist mit dem Holz, siehst du, mit unserem Holz – lobpreiset eure Zedern vom Libanon[4], aber hierzuland wird in andorranischer Eiche gearbeitet, mein Junge.

ANDRI: Das ist Buche.

TISCHLER: Meinst du, du mußt mich belehren?

ANDRI: Sie wollten mich prüfen, meinte ich.

Tischler versucht ein Stuhlbein auszureißen.

Meister, das ist aber nicht meiner!

1 **Fräse:** Hobelmaschine
2 **verzapft:** mit Zapfen fest verbunden
3 **feilschen:** um den Preis handeln
4 **... lobpreiset eure Zedern:** Zitat aus der (jüdischen) Bibel

TISCHLER: Da –
Der Tischler reißt ein erstes Stuhlbein aus.
Was hab ich gesagt?
Der Tischler reißt die anderen drei Stuhlbeine aus.
Wie die Froschbeine, wie die Froschbeine. Und so ein Humbug[5] soll in den Verkauf. Ein Stuhl von Prader, weißt du, was das heißt? Da –
Der Tischler wirft ihm die Trümmer vor die Füße.
Schau's dir an!

ANDRI: Sie irren sich.

TISCHLER: Hier – das ist ein Stuhl!
Der Tischler setzt sich auf den anderen Stuhl.
Hundert Kilo, Gott sei's geklagt, hundert Kilo hab ich am Leib, aber was ein rechter Stuhl ist, das ächzt nicht, wenn ein rechter Mann sich draufsetzt, und das wackelt nicht. Ächzt das?

ANDRI: Nein.

TISCHLER: Wackelt das?

ANDRI: Nein.

TISCHLER: Also!

ANDRI: Das ist meiner.

TISCHLER: – und wer soll den Humbug da gemacht haben?

ANDRI: Ich hab es Ihnen aber gleich gesagt.

TISCHLER: Fedri! Fedri! *Die Fräse verstummt.*
Nichts als Ärger hat man mit dir, das ist der Dank, wenn man deinesgleichen in die Bude nimmt, ich hab's ja geahnt. *Auftritt Geselle.*
Fedri, bist du ein Gesell oder was bist du?

GESELLE: Ich –

TISCHLER: Wie lang arbeitest du bei Prader & Sohn?

GESELLE: Fünf Jahre.

TISCHLER: Welchen Stuhl hast du gemacht? Schau sie dir an. Diesen oder diesen? Und antworte.
Der Geselle mustert die Trümmer.
Antworte frank und blank.

GESELLE: Ich –

TISCHLER: Hast du verzapft oder nicht?

GESELLE: Jeder rechte Stuhl ist verzapft –

TISCHLER: Hörst du's?

GESELLE: Nur was geleimt ist, geht aus dem Leim ...

TISCHLER: Du kannst gehen.
Geselle erschrickt.
In die Werkstatt, meine ich.
Der Geselle geht rasch.
Das laß dir eine Lehre sein. Aber ich hab's ja gewußt, du gehörst nicht in eine Werkstatt.

[...] R

5 **der Humbug:** Schrott

1 *a) Lest die Szene mit verteilten Rollen. Welchen Eindruck gewinnt ihr von den drei Figuren?*
b) Veranschaulicht ihr Verhältnis in einem ▷ Standbild. ▷ S. 279

2 *„Aber, ich hab's ja gewußt ..." sagt der Tischler zu Andri (Z. 109 f.).*
a) Welche Meinung hat der Tischler von seinem Lehrling und seinen Fähigkeiten?
b) Der Tischler ist voller Vorurteile gegenüber Andri. Sucht Textbelege dafür.

3 *Nehmt die Rolle des Tischlers am Ende der obigen Szene ein, nach dem Abgang Andris. Haltet einen Rollenmonolog, in dem der Tischler laut seine Ansicht über Andri zum Ausdruck bringt.*

ARBEITSTECHNIK ROLLENMONOLOG

Rollenmonologe sind Selbstgespräche, in denen die Figuren ihre Absichten, Gefühle und Einstellungen zu Problemen und anderen Figuren klären. Dabei sprechen sie ihre Gedanken so direkt aus, wie sie ihnen durch den Kopf gehen: manchmal sprunghaft und mit Wiederholungen, plötzlichen Abbrüchen ...

4 *Nehmt Andris Rolle ein und haltet einen Monolog.*

5 *Untersucht, wie sich der Geselle gegenüber Andri und wie sich Andri gegenüber dem Gesellen verhält.*

6 *a) Lest noch einmal den Schluss der Szene ab Z. 85.*
b) Besetzt die drei Rollen und improvisiert vor der Klasse einen eigenen Schluss.
c) Vergleicht eure verschiedenen Lösungen.

ARBEITSTECHNIK IMPROVISATION

Improvisieren bedeutet, nicht den gedruckten Schauspieltext spielen und sprechen, sondern spontan davon abweichen, nach den persönlichen Wünschen und Vorstellungen.

„Hören Sie denn überhaupt zu?“ – Szenisch lesen

Max Frisch

Andorra

Drittes Bild (2)

TISCHLER: [...]
Das laß dir eine Lehre sein. Aber ich hab's ja gewußt, du gehörst nicht in eine Werkstatt.
Der Tischler sitzt und stopft sich eine Pfeife.
SCHAD ums Holz.
Andri schweigt.
Nimm das zum Heizen.

ANDRI: Nein.
Tischler zündet sich die Pfeife an.
Das ist eine Gemeinheit!
Tischler zündet sich die Pfeife an.
Ich nehm's nicht zurück, was ich gesagt habe. Sie sitzen auf meinem Stuhl, ich sag es Ihnen, Sie lügen, wie's Ihnen grad paßt, und zünden sich die Pfeife an. Sie, ja, Sie! Ich hab Angst vor euch, ja, ich zittere. Wieso hab ich kein Recht vor euch? Ich bin jung, ich hab gedacht: Ich muß bescheiden sein. Es hat keinen Zweck, Sie machen sich nichts aus Beweisen. Sie sitzen auf meinem Stuhl. Das kümmert Sie aber nicht? Ich kann tun, was ich will, ihr dreht es immer gegen mich, und der Hohn nimmt kein Ende. Ich kann nicht länger schweigen, es zerfrißt mich. Hören Sie denn überhaupt zu? Sie saugen an Ihrer Pfeife herum, und ich sag Ihnen ins Gesicht: Sie lügen. Sie wissen ganz genau, wie gemein Sie sind. Sie sind hundsgemein. Sie sitzen auf dem Stuhl, den ich gemacht habe, und zünden sich Ihre Pfeife an. Was hab ich Ihnen zuleid getan? Sie wollen nicht, daß ich tauge. Warum schmähen[1] Sie mich? Sie sitzen auf meinem Stuhl. Alle schmähen mich und frohlocken und hören nicht auf. Wieso seid ihr stärker als die Wahrheit? Sie wissen genau, was wahr ist, Sie sitzen drauf –
Der Tischler hat endlich die Pfeife angezündet.
Sie haben keine Scham –

1 **schmähen:** beleidigen, schlechtmachen.

TISCHLER: Schnorr[2] nicht soviel.

ANDRI: Sie sehen aus wie eine Kröte!

TISCHLER: Erstens ist hier keine Klagemauer[3].

Der Geselle und zwei andere verraten sich durch Kichern.

Soll ich eure ganze Fußballmannschaft entlassen?

Der Geselle und die anderen verschwinden.

Erstens ist hier keine Klagemauer, zweitens habe ich kein Wort davon gesagt, daß ich dich deswegen entlasse. Kein Wort. Ich habe eine andere Arbeit für dich. Zieh deine Schürze aus! Ich zeige dir, wie man Bestellungen schreibt. Hörst du zu, wenn dein Meister spricht? Für jede Bestellung, die du hereinbringst mit deiner Schnorrerei[4], verdienst du ein halbes Pfund. Sagen wir: ein ganzes Pfund für drei Bestellungen. Ein ganzes Pfund! Das ist's, was deinesgleichen im Blut hat, glaub mir, und jedermann soll tun, was er im Blut hat. Du kannst Geld verdienen, Andri, Geld, viel Geld ...

Andri reglos.

Abgemacht?

Der Tischler erhebt sich und klopft Andri auf die Schulter.

Ich mein's gut mit dir.

Der Tischler geht, man hört die Fräse wieder.

ANDRI: Ich wollte aber Tischler werden ... R

2 **schnorren** *(schweiz.)*: zu viel reden
3 **Klagemauer:** jüdische Gebetsstätte in Jerusalem, an den zerstörten Tempel erinnernd
4 **Schnorrerei:** Redebegabung

1 *In dieser Szene überwindet Andri seine Zurückhaltung.*
a) Formuliert in eigenen Worten, was Andri dem Tischler und den Andorranern vorwirft.
b) Beschreibt seine Gefühlslage, nennt Textbelege dafür.

2 *„Ich mein's gut mit dir." (Z. 68)*
Diskutiert, was ihr von dieser Bemerkung des Tischlers haltet.

3 *Bereitet den Abschnitt für eine ▷ szenische Lesung vor.* ▷ S. 136

Szenen gegen Vorurteile – Ein Spiel-Projekt

Gestaltet Spielszenen gegen Vorurteile:

- ☐ *Verwendet Szenen aus diesem Kapitel.*
- ☐ *Wann und wo sind euch selbst schon Vorurteile begegnet?*
- ☐ *Überlegt, wie ihr daraus eine Spielszene machen könnt.*
- ☐ *Was müsst ihr tun/ändern, damit sich die Szene **gegen** Vorurteile richtet?*
- ☐ *Haltet die Szene in einem Textbuch mit Regieanweisungen fest.*
- ☐ *Probt und organisiert die Veranstaltung (Ort, Termine, Einladungen, Plakat ...)*

WÖRTERLISTE ▷ S. 282

Pass	Regie	Rolleninterview	Antisemitismus
Biografie	Requisit	Interview	improvisieren
Premiere	Rezitation	Konzentrationslager	dramatisieren
Szene	Konstellation	Nationalsozialist	tödlich
Konflikt	Gedankenstopp	Rassismus	charakterisieren

9 Die Macht der Medien – Sachtexte und Medien untersuchen

9.1 www.onlinesucht.de – Information und Meinung unterscheiden

1 *a) Seht euch die Fotos an:*
- *Welche (Massen-)Medien werden hier*
- *in welchen* ***Situationen***
- *zu welchem* ***Zweck***

genutzt?

b) Vermisst ihr ein Medium?

2 *Welche Medien nutzt* ***ihr*** *täglich/wöchentlich?*

a) Erstellt eine Strich-/Rangliste für
- *euch persönlich,*
- *die Klasse,*
- *Jungen/Mädchen.*

b) Versucht eure Ergebnisse in übersichtlichen Tabellen/Diagrammen darzustellen.

3 *Ermittelt per Fragebogen/Interview das Medienverhalten von Jugendlichen – jungen Erwachsenen bis 30 – Erwachsenen ab 30/50 … Jahren.*

Medientypen – Ein Diagramm erklären und erstellen

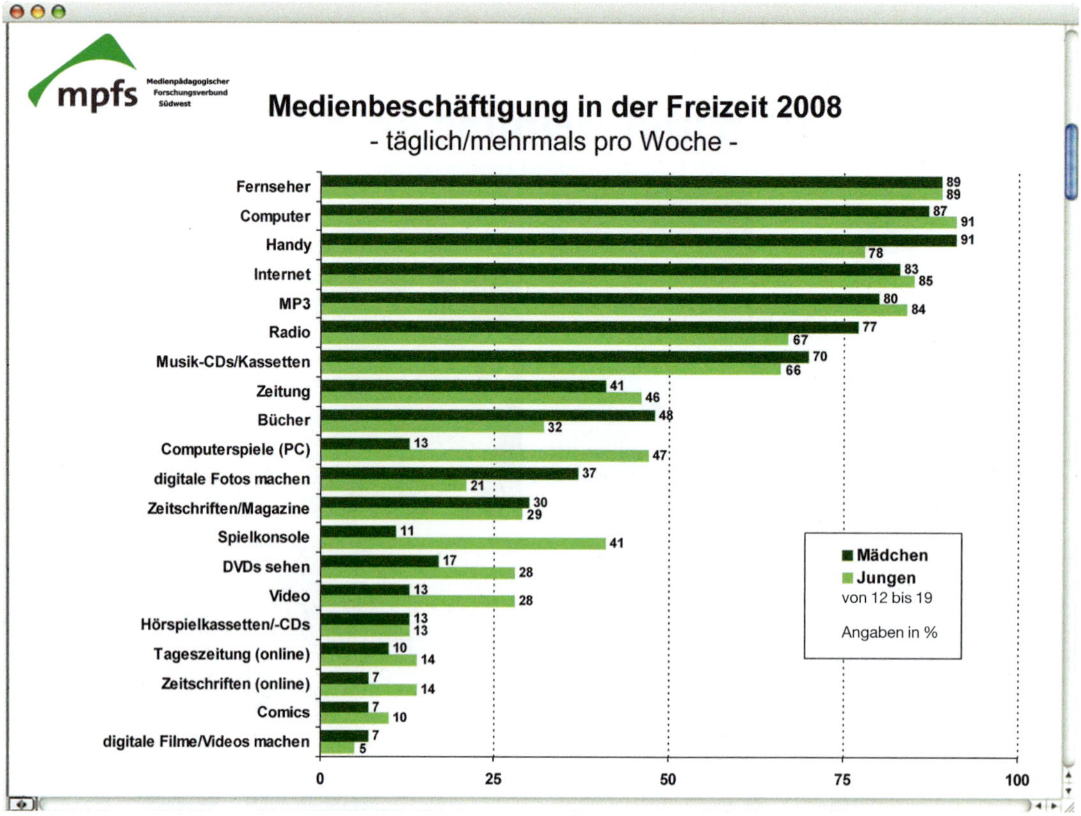

1 *Welche der folgenden Aussagen ergeben sich aus diesem Diagramm/ergeben sich nicht? Korrigiert Falschaussagen:*

- ☐ *2008 benutzten mehr Mädchen als Jungen das Handy als tägliches Kommunikationsmedium.*
- ☐ *Spielkonsolen werden besonders gerne von Mädchen als Freizeitaktivität angeführt.*
- ☐ *Bei beiden Geschlechtern steht das Fernsehen ähnlich hoch im Kurs der Freizeitbeschäftigungen.*
- ☐ *Bücher werden vor allem von Jungen gerne gelesen.*
- ☐ *Das Internet nutzen Jungen weniger häufig als Mädchen.*
- ☐ *In der Rangskala der Medienbeschäftigungen in der Freizeit nimmt MP3 die zweite Position ein.*

2 *Vergleicht diese öffentliche Untersuchung mit euren eigenen Ergebnissen (S. 151, Aufgabe 2): Welche Gemeinsamkeiten/Unterschiede stellt ihr fest?*

3 *Versucht die zentralen Ergebnisse dieses Diagramms in möglichst wenigen Sätzen wiederzugeben:*

Das Diagramm zeigt/belegt ...
Das wichtigste Ergebnis ist/besteht in ...
Wichtig ist auch ...
Ohne (besondere) Bedeutung ist/sind ...
Überrascht hat mich ...

4 *„Am wenigsten/leichtesten verzichten kann ich auf ...“*
a) Ermittelt in der Klasse eure Medienvorlieben.
b) Haltet sie in einem Diagramm fest.

5 *Was sind „Massenmedien“? Informiert euch in (▷ elektronischen) Nachschlagewerken.* ▷ S. 240
Verfasst eine ▷ Definition: Unter Massenmedien versteht man ... ▷ S. 73

Onlinesucht? – In Bericht, Feature und Chat

„Onlinesucht“? – Was fällt euch dazu ein? Könnt ihr von Beispielen berichten, habt ihr eigene Erfahrungen?

1 *a) Tauscht euch über das Thema aus.*
b) Welche Informationen fehlen euch, was möchtet ihr zu dem Thema wissen?

Auf den folgenden Seiten findet ihr zum Thema „Onlinesucht“ Material aus drei verschiedenen Medien: Zeitung, Fernsehen und einem Internetforum.
Ihr sollt euch eine Meinung über ihre Qualitäten bilden.

Berichte in Zeitungen – Informierende Texte vergleichen

Exzessive Internet-Nutzung soll als psychische Krankheit eingestuft werden

Wer permanent im Internet surft und darüber seine sozialen Kontakte vernachlässigt, leidet an einer Onlinesucht, die eine zwanghafte Funktionsstörung darstellt. Zu diesem Schluss kommt ein US-Psychologe und fordert, dass dieses Leiden in das offizielle psychiatrische Handbuch der Geistesstörungen aufgenommen wird.

So seien neben der exzessiven Nutzung des Internets auch Merkmale wie Entzugserscheinungen, der ständige Wunsch nach mehr und soziale Isolation eindeutige Belege für das Vorhandensein einer Onlinesucht. Nach Meinung von Psychologe Jerald Block können Abhängige jegliches Zeitgefühl verlieren und sich ihrem inneren Antrieb verweigern, der sie zu grundlegenden Tätigkeiten wie essen oder schlafen dränge. In Anbetracht der steigenden Zahl der Betroffenen fordert der Wissenschaftler eine Aufnahme der Krankheit „Onlinesucht“ in das „Diagnostic and Statistical Manual of Mental Disorders“, das offizielle psychiatrische Handbuch der geistigen Erkrankungen, dessen Neuauflage 2012 erscheinen soll.
Die Wissenschaft definiert einen Onlinesüchtigen als jemanden, der privat 35 Stunden pro

Wer permanent im Internet unterwegs ist, gilt bei Psychologen als suchtgefährdet.

Woche oder mehr im Internet verbringt. Ausschlaggebend für die Erkrankung sei das Verhältnis des Süchtigen zu seinem sozialen Umfeld. Problematisch werde es, wenn der Betroffene das Internet nicht in sein Leben integriert, sondern sein Leben dem Internetkonsum anpasst. Laut Experten seien zurzeit an die zwei Millionen Menschen in Deutschland von diesem Problem betroffen, Tendenz steigend. *(pte/rs)*

(Computer BILD 23. 03. 2008)

1 *a) Lest diesen Zeitungsartikel.*
b) Beantwortet die Fage „Was ist „Onlinesucht"? möglichst knapp.

2 *a) Beschreibt, ob euch der Artikel bei eurer Antwort geholfen hat.*
b) Erklärt, ob euch etwas an dem Bericht stört oder ob ihr etwas vermisst.

3 *Beschreibt die Wirkung des Fotos (mit Bildunterschrift).*

Meine virtuellen Freunde

Reden, flirten, Leute treffen – aber nur im Netz: Viele Jugendliche sind süchtig nach Internet-Kontakten.

Titus Arnu

Sophie hat „35 Seiten Freunde". Das 15-jährige Mädchen ist stolz darauf, 286 Menschen zum engeren Kreis ihrer Sympathisanten zu zählen. Die wenigsten dieser Leute kennt sie persönlich, denn sie existieren lediglich im Internet und haben mit ihr nur virtuell Freundschaft geschlossen. […]

Die Generation der Zehn- bis Zwanzigjährigen lebt längst in einer Parallelwelt. Freunde finden, flirten, Beziehungen pflegen – das findet mittlerweile hauptsächlich per Chat und E-Mail statt, die wichtigsten Sozialkontakte sind virtualisiert. Das bleibt nicht ohne Folgen für die Psyche – und möglicherweise auf lange Sicht für die Gesellschaft.

„Das ist ein Thema, um das wir uns noch nicht ausreichend gekümmert haben", sagt Peter Falkai, Direktor der Göttinger Uniklinik für Psychiatrie und Psychotherapie. Denn bei manchen Betroffenen kann das Abtauchen in die virtuelle Welt schwere Probleme auslösen. Auf dem Jahreskongress der Deutschen Gesellschaft für Psychiatrie, Psychotherapie und Nervenheilkunde (DGPPN) in Berlin befassten sich Falkai und seine Kollegen deshalb nun intensiv mit dem Thema Internet- und Computersucht. […]

Fast jeder verbringt täglich Zeit im Internet, um sich zu informieren, Bankgeschäfte abzuwickeln oder eine Zugverbindung herauszusuchen. Nur ein kleiner Teil der Nutzer entwickelt beim Umgang mit dem Netz psychische Schwierigkeiten. Fachleute beruhigen Bedenkenträger deshalb erst einmal.

„Jugendliche machen gerne etwas exzessiv, auch für längere Zeit", sagt Sabine Grüsser-Sinopoli, Professorin für Medizinische Psychologie und Medizinische Soziologie an der Universität Mainz, „es gibt Jungen, die jahrelang World of Warcraft spielen und dann von einem Tag auf den anderen aufhören, weil sie sich verliebt haben." Zwei Stunden Computernutzung sei heutzutage bei Jugendlichen normal, sagt Grüsser-Sinopoli, die sich seit einigen Jahren mit dem „Störungsbild Computersucht" befasst.

Bei einer Online-Umfrage unter 7000 erwachsenen Internetnutzern hat ihre Forschungsgruppe bei zehn Prozent der Befragten Suchtmerkmale festgestellt. Auch eine Erhebung unter 360 Schülern aus 5. und 6. Klassen in Berlin habe bei zehn Prozent Zeichen einer Abhängigkeit gezeigt.

Die betroffenen Kinder vernachlässigen Schule, Freunde und andere Interessen und leiden bei Entzug unter Nervosität, Unruhe, Verstimmungen und Aggressionen. Folgen des exzessiven Internetkonsums können zu wenig Schlaf, zu wenig Bewegung und Ernährungsmängel sein – denn das Essen wird zu Gunsten des Computers oft zurückgestellt. […]

Mit zunehmender Gewöhnung müssen die Computersüchtigen die Dosis steigern, um den ersehnten Effekt zu erreichen. Manche Abhängige sind zehn Stunden in ihrer Freizeit vor dem Bildschirm und stellen sich nachts den Wecker, um ein Spiel weiterzuspielen. In solchen Fällen können Therapien helfen. Die wichtigste Anlaufstelle für Süchtige ist logischerweise im Internet zu finden, unter www.onlinesucht.de.

(Süddeutsche Zeitung, 26.11.2007)

4 *Was erfahrt ihr in diesem Artikel Neues über das Thema „Onlinesucht"? Notiert es so knapp wie möglich (in Stichpunkten). Macht Zeilenangaben.*

5 *Ihr müsst als Bildredakteur/in ein passendes Foto für den Artikel aufnehmen oder aussuchen: Wofür entscheidet ihr euch?*

6 *Vergleicht die beiden Zeitungsartikel: Welcher bietet*
- ☐ *Grund-/Basisinformationen?*
- ☐ *Hintergrundinformationen, Folgerungen?*
- ☐ *anschauliche Beispiele?*
- ☐ *die persönliche Meinung des Redakteurs/der Redakteurin?*

!

Die **Nachricht** oder **Meldung** ist ein kurzer Informationstext über ein bestimmtes Ereignis ohne Wertung.

Der **Bericht** ist ein längerer Informationstext nicht über einmalige Ereignisse, sondern über bestimmte Vorgänge, allgemeine Beobachtungen, Entwicklungen und Ergebnisse. Wird dabei auf Einzelheiten, Beispiele, Ursachen und Folgen eingegangen, spricht man von einem **Hintergrundbericht.**
Der Bericht verzichtet auf persönliche Wertungen.

7 *Nachricht/Meldung – Bericht – Hintergrundbericht? Ordnet die beiden Zeitungsartikel auf S. 153 f. und S. 154 f. zu. Belegt eure Meinung am Text.*

Fernsehreportagen – Ein Feature untersuchen

Gefangen im Netz – Ein 30-Minuten-Film von Sibylle Smolka, gesendet am 4. 12. 2007 in der ZDF-Doku-Reihe „37 Grad".

Lukas: Es ist nicht so, wie man sich eine Sucht vorstellt, wie es bei Drogen ist, dass man total abhängig ist von dem Spiel an sich, es ist vielmehr, was das Spiel einem gibt, was man sonst nicht bekommt im richtigen Leben.

Lukas' Mutter: Es tut einfach super weh, mit anzusehen, wie ein Kind genau in die falsche Richtung läuft.

Sprecher *(aus dem Off):* Lukas ist 17 und spielt wie viele Jungen gern Computerspiele. Als er Probleme in der Schule hat und seine Freundin ihn verlässt, taucht er für ein Jahr komplett ab ins Internet – in eine Welt voller Elfen und Gnome, einen virtuellen Krieg zwischen Gut und Böse.

Lukas: Also das war wirklich extrem. Ich hab da bis fünf Uhr am PC gehangen, sodass ich schon auf der Tastatur eingeschlafen bin. Und während der Woche war es so, dass ich in der Schule wirklich müde war. […]

Ich hab mich dann krank gestellt. Nur damit ich den ganzen Tag spielen konnte. Man flieht in diese andere Welt und hat die schlechten Gefühle von der realen Welt nicht mehr. Man ist nicht einsam. Das ist ja auch oft, was einem fehlt, wenn man Spieler ist und in die Sucht gerät, dass man vorher keine Freunde hatte, und im Spiel wird man dann gleich von der Community, der Gruppe, aufgenommen, man ist dabei, man levelt zusammen hoch[1], das ist wie mit einem Freund. […]

Mutter: Ich hab mich immer wieder bemüht, mit Lukas zu reden, die Dinge aufzuzeigen, aber letztendlich haben Sie keine Chance, wenn das Kind nicht möchte. Da habe ich gesagt, o. k., dann muss ich dich die Erfahrung machen lassen. Dann muss ich, so weh es mir tut, dich absacken lassen. Dass es die Konsequenz hat, dass er die Schule hinschmeißt, das war mir bewusst.

Sprecher *(aus dem Off):* Lukas bricht die Schule ab, zieht sich völlig zurück und vereinsamt. Aber er merkt es nicht, denn im Spiel erlebt er einen enormen sozialen Aufstieg. […]

1 **hochleveln:** den Schwierigkeitsgrad erhöhen

Alexandra: Eigentlich wollte ich ja gerade nachsehen, ob schon jemand on ist, aber jetzt um 6:45 ist noch keiner so wirklich on. Die kommen so langsam um sieben Uhr. Der Computer wacht mit mir auf und der geht mit mir schlafen.

Sprecher *(aus dem Off):* Wenn Alexandra zu Hause ist, dann läuft auch der Computer. Leben bedeutet für die 15-Jährige „on sein" – zu reden und sich einzumischen in die virtuelle Gemeinschaft im Netz.

Alexandra: Also, ich rufe gerade die Chatprogramme auf und habe nachgeschaut, ob ich E-Mails bekommen habe.

Sprecher *(aus dem Off):* Mit rund 40 Jugendlichen chattet Alexandra täglich, die meisten wohnen in ihrer Nähe.

Alexandra: Also jetzt ist gerade mein allerbester Freund on gekommen. Ich stelle auf „beschäftigt", sonst kommt es immer „Ding ding ding"! […]

Alexandras Mutter: Die ist doch froh, wenn sie ihr Essen hingestellt bekommt und nebenbei isst, was ja nicht gut ist … Manchmal läuft das Leben eben anders.

Sprecher *(aus dem Off):* Alexandras Leben läuft im Netz. Jede neue Nachricht ist für sie eine Herausforderung. Eine willkommene Gelegenheit, Position zu beziehen, zu zeigen: So denke ich und so bin ich.

Alexandra: Gerade ist voll die Stresssituation!! Auf der einen Seite chatte ich mit meinem besten Freund, dann noch mit meiner BF[1], und dann noch mit einer Person, auf die meine BF – Muss umswitchen!

Nein, das ist nicht zu viel, Frauen sind ja Multitaskingtalente[2], das geht schon.

Hey, Caro, du hast mir geschrieben, dass – Ich hab geschrieben, bevor **du** mir geschrieben hast. Dass ich nicht mit ihm schreiben soll …

Sprecher *(aus dem Off):* Alexandra im Rausch der Kommunikation! Es geht nicht um Fragen und Antworten, um Absprachen oder Termine. Chatten ist für Alexandra ein Zustand, der Wohlbefinden verschafft.

Alexandra: Wenn keiner mit mir reden würde, das wäre der völlige Albtraum!

1 **BF:** beste Freundin
2 **das Multitaskingtalent:** Alleskönner/in

Sprecher *(aus dem Off):* Ein verregneter Sonntag, eigentlich ein idealer Tag zum Computerspielen. [...] Lukas und sein Freund wollen trotzdem etwas unternehmen. Lukas geht nicht mehr zum Spielen ins Internet, sondern nur noch, um Informationen zu holen.

Lukas: Wir schauen gerade ins Internet, um zu sehen, ob wir Kajakfahren können. Sieht gerade nicht so schön aus bei uns. Wir fahren einfach trotzdem. [...]

Sprecher *(aus dem Off):* Lukas hat aus eigener Kraft in die Wirklichkeit zurückgefunden. Das gelingt nicht allen Computersüchtigen. Jetzt hat er sich auf den Weg gemacht, seinen Platz im richtigen Leben zu finden, möchte Psychologie studieren oder Lehrer werden. Auf ihn wartet das Abenteuer „Realität". [...]

Sprecher *(aus dem Off):* Alexandra macht sich schön für einen virtuellen Flirt. Alte Rituale[1] in einem neuen Medium.

Alexandra: Solche Sachen mit „Liebe gestehen" oder so machen die meisten eher mit SMS. [...] Die meisten machen auch Schluss durch das Internet oder SMS, was ich total daneben finde. Das sollte man real machen. [...]

Sprecher *(aus dem Off):* Musical-Star werden, davon träumt Alexandra. Sie möchte so perfekt sein wie die Mädchen und Frauen in ihren Videofilmen. Mit jedem Mausklick schlüpft sie in eine neue Rolle – in Sekundenschnelle von einer Welt in die andere. So ist das Leben im Netz. [...]

Alexandra: Ich denke nicht, dass ich mediensüchtig bin, weil ich meine, ich habe noch ganz viele andere Sachen, und Computer hat mit allem was zu tun. Deswegen kann man wirklich nicht sagen, es ist mir das Wichtigste, weil es bei allem dazugehört. [...]

1 **das Ritual:** Verhaltensgewohnheit

1 *Lest die Sendetexte.*
Was interessiert/beeindruckt/missfällt ... euch daran?

2 *Beschäftigt euch näher mit Lukas und Alexandra:*
Alter – Familie – Schule – Interessen ...
Schreibt ein „Porträt" mit den wichtigsten Informationen über die beiden.

3 *Auch die Mütter von Lukas und Alexandra spielen eine Rolle. Untersucht und beurteilt ihr Verhalten.*

4 *In dem Film meldet sich – aus dem „Off" – wiederholt ein Sprecher zu Wort. Untersucht, welche Aufgabe (Funktion) seine Wortbeiträge haben: Information, Kommentar, Wertung …*

5 *Welche Bedeutung haben die Bilder in einem Fernsehbeitrag?*
a) Versucht euch den Film zu beschaffen.
b) Welche Informationen verschafft er euch über den hier gelesenen Text hinaus?

6 *Was erfahrt ihr in dem Sendetext/Film Neues über das Thema „Onlinesucht"?*
a) Versucht das kurz mündlich oder schriftlich zusammenzufassen.
b) Werdet ihr in dem Film über Onlinesucht nur sachlich ***informiert*** *oder kommt auch eine* ***Wertung*** *zum Ausdruck? Berücksichtigt auch den Film-Titel „Gefangen im Netz".*

!

Anders als ein nüchterner Bericht will eine **Reportage** nicht nur informieren, sondern auch unterhalten und das Geschehen möglichst unmittelbar miterleben lassen. Ein/e Reporter/in **berichtet** ausführlich über ein Ereignis; **informiert** sachlich und genau, auch über Hintergründe des Geschehens; **zitiert** Betroffene wörtlich; **schildert** das Ereignis, **bewertet** und **kommentiert** es aber auch.
Reportagen in Rundfunk und Fernsehen werden auch **Feature** genannt.

7 *Vergleicht die beiden Berichte über „Onlinesucht" (S. 153 ff.) mit dem Feature von Sibylle Smolka: Stellt Gemeinsamkeiten und Unterschiede fest.*

Internetforum – Infobörse oder Meinungsmache?

wer-weiss-was | "Internet-Sucht" | aus Forum Psychologie

wer-weiss-was

Login
E-Mail:
Passwort:
Login merken
Passwort vergessen?
einloggen
Jetzt registrieren!

Internet-Sucht

Wie bekämpft man Sucht wirkungsvoll?

Wodurch wird Sucht ausgelöst, bzw. welche Umstände begünstigen eine Sucht? Handelt es sich bei Suchtverhalten generell um Ersatzbefriedigung? Wie – wenn überhaupt – kann man selbst das Bedürfnis nach gesellschaftlicher Anerkennung stillen? Wie kann man schlüssig herausfinden, was im konkreten Fall zur Sucht geführt hat?

Hanna Zauner

Re: Internet-Sucht (Autor: N i k e, Antwort nach 7 h, 28 Min)

Liebe Hanna,
Sucht dient in den meisten Fällen dazu, andere Probleme zu vergessen, zu verdrängen. In eine Welt abzutauchen, in der diese Probleme nicht existieren oder nicht so wichtig sind.
Alles kann abhängig machen. Nicht nur Alkohol, Zigaretten und Drogen. Auch Putzen, Sex, Hungern, Einkaufen. Oder eben das Internet. Ich glaube auch, dass es Menschen gibt, die eher zum Süchtigwerden neigen als andere. […]
Bei einer Sucht würde ich mich immer zuerst fragen: Wo liegen meine echten Probleme? In welchen Situationen greife ich auf meine persönliche Droge (egal ob Zigarette oder Computer) zurück? Mache ich es, wenn ich nervös bin? Gestresst? Traurig? Unzufrieden mit mir selbst?
Dann die nächste Frage: Wozu dient mir meine Droge? Im Falle der Internet-Sucht würde ich mich fragen: Was finde ich im Net, was ich im Offline-Leben nicht bekomme? Vielleicht fällt es Dir hier leichter, Kontakte zu knüpfen, Freunde zu finden? Vielleicht hältst Du Dich nicht für liebenswert genug, sodass die Anonymität des Internets Dir den Schutz gibt, auf Menschen zuzugehen? […].
Internet-Sucht ist anders zu behandeln als Alkoholismus, weil es eine rein psychische Droge ist. Eine Entziehungskur gibt es nicht. […]. Bei Internet-Sucht muss man erst einmal nach Ursachen suchen. Wenn die Probleme, die der Sucht zu Grunde liegen, gelöst werden, hilft das oft schon viel.
Ganz liebe Grüße an meine liebe Freundin
Nike

Re 2: Internet-Sucht (Autor: Holger, Antwort nach 18 h, 18 Min)

Hi Nike,
wow, hast Du toll geschrieben … Bist Du eine Fachfrau? Ich habe weiter oben so 'ne ähnlich Frage gepostet. Allerdings ging es bei mir nicht direkt um Sucht, sondern generell um die Frage, was für Menschen sich eigentlich hier so in den Foren rumtreiben und mit wildfremden Menschen kommunizieren … Ich bilde mir eigentlich ein, ein sehr kontaktfreudiger Mensch zu sein, und ich diskutiere auch Auge-in-Auge jeden Tag mit vielen Menschen, und trotzdem finde ich mich immer öfter hier wieder, um irgendwelchen mir völlig Unbekannten meinen Senf draufzuschmieren …
Klar weiß ich, dass wohl die unterschiedlichsten Menschen sich hier rumtreiben, aber gibt es nicht vielleicht doch eine Tendenz? Wie sieht der klassische Foren-, Chat-Besucher aus???
Gruß
Holger

Fertig

1 *Lest die drei Forumsbeiträge zur „Internet-Sucht“:*
a) Was ist Hannas Anliegen?
b) Welche Antworten erhält sie?
c) Beurteilt, ob Hanna mit den Antworten zufrieden sein kann.

2 *Sicher habt ihr eigene Erfahrungen mit Internetforen, Chatrooms, Blogs.*
Würde ihr – wie Hanna – ein Internetforum nutzen, wenn ihr Auskunft über Internet-Sucht sucht? Begründet eure Antwort. Macht Alternativvorschläge.

3 *Antwortet Hanna in einem Forumsbeitrag.*

9.2 Macht das Internet klüger? – Einen Sachtext analysieren

Die Weisheit der Vielen

von Kerstin Meier

Die Auswirkungen des Internets auf unser Wissen ist sehr differenziert. Ob das Internet dümmer oder klüger macht, ist fast eine Glaubensfrage. […]

„Macht das Internet uns klüger oder dümmer?", möchte ich wissen und frage – Google. Die Suchmaschine sollte es wissen, schließlich ist sie mit dem Online-Lexikon „Wikipedia" längst zum Synonym für die Oberflächlichkeit der Informationsgesellschaft 2.0 geworden. Genauso oft werden beide aber auch als Heilsbringer einer neuen Wissenskultur gefeiert. Ich bleibe fürs Erste optimistisch und tippe also zunächst die freundlich formulierte Frage: „Macht das Internet uns klüger?" in die Suchmaske. […]
Dieser bequeme Blick durch den Google-Briefschlitz ist natürlich extrem verengt. Doch eigentlich bin ich schon mit dem ersten Treffer ganz zufrieden: Ein Autor namens David Pfeifer hat ein Buch geschrieben: „Klick. Wie moderne Medien uns klüger machen." Bevor ich Pfeifer anrufe, google ich ihn natürlich und erfahre, dass er 1970 geboren wurde und heute freier Autor und „Berater der Chefredaktion" bei der Zeitschrift „Vanity Fair" ist. Pfeifer analysiert die Auswirkungen des Internets auf unser Wissen sehr differenziert. Seine These: Der Mehrwert dieses Mediums liege darin, dass es seinen Nutzern Aktion abverlangt. Ohne die Mitwirkung der User gibt es kein Wikipedia, keine Chats, keine Blogs. Zweiter Pluspunkt: Wir müssen eine völlig neue Logik lernen, um unsere Informationen zu beschaffen. Wie man beim Googeln die besten Wortwolken bildet zum Beispiel. Denn selten klappt die Suche mit der Eingabe einer einfachen Frage wie: „Macht das Internet uns klüger?" Wortwolken-Sucher würden stattdessen „Internet, Google, Informationsgesellschaft" eingeben. Und dabei beweisen, dass sie flexibel genug sind, sich eine neue Kulturtechnik anzueignen. Nicht zuletzt, so Pfeifer, sei noch nie zuvor so viel Wissen für so viele Menschen zugänglich gewesen. Und das einfach, schnell und bequem. Die Qualität dieses Wikipedia-Wissens ist nach Pfeifers Meinung erstaunlich gut: „Wenn zehntausend Leute ihr Wissen zusammentragen, entsteht dabei etwas Klügeres, als wenn nur einer denkt." Es gebe „eine Weisheit der Vielen".
Die Internet-Kritiker sind mit Google nicht

ganz so leicht zu finden wie die Enthusiasten. […] Auf jeden Fall führt die Frage: „Macht das Internet uns dümmer?" zu keinem verwertbaren Ergebnis. Wortwolken müssen her. Bei den Begriffen „Google", „Wissenskultur" spuckt die Maschine schließlich einen Wissenschaftler namens Stefan Weber aus, der sich offenbar als „Plagiatsforscher[1]" einen Namen gemacht hat. Der Titel seines Buchs: „Das Google-Copy-Paste-Syndrom – Wie Netzplagiate Ausbildung und Wissen gefährden". Weber ist habilitierter Medienwissenschaftler und lehrt an Universitäten. Er weiß also, wovon er spricht, wenn er von Studenten erzählt, die ihre Hausarbeiten einfach aus dem Netz zusammenkopieren. […]

Das „autorlose" Wissen, das im Netz kursiere, öffne Manipulationsversuchen Tür und Tor, so Weber: „Es findet eine permanente[2] Wissensverzerrung statt. Die Texte erscheinen objektiver und neutraler, als sie sind." Deswegen bevorzugt Weber den klassischen Autorenbegriff. Für jeden Text, findet er, sollte es auch einen Verantwortlichen, einen Urheber geben. Und zwar nicht einen, der etwa „superheld85" heißt und von dem man im besten Fall weiß, dass er gerne Krombacher trinkt und Herbert Grönemeyer hört. Aber nicht, welcher Partei er angehört, welches Unternehmen ihn bezahlt, ob er Harvard-Absolvent oder verkrachter Hauptschüler ist. Weil uns diese Informationen fehlen, fehlt uns auch eine Qualitätssicherung, sagt Weber. Und so vernichteten wir unsere bisherige Wissenskultur zu Gunsten einer „Amateurgesellschaft". […]

Wer hat also nun die Masse auf seiner Seite, wenn es um die Frage geht, ob das Internet uns dümmer oder klüger macht? Lassen wir ein letztes Mal Google entscheiden: 256 Treffer für David Pfeifers Buch, 9620 für das von Stefan Weber.

(Kölner Stadt-Anzeiger, 14. 07. 2007)

1 **das Plagiat:** Diebstahl
2 **permanent:** ständig

In einer Klassenarbeit lautet die Aufgabe:

1. Fasse die wesentlichen Aussagen des Zeitungsartikels zusammen und stelle die Position der Autorin dar.
   Berücksichtige die sprachlichen Mittel und ihre Wirkung.
2. Nimm zur Meinung der Autorin begründet Stellung.

Im Folgenden erarbeitet ihr die Aufgabenstellung Schritt für Schritt.

1. Schritt: Mit dem Text ins Gespräch kommen

Die Weisheit der Vielen

von Kerstin Meier

= zentrale Frage des Artikels!

Die Auswirkungen des Internets auf unser Wissen ist sehr differenziert. Ob das Internet dümmer oder klüger macht, ist fast eine Glaubensfrage. […]

Wieso eine „G"?

zwei Positionen

„Macht das Internet uns klüger oder dümmer?", möchte ich wissen und frage – Google. Die Suchmaschine sollte es wissen, schließlich ist sie mit dem Online-Lexikon „Wikipedia" längst zum Synonym für die Oberflächlichkeit der Informationsgesellschaft 2.0 geworden. Genauso oft werden beide aber auch als Heilsbringer einer neuen Wissenskultur gefeiert. Ich bleibe fürs Erste optimistisch und tippe also zunächst die freundlich formulierte Frage: „Macht das Internet uns klüger?" in die Suchmaske. […] Dieser bequeme Blick durch den Google-Briefschlitz ist natürlich extrem verengt. Doch eigentlich bin ich schon mit dem ersten Treffer ganz zufrieden: Ein Autor namens David Pfeifer hat ein Buch geschrieben: „Klick. Wie moderne Medien uns klüger machen." Bevor ich Pfeifer anrufe, google ich ihn natürlich und erfahre, dass er 1970 geboren wurde und heute freier Autor und „Berater der Chefredaktion" bei der Zeitschrift „Vanity Fair" ist. Pfeifer analysiert die Auswirkungen des Internets auf unser Wissen sehr differenziert. Seine These: Der Mehrwert dieses Mediums liege darin, dass es seinen Nutzern Aktion abverlangt. Ohne die Mitwirkung der User gibt es kein Wikipedia, keine Chats, keine Blogs.

?

2.0?

?

K. M. „optimistisch"

sprachl. Bild

K. M. wertet

guter Beleg für Pro-Argumentation!

K. M. wertet

= positive These

Hier ist jemand mit dem Zeitungstext „ins Gespräch gekommen". („Talking to the text" heißt diese Arbeitstechnik im Englischen.)

1 *Untersucht, wie er oder sie dabei vorgegangen ist.*

2 *Klebt den kopierten Zeitungsartikel auf einen Bogen mit viel Platz rundum und „führt ein Gespräch mit ihm".*

2. Schritt: Die Einleitung schreiben

Einleitung
Der im ◎◎◎ erschienene ◎◎◎ stammt von ◎◎◎.
Er beschäftigt sich mit …

1 *Wählt aus, welche Aussage für den Artikel von Kerstin Meier zutrifft:*
- ☐ *Die Autorin informiert über die Handhabung der Suchmaschine „Google“.*
- ☐ *Im Artikel werden Vor- und Nachteile von Online-Lexika erläutert.*
- ☐ *Kerstin Meier stellt unterschiedliche Aspekte zu den „Auswirkungen des Internets“ einander gegenüber.*
- ☐ *Die „Weisheit der Vielen“ wird am Beispiel der Argumentation des Medienwissenschaftlers Stefan Weber dargelegt.*

2 *Schreibt die Einleitung zu eurer Analyse von Kerstin Meiers Zeitungsartikel.*

ARBEITSTECHNIK

Die **Einleitung** nennt kurz Textsorte, Titel, Autor/in und Thema/Gegenstand/Kernaussage.

3. Schritt: Den Hauptteil verfassen

Inhalt und Aufbau des Sachtextes

Zeilen	*Inhalt der Sinnabschnitte*
1–3	*Der Vorspann nennt …*
4–…	*…*
11–…	*Die Autorin stellt …*

Um sich Inhalt und Aufbau des zu analysierenden Textes klarzumachen, hat jemand mit diesem Hefteintrag begonnen.

1 *Vervollständigt ihn für den ganzen Zeitungsartikel mit all seinen Sinnabschnitten.*

Ausgangsfrage:
Wie wirkt sich das Internet auf unser Wissen aus?

1. Suchfrage:
Macht uns das Internet klüger?

Pfeifer
These:
Argumente:

2. Suchfrage:
…

Weber
These:
Argumente:

Antwort auf die
***Ausgangsfrage:** …*

Eine solche Veranschaulichung des Gedankengangs in Kerstin Meiers Artikel nennt man **Konspekt.**

2 *a) Untersucht, wie hier vorgegangen wurde, um den Aufbau des Zeitungsartikels deutlich zu machen.*
b) Versucht Kerstin Meiers Artikel in übersichtlicher Form darzustellen.

Sprache und Stil

Synonym	freundlich formulierte Frage	Google-Briefschlitz
Wortwolken	beim Googeln	spuckt die Maschine aus

Diese Wörter und Wendungen sind jemandem als sprachlich ungewöhnlich in Kerstin Meiers Artikel aufgefallen.

1 *Untersucht den Artikel von Kerstin Meier nach stilistischen Auffälligkeiten:*
- ☐ *Sprachebene: Fachwörter, Umgangssprache, Fremdwörter, wissenschaftlich, salopp …*
- ☐ *Wortwahl: Vergleiche, sprachliche Bilder, Neubildungen, seltene Wörter …*
- ☐ *Satzbau: übersichtlich, klar, verschachtelt, Zitate, Konjunktiv …*

2 *Seid ihr der Meinung, dass der Stil von Kerstin Meiers Zeitungsartikel zu seinem Inhalt und seinem Publikum passt? Begründet eure Auffassung, indem ihr auf die Wirkung ausgewählter sprachlicher Mittel eingeht.*

3 *Nach diesen Vorbereitungen könnt ihr jetzt die Analyse von Kerstin Meiers Artikel schreiben:*

Wie im Vorspann angedeutet, geht die Autorin in ihrem Artikel der Frage nach, wie die Nutzung des Internets sich auf unser Wissen auswirkt ...

Mehrere Argumente führt K. Meier an, um ...

Um die Gegenposition darzustellen, bedient sich die Journalistin ...

Stilistisch auffällig sind ...

Ihre eigene Position ...

!

Einen Sachtext analysieren

... nach seinem Inhalt

- ☐ Gebt die wichtigsten Gedanken mit eigenen Worten wieder.
- ☐ Führt die Argumente und Gegenargumente auf, die die Ausgangsfrage stärken oder entkräften sollen.
- ☐ Formuliert die Meinung des Autors/der Autorin zur Ausgangsfrage.

... nach Aufbau und Sprache

- ☐ Prüft Aufbau und Reihenfolge des Gedankengangs.
- ☐ Welche sprachlichen Besonderheiten fallen euch auf?
  Fremd-/Fachwörter, bildhafte Sprache, Satzbau, Wiederholungen, Umgangssprache ...
- ☐ Ist der Sprachstil dem Thema und den Adressaten angemessen?

4. Schritt: Am Schluss Stellung nehmen

„Macht das Internet uns klüger oder dümmer?"

1 *Welche Meinung habt **ihr** zu dieser Ausgangsfrage von K. Meiers Artikel?*
a) Sammelt eure Ideen in einem ▷ Brainstorming, Cluster oder einer Mind-Map. ▷ S. 278
b) Formuliert eure persönliche Antwort auf die Frage.

2 **A** *Ob die Internetnutzung sich positiv oder negativ auf unser Wissen auswirkt, kann ich nicht einschätzen. Für mich persönlich ist der Computer als schneller Zugriff auf ein umfassendes Wissen sehr nützlich.*

B

Zusammenfassend möchte ich sagen, dass die Vorteile der Internetnutzung die Nachteile bei Weitem überwiegen. Die Autorin versteckt sich meines Erachtens hinter der höheren Trefferzahl bei Google für die gegnerische Position. Wenn man es kritisch nutzt, ist das Internet eine kluge Informationsquelle.

C

Genauso wie die Autorin des Artikels bin ich der Meinung, dass durch die Vielzahl der Internetnutzer, die ihre Meinungen unkontrolliert hochladen, eine Gefahr der Verdummung bzw. der Ungenauigkeiten besteht.

a) Welche von diesen drei Stellungnahmen überzeugt euch? Begründet.

b) Nehmt schriftlich Stellung

- *zu Kerstin Meiers Antwort auf die Ausgangsfrage ihres Artikels und*
- *begründet eure Meinung.*

5. Schritt: Die Textanalyse überarbeiten

1 *Ihr habt eine vollständige Analyse des Artikels „Die Weisheit der Vielen" mit abschließender Stellungnahme verfasst.*
Überprüft (im Rahmen einer ▷ Schreibkonferenz) mit diesen Fragen eure Analyse: ▷ S. 281

CHECKLISTE SACHTEXTANALYSE

Einleitung

- ☑ Autorin, Titel, Textsorte, Quelle?
- ☑ Thema, Problemstellung?

Hauptteil

- ☑ Inhaltsangabe mit eigenen Worten?
- ☑ Gedanklich-argumentativer Textaufbau beschrieben?
- ☑ Position des Autors/der Autorin dargestellt?
- ☑ Sprachliche Mittel und ihre Wirkung erläutert?

Schluss

- ☑ Begründete Stellungnahme zur Zentralaussage des Textes?

Form

- ☑ Übersichtliche Gliederung durch Absätze?
- ☑ Genaue Zitate und Zeilenangaben?
- ☑ Wortwahl abwechslungsreich, Satzbau übersichtlich?
- ☑ Rechtschreibung und Zeichensetzung korrekt?
- ☑ Präsens verwendet?

9.3 Ein Podcast-Projekt: „Die 9er online“

Podcast – Das Radio für unterwegs

Podcasts sind Aufnahmen, die kostenlos im Internet angeboten werden – als Mini-Radiosendung, die man hören kann, wo und wann man will. Der Begriff „podcasting“ (eingedeutscht: „podcasten“) leitet sich vom englischen Wort „broadcasting“ und dem Namen des weit verbreiteten MP3-Players iPod ab.

Vielfalt ist alles! Das neue Medium hat eine Themenbreite von Papst-Reden bis Comedy. Der User kann sich derzeit aus rund 25 000 verschiedenen Programmen weltweit seine Sendungen aussuchen. Die Audiodateien müssen nicht mehr mühevoll im Internet recherchiert und einzeln heruntergeladen werden. Eine kostenlose Empfangssoftware, der so genannte Podcatcher, überprüft regelmäßig, ob neue Sendungen verfügbar sind, und lädt sie auf den Computer oder direkt auf den MP3-Player. Jeder kann einfach ein kostenloses Abo abschließen und bekommt automatisch die gewünschten Inhalte.

Mit Podcast kann jeder sein eigener Programmchef sein, und das ohne Sendelizenz. Aber auch professionelle Anbieter haben Podcasting entdeckt. Tageszeitungen bieten ausgewählte Texte an, die Tagesschau oder das aktuelle Wetter kommt auf Wunsch auf den MP3-Player. […]

1 *Was ist Podcasting?*
Berichtet von eigenen Erfahrungen mit diesem elektronischen Medium.
Nutzt die Informationen oben.
Recherchiert in Bibliotheken und im Internet (netzcheckers.de; schulpodcasting.de).

2 *Produziert einen Podcast zum Thema „Die 9er online“:*
eine informative, kritische und gleichzeitig unterhaltsame Darstellung der vielfältigen Internet-Nutzung in eurer Jahrgangsstufe.
- ☐ *Ermittelt in einem ▷ Brainstorming interessante Beiträge für die Audiodatei (Interviews mit …, Musik, Kommentare, O-Töne …).* ▷ S. 278
- ☐ *Verteilt alle Rollen im Produktionsteam.*
- ☐ *Sprecht frühzeitig mit eurem Schul-Webmaster über euer Projekt.*
- ☐ *Legt einen Terminplan für die Produktionszeit fest.*

WÖRTERLISTE ▷ S. 282

Medium	Kassette	Position	chatten
Feature	Porträt	meinungsbildend	on(line) sein
Podcast	Journalist	virtuell	googeln

10 „Die Welle“ – Roman und Film im Vergleich

1 *Beschreibt und vergleicht den Buchumschlag (1997) und das Filmplakat (2007):*
- *Welche Bestandteile fallen ins Auge?*
- *Wie wirken die Schüler/innen und der Lehrer auf euch?*

2 *Was wisst ihr über den international erfolgreichen und zweimal verfilmten Roman „Die Welle“?*
a) Informiert euch darüber.
b) Besprecht, wie ihr euch gern mit dem Roman und dem Film im Unterricht beschäftigen möchtet.

3 *Führt ein ▷ Brainstorming zu den drei „Macht“-Slogans auf dem Buchumschlag durch.* ▷ S. 278

10.1 M. Rhue: „Die Welle“ – Den Roman untersuchen

„Macht und Disziplin“ – Thema und Figuren

Der junge Lehrer ***Ben Ross*** *zeigt seinem Geschichtskurs an der amerikanischen Gordon High School einen Dokumentarfilm über die nationalsozialistischen Gräueltaten in den Konzentrationslagern. Die Schüler/innen sind entsetzt, aber überzeugt, dass dies heute nicht mehr passieren könne. Da startet Ben Ross ein gewagtes Experiment …*

Am nächsten Morgen kamen die Schüler so langsam und träge wie immer zum Unterricht. Manche setzten sich, andere standen herum und redeten miteinander. Robert Billings stand am Fenster und verknotete die Zugschnüre der Gardinen. Während er damit beschäftigt war, ging sein ständiger Quäler Brad an ihm vorbei und schlug ihm auf den Rücken, wobei er unauffällig einen Zettel mit der Aufschrift „Tritt mich!“ an Roberts Hemd befestigte.
Es schien eine ganz normale Geschichtsstunde zu werden, bis die Schüler bemerkten, dass ihr Lehrer in großen Buchstaben an die Tafel geschrieben hatte:

MACHT DURCH DISZIPLIN

„Was soll denn das bedeuten?“, fragte einer. „Das werde ich euch erklären, sobald ihr alle sitzt“, antwortete Ben Ross, und als alle Schüler an ihren Plätzen saßen, begann er: „Ich werde heute mit euch über Disziplin sprechen.“
Man vernahm allgemeines Stöhnen. Es gab manche Lehrer, bei denen man vorher schon wusste, dass ihr Unterricht langweilig sein würde, aber die meisten Schüler erwarteten von Ben Ross’ Geschichtsstunden alles andere als langweilige Vorträge über Disziplin und solchen Kram.
„Wartet ab“, riet Ben. „Ehe ihr urteilt, solltet ihr erst einmal zuhören. Es könnte ganz spannend werden.“
„Ja, bestimmt“, sagte einer.
„Ja, ganz bestimmt sogar“, erwiderte Ben. „Wenn ich über Disziplin rede, dann rede ich auch von der Macht“, sagte er. „Und ich rede vom Erfolg. Erfolg durch Disziplin. Ist hier irgendjemand, der sich nicht für Macht und Erfolg interessiert?“
„Robert wahrscheinlich“, meinte Brad, und einige kicherten.
„Warten wir’s ab“, entgegnete Ben. „David, Brian, Eric, ihr spielt Football. Also wisst ihr auch, dass Disziplin notwendig ist, wenn man gewinnen will.“
„Wahrscheinlich haben wir deshalb seit zwei Jahren kein Spiel mehr gewonnen“, sagte Eric, und die Klasse lachte.
Der Lehrer brauchte einige Auenblicke, um alle wieder zu beruhigen. „Hört zu!“, sagte er und deutete auf eine besonders hübsche, rothaarige Schülerin, die aufrechter als die anderen auf ihrem Stuhl zu sitzen schien. „Andrea, du bist Balletttänzerin. Müssen Tänzer nicht viele, viele Stunden lang hart arbeiten, um ihre Fähigkeiten zu entwickeln?“
Sie nickte, und Ross wandte sich an die übrige Klasse. „Genauso ist es mit allen Künsten. Das Malen, das Schreiben, die Musik – alles verlangt jahrelanges Üben, wenn man es wirklich

beherrschen will. Harte Arbeit, Disziplin und Kontrolle.“
„Ja, und?“, fragte ein Schüler, der mehr auf seinem Stuhl lag als saß.
„Ich werde es euch zeigen. Nehmen wir einmal an, ich könnte euch beweisen, dass wir durch Disziplin Macht gewinnen können. Nehmen wir an, wir könnten das gleich hier im Klassenzimmer tun. Was würdet ihr dazu sagen?“

1 *Was haltet ihr von dem Gedanken, Macht und Erfolg durch Disziplin zu gewinnen?*
a) Nennt Beispiele für Macht- und Erfolgsgewinn durch diszipliniertes Verhalten.
b) Legt dar, wie eure Einstellung zu Disziplin ist.

2 *Macht und Erfolg durch Disziplin im Klassenzimmer: Wie könnte das aussehen? Diskutiert darüber.*

Ross hatte als Reaktion auf seine Frage irgendeinen Witz erwartet, und er war überrascht, als der ausblieb. Das Interesse und die Neugier der Schüler schienen geweckt zu sein. Ben ging an seinen Platz und stellte seinen Stuhl so, dass alle ihn sehen konnten.
„Also gut“, sagte er. „Disziplin beginnt mit der Haltung. Amy, komm bitte einmal her!“
Als Amy aufstand, murmelte Brian: „Die Vorzugsschülerin!“ Üblicherweise hätte die Klasse darüber gelacht, aber jetzt grinsten nur ein paar, die anderen achteten nicht darauf. Alle fragten sich, was ihr Lehrer vorhaben mochte.
Als Amy sich vor den anderen auf den Stuhl gesetzt hatte, erklärte er ihr, wie sie sitzen solle. „Kreuze die Hände auf dem Rücken und sitze absolut aufrecht. Merkst du, dass du jetzt leichter atmen kannst?“
Mehrere Schüler ahmten Amys Haltung nach. Aber wenn sie jetzt auch sehr aufrecht saßen, konnten manche das doch nur komisch finden. David versuchte einen Scherz: „Ist das hier Geschichtsunterricht, oder bin ich versehentlich in die Sportstunde geraten?“, fragte er. Einige lachten, versuchten aber zugleich, ihre Haltung zu verbessern.
„Versuch es, David“, sagte Ben. „Kluge Bemerkungen haben wir jetzt genug gehört.“
Mürrisch richtete David sich auf seinem Stuhl auf. Inzwischen ging der Lehrer von einem Platz zum anderen und überprüfte die Haltung jedes einzelnen Schülers. Es ist erstaunlich, dachte Ross. Irgendwie hatte er sie eingefangen ... sogar Robert ...
„Klasse!“, sagte er. „Ich möchte, dass ihr euch alle anseht, wie Robert sitzt. Die Beine sind parallel, die Füße berühren einander, die Knie sind in einem Winkel von neunzig Grad gebeugt. Seht ihr, wie senkrecht seine Wirbelsäule ist? Das Kinn ist angezogen, der Kopf gehoben. Das ist sehr gut, Robert!“
Robert, der Prügelknabe der Klasse, sah seinen Lehrer an und lächelte kurz, dann verfiel er wieder in seine steife Haltung. Überall im Raum versuchten die Schüler, ihn nachzuahmen.

3 *„Überall im Raum versuchten die Schüler, ihn nachzuahmen.“ (Z. 45 ff.)*
*a) Stellt euch diese Szene in eurer Klasse vor: Wie würdet **ihr** euch verhalten?*
b) Erklärt, warum sich die Schüler/innen von Ben Ross so verhalten.

4 *Seht euch den Schüler **Robert Billings** genauer an:*
a) Was erfahrt ihr über ihn? Nennt Textstellen.
b) Wie ist/ändert sich sein Verhalten?

5 *Was für ein Mensch ist Robert? Versucht ihn kurz zu charakterisieren.*

In einer **Figurencharakteristik** wird jemand nicht nur äußerlich, sondern in seiner gesamten Persönlichkeit dargestellt und beurteilt. Dabei sind wichtig:
- Allgemeine Angaben (Name, Alter ...)
- Aussehen: körperliche Merkmale, Kleidung, besondere Auffälligkeiten ...
- Lebensumstände: Familienverhältnisse; Position in Clique, Klasse ...
- Eigenschaften, Verhalten, Gefühle, Gedanken, Einstellung, Vorlieben, Abneigungen, Verhältnis zu Mitmenschen, Verhalten in besonderen Situationen ...
- Abschließend beurteilt man die Figur.

Das Tempus einer Charakteristik ist das Präsens.
Bei Romanfiguren ist es nützlich, ▷ **Figurenkarten** anzulegen, die man während des Lesens ergänzen kann. ▷ S. 101

Zwanzig Minuten lang übte die Klasse aufzustehen, in scheinbarer Unordnung durch die Klasse zu schlendern, auf Befehl des Lehrers schnell an die Plätze zurückzukehren und die richtige Haltung einzunehmen. Ben gab seine Befehle nicht wie ein Lehrer, sondern wie ein Unteroffizier auf dem Kasernenhof. [...]

Beim ersten Versuch vergingen achtundvierzig Sekunden. Beim zweiten Mal gelang es in einer halben Minute. Vor dem letzten Versuch hatte David eine Idee.

„Hört mal!", sagte er zu seinen Mitschülern, als sie draußen auf den Befehl des Lehrers warteten. „Wir stellen uns gleich so auf, dass die ganz vorn stehen, die es bis zu ihrem Platz am weitesten haben. Dann laufen wir uns wenigstens nicht gegenseitig um."

Die anderen stimmten zu. Als sie sich in der richtigen Reihenfolge aufgestellt hatten, bemerkten sie, dass Robert jetzt ganz vorn stand. „Der neue Anführer der Klasse", flüsterte einer, während sie auf das Zeichen warteten. Ben schnippte mit den Fingern, und die Reihe der Schüler eilte eifrig und still in den Raum. Als der letzte Schüler saß, stoppte Ben die Zeit. Er lächelte. „Sechzehn Sekunden!"

Die Klasse jubelte.

„Ja, gut, seid jetzt still", sagte der Lehrer. Zu seiner Überraschung beruhigten sich die Schüler fast augenblicklich. Die Ruhe, die plötzlich im Raum herrschte, war fast unheimlich. So still war es in der Klasse sonst nur, wenn sie leer war.

„Und nun gibt es noch drei Regeln, die ihr zu beachten habt", erklärte Ben. „Erstens: Jeder muss Block und Kugelschreiber für Notizen bereithalten. Zweitens: Wer eine Frage stellt oder beantwortet, muss aufstehen und sich neben seinen Stuhl stellen. Drittens: Jede Frage oder Antwort beginnt mit den Worten ‚Mister Ross'. Ist das klar?"

Alle nickten.

„Gut", sagte Mr Ross. „Brian, wer war britischer Premierminister vor Churchill?"

Brad blieb sitzen und kratzte sich hinter dem Ohr. „Hm, war das nicht ..."

Doch ehe er mehr sagen konnte, unterbrach ihn Ben. „Falsch, Brad. Du hast die Regeln schon wieder vergessen, die ich gerade aufgestellt habe." Er blickte zu Robert hinüber. „Robert, zeige du Brad, wie man eine Frage richtig beantwortet."

Sofort stand Robert straff aufgerichtet neben seinem Stuhl.

„Mister Ross!" [...]

Diesmal sprang Brad auf. „Mister Ross, Chamberlain!"

Ben nickte zustimmend. „Jawohl, so beantwortet man Fragen. Schnell, präzise und mit Nachdruck. [... Weiß] jemand den offiziellen Namen der [Nazi-]Partei? Laurie?"

Laurie Saunders stellte sich neben ihren Stuhl. „Die Nationalsozialistische ...“
„Nein!“, unterbrach sie der Lehrer scharf und schlug mit einem Lineal auf sein Pult. „Noch einmal, aber korrekt, bitte ich mir aus!“
Laurie setzte sich, und ihr Gesicht verriet ihre Verwirrung. Was hatte sie denn falsch gemacht? David beugte sich zu ihr und flüsterte ihr etwas ins Ohr. Sie stand wieder auf. „Mister Ross, die Nationalsozialistische Deutsche Arbeiterpartei.“
„Richtig“, bestätigte Ben. [...]
Die Glocke läutete zum Ende der Stunde, doch in der Klasse verließt niemand seinen Platz. Noch ganz mitgerissen vom Fortschritt, den die Klasse heute erzielt hatte, erteilte Ben den letzten Befehl des Tages. „Heute Abend lest ihr das siebte Kapitel zu Ende und beginnt das Kapitel acht. Das ist alles. Wegtreten!“
Es sah aus, als stünde die Klasse in einer einzigen gemeinsamen Bewegung auf; dann eilten die Schüler in bemerkenswerter Ordnung hinaus.

1 *„Zwanzig Minuten lang übte die Klasse aufzustehen ...“ (Z. 1 f.)*
Könnt ihr euch die hier beschriebene Szene in eurer Schule, gar in eurer Klasse vorstellen?
- *a) Diskutiert darüber.*
- *b) „Die Klasse jubelte.“ (Z. 28) – Versucht zu erklären, warum sie sich so verhält.*

2 *Lest noch einmal den ersten Satz des Romankapitels (S. 170) und dann den letzten auf dieser Seite.*
- *a) Versucht die **Handlungsschritte** wiederzugeben, die zwischen dem Beginn und dem Ende der Geschichtsstunde liegen.*
- *b) Nehmt kritisch Stellung zu Verlauf und Ergebnis dieser Unterrichtsstunde.*

3 *Was für ein Mensch ist Ben Ross?*
- *a) Sucht alles Textstellen heraus, an denen ihr etwas über den Lehrer erfahrt.*
- *b) Nehmt kurz Stellung zur Person und zum Verhalten von Ben Ross.*
  ▷ Charakterisiert ihn. ▷ S. 255

4 *Nach der Stunde sprechen die Schüler/innen über ihre Eindrücke.*
- *a) Schreibt die Schülergespräche auf.*
- *b) Formuliert, was einzelne Schüler/innen ihren Eltern mitteilen werden.*

„Willkommen in der Welle, sonst ...“ – Das Problem

Der Geschichtskurs von Ben Ross gründet die Schülerorganisation „Welle“ mit dem Grundsatz „Macht durch Disziplin, Gemeinschaft, Handeln“, mit einem besonderen Gruß und einer Mitgliedskarte. Dafür wird an der ganzen Schule geworben.
*Mit welchen Methoden, das erfährt **Laurie Saunders**, „Chefredakteurin“ der Schülerzeitung „Ente“ auf ungewöhnliche Weise:*

Als Laurie Saunders am nächsten Tag in das Redaktionsbüro kam, fand sie auf dem Fußboden einen weißen Umschlag. [... Darin] fand sich ein handschriftlicher Bericht [...]:

„Willkommen in der Welle, sonst ..."

Ich bin in der Unterstufe der Gordon High School. Vor drei oder vier Tagen haben meine Freunde und ich von der Welle gehört, mit der die Größeren alle zu tun haben. Das hat uns interessiert. [...] Ein paar von uns sind zum Geschichtskurs von Mr Ross gegangen, um zu sehen, was es damit auf sich hat. [...] Als der Unterricht vorbei war, wollten wir gehen. Aber ein großer Schüler hielt uns auf dem Flur auf. Ich kannte ihn nicht, aber er sagte, dass er zum Kurs von Mr Ross gehörte, und er fragte uns, ob wir nicht Mitglieder der Welle werden wollten. Zwei meiner Freunde stimmten zu, zwei sagten, sie wüssten es noch nicht genau, und ich sagte, ich sei nicht daran interessiert. [...]

Schon bald änderten meine beiden noch unentschlossenen Freunde ihre Meinung und erklärten, sie wollten auch Mitglieder werden. Dann wandte sich der große Schüler an mich: „Und du? Willst du nicht zu deinen Freunden halten?" Ich sagte ihm, sie blieben auch dann meine Freunde, wenn ich nicht Mitglied würde. Er fragte mich immer wieder, warum ich denn nicht wollte. Ich sagte nur einfach, mir sei eben nicht danach. Und dann wurde er böse. Er sagte, es würde nicht mehr lange dauern, dann würden Mitglieder der Welle nicht mehr mit Leuten befreundet sein wollen, die nicht dazugehörten. Er behauptete, wenn ich nicht beitreten wolle, dann würde ich alle meine Freunde verlieren. Ich glaube, er wollte mir Angst machen.

Heute habe ich [...] diesen Schüler aus dem Kurs von Mr Ross in der Pausenhalle gesehen, und er fragte mich, ob ich immer noch nicht beigetreten sei. Ich sagte ihm, ich hätte das nicht vor. Und er hat darauf geantwortet, wenn ich es nicht bald täte, dann sei es zu spät.

Und nun möchte ich gern wissen:

Zu spät wozu?

1 *„Zu spät wozu?"*
Äußert eure Vermutungen, was der „Welle"-Schüler dem Jüngeren zu verstehen geben wollte.

2 *Wie beurteilt ihr dieses Ereignis? Nehmt Stellung dazu.*

3 *Wie sollte eurer Meinung nach die Schülerzeitung „Ente" auf die Ereignisse reagieren?*

4 *Versetzt euch in die Rolle eines „Ente"-Redaktionsmitglieds und schreibt einen kritischen Artikel über*
- ☐ *die Entstehung der „Welle",*
- ☐ *ihre Absichten.*
- ☐ *den Vorfall um den Unterstufenschüler.*

Schließt mit einer Stellungnahme, Bitte, Warnung, einem Appell ... an die Schüler/innen.

„Feindin!“ – Die Handlung spitzt sich zu

Laurie Saunders bringt mit der „Ente“-Redaktion eine Sondernummer mit kritischen, warnenden Artikeln über die „Welle“ heraus. Diese Sondernummer sorgt für heftige Diskussionen in der Schule, großen Ärger bei den „Welle“-Mitgliedern und beendet die enge Freundschaft zwischen Laurie und David Collins ...

Wie gewöhnlich verließ Laurie die Redaktion als Letzte. [...] Als sie endlich fertig war, bemerkte sie, dass es draußen schon dunkel war. Sie musste in dem riesigen Schulgebäude praktisch allein sein. Als sie die Tür zum Redaktionsbüro schloss und das Licht ausschaltete, stellte sich die Nervosität wieder ein, die sie schon die ganze Woche über empfunden hatte. Die Welle litt sicher unter den Wunden, die ihr die Schülerzeitung beigebracht hatte, aber sie war an der Gordon High School noch stark genug, und Laurie war sich darüber im Klaren, dass sie als Chefredakteurin der Zeitung ... Nein, nein, sagte sie sich. Das war doch Wahnsinn! So ernst durfte man die Welle einfach nicht nehmen. Sie war ein Unterrichtsexperiment, das ein wenig außer Kontrolle geraten war. Aber es gab keinen Grund zur Furcht.
Die Flure waren jetzt dunkel, als Laurie zu ihrem Schrank ging, um ein Buch hineinzulegen, das sie heute Abend nicht brauchte. Die Stille in der leeren Schule war irgendwie unheimlich. Zum ersten Mal hörte sie Geräusche, die ihr nie zuvor aufgefallen waren: das Summen und leise Dröhnen des elektrischen Stroms der Alarmanlagen und Rauchdetektoren. Ein blubberndes, schmatzendes Geräusch kam aus dem Chemieraum. Wahrscheinlich kochte dort ein noch nicht abgeschlossenes Experiment vor sich hin. Selbst das ungewohnte Echo ihrer eigenen Schritte auf dem harten Fußboden klang unheimlich.
Ein paar Schritte vor ihrem Schrank erstarrte Laurie. An die Tür hatte jemand in roter Farbe das Wort „Feindin“ geschrieben. Plötzlich war ihr Herzschlag das lauteste Geräusch weit und breit. Beruhige dich, sagte sie sich selbst, jemand will dir einfach Angst einjagen. Sie versuchte sich zusammenzunehmen und fingerte an ihrem Schrankschloss herum. Aber dann hielt sie inne. Hatte sie da nicht etwas gehört? Schritte? Laurie zog sich langsam von ihrem Schrank zurück und verlor allmählich den Kampf gegen ihre wachsende Furcht. Sie wandte sich um und ging auf den Ausgang zu. Das Schrittgeräusch schien immer lauter zu werden. Laurie ging schneller. Die Schritte wurden noch lauter. Plötzlich erlosch das Licht am Ende des Ganges. Laurie fuhr entsetzt herum und starrte ins Dunkel. „Ist da jemand?“ Wartete dort jemand auf sie? Dann wusste Laurie nur noch, dass sie zum Notausgang am Ende des Ganges lief. Es schien eine

Ewigkeit zu dauern, bis sie dort war, und als sie endlich die metallene Doppeltür erreichte, musste sie feststellen, dass die Tür verschlossen war.

Voller Panik warf Laurie sich gegen die nächste Tür. Die öffnete sich seltsamerweise, und Laurie stürzte hinaus in die kühle Abendluft und lief und lief. [...]

1 *Wie schätzt ihr Lauries Verhalten ein? Begründet eure Ansicht.:*
Laurie ist überdreht, denn ...
Sie reagiert ganz verständlich, weil ...

2 *Dieser Abschnitt ist sehr spannend. Erklärt, woran das liegt.*
Achtet dabei sowohl auf den ***Inhalt,*** *als auch auf die* ***Perspektive,*** *aus der erzählt wird.*

!

Personales Erzählen geschieht aus der Perspektive einer bestimmten Person (Figur), nur nicht ganz so nah wie bei der Ich-Erzählung:

> Plötzlich war ihr Herzschlag das lauteste Geräusch weit und breit. Beruhige dich, sagte sie sich selbst, jemand will dir einfach Angst einjagen. (Z. 36 ff.)

Auch wenn die Gedanken nicht in der Ich-Form, sondern in der 3. Person wiedergegeben werden, erleben wir die **Innensicht** der Figur:

> Hatte sie da nicht etwas gehört? Schritte? (Z. 42 f.)

Man spricht hier von **erlebter Rede.**

„Ich hasse dich!“ – Figurenkonstellation und Konflikt

David Collins, der seit dem Ende ihrer Freundschaft nicht mehr mit Laurie gesprochen hat, wartet auf sie vor dem Schulgebäude.

Er musste schnell laufen, um Laurie einzuholen, und er war sich die ganze Zeit nicht im Klaren darüber, wie er die Sache anpacken sollte. [...] Er holte sie ein, aber Laurie blieb nicht stehen, und er musste schnell gehen, um mit ihr Schritt zu halten.
„Laurie, kannst du nicht ein bisschen warten?“, fragte er.
„Ich muss mit dir reden. Es ist wirklich wichtig!“
Laurie ging langsamer und sah an ihm vorbei.
„Schon in Ordnung, es kommt niemand“, versicherte David.
Sie blieb stehen, und David bemerkte, dass sie schwer atmete und ihre Bücher krampfhaft festhielt.
„Weißt du, David“, sagte sie, „ich bin gar nicht mehr daran gewöhnt, dich allein zu sehen. Wo sind denn deine Truppen?“
David wusste, dass er ihre feindseligen Bemer-

kungen überhören und versuchen musste, vernünftig mit ihr zu reden. „Hör zu, Laurie, willst du mir nicht einfach einmal eine Minute zuhören?“

Aber daran schien Laurie nicht interessiert zu sein. „David, wir haben uns kürzlich alles gesagt, was wir einander zu sagen hatten. Ich möchte das alles nicht noch einmal durchkauen. Lass mich bitte in Ruhe!“

Gegen seinen Willen spürte David Ärger in sich aufsteigen. Nicht einmal anhören wollte sie ihn! „Laurie, du musst aufhören, gegen die Welle zu schreiben. Du rufst damit nur alle möglichen Probleme hervor.“

„Die Probleme schafft die Welle, David!“

„Nein, das stimmt nicht!“, behauptete David. „Schau mal, Laurie, wir möchten dich gern auf unserer Seite haben, nicht gegen uns.“

Laurie schüttelte den Kopf. „Auf mich kannst du nicht rechnen. Ich habe dir gesagt, dass ich ausscheide. Das ist kein Spiel mehr. Es ist jemand zusammengeschlagen worden.“

Sie ging weiter, aber David blieb neben ihr. „Das war ein unglücklicher Zufall“, erklärte er ihr. „Ein paar Burschen haben einfach die Welle als Vorwand dafür benutzt, diesen armen Kerl zusammenzuschlagen. Siehst du das nicht ein? Die Welle ist wirklich gut für alle. Warum begreifst du das denn nicht? Es könnte ein ganz neues System daraus entstehen, und wir werden es in Gang bringen.“

„Aber nicht mit mir!“

David wusste, dass Laurie ihm davonlaufen würde, wenn er sie nicht festhielt. Es war einfach unfair, dass ein einziger Mensch eine Sache für alle anderen verderben konnte. Er musste sie überzeugen. Er musste! Und dann packte er ihren Arm.

„Lass mich los!“ Laurie wollte sich von ihm befreien, doch David hielt sie fest.

„Laurie, du musst damit aufhören!“, sagte er.

„David, lass meinen Arm los!“

„Schreib diese Artikel nicht mehr! Verdirb den anderen die Welle nicht!“

Aber Laurie leistete weiter Widerstand. „Ich werde schreiben und sagen, was ich will, und du kannst mich daran nicht hindern.“

Von seinem Zorn überwältigt, packte David auch ihren anderen Arm. Warum musste sie nur so störrisch sein? Warum erkannte sie nicht, wie gut diese Welle sein konnte? „Wir können dich daran hindern, und das werden wir auch tun!“ Aber Laurie gab sich nur größere Mühe, sich aus seinem Griff zu befreien.

„Ich hasse dich!“, schrie sie. „Ich hasse die Welle! Ich hasse euch alle!“

Die Worte trafen David wie ein Schlag ins Gesicht. Unbeherrscht schrie er sie an: „Halt's Maul!“, und warf sie zu Boden. Ihre Bücher waren um sie verstreut.

1 *Diskutiert über folgende Ansichten:*

- ☐ *Laurie muss zur „Welle“ schweigen.*
- ☐ *Sie ist unfair.*
- ☐ *Die „Welle“ schafft die Probleme.*
- ☐ *Laurie darf sagen und schreiben, was sie will.*

2 *Aus welcher Perspektive ist dieses Kapitel geschrieben: aus der von David oder der von Laurie? Belegt eure Auffassung am Text.*

3 *Versucht den Abschnitt mit den Augen und Gedanken von Laurie zu schreiben.*
Laurie stürzte hinaus in die kühle Abendluft und lief und lief. Plötzlich tauchte David hinter ihr auf. Laurie ...

4 *„Ich hasse dich! […] Ich hasse die Welle!“ – „Halt's Maul.“*
Laurie und David haben einen schweren ***Konflikt.***
a) Worin besteht dieser Konflikt? Beschreibt ihn.
b) Seht ihr eine Möglichkeit, wie Laurie und David ihren Konflikt beilegen könnten: alleine, mit der Unterstützung von …? Sammelt Lösungsvorschläge.

5 *Ihr wisst: Laurie und David waren vor der Gründung der „Welle“ eng befreundet.*
Welches Verhältnis zwischen den beiden (▷ Figurenkonstellation) kommt in dieser Szene zum Ausdruck? ▷ S. 104
Beschreibt es möglichst genau.

6 *Versucht eine ▷ Fortsetzung der Streitszene zu schreiben.* ▷ S. 288

„Es gibt keinen Führer!“ – Der erschütternde Schluss

Ben Ross beruft alle „Welle“-Mitglieder der Gordon High School zu einer Versammlung in die Aula.

Ben stand bewegungslos vor ihnen. Als die Sprechchöre endeten, hob er den Arm und verlangte Ruhe. [...]
„In wenigen Augenblicken wird unser nationaler Führer zu uns sprechen.“ Er wandte den Kopf zur Seite. „Robert?“
„Mister Ross?“
„Schalte die Fernsehgeräte ein. [...]
Ein riesiges Bild von Adolf Hitler füllte die Leinwand aus.
„Das ist aus dem Film, den er uns damals gezeigt hat.“
„Und jetzt hört genau zu!“, rief Ben. „Es gibt keine nationale Bewegung der Welle, es gibt keinen Führer. Aber gäbe es ihn, dann wäre er es! Seht ihr denn nicht, was aus euch geworden ist? Seht ihr nicht, in welche Richtung ihr treibt? [...]
„Ihr habt euch für etwas Besonderes gehalten!“, erklärte ihnen Ross. „Ihr kamt euch besser vor als alle anderen außerhalb dieser Aula. Ihr habt eure Freiheit gegen das verschachert, was man euch als Gleichheit vorgesetzt hat. Aber ihr habt die Gleichheit in Vorherrschaft über die Nicht-Mitglieder verwandelt. [...]
Ja, ja, ihr wärt alle gute Nazis gewesen“, erklär-

te Ben. „Ihr hättet die Uniform angezogen, hättet euch den Kopf verdrehen lassen, und ihr hättet zugelassen, dass man eure Freunde und Nachbarn verfolgt und vernichtet. Ihr habt gesagt, so etwas könne nie wieder geschehen. Aber denkt doch einmal darüber nach, wie nahe ihr selbst schon diesem Zustand gekommen seid. Ihr habt diejenigen bedroht, die nicht zu euch gehören wollte. Ihr habt Nicht-Mitglieder daran gehindert, beim Football neben euch zu sitzen. Faschismus, das ist nicht etwas, das nur andere Menschen betrifft. Faschismus ist hier mitten unter uns und in jedem von uns. [...]
Aber wenn unser Experiment erfolgreich war, und das hoffe ich, dann werdet ihr gelernt haben, dass wir alle für unsere eigenen Taten verantwortlich sind und dass ihr immer fragen müsst, was besser ist, als einem Führer blind zu folgen. Für den Rest eures Lebens werdet ihr niemals mehr zulassen, dass der Wille einer Gruppe die Oberhand über eure Rechte als Einzelmenschen gewinnt.“ [...]
Die Wirkung auf die Schüler war ...

1 *Beschreibt, wie ihr euch die Wirkung der Rede von Ben Ross auf die „Welle“-Mitglieder vorstellt. Begründet eure Ansicht.*

2 *„Faschismus ist … in jedem von uns.“ (Z. 38 ff.)*
Versucht in einem, höchstens zwei Sätzen zu erklären (▷ definieren), was Ben Ross damit meint: Faschismus bedeutet, dass ... Faschistisch ist, wer/wenn ... ▷ S. 73

Der Psychologe Erich Fromm (1900–1980) hat in der Zeit des Nationalsozialismus folgende Vorstellungen über den menschlichen Charakter entwickelt:

Der **autoritäre Charakter** fühlt sich stark, wenn er sich der Autorität unterwerfen und ein Teil von ihr werden kann, wobei die Autorität aufgebläht und vergöttlicht wird und er zugleich sich selbst aufbauscht. Weil er ein Teil des „Großen“ ist, wird er selbst groß; wäre er allein, auf sich gestellt, so würde er zu einem Nichts zusammenschrumpfen. Deshalb erlebt der autoritäre Charakter eine Bedrohung der Autorität und seiner eigenen autoritären Struktur als eine Bedrohung seiner selbst.
Das grundlegende Merkmal des **„revolutionären Charakters“** besteht darin, dass er unabhängig – dass er frei ist. Er denkt und fühlt aus einer „kritischen Haltung“ heraus. Der revolutionäre Charakter kann „nein“ sagen, eben weil er jenen Grundsätzen gehorcht, die in Wahrheit seine eigenen sind. Er ist unabhängig; was er ist, verdankt er seinen eigenen Bemühungen, er ist frei und keines Menschen Diener.

3 *Vergegenwärtigt euch die wichtigsten Romanfiguren:*
Wen würde ihr einen „autoritären“ Charakter nennen, wen einen „revolutionären“?

4 *Überlegt, ob ihr in Geschichte oder Gegenwart Personen kennt, die etwas „Autoritäres“ oder „Revolutionäres“ haben. Oder von beiden etwas?*

„Die Welle“ – Klassenlektüre

Sicher habt ihr Lust bekommen, „Die Welle“ ganz zu lesen.
Hier ein paar Anregungen:

Lesetagebuch

Eine ganz „private“, persönliche Art, sich den Roman anzueignen:
- Jedes Kapitel (stichwortartig) zusammenfassen.
- Wichtige Textstellen herausschreiben (mit Seitenangabe!).
- Figuren beschreiben, charakterisieren
- Figuren „beleben“:
  - sich schriftlich an sie wenden;
  - sie Gespräche führen lassen; ihre Gedanken, Gefühle notieren.
- Handlungsverläufe ändern oder neu erfinden.
- Zeichnungen, Fotos zu Figuren und Handlung anfertigen, besorgen.
- Eine persönliche Beurteilung des Romans verfassen.

Den Autor Morthon Rhue vorstellen

- Über Morton Rhue und die realen Hintergründe des Romangeschehens berichten.

Die gemeinsame Lektüre klärt

- die wichtigsten Figuren, ihre ▷ Konstellation, Entwicklung. ▷ S. 104
- das Thema, Problem: Worum geht es?
- den Handlungsverlauf: Spannungsaufbau – Höhepunkt/Konflikt – Lösung
- Besonderheiten der Gliederung: chronologisch oder nicht?
- Auffälligkeiten in Stil und ▷ Darstellungsperspektive ▷ S. 272

Ausstattung des „Welle“-Romans

- Dazu gehören Umschlag, verwendete Schrift(en), Zeichnungen, Fotos ...

1 *Überlegt, wie ihr diese verschiedenen Aufgaben verteilen, bearbeiten und die Ergebnisse darstellen könnt.*

10.2 D. Gansel: „Die Welle“ – Filmsprache verstehen

Der Film in voller Länge – Sequenzen einteilen

Der Regisseur Dennis Gansel (*1973, Hannover) hat 2007/08 einen 108-minütigen Spielfilm über die „Welle“ gedreht. Seht euch diesen Film ein erstes Mal an.
Hier einige **Beobachtungsaufgaben,** zu denen ihr euch während des Anschauens stichpunktartig Notizen machen könnt:

- Was fällt euch Besonderes auf (positiv/negativ)?
- Was sind die wesentlichen Unterschiede gegenüber dem Roman?
- Beobachtet einzelnen Figuren, ihr Verhalten, ihre Entwicklung.
- Welche Szene/n ist/sind besonders packend?
- Gibt es ungewöhnliche Kameraeinstellungen/-perspektiven/-bewegungen?
- Achtet auf den Ton: besondere Musik, Geräusche?
- Notiert am Ende des Films kurz euren Eindruck, eine Frage oder ...

1 *Tauscht eure Ansichten über den Film aus.*

Den Aufbau eines Romans versteht man am besten, wenn man sich mit seinen **Kapiteln** beschäftigt. Den Überblick über einen Spielfilm erhält man, indem man seine inhaltlich zusammengehörenden Abschnitte – die **Sequenzen** – näher untersucht; z. B.:

- der Anfang: Lehrer Rainer Wengers Autofahrt zur Schule
- der Schluss: Rainer Wengers Abtransport im Polizeiauto
- Karo allein im dunklen Schulgebäude
- Streit zwischen Karo und Marco
- die „Beachparty“ der „Welle“-Mitglieder
- die nächtliche „Eroberung“ der Stadt durch die „Welle“

2 *Erstellt eine Übersicht über die Filmhandlung, indem ihr die Sequenzen nacheinander aufführt. Nutzt das Raster für ein **Sequenzprotokoll:***

Sequenz	Dauer	Inhalt	Kommentar
...	...	...	...
Wenger in seiner Klasse	0.27.11–0.30.50	Wenger schwört seine Klasse auf Disziplin ein.	sehr nah am Romankapitel
...	...	...	...

Filmszenen analysieren

1 *Sechs beispielhafte Bilder aus der Szene, in der es zwischen Karo und Marco zum Konflikt kommt (1.20.57 – 1.21.56).*
a) Fasst den Handlungsablauf zusammen.
b) Beschreibt die Wirkung der Szene auf euch.
Welche Gefühle soll sie auslösen?

2 *Untersucht die einzelnen Bilder dieser Szene.*
a) Erläutert die Wirkung der Schnittfolge, in der die Figuren abwechselnd gezeigt werden.
b) Beschreibt, wie den Zuschauer/inne/n die ▷ innere Handlung vermittelt wird. ▷ S. 272

!

Schnitt und Montage

Ein **Schnitt** bezeichnet die Verknüpfung von zwei (Bild-)Einstellungen:
- Beim harten Schnitt folgen zwei Einstellungen ohne Übergang aufeinander.
- Beim weichen Schnitt werden im Gegensatz dazu (durch „Überblendungen“) fließende Übergänge geschaffen

Unter **Montage** versteht man das Zusammenfügen von Bild- und Tonelementen und das Zusammenfügen von einzelnen Einstellungen zu Szenen, zu größeren Einheiten (Sequenzen) und schließlich zum ganzen Film.

Schuss – Gegenschuss heißt die Form der Montage, in der zwei Figuren abwechselnd gezeigt werden. Diese Technik wird häufig bei Gesprächen genutzt.

3 *Analysiert die Filmsprache in der Konflikt-Szene zwischen Karo und Marco genau.*
Haltet in einer Tabelle fest, wie die filmischen Mittel zusammenspielen:

Szene, Inhalt	Kamera: Einstellungen, Perspektiven, Bewegungen	Schnitt, Montage	Ton: Sprache, Geräusche, Musik	Kommentar, Wirkung
Streit zw. Karo und Marco				

4 *Ordnet die Konflikt-Szene in das Gesamtgeschehen ein: Welche Funktion hat sie innerhalb des Films?*

5 *Vergleicht die Gestaltung der Filmszene mit der Handlung im Roman.*

6 *Welche Szenen des Films haben euch besonders beeindruckt?*
a) Schaut euch diese Szenen genau/mehrmals an und analysiert sie.
b) Stellt die von euch analysierten Szenen in der Klasse vor und besprecht sie.
c) Vergleicht die Film-Szenen mit den entsprechenden Romanabschnitten.

ARBEITSTECHNIK FILMSZENEN UNTERSUCHEN

Um eine Filmszene zu verstehen, muss man die Wirkung der filmischen Mittel auf den Inhalt beschreiben:

Kamera
- Einstellungsgrößen: Totale – Halbtotale – (Halb-)Nah – Groß – Detail
- Perspektiven: Normalsicht – Froschperspektive/Untersicht – Vogelperspektive/Aufsicht
- Bewegungen: durch Kameraschwenk/-fahrt, durch Schnitt/Montage von Bildern

Ton
- Dialoge – Geräusche – Musik

Licht, Farben
- hell – freundlich – belebend – dunkel – schattig – bedrohlich

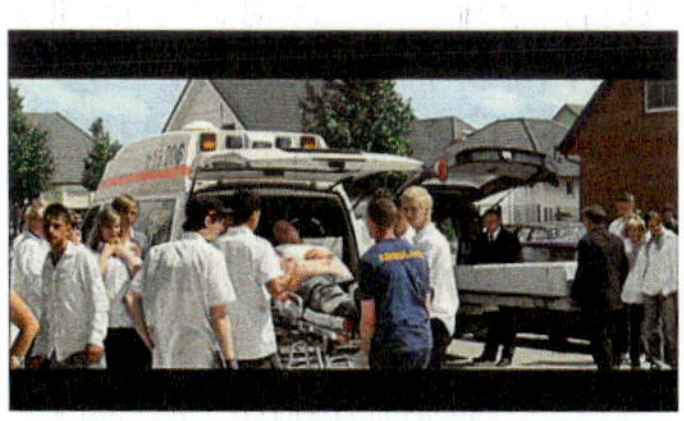

7 *Drei Fotos aus der Schlussszene (1.34.40 – 1.37.19). Seht sie euch an. Achtet besonders auf Wengers Verhalten und auf die vorherrschende Stimmung.*

8 *a) Vergleicht den Schluss im Roman und im Film miteinander.*
b) Begründet welcher Schluss euch eher überzeugt. Diskutiert darüber.

10.3 „Die Welle“ – In Buch- und Filmbesprechungen

die welle basst scho

Von „susi8217“.

hey leute, wir sind die dani und die susi. wir haben das buch im deutschunterricht als lektüre lesen müssen. wir fanden das buch okay. aber auch nicht mehr. es war teilweise langweilig geschrieben aber es war interessant zu erfahren wie eine einzelne person bestimmen kann wie sich der größte teil einer schule verhalten soll.

es ist gut zu erfahren, dass so etwas heute immer noch passieren kann.

wir fanden gut, dass die einleitung des buches nicht so lang war und schnell zur eigentlichen handlung kam.

teilweise wirkte das buch übertrieben.

wir haben schon bessere lektüren gelesen.

viele liebe grüße und macht weiter so eure susi und dani

ciao hegdl

Faszination und Enttäuschung

Von Tanja228

Ich konnte es erst gar nicht abwarten, das Buch endlich in Händen zu halten, hatte ich doch schon viel Gutes darüber gehört. Als es endlich da war, fing ich auch direkt an zu lesen und wurde schon von der ersten Seite an gefesselt.

Es hat mich schon sehr fasziniert, zu was Menschen fähig sind und was sie mit sich geschehen lassen. Jedoch muss ich sagen, das ich auch ein wenig enttäuscht von diesem Buch bin. Es hat einen sehr langgezogenen Einstieg, einen kurzen Höhepunkt und ein abruptes Ende. Für meine Verhältnisse wurde nicht deutlich genug gemacht, was dieses Buch eigentlich hätte beschreiben sollen. Es fehlt die Ausführlichkeit des Themas, ich würde sogar wagen zu sagen, dass alles etwas ins Harmlose gezogen wird. Leider kann ich dieses Buch nur bedingt empfehlen. Trotzdem ist es gut zu lesen.

Die Welle

Inhalt

Ben ist ein junger und engagierter Lehrer, der gerne mit neuen Lernmethoden seinen Schülern Wissen vermittelt. Als es im Geschichtsunterricht zum Thema Zweiter Weltkrieg kommt, versucht er [...] Er schafft in seinem Klassenzimmer eine Diktatur, in der ...

Fazit

Das Erschreckende an der „Welle“ ist die Tatsache, dass diese Zeilen auf wahren Begebenheiten beruhen. [...] Solange es Menschen auf unserem Planeten gibt, die ohne nachzudenken handeln, ist eine Wiederholung dieses schrecklichen Ereignisses jeder Zeit wieder möglich – traurig, aber wahr! Doch es ist nicht nur der Inhalt, sondern auch die Art und Weise des Erzählstils, die den Leser in Windeseile an dieses Buch fesselt. [...]

Wissenswertes
„Die Welle“ basiert auf einer wahren Begebenheit und wurde bereits zwei Mal verfilmt.

Katrin

Drei Besprechungen („Rezensionen“, von latein. *recensio* „Musterung“) von Morton Rhues Roman.

1 *Lest die drei Kommentare und gebt ein kurzes Urteil über sie ab.*

2 *Schaut euch jede Besprechung ausführlich an:*
- ☐ *Gibt sie ein klares Urteil ab?*
- ☐ *Begründet und belegt sie ihr Urteil?*
- ☐ *Geht sie (ausführlich) auf den Romaninhalt ein?*
- ☐ *Zitiert sie Textstellen aus der „Welle“?*
- ☐ *Geht sie auf Sprache und Stil des Romans ein?*
- ☐ *Ist die Rezension klar gegliedert?*
- ☐ *Ist sie sprachlich korrekt?*
- ☐ *Wirkt sie stilistisch interessant, langweilig, übertrieben ...?*

3 *Besprecht („rezensiert“) „Die Welle“ positiv/kritisch/negativ in der Schülerzeitung. Schreibt für Adressaten, die den Roman noch* ***nicht*** *kennen.*

TIPP
- ☐ Wählt eine neugierig machende Überschrift
- ☐ Ihr müsst nicht mit dem Romaninhalt beginnen: Leitet ein mit einem Zitat, einem passenden Erlebnis, einer herausfordernden Meinung ...
- ☐ Zitiert eine anschauliche, spannende Romanpassage.
- ☐ Gebraucht interessante Formulierungen, aber nicht salopp oder umgangssprachlich.

Von: **Jojo,** 22.05.

Die Welle ist deshalb gut, denke ich, weil niemand damit rechnet, dass so was noch mal vorkommt. So war es ja auch am Anfang, als die gesagt haben, so etwas könnte nicht mehr passieren, weil sie zu aufgeklärt sind, aber in Wahrheit ist es doch so: Gerade im Moment, wo wieder so viele arbeitslos sind, ist es besonders leicht zu sagen: „Ich helfe euch. Ich mache eine bessere Welt!“ Und schon sind alle begeistert von dem, und dann passieren so schlimme Sachen wie im 3. Reich, und das wäre schrecklich! Deswegen bin ich auch der Meinung, dass man mit der Klasse in so einen Film gehen sollte, damit man Bescheid weiß! Ich persönlich finde den Film richtig gut gelungen, also großes Lob an die Schauspieler und alle, die da mitgewirkt haben, damit so ein Meisterwerk dabei rauskommt. Aber am besten fand ich ja den Hr. Wenger und den Bomber!

Die Weißwäscher

Sebastian Handke

[...]

Seit vielen Jahren ist Morton Rhues Roman „Die Welle" Pflichtlektüre an den Schulen. Was darin berichtet wird, hat sich tatsächlich zugetragen: 1967 führte der Geschichtslehrer Ron Jones an der Cubberley Highschool in Kalifornien ein solches Experiment durch. Als Dennis Gansel die Geschichte jetzt verfilmte, war Ron Jones als Berater beteiligt.

Leicht war es gewiss nicht, diesen Stoff ins Jetzt zu verpflanzen: Dass junge Menschen sich freiwillig zur Konformität[1] bekennen, ist zumindest im Westen heute nur schwer vorstellbar. Aber einsam und ratlos sind immer noch die meisten, und hier setzt Gansel an. [...] In einer Zeit, in der Jugendliche vor allem darunter leiden, dass alles geht, mag dieser Reiz tatsächlich verlocken. Den Film-Figuren aber fehlt so der zwingende Antrieb, sich der Bewegung anzuschließen. Daher wirkt „Die Welle" oft arg pädagogisierend: Man weiß, was gemeint ist, nur glaubt man es nicht so recht.

Zudem hat Gansel seinen Film ausgesprochen bieder in Szene gesetzt. Gäbe es Leichen, könnte „Die Welle" glatt als ordentlicher WDR-Tatort durchgehen. Erst am Ende, als er Schulschockbilder aus den Nachrichten zitiert, geht er über gehobenen TV-Standard hinaus: verstörte Schüler, entsetzte Lehrer, Krankenwagen und Polizei vor dem geräumten Schulgebäude.

Dass der Film seine Wirkung vom Ende her entfaltet, gehört aber auch zu seinen Stärken. Wenn das Projekt in sein dramatisches Finale mündet, implodiert[2] die „Bewegung" nicht einfach in einem clever ausgedachten Aha-Effekt. Die Schüler bleiben vielmehr erschüttert zurück. Wahrscheinlich sind sie schlauer als vorher. Es ist ihnen aber auch etwas genommen worden. *(Tagesspiegel, 13.03.2008)*

1 **die Konformität:** Anpassung

2 **implodieren:** verpuffen

1 *Lest die beiden Film-Besprechungen („Rezensionen"):*
a) Enthalten sie ein klares Urteil über den Film und überzeugende Gründe dafür?
b) Beurteilt Gliederung/Aufbau und Sprache/Stil der Besprechungen.

2 *Besprecht („rezensiert") den Film von Dennis Gansel positiv/kritisch/negativ in der Schülerzeitung. Ihr könnt dabei auch auf einen Vergleich Film – Roman eingehen.*

!

Eine **Buch**- oder **Filmbesprechung** („Rezension")
- informiert über Autor(in)/Regisseur(in), Inhalt und
- fällt ein begründetes Urteil.

Dabei behandelt sie
- beim **Buch:** Handlungsaufbau, Figuren, Konflikte, Sprache und Stil;
- beim **Film:** Handlung, schauspielerische Leistung, ▷ filmische Mittel. ▷ S. 183

Um das Interesse der Adressaten zu wecken, kann eine Rezension z. B. mit einer auffälligen Überschrift und dem Urteil beginnen, bevor sie auf Einzelheiten eingeht.

WÖRTERLISTE ▷ S. 282

Disziplin	Konstellation	Nationalsozialismus	Regisseur	charakterisieren
Experiment	Konflikt	Faschismus	Sequenz	autoritär
Perspektive	Slogan	Montage	Rezension	revolutionär

11 Grammatiktraining

11.1 Schulpartnerschaften pflegen – Wörter und Wortarten

Miriam Hähnel
Waldweg 2
12598 Dorfhausen
02456-8456

Mediencenter
Herrn P. Schwabedissen
Marktstraße 11
12598 Dorfhausen

Bewerbung um einen Praktikumsplatz

Sehr geehrter Herr Schwabedissen,

Liebe Eltern der Klasse 9b,

wir laden euch ganz herzlich zu einem Filmabend über unsere Patenschule in Ghana ein.

*17. 4. 20***

Hallo, Frau Gundlach,
dass ich letzte Woche zum Abschluss meines Praktikums von Ihnen als Betreuerin zum Kaffeeklatsch eingeladen worden bin, war eine echt gelungene Überraschung.
Tausend Dank!
Die drei Wochen mit Ihnen sind leider wie im Fluge vergangen, aber …

Kant-Realschule
Schulweg 5
24781 Stetten

FC Herrenhausen
Rasenplatz 1
15924 Ballingen

100 SCHULEN • 100 VEREINE
100 % Werder-Partner!

100 Schulen & 100 Vereine

Toll, lieber FC!
Hiermit gratulieren wir euch ganz herzlich, …

In diesem Kapitel geht es unter anderem um Schulpartnerschaften.

1 *a) Welche Schulpartnerschaften stehen hinter diesen Schreiben?*
b) Wie unterscheiden sie sich in Anlass, Form und Sprache?

2 *a) Mit welchen Schulpartnern habt ihr Erfahrung? Berichtet davon.*
b) Wie gestaltet sich der Kontakt mit euren Schulpartnern? Wer pflegt ihn? Wie ist der Umgangston: persönlich, offiziell …?

Erfolgreich bitten – Fälle ohne Fallen

VORSICHT FEHLER!

Sehr geehrte Frau Wiebusch!
Wir beschäftigen uns im Deutschunterricht mit Texte zur Arbeitswelt.
Seltsam fanden wir das Beispiel von einem Mann, der nach 40 Jahre Fließbandarbeit krank wird. Obwohl er vorher seine Arbeit gehasst hat, beklagt er sich jetzt, dass er aus dem Krankenzimmer nicht die Fabrik sehen kann. Seine Frau lässt deshalb den Nachbar den Gartenzaun abbauen. Da lächelt der Kranke glücklich.
Wir haben im Gespräch festgestellt, dass wir als Schülerinnen und Schüler wenig über das Arbeitsleben wissen. Herrn Hagen, unser Deutschlehrer, und einige aus unsere Klasse fanden die Idee gut, deshalb eine Betriebsbesichtigung zu machen. Da die „Bünder Motorenwerke" Partner von unsere Schule sind, wenden wir uns mit dieser Bitte an Sie.
Am besten wäre es, wenn wir am Freitag, der 22. Februar, nach der 2. Stunde zu Ihnen kommen könnten. Es ginge auch Mittwoch, dem 27. Februar. Mehr als zwei Stunden soll die Besichtigung des Werk eigentlich nicht dauern. Wir würden gerne einen Fotograf der Tageszeitung dazu einladen. Ist Ihnen das recht? Ein Foto mit uns Schüler, Herr Hagen und Sie wäre eine schöne Erinnerung.
Bitte geben Sie uns Bescheid, ob Ihnen der Termin passt.
[...]

1 a) *Welche der vier Aussagen trifft auf diesen Brief zu?*
- ☐ *Die Grammatik ist fehlerfrei, die Zeichensetzung ist aber fehlerhaft.*
- ☐ *Die Rechtschreibung ist fehlerfrei, die Grammatik ist aber fehlerhaft.*
- ☐ *Sowohl die Rechtschreibung als auch die Grammatik sind fehlerhaft.*
- ☐ *Sowohl die Zeichensetzung als auch die Rechtschreibung sind fehlerhaft.*

b) *Vergleicht eure Entscheidung. Was muss bei einer Überarbeitung geändert werden?*

2 a) *„... mit Texte zur Arbeitswelt." (Z. 2) – Wie muss es grammatisch richtig heißen?*
b) *Schreibt weitere Fehler dieser Art heraus und korrigiert sie.*

Falsch	Richtig	Kommentar
mit Texte zur Arbeitswelt	mit ...	Falscher Kasus: nicht Akkusativ, sondern Dativ!

!

Präpositionen (wie *mit, wegen, vor, in*) bestimmen den **Kasus** (Fall) des folgenden Nomens/Pronomens. Dies kann der Dativ, Akkusativ oder Genitiv sein.
Der Fotograf kommt ***von*** (Wem? – Dativ:) ***der Tageszeitung.***
Der Fotograf macht Aufnahmen ***für*** (Wen? – Akkusativ:) ***die Tageszeitung.***
Der Fotograf kommt ***an Stelle*** (Wessen? – Genitiv:) ***einer Reporterin.***

Nach manchen Präpositionen kann entweder der Dativ oder der Akkusativ stehen:
*Das Foto erscheint **in*** (Wo? – Dativ:) ***der Tageszeitung.***
*Er setzt das Foto **in*** (Wohin? – Akkusativ:) ***die Tageszeitung.***

3 *Vervollständigt die Sätze.*
Kai schreibt wegen ein◎ Termin◎ an d◎ Personalabteilung.
An d◎ Rezeption werden die Besucher/innen von d◎ Personalchefin empfangen.
Vor d◎ Führung werden sie an d◎ Besuchereingang geführt.

4 *a) Bildet mit folgenden Präpositionen sinnvolle Sätze. Bestimmt den jeweiligen Kasus (Fall).*

bis – durch – aus – gegen – bei – mit – an – nach – in

unterhalb – statt – seit – über – für – unter – hinter – während

b) Ordnet die Präpositionen in einer Tabelle nach den Kasus, die sie verlangen.

5 *a) In der gesprochenen Umgangssprache werden oft die Kasusendungen von Nomen unterschlagen.*
So kann es dem Automat◎, Fabrikant◎ und dem Lieferant◎ ergehen.
Auch in Kais Brief gibt es dafür drei falsche Beispiele. Wie müssen sie korrekt gebildet werden?
b) Bildet zu folgenden Nomen die Kasusformen im Singular:
Tourist, Student, Planet, Quotient, Buchstabe, Fürst, Name, Kollege

6 *a) Welche sprachliche Entwicklung klagen die Anhänger des Genitivs hier an?*
b) Schreibt die entsprechenden Formulierungen aus dem Brief an Frau Wiebusch heraus und setzt Genitivattribute ein.

!

Für Verbindungen aus **Wochentag + Datum** gibt es verschiedene Möglichkeiten.
Immer richtig ist, wenn das Datum im selben Fall wie der Wochentag steht:
***Am** Donnerstag, **dem** 17. Juli[,] beginnen die Ferien.*
*Mittwoch, **den** 8. August[,] vereinbarten sie als Termin.*
Das schließende Komma kann auch entfallen.

7 *a) Korrigiert die Zeitangaben in Kais Brief nach dieser Regel.*
b) Bildet unterschiedliche Sätze mit Wochentag-Datum-Angaben:
Sie trafen sich ... Wir haben Zeit bis ... Die Sitzung findet ... statt

8 *Überarbeitet Kais Brief.*

Glückwunsch! – Verben in richtiger Zahl und Zeit

Toll, FC Herrenhausen!

Hiermit gratuliere ich und meine Mitschüler/innen, weil der FC nach einer erstklassigen Saison wieder auf dem 2. Platz der Liga steht. Das ist das schönste Ergebnis, das es gibt.

Während wir zum Saisonstart noch bangten, war es anschließend sensationell, wie es immer weiter bergauf ging.

Die Mitschüler/innen und ich kann kaum erwarten, dass es nach der Sommerpause in der neuen Liga losgeht. Alle Fans und die ganze Schule drückt euch die Daumen!

Als ganz persönliches Geschenk hatten wir uns etwas Besonderes einfallen lassen: Wir schicken euch ein Klassen- und Lehrerfoto.

Wir freuen uns wirklich, eure Partnerschule zu sein. Außerdem finde ich es echt schön, dass wir oft mit der Schule zu euren Heimspielen fahren und euch mit den anderen Fans unterstützen kann.

Ich war erfreut, nachdem ich gehört habe, dass einer eurer Profis demnächst zu unserem Sommerfest kommen und Autogramme geben will.

So, jetzt habe ich genug geschrieben, weil ihr bestimmt die neue Saison vorbereiten müsst.

Es grüßt euch
die ganze Schule und
Carlo

VORSICHT FEHLER!

100 SCHULEN 100 VEREINE
100 % Werder-Partner!

Die Kant-Schule ist Partnerschule des FC Herrenhausen im Projekt „100 Schulen & 100 Vereine".

1 *a) Kennt ihr Beispiele für solche Partnerschaften zwischen Schulen und Sportvereinen? Welche Ziele werden mit ihnen verfolgt?*
b) Überlegt, welche vorteilhaften, welche nachteiligen Seiten eine solche Partnerschaft hat.

2 *Der Brief enthält falsche Formulierungen im Singular. Schreibt sie heraus und korrigiert sie.*

! Mehrere (mit *und*) verbundene Subjektteile verlangen in der Regel die Personalform des Verbs im **Plural:**

*Mein Bruder **und** ich **möchten** uns herzlich bedanken.*

zwei Subjekte — Plural

3 *a) Im Kinderlied „Hänschen klein" heißt es „Stock und Hut steht ihm gut".*
Wie müsste es grammatisch richtig heißen?
b) Weitere Beispiele für den Singular an Stelle eines Plurals gibt es in Redensarten wie „Gleich und gleich gesellt sich gern". Sucht ähnliche Fälle.

4 *Schreibt die Sätze mit richtigem Singular oder Plural.*
Der Verein und die Schule teil◎ sich die Fahrtkosten.
Gesicht, Knie und Fußgelenk des Stürmers ◎ verletzt.
Du und ich werd◎ an der Siegerehrung teilnehmen.
Groß und Klein ström◎ zum Stadion.
Eine Reihe von Schülern hat/haben keinen Sitzplatz mehr bekommen.
Die „Herrenhauser Nachrichten" schick◎ einen Reporter.
Die Lokalzeitung „Herrenhauser Nachrichten" bericht◎ von jedem Spiel.
Der Spielverlauf zeigte wieder einmal: Glück und Glas, wie schnell bricht/brechen das/sie!

5 Während wir zum Saisonstart noch bangten, …

… war es anschließend sensationell, …

a) In welchem zeitlichen Verhältnis (vorher – nachher) stehen die beiden Teilsätze?

!

Von zwei Teilsätzen in der Vergangenheitsform steht der frühere (vorzeitige) im **Plusquamperfekt;** der spätere im **Präteritum:**
*Nachdem der Startschuss **gefallen war, tobte** das ganze Stadion.*

Einfache Sätze in der Vergangenheitsform stehen im **Perfekt** oder **Präteritum,** aber nicht im Plusquamperfekt: *Letztes Jahr **verpasste** unser Verein den Aufstieg .*

hat → **verpasst**
~~hatte~~

b) Korrigiert das Satzgefüge in 5a): Während wir zum Saisonstart …

6 *Setzt die richtigen Zeitformen ein:*

Bevor der FC unser Patenverein wurde, ha◎ ein Sportlehrer bereits Kontakt mit ihm aufgenommen.
An zwei Wochenenden wurden uns neue Erkenntnisse der Trainerlehre vermittelt, nachdem der Partnerschaftsvertrag (abschließen).
Nachdem Lehrer und Trainer erfolgreich (sich weiterbilden), gaben sie ihr Wissen an die Schüler/innen weiter.
Kaum die Partnerschaft (bekannt werden), folgten andere Schulen dem Beispiel. Weitere Sponsoren konnten gewonnen werden, als schließlich die Belastung für einen Verein zu groß (werden).
Heute ist das Projekt „100 Schulen & 100 Vereine" äußerst erfolgreich.

Praktika für Aktive – Im Passiv und Konjunktiv

Das Passiv

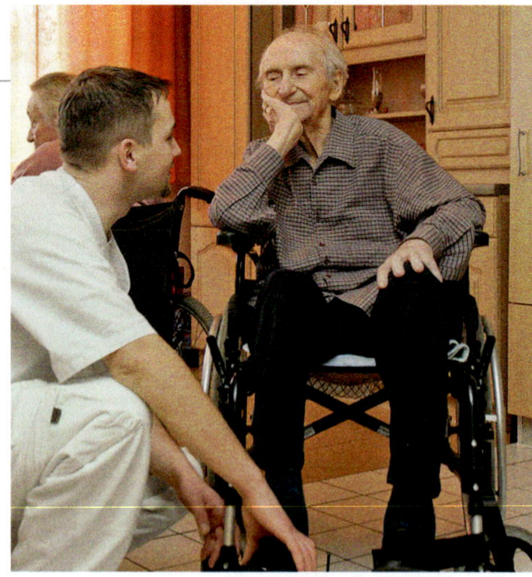

Sehr geehrter Herr Zöllner,

da Ihr Seniorenstift und unsere Schule eine Partnerschaft verbindet, habe ich mit drei interessierten Mitschüler/inne/n im letzten Jahr einige Nachmittage bei Ihnen gearbeitet. Vielleicht erinnern Sie sich daran. Diese Stunden haben mich sehr beeindruckt.
Ich habe z. B. gelernt, wie der Blutdruck gemessen wird und wann die Messung beendet ist. Ich konnte beobachten, wie die Arzneimittelvergabe vorbereitet wird. Außerdem wurde ich angeleitet, ein einfaches Gedächtnistraining durchzuführen. Meine Betreuerin, Frau Ritter, hat mich gelobt, weil ich schnell Kontakt zu den Senioren bekommen habe. Sie hat mir auch klargemacht, dass Berufe in der Altenpflege wertvoll und wichtig, aber nicht leicht sind. Deshalb sind wahrscheinlich viele Lehrstellen nicht besetzt. Und die Berufsberaterin ist der Überzeugung, dass auch in Zukunft Altenpfleger gute Berufsaussichten haben.
Damit mir meine Berufsentscheidung leichter wird, möchte ich gerne ein längeres Praktikum bei Ihnen machen. Dazu eignen sich am besten die nächsten Sommer- oder Herbstferien.

Über eine Zusage von Ihnen würde ich mich riesig freuen.

Mit freundlichem Gruß

Stephan Kupisch

1 *a) Welche Absicht verfolgt Stephan mit diesem Brief?*
b) Sprecht darüber, ob sein Brief-Inhalt und -Ton passend sind.

2 *a) In welchen Abschnitten seines Briefs verwendet Stephan das Passiv?*
b) Welcher der folgenden Gründe für das Passiv trifft zu:
- ☐ *Ein/e Handelnde/r kann nicht genannt werden – unbekannt!*
- ☐ *Ein/e Handelnde/r ist unwichtig, braucht nicht genannt zu werden.*
- ☐ *Ein/e Handelnde/r soll bewusst verschwiegen werden.*

3 *a) Formt die Passivsätze ins Aktiv um und ergänzt eine/n Handelnde/n.*
b) Vergleicht eure Lösungen. Enthalten die Aktivsätze mehr Informationen als die Passivsätze?

!

Sätze im **Aktiv** haben meist ein **aktives,** handelndes Subjekt:
*Die **Ärztin misst** den Blutdruck.*
In **Passiv**-Sätzen geschieht etwas mit dem Subjekt: *Die **Ärztin** wird vertreten.*

von einem Krankenpfleger

Der/die wirklich Handelnde in einem Passivsatz kann – wenn bekannt oder gewünscht – mit der Präposition ***durch*** oder ***von*** hinzugefügt werden.
Das Verb/Prädikat im Passiv wird gebildet aus ***werden*** + **Partizip Perfekt.**
Eine Nebenform (Zustandspassiv) wird mit ***sein*** gebildet:
*Die Instrumente **werden sterilisiert.*** → *Die Instrumente **sind sterilisiert.***

Zum Messen des Blutdrucks benutze ich ein Stethoskop und ein Blutdruckmessgerät. Das Blutdruckmessgerät besteht aus einer aufblasbaren Manschette und einem Druckmessgerät. Ich lege die Manschette um den Oberarm etwas oberhalb des Ellenbogens. Das Stethoskop setze ich auf die Pulsader des Handgelenks. Ich pumpe die Manschette so lange auf, bis in der Armschlagader kein Blut mehr aus dem Oberarm in den Unterarm fließt. Ich lasse nun langsam Luft aus der Manschette entweichen, bis ich im Stethoskop den Puls hören kann. In diesem Augenblick lese ich den ersten Blutdruckwert ab. Danach lasse ich die Luft aus der Manschette so lange entweichen, bis ich den Puls nicht mehr hören kann. Jetzt lese ich den zweiten Blutdruckwert ab. Damit beende ich die Blutdruckmessung. Durch diese Messung ermittele ich zwei Werte, den oberen und den unteren Druckwert.

Stephan beschreibt hier in allen Einzelheiten das Blutdruckmessen, mündlich und in der Ich-Form. Diese Beschreibung übernimmt er auch in seine ▷ Praktikumsmappe. ▷ S. 58
Aber nicht in der Ich-Form:

4 *a) Übertragt Stephans Ich-Beschreibung ins Passiv: Zum Messen ... wird ... benutzt ...*

TIPP

Zur Abwechslung ist es empfehlenswert, neben dem Passiv Formulierungen mit dem unbestimmten Pronomen ***man*** zu verwenden: *Zum Messen benutzt man ...*

b) Vergleicht eure Beschreibungen.

5 *Beschreibt interessante Tätigkeiten, die ihr während eines Praktikums oder auch sonst ausgeübt habt. Wechselt dabei zwischen Ich-Form, dem Passiv und **man**-Formulierungen ab.*

Der Konjunktiv

Meine Betreuerin Frau Ritter hat gesagt, ich habe schnell Kontakt zu den Senioren aufgebaut. Sie hat mir auch erklärt, Berufe in der Altenpflege sind wichtig, aber nicht leicht. Sie sind sowohl körperlich als auch psychisch sehr belastend. Die Berufsberaterin hat gemeint, Altenpfleger haben gute Berufsaussichten, denn manche Ausbildungsplätze bleiben unbesetzt.

Für seine schriftliche Bewerbung um einen Praktikumsplatz im Seniorenstift (▷ S. 192) hat Stephan u. a. diesen Entwurf geschrieben.

1 *Lest die Formulierungen dieses Briefentwurfs aufmerksam: Was ist daran zu bemängeln?*

!

Gesagtes kann in wörtlicher (direkter) Rede zitiert oder in **indirekter Rede** wiedergegeben werden.
Bei der indirekten Rede wird in der Regel der **Konjunktiv I** verwendet:
Sie erklärt, → *die Medikamentenabgabe* ***erfolge*** *nach ärztlicher Verordnung.*
→ *dass die Medikamentenabgabe nach ärztlicher Verordnung* ***erfolge*** *(erfolgt).*
(Wenn die indirekte Rede mit den Konjunktionen ***dass*** oder ***ob*** oder mit einem Fragewort wie ***wo, wofür*** eingeleitet wird, kann auch der Indikativ stehen.)
Oft unterscheidet sich der Konjunktiv I nicht vom Indikativ. Dann kann man den **Konjunktiv II** verwenden oder – wenn dieser veraltet klingt oder nicht eindeutig ist – die Umschreibung mit ***würde:***

Stephan sagt:	Stephan sagt, sie ...		
„Wir **denken** an die Medikamente."	... **denken** an die Medikamente.	... **dächten** an die Medikamente.	... **würden** an die Medikamente **denken.**
Indikativ	**Konjunktiv I**	**Konjunktiv II**	***würde*-Umschreibung**

2 *Verbessert den ersten Absatz in Stephans Briefentwurf. Vergleicht eure Ergebnisse.*

3 *Gebt Stephans mündliche Beschreibung zum Blutdruckmessen (▷ S. 193)*
a) in indirekter Rede wieder:
Stephan erklärt, zum Blutdruckmessen be...
b) Für Könner/innen:
Gebt Stephans Beschreibung nicht nur in indirekter Rede wieder – verwendet auch noch an manchen Stellen das Passiv:
Stephan erklärt, zum Messen des Blutdrucks ***werde ... benutzt.***

Es wäre hilfreich für meine Berufsentscheidung, wenn ich ein längeres Praktikum bei Ihnen machen könnte. Sollte das möglich sein, müsste der Termin aber in den Sommer- oder Herbstferien liegen. Den genauen Termin könnten Sie selbstverständlich festlegen.
Über eine positive Nachricht von Ihnen würde ich mich riesig freuen. ...

4 a) *Untersucht, welche Verbformen Stephan in diesem Briefabschnitt verwendet.*
b) *Was sollen diese Verbformen ausdrücken?*
Unsicherheit – wenig Interesse – Interesse und Höflichkeit
c) *Ersetzt die Verbformen durch Indikativformen:*
Es ist hilfreich ...
Beurteilt die Wirkung.

5 a) *Sprecht diese Sätze besonders ausdrucksvoll:*

Mit diesem Putztuch wäre es besser gegangen.

Ich würde das Tuch nehmen.

Würdest du mir dabei helfen?

Könnte ich den Heimleiter sprechen?

So müsste der Verband halten.

Hätten wir doch mehr Personal!

Der Heimleiter müsste jetzt wieder zurück sein.

Hättest du nur nicht das Medikament vergessen!

b) *Welche Aufgabe, welche Funktion kommt den Äußerungen am ehesten zu:*
Vermutung – Empfehlung – höfliche Bitte – (unerfüllbarer) Wunsch

6 a) *Äußert diese Sätze mit angemessener Betonung:*

Ich bekomme einen Kaffee!

***Bekäme** ich einen Kaffee?*

Einen Kaffee!

*Ich **hätte** gern einen Kaffee.*

b) *Ordnet die vier Äußerungen folgender Skala zu:*

(sehr) höflich	5	4	3	2	1	0	(äußerst) unhöflich

c) *Bildet ähnliche Formulierungen und beurteilt ihre Wirkung.*

Eugen Roth

Der eingebildete Kranke

Ein Griesgram denkt mit trüber List,
Er wäre krank. *(Was er nicht ist!)*
Er müsste nun mit viel Verdruss,
Ins Bett hinein. *(Was er nicht muss!)*

Er hätte, sprach der Doktor glatt,
Ein Darmgeschwür. *(Was er nicht hat!)*
Er soll verzichten, jammervoll,
Aufs Rauchen ganz. *(Was er nicht soll!)*
Und werde, heißt es unbeirrt,
Doch sterben dran. *(Was er nicht wird!)*

Der Mensch könnt', als gesunder Mann,
Recht glücklich sein. *(Was er nicht kann!)*
Möcht' glauben er nur einen Tag,
Dass ihm nichts fehlt. *(Was er nicht mag!)*

7 *In diesem Gedicht werden verschiedene Meinungen von/über den „eingebildeten Kranken" geäußert.*
a) Wer äußert sich?
b) Mit welcher Meinung?

8 *Bestimmt die Verben nach*
a) Indikativ – Konjunktiv I – Konjunktiv II
b) In den Strophen 1 und 2 könnten die Konjunktiv-II-Verben auch im Konjunktiv I stehen: Wie verändert sich dadurch die Aussage?

9 *Prüft in den vorangehenden Sätzen und Texten noch einmal die Verwendungsweise der Verben im Konjunktiv II: Welche Auswirkung hat der Konjunktiv II auf den Wirklichkeitsgehalt einer Aussage?*

!

Der **Konjunktiv II** vermindert den Wirklichkeitsgrad einer Aussage. Er stellt sie als unsicher dar, als nur vorgestellt. Darüber hinaus kann er einen Wunsch, Vorsicht, Höflichkeit und Zurückhaltung ausdrücken:
Hätte ich doch besser aufgepasst!
Wenn ich Ausbilderin wäre, nähme ich mir viel Zeit!
Ich hätte gerne neue Gummihandschuhe.
Das hätte ich nicht erwartet!
So müsste es richtig sein!

(Zum Konjunktiv II in der indirekten Rede ▷ S. 194.)

11.2 Ausbildung und Beruf – Mit gut gebauten Sätzen

Die Bewerbung – Treffend formulieren

Maik Frenzel *12. 9. 20***

Sehr geehrte Frau Welland,
ich habe gehört, dass Sie Auszubildende einstellen. Da ich noch keinen Ausbildungsplatz gefunden habe, wäre es schön, wenn Sie mich einstellen würden.

Susanne Ehlers
Dachsweg 12
82595 Hausen
Tel.: 09999/12345
E-Mail: se@gmx.de

Sparkasse Hausen
z. Hd. Herrn Wiegand
Marktplatz 12
82541 Hausen

10. Oktober 20**

Bewerbung um einen Ausbildungsplatz als Bankkauffrau

Lieber Herr Wiegand,
...

Bewerbung um eine Ausbildungsstelle Mechatroniker

Sehr geehrter Herr Hoppstedt,

Ihr Ausbildungsangebot im „Allgemeine Anzeiger" hat mich interessiert. Da ihr Betrieb bekannt ist für eine gute Ausbildung, möchte ich gerne ein Platz bei ihnen bekommen.
...

1 *Vergleicht diese Ausschnitte aus verschiedenen Bewerbungsschreiben. Wie werden sie auf ihre Adressaten wirken?*

2 *Worauf ist beim Schreiben von Bewerbungen und anderen offiziellen Schreiben zu achten? Fertigt eine Mind-Map dazu an.*

Überall findet ihr Muster und Auskünfte darüber, was in keinem Bewerbungsschreiben fehlen darf. Das ist wichtig – aber wie kann man seiner Bewerbung eine persönliche Note geben, wie auf sich aufmerksam machen?
Zum Beispiel mit einer **überzeugenden Begründung der Berufswahl:**

Ich habe schon immer Tiere besessen und es macht mir Freude, wenn ich sie versorgen, pflegen und erziehen kann. Deshalb interessiert mich der Beruf des Tierpflegers. Ich glaube auch, dass dieser Beruf mir vielfältige Möglichkeiten bietet, mein Wissen über Tiere zu erweitern.
Außerdem habe ich an manchen Wochenenden im Tierheim gearbeitet und weiß daher, dass ich nicht nur mit meinen eigenen Katzen, Vögeln und Hund artgerecht umgehen kann.

Der Beruf einer Hotelfachfrau interessiert mich. Er ist sehr vielseitig und abwechslungsreich. Hotelfachfrauen arbeiten z. B. im Service, im Housekeeping, im Empfang. Der Beruf bringt einen mit anderen Menschen zusammen. Darauf muss man flexibel reagieren können. Die Arbeitszeiten liegen auch am Wochenende oder an Feiertagen. Das ist für mich kein Hindernisgrund.

Ich bin mir sicher, dass ich vorzüglich geeignet bin zum Bankkaufmann! Meine Kunden werden die Bank zufrieden verlassen, weil ich werde in der Kundenberatung überzeugend sein. Alle meinen Freunde bewundern, wie überzeugend ich argumentieren kann und sicher. Mein Zeugnis zeigt, meine mathematische Begabung ist hervorragend ...

3 a) *Welche dieser drei Berufsbegründungen überzeugen euch, welche nicht? Woran liegt das?*
b) *Verbessert Formulierungen, die ihr nicht gelungen findet.*

!

In einem **Satzgefüge** sind ein selbstständiger Hauptsatz und ein abhängiger Nebensatz miteinander verbunden:
*Ich **kenne** die Aufgaben einer Tierarzthelferin, **weil** ich ein Praktikum gemacht **habe**.*
*Ich **bin** über die Aufgaben einer Tierarzthelferin **informiert**, **weil** ich ein Praktikum gemacht **habe**.*
***Weil** ich ein Praktikum gemacht **habe**, **kenne** ich die Aufgaben einer Tierarzthelferin.*

Im **Hauptsatz** steht die Personalform des Verbs im Allgemeinen an zweiter Stelle oder bildet eine Prädikatsklammer.
Der **Nebensatz** beginnt mit einer Konjunktion und endet mit der Personalform des Verbs.

4 *In welchem dieser Satzgefüge ist der Nebensatz falsch gebildet? Korrigiert ihn:*

Da Hatice zu einem Bewerbungsgespräch eingeladen wurde, ist sie überglücklich.
Gleichzeitig ist sie aufgeregt, weil das ist ihr erstes Bewerbungsgespräch.

5 *Überprüft die Stellung der Verben in den folgenden Satzgefügen und verbessert die falschen. Unterstreicht in den korrigierten Satzgefügen die Personalformen in den Hauptsätzen rot, in den Nebensätzen blau:*

Das Gespräch verlief ganz ungezwungen, weil Herr Sudhoff, der Personalleiter, zeigte ihr dabei den Betrieb. Während er Hatice herumführte, fragte er sie geschickt nach ihren Eindrücken und Ansichten. Schwierig war die Verständigung in der Montagehalle, wo die Maschinen und Werkzeuge waren sehr laut.
Dieser Rundgang diente nicht nur der Unterhaltung, da Herr Sudhoff bekam dabei wertvolle Hinweise aus den Reaktionen und Antworten der Bewerberin. Hatice machte auf ihn einen aufgeschlossenen Eindruck, zumal sie zeigte sich interessiert und stellte selber Fragen.
Obwohl der Rundgang dauerte fast eine Stunde, verging die Zeit für Hatice im Nu.
Soweit sie Herrn Sudhoffs Worte beim Abschied richtig deutete, sie hatte gute Chancen, den Ausbildungsplatz zu bekommen.

Berufe in Haupt- und Nebensätzen

Der Beruf einer Chemielaborantin ist für mich reizvoll, ...

Ich helfe in den Ferien im Tierheim aus, ...

Ich interessiere mich für den Bäckerberuf, ...

Ich nehme in diesem Sommer an einem sechswöchigen Sprachkurs in Brighton teil, ...

... damit ich meine Englischkenntnisse verbessere.

... weil ich das Durchführen von chemischen Experimenten interessant finde.

... sobald sich eine günstige zeitliche Gelegenheit bietet.

... obwohl die Arbeitszeiten ungünstig liegen.

1 *Verbindet diese Teilsätze zu sinnvollen Gesamtaussagen.*

2 *Beschreibt in jedem der vier Beispiele, wie der Nebensatz (Adverbialsatz) seinen Hauptsatz inhaltlich näher bestimmt; z. B.:*

- *zeitlich („Wann?"):* während, als, nachdem, sobald
- *begründend („Warum?"):* weil, da
- *Zweck („Wozu?"):* damit
- *einschränkend („Mit welcher Einschränkung?"):* obwohl
- *Wirkung („Mit welcher Folge?"):* sodass

3 *a) Bildet Satzgefüge, indem ihr passende Konjunktionen einfügt:*

Ich habe meinem Vater bereits in der Tischlerwerkstatt geholfen, ...	→	◎ ich reichlich Erfahrung sammeln konnte.
An den Wochenenden arbeite ich im „Seniorenstift", ...	→	◎ ich die Aufgaben eines Altenpflegers ganz praktisch kennen lerne.
Ich möchte gerne als Goldschmiedin arbeiten, ...	→	◎ ich schon mein Berufspraktikum bei einer Juwelierin gemacht habe.
Ich konnte in dem Beruf „Versicherungskauffrau" erste Erfahrungen sammeln, ...	→	◎ ich meiner Tante in ihrer Versicherungsagentur half.

b) Bestimmt den inhaltlichen Beitrag der Nebensätze (Adverbialsätze) im Satzgefüge.

!

In einem Satzgefüge aus Haupt- und adverbialem Nebensatz steuert der Nebensatz wichtige Informationen zum Gesamtverständnis bei:

Der Beruf „Arzthelferin" interessiert mich, ...
- → (Grund?) → *... weil die Arbeit vielseitig ist.*
- → (Einschränkung?) → *... obwohl die Tätigkeit anstrengend ist.*
- → (Folge?) → *... sodass ich mich um einen Ausbildungsplatz bewerbe.*

Für einen Einblick ins Berufsleben macht man ein Praktikum.
Durch die Arbeit im „Hotel zur Krone" habe ich viele Erfahrungen gemacht.
Beim Bedienen steht man rechts vom Gast!
Zur Vermeidung von hässlichen Fingerspuren wird das Glas am Stiel angefasst.
Aus Freude an der Arbeit habe ich oft Getränke vorbereitet.
Bei einer Beschwerde des Gastes geht man freundlich darauf ein.
Trotz größter Mühe konnte ich nicht mehr als zwei Teller tragen.
Nach Abschluss der Veranstaltung muss der Raum für den nächsten Tag vorbereitet werden.

4 *Von welchem Praktikum wird hier berichtet?*

5 *Dieser mündliche Praktikumsbericht ist im Stil und Satzbau sehr einförmig.*
a) Verbessert das, indem ihr die Einzelsätze in Satzgefüge umwandelt:
Damit man einen Einblick ..., macht man ...
b) Vergleicht eure Ergebnisse.

TIPP

Bringt Abwechslung in euren Satzbau, indem ihr die Reihenfolge von Haupt- und Nebensätzen ändert.

Mich interessiert „Ergotherapeut", weil der Beruf sehr vielseitig ist.

Weil der Beruf sehr vielseitig ist, interessiert mich „Ergotherapeut".

Ein Beruf mit Biss – Vom Infinitiv zum Infinitivsatz

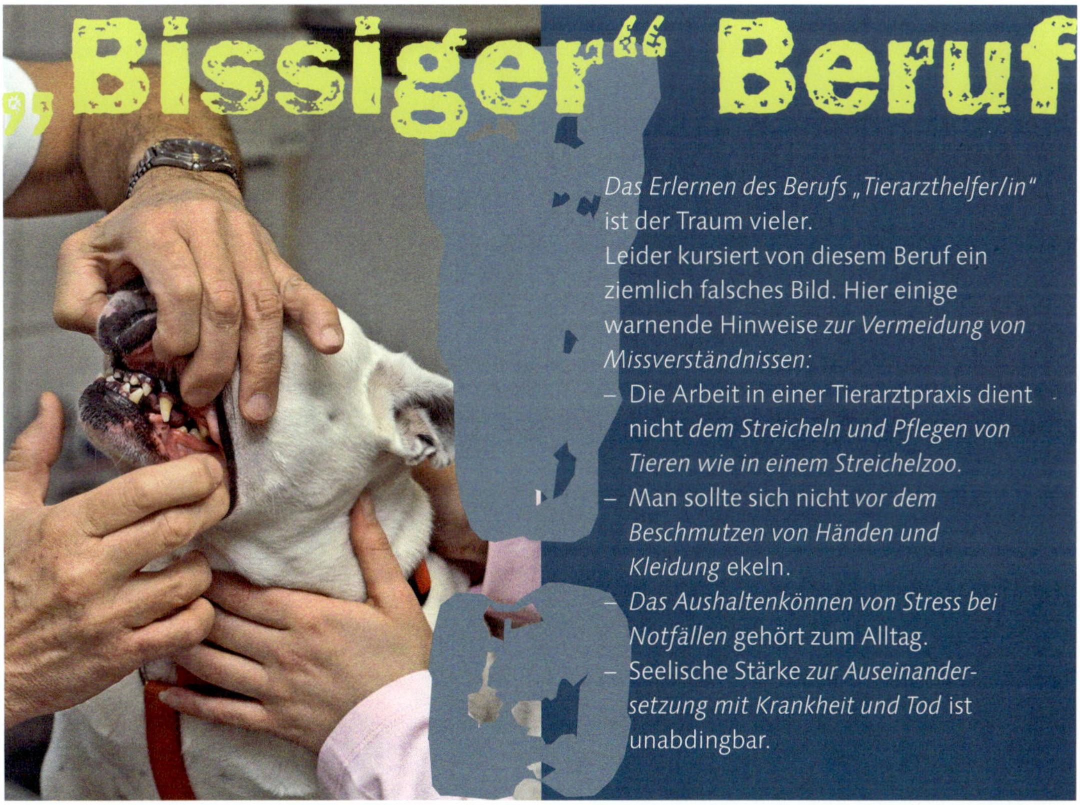

1 *Habt ihr schon eine Tierarztpraxis von innen erlebt? Berichtet davon.*

2 *Diese knapp und kurz formulierten Berufshinweise wirken etwas unbeholfen. Macht aus den* ***kursiv gedruckten*** *Satzteilen Infinitivsätze mit* ***zu*** *oder* ***um zu:***
Es ist der Traum vieler, den Beruf …

> **!**
> Ein **Infinitiv** + ***(um) zu*** + **weiteres Wort/Wortgruppe** bilden einen ▷ **Infinitivsatz,** der in der Regel durch ein Komma abgetrennt wird: ▷ S. 227
> ***Um** Keime **zu vernichten,** wird der Behandlungstisch desinfiziert.*
> *Es ist Aufgabe der Tierarzthelferin, die Geräte **zu sterilisieren.***

Was sich (Haus-)Tiere von dem/der Tierarzthelfer/in wünschen

- Säubern der Käfige und der Station
- Betreuung der Tiere und ihrer Besitzer/innen
- Versorgung und Pflege stationärer „Patienten"
- Assistenz bei der Behandlung und im OP
- Operationsvorbereitung und Narkoseüberwachung
- Blutentnahme und Blutdruckmessung
- Organisation des Praxisalltags
- Gewährleistung der Praxishygiene
- Verwaltung der Hausapotheke
- Leitung des Labors für Blut, Kot und Urin
- Übernahme des Wochenenddienstes
- Weiterbildung

3 *Beschreibt das Aufgabenprofil „Tierarzthelfer/in". Verwendet dafür z. B.*
- ☐ *Infinitivsätze: Ein T. muss bereit sein, die Käfige …*
- ☐ *dass-Sätze: Ein T. muss damit rechnen, dass …*
- ☐ *wie-Sätze: Ein T. muss wissen, wie …*

4 *Beschreibt mit abwechslungsreichen Formulierungen das Aufgabenprofil eures Wunschberufs; z. B.:*

daran denken | *in der Lage sein* | *fähig sein* | *geübt sein* | *darauf gefasst sein* | *gelernt haben* | *sich nicht scheuen*

Reiseverkehrskaufleute – Attribut und Relativsatz

1 *Welche Ansicht habt ihr über diesen Beruf? Erscheint er euch attraktiv?*

2 *a) Informiert euch über den Beruf.*
*b) Verfasst einen kleinen **Informationstext** über „Reiseverkehrskaufleute".*

! Es gibt verschiedene stilistische Möglichkeiten, einen Text mit wichtigen Informationen anzureichern, z. B. **Attribute** und **Relativsätze:**

Reiseverkehrskauffrau/-mann ist ein Beruf, der Sprachkenntnisse verlangt. (Relativsatz)

Computer nutzender (Attribut)

Die drei Wochen, wo ich bisher am meisten geschwitzt habe, waren nicht in Ägypten, sondern beim Praktikum im Tiefbau!

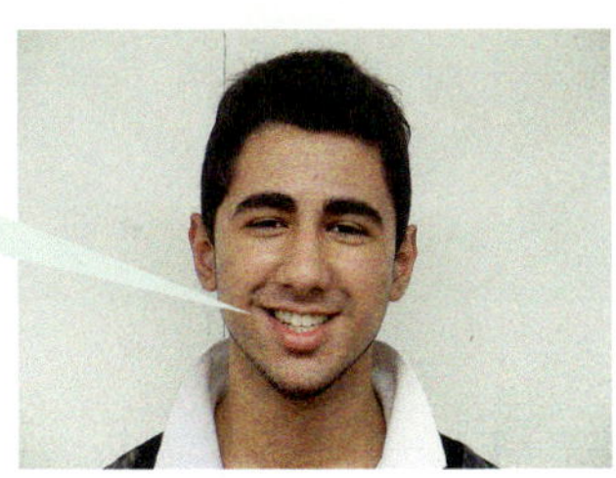

3 *Versteht ihr diesen Stoßseufzer eines Tiefbau-Praktikanten? Formuliert die Äußerung um.*

!

In Relativsätzen ***wo*** zu verwenden statt des **Relativpronomens,** ist **nicht** korrekt:
*Kein anderer Beruf, **den*** (**nicht:** *wo*) *ich kenne, gefällt mir besser.*
*Eine Erfahrung, **die*** (**nicht:** *wo*) *sehr wertvoll war ...*

Ausnahme:
*Der Ort, **an dem*** (auch: *wo*) *die Baustelle lag, war abgelegen.*
In Relativsätzen mit **räumlicher** Bedeutung ist der *wo*-Anschluss gestattet.

4 *Ergänzt die Sätze:*

Die Arbeit, ◎ mich gereizt hätte, durfte ich nicht machen.
Am lehrreichsten war die Zeit, ◎ ich im Tropenhaus gearbeitet habe.
Auf der Etage, ◎ ich geputzt habe, waren 12 Zimmer.
Mein Betreuer gab mir oft Anweisungen, ◎ ich nicht recht verstand.
Die Blumen, ◎ ich umtopfen musste, kamen in den Verkauf.
Die ersten Gäste, ◎ ich bedienen musste, verlangten zum Glück nur ein Getränk.
Der Praktikumsplatz, ◎ ich mich am wohlsten fühlte, befand sich in der kirchlichen Sozialstation.

Mechatroniker/in – Nominal- und Verbalstil

Durch mein Praktikum habe ich erste Einblicke in das Tätigkeitsfeld einer Automechatronikerin bekommen. Zu ihren Aufgaben gehören die Instandhaltung und Reparatur beim Kfz, ebenso die Lackierung. Häufig ist eine Spezialisierung auf Fahrzeugarten notwendig.
Beim Reifenwechsel und Ölwechsel handelt es sich um Routinearbeiten. Auch der Umgang mit Ölen und anderen aggressiven Stoffen gehört leider zu ihrem Alltag. Und die Beratung der Kunden erledigt sie ebenfalls.

1 *Automechatroniker/in – wäre das ein Beruf für euch?*

2 *a) Wie beurteilt ihr die sprachliche Form, den Stil des Praktikumsberichts auf S. 204?*
b) Vergleicht dazu diesen Bericht:

Ich habe während meines Praktikums erfahren, welche Tätigkeiten Uhrmacher ausüben. Sie reparieren defekte Uhren und warten elektronische bzw. mechanische Zeitmessgeräte. Uhrmacher restaurieren antike Uhren, lesen und skizzieren Montage- und Schaltpläne. Sie beraten Kunden und erledigen auch kaufmännische Aufgaben. Sie warten ihre Werkzeuge und Maschinen und bestellen Waren und Ersatzteile.

c) In welchem Punkt unterscheiden sich die beiden Berichte sprachlich?

!

Eine Tätigkeit kann auf verschiedene Weise beschrieben werden. Man unterscheidet:

- **Nominalstil** (mit Nomen und Nominalisierungen):
  *Zu den **Tätigkeiten** von Köch/inn/en gehören alle Arbeiten, die der **Herstellung** von Speisen dienen: **Planung, Einkauf** der Lebensmittel und Zutaten sowie **Vorbereitung** und **Lagerhaltung**. Neben der **Speisenzubereitung** ist die **Resteverwertung** ihre Aufgabe.*
- **Verbalstil** (mit vielen Verben):
  *Sie **stellen** die Speisekarte **zusammen, kochen, braten, backen** und **garnieren**.*

Am besten ist es, beide Stile zu mischen.

3 *a) Welcher Stil herrscht in den folgenden Bewerbungsschreiben vor?*
b) Formuliert um und vergleicht die Wirkung.

In meinem Praktikum habe ich gelernt, wie man Schreiben richtig verfasst, Besucher betreut und Patientendaten aufnimmt und verarbeitet.

In der Praxis lernte ich die Betreuung von Patienten kennen, ebenfalls bekam ich Einblick in die Aufgabe des Assistierens bei der Behandlung.

Im Frühjahr dieses Jahres machte ich mein Betriebspraktikum in der Praxis Dr. Schmidt. Dort lernte ich, wie man einen Sprechstundenablauf organisiert und Termine vergibt.

Ich wurde mit vielen Arbeiten einer Arzthelferin bekannt gemacht: dem Anlegen von Verbänden, dem Führen der Patientenkartei sowie dem Ausfüllen von Formularen und der Abrechnung mit Versicherungsträgern.

11.3 Schulprojekt interkulturell – Texte überarbeiten

Eigene Texte auf die Probe stellen

Children's Village
Oyoko, Ghana
Michael

Oyoko, 13. 2. 2010

Realschule Bünde-Mitte
Class 9b

Dear Mr Recker,
dear 9b of Realschule Bünde-Mitte!

I am happy to write this letter to you. I hope you are fine. I am also fine. Thank you for all you have done for me!
I live in house "Bünde" with six sisters and nine brothers. Now I am on vacation. I am going to class four after the vacation. I am eleven years old now. We have three volunteers. One is staying in our house and the other two are staying in house Westerwinter.
The food I like best is fufu[1] and palmnut soup. We use cassava[2] and plantain[3] and kokoyam[4] to make fufu and for the soup. We use palmnuts and different kinds of meat and red pepper garden eggs onions and tomatoes. But the meat I like most to take with it is cow meat, crabs and fish.
I like to play games. My best game is playing cards.
In my future I want to become a lawyer or doctor. Thank you and lovely greetings sends your

Michael

1 **fufu/foufou:** Brei aus Maniok, Kochbananen, Yams
2 **cassava:** Mehl der Maniokwurzel
3 **plantain:** Kochbanane
4 **kokoyam:** Süßkartoffel

1 *Warum schreibt Michael aus Ghana (www.ivwk.de) an die 9b in Bünde?*

Die 9b plant einen „Children's-Village-Abend" und entwirft dazu einen Elternbrief:

Hallo,

wir haben Post von Michael erhalten. Wir wollen deshalb einen Children's-Village-Abend veranstalten. Wir laden dazu herzlich ein.

Termin: 5.6.2010
Beginn: 19.30 Uhr
Ort: Mediothek

Wir werden einen total geilen Film zeigen, den hat ein Praktikant während seines Aufenthalts im Kinderdorf in Ghana gedreht.
52 Kinder leben dort zurzeit in vier Familien. Die Kinder besuchen die Schulen in der Umgebung. Die Kinder bekommen teilweise so klasse Noten, dass manche Kinder anschließend zur Uni gehen können.
Es gibt ein Ausbildungszentrum, in dem werden Schülerinnen des Dorfes und der Umgebung als Haushaltshilfe, Köchin, Friseurin oder Schneiderin ausgebildet.
Es werden Jungen ausgebildet und Produkte zur Selbstversorgung und zum Verkauf hergestellt. Denn es gibt außerdem eine Schreinerei mit Sägemühle und eine Druckerei.
Es gibt weiterhin an der Augenklinik des Dorfes ein Institut, das Optiker ausbildet. Zurzeit gibt es zwei Klassen mit je 20 Azubis.
Zum Abschluss des Abends gibt es einen Imbiss und Getränke. Den Imbiss und die Getränke hat die Hauswirtschafts-AG vorbereitet. Dafür bitten wir um eine Spende, die ist gedacht für das Kinderdorf.

Es wäre total klasse, wenn viele von euch kommen würden!

Die Klasse 9b

2 *a) Lest diesen Elternbrief-Entwurf.*
b) Würdet ihr den Brief in dieser Form abschicken?
Nehmt Stellung dazu.

3 *Verbessert den Briefentwurf.*
Berücksichtigt dabei die Arbeitstechnik auf der nächsten Seite.

ARBEITSTECHNIK PROBEN (1)

Umstellprobe

- ☐ Müssen Satzteile umgestellt werden, um Wiederholungen zu vermeiden?
  __Er__ ist gerade aus Afrika zurückgekommen. __Er__ hat dort einen Film gedreht, __er__ wird den zeigen. → __Er__ ist gerade aus Afrika zurückgekommen. Dort hat __er__ einen Film gedreht, den __er__ zeigen wird.
- ☐ Sollte die Reihenfolge von Sätzen umgestellt werden, um den Gedankengang logischer zu gestalten?
  Er wird sicher kompetent berichten. Letztes Jahr hat er im Kinderdorf gearbeitet. → Da er letztes Jahr im Kinderdorf gearbeitet hat, wird er sicher kompetent berichten.
- ☐ Müssen Satzteile umgestellt werden, damit der Satz grammatisch richtig wird?
  ..., weil er __ist__ letztes Jahr in Ghana gewesen. → ..., weil er letztes Jahr in Ghana gewesen __ist__.

Ersatzprobe

- ☐ Welche allzu häufig verwendeten Wörter sollten ersetzt werden, um abwechslungsreicher oder treffender zu formulieren?
  __Praktikanten__ helfen bei den Schulaufgaben, __Praktikanten__ organisieren auch Ausflüge. → __Praktikanten__ helfen bei den Schulaufgaben und __sie__ organisieren Ausflüge.
- ☐ Ist die Sprache adressatengerecht? Müssen unpassende umgangs- oder jugendsprachliche Ausdrücke ersetzt werden?
  Hey, liebe Eltern. Fabian hat uns von seinem echt coolen Trip nach Ghana erzählt. → Liebe Eltern, Fabian hat uns von seiner sehr interessanten Reise nach G. erzählt.

Tipps für erfolgreiche Partnerschul-Kontakte

Man sollte bedenken, dass die Partnerschüler praktisch nichts von euch und eurem Leben wissen.
Man beginnt und beendet Briefe mit einem persönlichen Teil.
Man kann darin beispielsweise von Ereignissen der letzten Tage, seinem Befinden, dem Wetter u. Ä. erzählen.
Man sollte nicht vergessen, auf die Fragen der Briefpartner einzugehen und selbst persönliche Fragen zu stellen.
Man berichtet außerdem ausführlich zu einem oder höchstens zwei Themen.
Man kann entsprechende Fragen stellen, wenn man an Informationen zu diesem Thema interessiert ist.
Man muss unbedingt höflich bleiben, man verwendet selbstverständlich keine Schimpfwörter oder abfällige Personenbezeichnungen.
Man kann Gefühle in privaten E-Mails mit Smileys ausdrücken.

4 *Überarbeitet die Tipps mit Hilfe der Proben.*

Während des Children's-Village-Abends schlug eine Teilnehmerin vor, den Patenbetrieb der Realschule wegen einer Spende für das Familienhaus „Bünde" in Oyoko anzuschreiben. Die Klassensprecher Pia und Fabian haben dafür einen Brief entworfen, vervielfältigt und zur Überarbeitung ausgeteilt:

Sehr geehrter Herr Hunal,

wir unterstützen ein Patenkind im Kinderdorf.

Dazu haben wir in der vergangenen Woche für unsere Eltern einen Elternabend veranstaltet. Wir über das Leben, die Arbeit und die Menschen und ihre Tätigkeiten im Kinderdorf informiert ~~haben~~ und unser Patenkind Michael vorgestellt ~~haben~~. Durch den Verkauf von belegten Broten, Würstchen, Kuchen und Kaffee, Fruchtsäften und Mineralwasser konnten wir Geld einnehmen. Die Einkäufe haben wir im Supermarkt neben der Schule gemacht. Das war nicht ganz so viel, wie wir erhofft hatten. (Aber besser als gar nichts!) Durch mehrere Eltern, die ihre Spendenhosen anhatten, wurde der Betrag aber zum Glück noch aufgestockt.

Wir wollen Michael von dem Geld einen rot-grünen, ledernen Rucksack mit einer dazu passenden Federtasche, ebenfalls aus Leder, und einem Geometrie-Set schicken, kann er bestimmt gebrauchen. Den Rest für die Ausstattung des Familienhauses spenden. 16 Kinder wohnen in einem Haus. Sie werden von einer Mutter betreut. Immer wieder sind Reparaturen notwendig. Vielleicht müssen einmal die Dachrinnen oder die Insektengitter vor den Fenstern erneuert werden. Das Dorf versorgt sich mit Getreide und Gemüse. Alles wird auf den Feldern angebaut. Früchte wie Kokosnüsse, Papaya, Mangos, Bananen, Orangen, Ananas werden geerntet. Die würden auch uns bestimmt gut schmecken.

Bitte helfen Sie uns. Wir können unser Patenkind und seine Geschwister unterstützen. Das Geld werden wir selbstverständlich vollständig gegen eine gültige Spendenquittung an den Kinderdorf-Verein weiterleiten.

Über Ihre Spende würden wir uns ganz doll von Herzen freuen. Danke Ihnen vielmals im Namen Michaels und seiner vielen Geschwister.

Für die Klasse 9b Pia und Fabian

Wer „wir"?
Welches? Wo?
Wiederholung!
haben überflüssig
Zu genau!
Wie viel denn?
(Weglassen, Floskel)
unpassend
Wie viel?

5 *Überarbeitet den Briefentwurf mit der „Textlupe". Berücksichtigt dabei folgende Proben:*

ARBEITSTECHNIK PROBEN (2)

Erweiterungsprobe:

- ☐ Können Aussagen erweitert werden, damit sie genauer sind?
  *Vor einer Reise nach Ghana **sind Vorbereitungen zu treffen.** → Vor einer Reise nach Ghana muss **man sich um ein Visum, den Flug und Impfungen kümmern.***
- ☐ Können erklärende Verbindungswörter (Konjunktionen, Adverbien) den Gedankengang verdeutlichen?
  Reisende werden gegen Malaria geimpft. Sie können dennoch erkranken. →
  ***Obwohl** Reisende gegen Malaria geimpft werden, können sie dennoch erkranken.*

Weglassprobe:

- ☐ Können unnötige Wörter und Wiederholungen gestrichen werden?
  Durch hygienisches Essen und Trinken von Speisen und Getränken können viele unnötige Erkrankungen vermieden werden. → Durch hygienisches Essen und Trinken können viele Erkrankungen vermieden werden.

Formvollendete E-Mails

Absender: bluemchen@mail.net
An: hunal@maschinenbau.de
Betreff: michael

hallo, herr hunal!
mit unserem geschenk für michael habne wir den nagel auf den kopf getroffen. die schultasche, federmappe und das geometrie-set kann er gut gebrauchen. denn das hat er uns in seinem dankbrief geschrieben.
das restliche geld inclusive ihrer wirklich großzügigen spende ☺ haben wir an den verein internationaler kinderdörfer überwiesen. fabian ist dafür extra zur stadtsparkasse gegangen und hat das geld auf das konto des vereins überwiesen. den beleg haben wir eingescannt und schicken ihn als anlage.
haben sie schon ihre spendenquittung erhalten??? wenn nicht, melden sie sich ruhig noch einmal bei uns.
michael schreibt uns, eine praktikantin trainiert im kinderdorf eine mädchenfußballmannschaft. sie sind wohl total begeistert dabei und sie haben schon gegen mannschaften aus der stadt kumasi gespielt. vielleicht können von unserer spende ja trikots oder fußballschuhe erworben werdne!!
so, herr hunal, das wars für heute. wenn wir neues von micheal aus ghana hören, werden wir an sie denken.
mfg
Pia

1 *a) Lest diese E-Mail.*
b) Erkennt ihr, worin es darum geht, an wen sie adressiert ist und wer sie schreibt?

2 *Überarbeitet die E-Mail mit Hilfe der ▷ Proben und der folgenden Tipps:* ▷ S. 208 f.

TIPPS FÜR E-MAILER/INNEN

- ☐ Wie ist die Beziehung zu dem Adressaten (privat, offiziell)? Danach richtet sich der Stil.
- ☐ Vorsicht mit saloppen (*So ein Schwachsinn!*) oder hochtrabenden Formulierungen (*Ich kommuniziere in regelmäßigen Zeitabständen mit meinen Großeltern.*).
- ☐ Wählt eine adressatengerechte Anrede und Grußformel.
- ☐ Schreibt einen aussagekräftigen Betreff.
- ☐ Vermerkt den vollständigen (Post-)Absender.
- ☐ Keine Kleinschreibung, Abkürzungen (*CUL8R*), Smileys in offiziellen E-Mails!

12 Rechtschreibtraining

12.1 Schreiben für die Schülerzeitung – Tipps zum Rechtschreiben

1 *Schnappschüsse während der Arbeit an einer Schülerzeitung.*
a) Welche Situationen (er)kennt ihr?
b) Berichtet über eure Erfahrungen mit der Herstellung einer Schülerzeitung.

2 *a) Benennt die Planungs- und Arbeitsschritte von den ersten Ideen zu einer Schülerzeitungsnummer bis zum gedruckten Exemplar.*
b) Welche Bearbeitung durchlaufen die Textbeiträge?
c) Wie wichtig ist die Überarbeitung der Texte? Worin besteht sie?

Was wäre unser Leben öde ohne Schule! – Typische Fehler entdecken

VORSICHT FEHLER!

Endlich ist es wieder so weit, die heisgeliebte Schule fängt an und wir alle freuen uns schon auf den nechsten Vokabeltest. Wir sind alle so aufgeregt! Endlich sind die langen und unendlich langweiligen Sommerferien vorbei. Nun können wir wieder in der Schule lernen und haben wieder Hausaufgaben auf. Natürlich haben wir uns in den Ferien bestens auf den Vokabeltest vorbereitet und nebenbei auch noch freiwillig einige Referate geschrieben, denn was gibt es Schöneres, als zu lernen und fleisig zu sein!

In der Klasse sitzen wir alle gerade wie eine Wachsfigur und hören den Lehrern aufmerksam zu. Es ist so leise dass bei einem Räuspern alle zusammenzucken. Man hat uns gesagt dass das nicht auf jeder Schule so wäre, da sind uns fast unsere Hornbrillen von der Nase gefallen.

Ob Metapher, Paralelismus, Anafer oder Hyperbel: für uns alltägliche Begriffe. En passant analysiren wir jedes Gedicht, da wir Freaks besonders von Stadtlyrik sind. Da wir zum Glück lange Unterricht haben und uns darüber freuen, vermißen wir auch keine Aktivitäten mit unseren Freunden in der Freizeit. Wir wollen weder mit ihnen Eisessen, Radfahren, spazierengehen, sondern nur Regelnlernen, Vokabelnpauken und auswendiglernen.

Zu Hause angekommen, nehmen wir gesunde und nehrstoffreiche Nahrung zu uns, erledigen lustvoll die Hausaufgabenberge. Wir freuen uns, endlich wieder diese Berge überwinden zu können. Computerspiele und Fernsehen, Musik und Freunde interessieren uns nicht. Nach einem vitaminreichen Salat liegen wir abends früh im Bett und treumen vom Experiment im Chemieunterricht, von der Kurzgeschichteninterpretation in Deutsch und von Australien sowie Indirect Speech. Wir hoffen dass die Nacht schnell vorbeiist, denn wir können den nächsten Schultag kaum erwarten.

Sophie Müller, 9b in: LiMeS 13

1 *Seid ihr derselben Meinung wie Sophie in ihrem Schülerzeitung-Beitrag? Wie nennt man diese Textart?*

2 *Sophies Beitrag ist ziemlich gut, aber die letzte Überarbeitung fehlt noch.*
a) Schreibt den Text in den PC. Achtet dabei auf korrekte Schreibung.
b) Listet Sophies Rechtschreibfehler auf.
An welchen Fehlerschwerpunkten muss sie noch arbeiten?

Fremdwörter	e-ä/ eu-äu	s-Laut	Getrenntschreibung	Komma
…	…	…	…	…

Handy-Werbung – Mit dem Fehlerbogen arbeiten

Wenn man heutzutage durch die Fernsehprogramme schaltet, finden sich häufig diese lästigen animierten Figuren, die über den Bildschirm hüpfen und seltsame Laute von sich geben. Auch wenn viele darüber herziehen: Die meisten Teenager besitzen so etwas.

Nun stellt sich die Frage: Brauchen wir es? Sicherlich laden sich viele Jugendliche die Bilder und Videos herunter, um nicht hinterherzuhinken. Aber würde man so etwas wollen, wenn es kein anderer hätte?

Viele Menschen sind einfach nur genervt von diesen Gestalten. Hinzu kommt noch, dass diese Hintergründe auch nicht gerade billig und mit teuren Abos verbunden sind. Das führt dazu, dass oft sehr junge Menschen in Schulden ersticken.

Für Klingeltöne werden häufig alte Lieder noch einmal aufpoliert, was die Künstler/innen nicht immer erfreuen wird. Abschließend könnte man sagen, das ist eine „Verbesserung", die die Welt nicht wirklich braucht.

Matthias Strauss, 9b, LiMeS 8

1 *Äußert eure Meinung zu Matthias Strauss' Schülerzeitung-Artikel.*

2 *Da Matthias die Schreibhand gebrochen hatte, musste er seinen Beitrag einem Freund diktieren.*
Führt dieses Diktat aus.

3 *Stellt mit Hilfe des ▷ Fehlerbogens fest, welcher Fehlerart eure Rechtschreibfehler zuzuordnen sind.* ▷ S. 214

TIPP

Gerade für die Rechtschreibung gilt: Niemand ist fehlerlos!
Um deine eigenen Rechtschreibschwächen festzustellen, arbeitest du am besten mit dem auf S. 214 abgedruckten **Fehlerbogen.**
Erfasse den Fehlerbogen am PC, damit du ihn immer griffbereit hast.
Ordne deine **persönlichen Rechtschreibfehler** aus Diktaten und Aufsätzen den aufgeführten Fehlerarten zu.
In welchem Bereich musst du am meisten üben?
Dieses „Rechtschreibtraining" hilft dir beim Fehlerfinden und -vermeiden.

Fehlerart	Beispiele	Was du gegen solche Fehler tun kannst!
1 Groß- und Kleinschreibung		
☐ Nomen	*◎ersuchsbeschreibung*	Artikelprobe/Pluralprobe anwenden. Typische Nomenendungen beachten.
☐ nominalisierte Verben	*beim ◎äuspern*	Auf Begleiter achten: *am, beim, im*
☐ nominalisierte Adjektive	*etwas ◎chönes*	*etwas, viel …*
☐ Tageszeiten	*◎bends*	Auf Endungen achten: *-s.*
☐ Wochentage	*am◎ontag*	Auf Nomensignale achten: *der, am …*
☐ Uhrzeiten	*um ◎iertel vor sieben*	Regeln beachten.
2 Fremdwörter Fachwörter	*Freak* *Parallelismus*	Im Wörterbuch nachschlagen.
3 Getrenntschreibung		
☐ Verb + Verb	*schreiben lernen*	Wortarten und Regeln beachten.
☐ Nomen + Verb	*Rad fahren*	Im Wörterbuch nachschlagen.
☐ Adjektiv + Verb	*hoch halten*	
☐ Verbindungen mit *sein*	*fertig sein*	
4 Gleich und ähnlich klingende Laute		Im Wörterbuch nachschlagen.
d und ***t***	*En◎spurt, En◎deckung*	Ist „Ende" beteiligt?
g und ***k***	*Ta◎*	Verlängerungsprobe machen: *Tage.*
v und ***f***	*◎ergleichen*	Präfix *ver-* einprägen.
ä und ***e***	*allt◎glich*	Verwandte Wörter mit ***a (Tag)*** bzw.
äu und ***eu***	*tr◎men*	***au (Traum)*** suchen.
5 *s*-Laut	*hinweisen* *hei**ß**en* *Ru**ß*** *äu**ß**erlich* *vermissen*	Auf „stimmhafte" und auf „stimmlose" Aussprache achten. Auf den langen Vokal davor achten. Auf den Diphthong, auf den kurzen Vokal achten.
6 *das – dass*	*Das Experiment, **das** …* *Man erfährt, **dass** …*	Die Ersatzprobe mit *welches* machen.
7 Komma		
☐ in Satzreihen	*Es wird geforscht, **denn** die Zeit drängt.*	Auf Hauptsätze und Konjunktionen achten.
☐ im Satzgefüge	*Wir bedauern es, **wenn** der Versuch misslingt.*	Auf Haupt- und Nebensatz mit einleitender Konjunktion achten.
☐ beim Infinitivsatz	*Nichts Schöneres, als fleißig **zu sein!***	Regeln beachten.
☐ beim Relativsatz	*Das Kind, **das** lernt, …*	

www.datenparty.de – Das Wörterbuch nutzen

„Wir sehen uns online!" So oder so ◎hnlich geht man auseinander und trifft sich später im Internet. So◎genannte soziale Netzwerke wie gesichterparty oder schuelerVZ haben mehr oder weniger das gleiche Ziel. Man kann online ein Prof◎l von sich erstellen und dann mit alten und neuen Freunden in Kontakt treten, Fotos zeigen, den nächsten Partybesuch planen, miteinander plaudern oder sich und seine Hobb◎s pr◎sentieren. Soziale Netzwerke ermöglichen es also einfach, sich mit anderen auszutauschen. Das ist auch gut so. Das Internet, von dem ja oft behauptet wird, es mache einsam und doof, gibt euch viele Möglichkeiten, euch mit euren Freunden zu treffen und all das zu machen, was Spa◎ macht.

Aber, das Internet vergi◎t nie! Also solltet ihr nicht einfach alles, was ihr einem Freund erzählen oder zeigen würdet, ins Internet stellen. Denn der Freund kann schweigen, das Internet nicht. Ein Beispiel: Ihr wart auf einer Party, auf der Fotos gemacht wurden, die euch nicht im besten Licht zeigen, und diese sind jetzt online. „Na ja, egal", denkt ihr, „das ist ein witziges Foto." Der Witz kann aber böse enden. Stellt euch vor, nach der Schule wollt ihr eine Banklehre anfangen und sucht einen Ausbildungsplatz. Das Zeugnis ist gut, das Bewerbungsfoto hübsch◎gemacht, also kann nichts schief◎gehen. In der Bank ist man zufrieden mit eurer Bewerbung, aber der Personalchef guckt schnell noch einmal im Internet, ob er was findet. Und siehe da: Das peinliche Foto taucht auf, selbst wenn es schon ein paar Jahre her ist. Da denkt sich der Personalchef „Das ist wohl kein Bewerber für uns", und das Bewerbungsgespräch findet nicht mehr statt. Ihr bekommt eine Absage und wi◎t gar nicht, warum.

Nutzt soziale Netzwerke, denn sie haben viele Vorteile und ◎iniges zu bieten. Aber bevor ihr euer Profil anlegt, denkt darüber nach, was ihr der weiten Welt da drau◎en alles von euch erzählen wollt. Peinliche Fotos, spe◎ielle Vorlieben, Alter, Telefonnummer oder (E-Mail-)Adressen gehören eigentlich nicht ins Netz, denn einmal drin, kriegt man das schwer wieder weg.

Linktipp: Privatsphärenschutz in Soziale-Netzwerke-Plattformen

Diesen Roh-Text für einen Schülerzeitung-Beitrag haben Darya und Simon am PC erfasst.

1 *Welche guten oder auch schlechten Erfahrungen habt ihr mit „sozialen Netzwerken" gemacht, wie sie hier erwähnt werden?*
Tauscht euch darüber aus.

Die @-markierten Wörter zeigen Daryas und Simons orthografische Unsicherheiten.

2 *Klärt die rechtschriftlichen Zweifelsfälle mit Hilfe eines euch zur Verfügung stehenden Wörterbuchs:*
- *In welchen Fällen sucht ihr vergeblich?*
- *Wie direkt oder indirekt seid ihr in den anderen Fällen zu einem Ergebnis gekommen?*
- *Enthält euer Wörterbuch Informationen, die über euren individuellen Zweifelsfall hinausgehen?*

ARBEITSTECHNIK WÖRTERBUCH NUTZEN

Grundvoraussetzung für die erfolgreiche Klärung eins rechtschriftlichen Zweifelsfalls: Das Fehlerwort vor dem Nachschlagen auf seine Grundform zurückführen
(vergi@t → vergessen)
oder nach verschiedenen Möglichkeiten der Schreibung suchen
(spetiell?/spetziell?/speziell?) und die richtige finden: *speziell.*
Gute Wörterbücher klären oft nicht nur den Fehler-Einzelfall, sondern nennen ähnliche Beispiele und Regeln.

3 *Prüft in verschiedenen Wörterbüchern, welche Hilfe/Beispiele/Regel(n) ihr in folgenden Zweifelsfällen findet:*
Kannst du eigentlich treu@sein?
Wir wünschen dir alles @ute!
Heute @bend geh ich ins Kino.

Steinzeitmassaker Talheim – Mit der Rechtschreibkartei arbeiten

Vor annähernd 7000 Jahren wurden in der Nähe der Ortschaft Talheim in Baden-Württemberg 34 Menschen bestialisch ermordet und von ihren brutalen Mördern in einer großen Grube verscharrt. Im Jahr 1983 entdeckte ein Winzer zufällig die verbliebenen Skelett-Überreste der Opfer dieses Massakers.
Ausstellung im Neanderthalmuseum: Seit dem 16. Februar ist im Neanderthalmuseum bei Mettmann die Ausstellung „Steinzeitmassaker Tatort Talheim" über dieses Ereignis zu sehen. Sie versucht die für uns spannenden Ereignisse, die vor 7000 Jahren zu diesem schrecklichen Massaker führten, entsprechend dem möglichen Ablauf zu rekonstruieren. Dabei haben die involvierten Wissenschaftler wie versierte Kriminologen gearbeitet, um den Fall aufzudecken. Außerdem wird gezeigt, wie der Alltag der Menschen um 5000 v. Chr. gewesen sein könnte, mit welchen Lebensmitteln sie sich ernährten und mit welchen Krankheiten sie konfrontiert wurden. Die interessante Ausstellung ist noch bis zum 22. Juni im Museum (www.neanderthal.de) zu besuchen.

Christian Melloh, 10d, LiMeS 14

1 *Führt ein Partnerdiktat mit dieser Ausstellungsbesprechung durch.*

2 *Kontrolliert das Diktat.*
Schreibt eure Fehlerwörter nach dem folgenden Muster auf Karteikarten:

die Wissenschaft + –
Wissenschaftler/in
Sprachwissenschaft
wissenswert
die wissbegierige Wissenschaft-
lerin

rekonstruieren – + +
Rekonstrukteur/in
die Rekonstruktion
rekonstruierbar
re/kon/stru/ie/ren
Ich rekonstruierte den Hergang.

interessant ++
das Interesse
interessant, am interessantesten
interessante Ergebnisse
interessierte Zuhörerschaft
der Interessent/die Interessentin
Das Interessanteste daran ist, ...

3 *Legt euch eine persönliche Rechtschreibkartei an,*
- □ *indem ihr aus euren Klassenarbeiten die schwierigsten Fehlerwörter auf einzelne Karteikarten schreibt und damit übt.*
- □ *indem ihr zusammen mit jemandem eure Hausaufgaben kontrolliert und die hartnäckigsten Fehlerwörter auf einzelne Karteikarten schreibt.*

TIPP

Besonders schwierige Wörter, die ihr immer wieder falsch schreibt, sammelt und übt ihr am besten mit einer alphabetisch geordneten **Rechtschreibkartei** – pro Fehlerwort eine Karteikarte.
So könnt ihr vorgehen:

- □ Zieht eine Karteikarte.
- □ Prägt euch das Fehlerwort gut ein.
- □ Schreibt es auswendig auf die Karteikarte. Sprecht leise mit.
- □ Übt das Wort im Satz, bildet Zusammensetzungen, trennt es in Silben ...
- □ Kontrolliert die Rechtschreibung (mit dem Wörterbuch).
- □ Habt ihr (einen) Fehler gemacht: Ein Minus-Zeichen auf die Karteikarte!
- □ Habt ihr keinen Fehler gemacht: Ein Plus-Zeichen auf die Karteikarte!
- □ + + + bedeutet: Ihr könnt das Wort sicher schreiben. Diese Karteikarten wandern an das Ende des Kastens.

Happy Hours – Mit der Rechtschreibprüfung am PC

Fruchtige, erfrischende Getränke locken an heißen Sommertagen wie Oasen in der Wüste. Raffiniert komponiert löschen sie nicht nur den Durst, sondern liefern auch Vitamine und Mineralstoffe. Megacool und familientauglich – weil ohne Alkohol!

Cocktail – über die Herkunft des Wortes, das wörtlich übersetzt „Hahnenschwanz" heißt, gibt es verschiedene Theorien. Eine besagt, dass der Begriff aus den USA stammt. Dort sollen die bunt gemixten Getränke, die an die schillernden Farben von Hahnenschwanzfedern erinnern, früher mitunter sogar mit einer solchen dekoriert worden sein.

Der beliebteste Durstlöscher in Deutschland ist immer noch Mineralwasser, allerdings dicht gefolgt von der Apfelschorle. Das optimale Mischungsverhältnis ist 1:2, ein Teil Apfelsaft ohne Zuckerzusatz und zwei Teile Mineralwasser – ein natürlicher Fitnessdrink mit wertvollen Vitaminen, Kohlenhydraten und Mineralstoffen, der außerdem für das Ankurbeln der Fettverbrennung sorgt.

Aber auch unsere fruchtigen Cocktailrezepte verfügen über „innere Werte", die positiv auf die Gesundheit wirken. Zum Beispiel:

KIRSCHE – Herz/Kreislauf, Muskeln und Knochen stärkend

MANGO – Mineralstoffe für Haut und Haar

PFIRSICH – Cholesterin senkend

ZITRONE und GRAPEFRUIT abwehrstarke Vitamin-C-Bomben

GRANATAPFEL – Zellschutz

Da in eurer Schule gerade ein Projekt über gesunde Ernährung durchgeführt wurde, könnt ihr diese Informationen – zusammen mit leckeren Rezepten – in der Schülerzeitung veröffentlichen.

1 *a) Damit es schneller geht, diktiert eine(r) den Text in den PC.*

b) Vergleicht Wort für Wort mit der Vorlage:

- *Welche Fehler habt ihr gemacht? Werden sie von der PC-Rechtschreibprüfung alle erkannt? Welche nicht?*
- *Welche Wörter werden markiert, obwohl sie richtig sind? Warum werden sie wohl markiert?*

2 *Wie reagiert der PC auf folgende Fehler:*

Das Optimale Mischungsverhältnis sind 1:2.
Ein teil Apfelsaft ohne Zuckerzusatz und zwei teile Mineralwasser.
Pfirsich - Cholesterin sengend
... der außerdem für das ankurbeln der Fettverbrennung sorgen.

3 *Schreibt einen Absatz des Getränke-Artikels ohne Zeichensetzung in den PC. Wie reagiert die elektronische Rechtschreibprüfung?*

TIPP

Der PC kann euch mit

Extras

Rechtschreibung und Grammatik

dabei helfen, Fehler zu finden.
Aber Vorsicht:

- Oft werden seltene oder ältere Wörter und Namen markiert, die gar nicht falsch sind.
- Manchmal werden mehrere Lösungsvorschläge gemacht, aus denen ihr die richtige Lösung auswählen müsst.
- Kommafehler werden vom PC **nicht** erkannt.
- Wichtig: Viele besonders knifflige Rechtschreibprobleme – groß/klein, zusammen/getrennt, Fremdwörter – erkennt der PC **nicht.**

Merke: Auch wenn der Computer meldet „Die Rechtschreibprüfung ist abgeschlossen“, kann der Text noch Fehler enthalten!

Bonjour, Paris! – Rechtschreibkorrektur in der Schreibkonferenz

VORSICHT FEHLER!

In der Woche vom 17.10.2009 bis zum 23.10.2009 ist viel aufregendes passiert. Wir fuhren mit 28 Schülerinnen und Schülern aus Jahrgang 8 nach Frankreich.
Nach vier Stunden Fahrt im „Thalys“ kamen wir Samstags am frühen abend völlig erschöpft, aber auch gespannt am Bahnhof Gare du Nord in Paris an. Nachdem wir die Koffer abgegeben hatten, gingen wir zu dem berühmten Hügel Montmartre. Vor der Kirche Sacré-Cœur enddeckten wir den Star aus High School „Corbin Bleau“ (Chad). Wir konnten viele Fotos mit ihm machen und Autogramme ergattern.
Dann kam das nächste Highlight: wir trafen auf unsere Austauschschüler! Nach einer kleinen Willkommensparty brachten sie uns in die Gastfamilien. Dort angekommen war es nur noch toll. Die Familien vermittelten uns ein

Gefühl wie zu Hause. In den darauffolgenden Tagen fanden viele interessante Programmpunkte statt, wie z. B.: Besichtigung des Schlosses Fontainebleau, eine Stadtrally, Besichtigung der Hauptstadt Paris usw.
Am Wochenende waren wir in den Gastfamilien auf uns alleine gestellt. Es fand kein Programm mit der Gruppe statt. Das besuchen des Louvre und anderer beliebter Ausflugsziele gehörte zu den Aktivitäten mit den Gastfamilien. Auch eine Shoppingtour durch Paris und viele andere schöne Unternehmungen standen im Programm. Am Montag waren wir mit der ganzen Gruppe auf dem Eiffelturm und sind auch die Champs-Élysées entlang gegangen. Die berühmte Kirche Notre Dame konnten wir leider nur von außen sehen, da wir ein bischen zu spät waren. Am Abend fand eine große Abschiedsfeier mit dem Bürgermeister statt. Ein Unterschied zu uns Deutschen bestand darin, das die Franzosen beim Feiern richtig Stimmung machten. Keiner blieb auf dem Stuhl sitzen, alle tanzten mit, sogar die Lehrer – eine Sensation!
Am nächsten Tag hieß es Abschied nehmen, was uns allen sehr schwerfiel. Doch wir wussten auch, dass es für Manche der Beginn einer (hoffentlich langen) Freundschaft war. Diese Woche war einfach super! So einen Austausch kann man nur empfehlen!!!

Youwalinh (8b) und Leoni (8c), LiMeS 14

Dieser interessante Klassenfahrtbericht enthält 11 Rechtschreibfehler der Fehlerarten:
- □ Nominalisierung/Großschreibung
- □ Zeitangaben
- □ *d/t, das/dass*
- □ Fremdwörter
- □ *s*-Laut

1 *Schreibt die Fehler heraus.*
Korrigiert sie in einer Schreibkonferenz.
Schreibt (mit Hilfe eines ▷ Wörterbuchs oder des ▷ „Orientierungswissens" im „Deutschbuch") eine passende Rechtschreibregel dazu. ▷ S. 216 ▷ S. 249

TIPP

In einer ▷ **Schreibkonferenz** zu einem selbst verfassten Schülertext sind inhaltliche, stilistische und rechtschriftliche Fragen zu beachten. ▷ S. 281
Es ist deshalb sinnvoll, Beobachtungsschwerpunkte an Kleingruppen zu verteilen; für die Rechtschreibprüfung z. B. nach den wichtigsten Fehlerarten (▷ Fehlerbogen). ▷ S. 214

A Trip to Edinburgh – Nominalisierung

Pünktlich fand sich die Klasse 10a zu ihrer Abschlussfahrt am Flughafen Köln/Bonn im Terminal 1 Flugsteig C zusammen. Zwei Stunden später hob der Flieger nach Schottland ab.

Viel Neues erwartete uns *beim Ankommen* in der Hauptstadt Edinburgh – *das Ungewohnteste* war natürlich der Linksverkehr!

Das Übernachten fand in den unterschiedlichsten Gastfamilien statt. *Beim Erzählen* darüber stellten wir erhebliche Unterschiede fest, was uns jedoch nicht störte. Am nächsten Tag war für uns *das Erstaunliche,* dass die Besichtigung von Edinburgh Castle kostenlos war. *Das Besondere* an dieser Sehenswürdigkeit: eine Kanone, die 150 kg schwere Kugeln bis zu drei Kilometer weit schießen konnte!

Nach *unserem Abtauchen* in die schottische Geschichte ging es in die Altstadt, die im 16. Jh. durch einen großen Stadtbrand nahezu vollständig zerstört worden war. *Das Besteigen* des Aussichtsberges Calton Hill lohnte sich für uns, da von dort aus der Blick weit über die Stadt bis zum Meer reichte.

Etwas Außergewöhnliches ist der Spitzname der Stadt: „Athen des Nordens". Das an einen alten Tempel erinnernde Gebäude heißt Firth of Forth.

Das Bauen von Edinburghs New Town fand im 19. Jh. statt. *Das Erfreuliche* ist, dass die Stadt seit 1995 zum Weltkulturerbe zählt.

Beim Shoppen im ältesten Kaufhaus Schottlands mit dem Namen „Jenners" erlebten wir ausgezeichnete Qualität und eine schöne Umgebung. Wenigstens *im Großen und Ganzen* verliefen die ersten Tage ganz zu unserer Zufriedenheit.

Daniel und Florian, Klasse 10a, GeMa 2007

1 *Wäre die schottische Hauptstadt auch für euch ein reizvolles Reiseziel?*

2 *Schreibt die* **kursiv** *gedruckten Wortverbindungen in diese Tabelle:*

Nominalisierung	Wortart des Begleiters	ursprüngliche Wortart
viel Neues	Mengenangabe	Adjektiv: neu

3 *Welche Nominalisierungen sind stilistisch ungeschickt? Formuliert um.*

!

Verben und Adjektive schreibt man groß, wenn sie wie Nomen gebraucht **(nominalisiert)** werden. Meistens werden sie begleitet von

- einem **Artikel:** *das Arbeiten, das Schönste*
- **Artikel + Präposition:** *beim* (= bei dem) *Rechnen, im* (= in dem) *Allgemeinen*
- einem **Pronomen:** *mein Lächeln, unser Bestes*
- einer **Mengenangabe:** *viel Arbeiten, etwas Nützliches*

Manchmal fehlen diese Begleiter. Dann kann man sie in Gedanken ergänzen:

etwas ↓ *das* ↓

Nur Interessantes, nur Diskutieren über spannende Probleme – das kann kein Unterricht bieten!

4 *Was erhöht die allgemeine Zufriedenheit mit einer Klassenfahrt? Ergänzt:*

Um sich nicht auf ◎nsicheres einzulassen, ist eine genaue Planung wichtig.
Mit dem ◎chreiben eines Briefs (einer E-Mail) an Hotel oder Jugendherberge beginnt im ◎llgemeinen die Reisevorbereitung.
Der ◎onkrete Ablauf sollte im ◎esentlichen mit allen Beteiligten ausführlich diskutiert werden, um bei ◎rößeren Unstimmigkeiten schneller eine Lösung zu finden.
Eine ◎ichtige Frage ist, welche Kosten im ◎roßen und ◎anzen auf die Eltern und Schüler/innen zukommen.
Frühzeitiges ◎esorgen und ◎uswerten von Prospekt- und Bildmaterial erhöht die ◎llgemeine Kenntnis des Reiseziels.

5 *Verfasst einen interessanten Bericht über eure Klassenfahrt.*
Verwendet dabei möglichst folgendes Wortmaterial.
Achtet auf nominalisierte Verben und Adjektive, ihre Begleiter und die Großschreibung.

fahren	beobachten	nützlich	im	alles
telefonieren	empfehlenswert	erinnern	beim	zum
herrlich	lesen	zuhören	nichts	mein
aufregend	betrachten	bekömmlich	kein	wenig
jammern	laufen	angenehm	das	ein
lachen	tanzen	gut	unser	etwas

Caroline H., Großbritannien – Fremd- und Fachwörter

***Daniel König:** Erzähl uns doch bitte etwas über das Schulsystem in England.*

Caroline Hunter: In England beginnt die Schule um 8.45 Uhr und endet um 15.25 Uhr. Man ist ungefähr 4–5 Jahre auf der Primary School, danach kommt man auf die Middle School vom 5.–7. Schuljahr. Nach dieser kommt die High School, die von der 8.–11. Klasse geht.

In England ist es obligatorisch, eine Ausbildung an der High School zu machen. Dann ist man circa 16 Jahre alt. Diese Ausbildung braucht man für das College. Dort macht man die A-Level-Prüfung zwischen dem 16. und 18. Lebensjahr.

***D. K.:** Wo hospitierst du hier an unserer Schule?*

C. H.: Ich habe in verschiedenen Klassen und Kursen besonders den Deutschunterricht frequentiert. Beeindruckt hat mich vor allem die Interpretation von ▷ Lyrik und ▷ S. 124 ▷ Short Storys im Jahrgang 9. ▷ S. 91
Mich hat sehr erstaunt, dass auch ein englischsprachiger Autor wie ▷ James Joyce ▷ S. 87 im Deutschunterricht gelesen wird. Zuerst hatten die Schüler und Schülerinnen einige Probleme mit der Analyse von Texten, ein Phänomen, das ich auch aus England kenne. Eine für mich neue Methode ▷ „Talking to the text" ▷ S. 92 half ihnen sehr, z. B. Lyrik zu analysieren. Mit Alliteration, Metapher, Parallelismus, Symbol und Ellipse konnten viele umgehen.

***D. K.:** Was möchtest du in England unterrichten?*

C. H.: An einer Gesamtschule in England werde ich Deutsch und Englisch unterrichten.
Ich möchte auch einen Theaterkurs initiieren, so wie ich ihn hier erleben konnte.
Die Klasse 9c will das Theaterstück ▷ „Andorra" ▷ S. 147 aufführen. Nachdem die Protagonisten gewählt worden waren, habe ich den Akteuren geholfen, ihre Deklamation zu verbessern. Auch habe ich mitgearbeitet, die Requisiten herzustellen oder zu besorgen, die Kulisse zu bauen und das Design der Kostüme zu entwickeln. Einen verantwortlichen Part hat der Regisseur an Nadine gegeben: Souffleuse. Ich werde versuchen, das auch in England zu realisieren.

***D. K.:** Thanks a lot for the interview.*

Schülerzeitungsredakteur Daniel König hat die englische Sprachassistentin an ihrer Schule, Caroline Hunter, interviewt.

1 *Was erfahrt ihr Neues und Interessantes aus dem Gespräch?*

2 *Schreibt alle Fremd- und Fachwörter heraus:*

Fachwörter „Schulwesen"	Fremdwörter
Primary School	circa

3 *Klärt mit Hilfe eines Fremdwörterbuchs die Bedeutung und Herkunft der Wörter.*

4 *Dass Caroline so viele Fremdwörter gebraucht, hat einen „einfachen" Grund. Sie werden – etwas anders gesprochen und geschrieben – auch im Englischen verwendet; z. B.:*
circa = englisch circa.
Sucht in einem Englischwörterbuch die englischen Wörter für Carolines Fremdwörter:
frequentiert (Z. 17 f.) = ...

TIPP

- Die Schreibung von **Fachwörtern** und **Fremdwörtern** ist oft so ungewöhnlich, dass man zur Sicherheit immer im (Fremd-)Wörterbuch nachschlagen sollte.
- Dort erhält man auch Informationen zum Genus (Artikel), zur Beugung, zur Bedeutung und Herkunft und zur Aussprache der Wörter.
- Findet man ein Fremdwort nicht an der erwarteten Stelle, fragt man sich: „Wie könnte das Wort auch geschrieben werden?" und schlägt neu nach.
- Es ist sinnvoll, Fachwörter systematisch (z. B. alphabetisch) zu einem Fachgebiet zu sortieren, ihre Schreibung wiederholt zu üben (▷ Rechtschreibkartei). ▷ S. 217

ORCHESTERKEYBOARDDOPINGJOGGINGMUSICALTRAINERCHAMPIONRHYTHMUSSYNTHESIZERLEICHTATHLETIKRAPOLYMPIADEKLAVIERGITARREBASKETBALL

5 *a) Ordnet die Fachwörter aus dieser Endlosschleife alphabetisch in eine Tabelle „Musik" – „Sport".*
b) Ergänzt die Artikel, klärt die Herkunftssprache.
c) Fügt weitere Beispiele hinzu.

6 *Überlegt euch ein interessantes Fachgebiet: Computer, Mode, Mathe, Astronomie ...*
Tragt möglichst viele Fachbegriffe zusammen.

Nadja B., Sankt Petersburg – Getrennt- und Zusammenschreibung

Grüße aus Sankt Petersburg (1)

Meine Zeit in Deutschland begann an einem Samstagabend nach einer stundenlangen Reise. Vom Flughafen wurde ich abgeholt und zu meiner Gastfamilie ins Bergische Land gebracht. Ich musste mir keine Sorgen machen, da ich herzlich aufgenommen wurde. In der bewaldeten Umgebung konnte ich oft spazieren gehen. Es war nicht so eiskalt wie in Petersburg.
Am nächsten Morgen begann meine Hospitation in der Schule. Um 7.45 Uhr musste ich da sein. Das große Gebäude machte auf mich einen tiefen Eindruck, ein Riesenbau! Ich konnte aber nicht verloren gehen, da immer irgendjemand bei mir war.
Noch interessanter war es drinnen: drei Lehrerzimmer, wo jede Lehrkraft ihren eigenen Arbeitsplatz hat. Super! In Russland gibt es gewöhnlich nur einen kleinen Lehrerraum. Ich wurde allen Lehrerkollegen vorgestellt und erfuhr, dass an der Schule etwa 1000 Schüler und Schülerinnen unterrichtet werden.
Die drei Wochen sind für mich schnell vergangen, weil ich ungefähr 25 Stunden pro Woche hospitieren konnte. Ich durfte in den Klassen 5–13 in verschiedenen Fächern bei unterschiedlichen Lehrpersonen den Unterricht verfolgen. Problemlos konnte ich hinten in der Klasse Platz nehmen und frei beobachten, wie Lehrer Unterricht gestalten und den Kindern Rat geben.
Neu für mich war das Fach Pädagogik. Ich finde es interessant und notwendig. Besonders neugierig machte mich das Fach Kunst, das in Russland nur bis zur 6. Klasse unterrichtet wird.
[…]

1 *Lest den Erfahrungsbericht von Nadja Borodina, Deutschlehrerin: Was findet sie alles bemerkenswert?*

2 *Schaut euch die markierten Wörter an: Was ist das Besondere an ihrer Rechtschreibung?*

3 *Ergänzt die Tabelle mit den passenden Beispielen aus Nadjas Erfahrungsbericht in eurem Heft:*

Getrenntschreibung			
Nomen + Verb	…	Adjektiv/Partizip + Verb	Wort + sein
…	kennen lernen	herzlich aufgenommen	

Grüße aus Sankt Petersburg (2)

Was schätze ich am deutschen System? Die Themenauswahl erfolgt schülergerecht. Die deutschen Kinder haben mehr Möglichkeiten zu sprechen und dürfen ihre Meinungen ausdrücken. Sie können frei sprechen und auf diese Weise besser lesen. Die russischen Kinder können dagegen gut schreiben und müssen sehr aufmerksam bleiben, damit sie dem umfangreichen Lehrstoff folgen können.
Wenn man es genau nimmt, ist das russische System irgendwie strenger. Aber ist es besser? Ich bin nicht sicher. Andere Länder, andere Sitten. Aber will man Neues erleben, muss man genau hinsehen und ausprobieren. Ich hatte

eine gute Gelegenheit, ein anderes Schulsystem kennen zu lernen, daher kann ich sehr zufrieden sein.
Insgesamt nehme ich viele Anregungen und wunderbare Eindrücke mit nach Russland. Schöne Andenken habe ich geschenkt bekommen. Nun heißt es leider: zusammenpacken!

Ich möchte mich bei der Gemeinschaft der Schule für die große Gastfreundschaft herzlich bedanken. Sicherlich werde ich irgendwann einmal zurückkommen.

Nadja Borodina, St. Petersburg

4 *Besprecht Nadjas Eindrücke im zweiten Teil ihres Berichts.*

5 *Was ist das Besondere an der Schreibung der markierten Wörter?*

6 *Ergänzt die Tabelle mit den passenden Beispielen aus Nadjas Bericht.*

Zusammenschreibung			
Nomen + Nomen	…	Adverb + Verb	irgend-
…	schülergerecht	ausdrücken	…

7 *Sucht im 1. Teil von Nadja Borodinas Bericht Beispiele für Zusammenschreibungen und tragt sie in die Tabelle von Aufgabe 6 ein.*

8 *Sucht im 2. Teil von Nadjas Bericht Beispiele für Getrenntschreibungen und tragt sie in die Tabelle von Aufgabe 3 ein.*

!

Die **Getrenntschreibung** ist die Regel, besonders bei Verben:
- **Nomen + Verb:** *Platz nehmen, Eis laufen*
- **Verb + Verb:** *spazieren gehen, stehen lassen*
- **Adjektiv/Partizip + Verb:** *frei sprechen, gut schreiben, schnell gelaufen, geschenkt bekommen*
- **Wort + *sein*:** *da sein, zufrieden sein*

Ausnahme: Hat die Verbindung eine übertragene Bedeutung, wird zusammengeschrieben: *freisprechen* = „nicht verurteilen“; *gutschreiben* = „Geld überweisen“

Die **Zusammenschreibung** tritt auf bei
- **Nomen + Nomen:** *Samstagabend*
- **Nomen + Adjektiv:** *schülergerecht*
- **Adverb + Verb:** *hinuntergehen*
- Verbindungen mit ***irgend-*:** *irgendwie*

Da es manche **Ausnahmen** gibt: Zur Sicherheit im Wörterbuch nachschlagen!

„Krabat", ein Lesetipp – Komma im Satzgefüge

Das Leben des armen Bettlerjungen Krabat verändert sich von Grund auf, als er gegen Neujahr zu einer Mühle im Koselbruch gelangt. Der Müller fragt ihn, ob er nur das Müllerhandwerk oder „alles andere" lernen möchte. Krabat möchte alles lernen. Er hätte es sich bestimmt anders überlegt, wenn er gewusst hätte, dass bei dem Meister „alles andere" böse Magie bedeutete.
Hinter der Mühle stecken dunkle Geheimnisse. Krabat muss sich viele Fragen stellen, um diese zu erkennen.
Warum stirbt jedes Jahr ein Bursche und ein neuer kommt hinzu?
Und wer ist der Herr Gevatter?

1 *Untersucht Kommasetzung und Satzbau mit Hilfe der markierten Wörter. Was stellt ihr fest?*

!

Nebensätze mit einer Konjunktion (*da, weil, dass* usw.) am Anfang und dem gebeugten Verb am Ende werden vom Hauptsatz durch Komma getrennt.
▷ **Infinitivsätze** mit *zu* können durch Komma vom Hauptsatz getrennt werden; mit *um/als/ohne/außer/anstatt ... zu* müssen sie durch Komma abgetrennt werden.

▷ S. 202

VORSICHT FEHLER!

Besonders schwer wird es als Krabats einziger Freund Tonda stirbt. Krabat ist es unerklärlich dass so etwas passieren kann. Doch er ist intelligent genug um das Geheimnis zu lüften. Da er noch andere böse Dinge aufdeckt sucht er nach einer Gelegenheit um schnell zu fliehen. Doch alle Versuche misslingen indem er immer wieder auf die Mühle stößt. Wie ist das möglich? Weil er keinen Ausweg findet muss er bleiben.
In der Osternacht schlafen alle Burschen außerhalb der Mühle und es passiert dass sich Krabat in ein Mädchen verliebt. Die Frage ist ob sie eine Gefahr oder eine Rettung für ihn darstellt.
Mehr möchte ich nicht verraten um die Spannung zu erhalten. Sicher seid ihr jetzt alle interessiert das Buch zu lesen!

2 *Schreibt den zweiten Teil des Buchtipps ab. Bestimmt die sieben Nebensätze und vier Infinitivsätze und setzt die fehlenden Kommas.*

12.2 Klassenarbeiten überarbeiten

Kommas in der Einleitung

Die Geschichte „Mein erster Achttausender" die von Malin Schwerdtfeger 2002 geschrieben wurde, handelt von einer Tochter die in einer schwierigen Eltern-Kind-Beziehung lebt. (Kevin)

Die Kurzgeschichte „Eveline" die der irische Schriftsteller James Joyce 1914 schrieb, handelt von einer jungen Frau die sich entscheiden muss zwischen ihrem Vater und ihrem Geliebten der mit ihr in Argentinien leben will. (Jacqueline)

1 *So leiten Kevin und Jaqueline ihre Interpretation einer Kurzgeschichte von Malin Schwerdtfeger und James Joyce ein.*
Lest die beiden Geschichten ▷ *S. 82 ff. und S. 87 ff.*

2 *Kevin und Jacqueline haben dasselbe Rechtschreibproblem:*
Benennt es.

3 *Versucht die ▷ Komma-Regel zu formulieren, gegen die Kevin und Jacqueline verstoßen:* ▷ S. 266

Ein Nebensatz, der ... näher bestimmt und mit ... beginnt, heißt ...
Er wird durch ... abgetrennt.

4 *Schreibt die beiden Einleitungssätze mit allen nötigen Kommas auf.*

5 *Die beiden Einleitungssätze sind sehr lang, besonders der von Jacqueline.*
*Versucht aus jedem langen Satz **zwei** Sätze zu machen.*
Vergleicht eure Ergebnisse.

Rechtschreibstrategien in der Zusammenfassung

Die Kurzgeschichte „Mein erster Achttausender" von Malin Schwerdtfeger handelt von einer Tochter und ihrer Beziehung zu den Eltern und ihren t◎glichen Problemen.
Die Ich-Erzählerin le◎t bei ihrem Vater, der Telearbeit betrei◎t und sich nur noch im Bett aufh◎lt. Die Mutter, die run◎ um die Welt reist und Abenteuer liebt, k◎hrt nur ab und zu in die Familie zurück. Die Tochter, die schon den Vater versor◎t, pfle◎t dann auch noch die Mutter. Sie versteht den Lebenswandel der Eltern nicht. Am Schluss verl◎sst die Tochter den Vater, um ... (Jenny)

1 Beendet Jennys Zusammenfassung der ▷ Geschichte von Malin Schwerdtfeger. ▷ S. 82 ff.

2 Inhaltlich kommt Jenny mit Malin Schwerdtfegers Geschichte gut zurecht. Aber sie hat ein Rechtschreibproblem: Versucht es zu beschreiben.

3 Mit der
- ☐ Verlängerungsprobe und der
- ☐ Ableitungsprobe ▷ S. 268

kann Jenny ihre Fehler korrigieren. Wendet die passende Probe auf die markierten Wörter an und korrigiert sie.

In der Kurzgeschichte „Eveline" von James Joyce geht es um eine junge Frau, die bei ihrem Vater in Dublin lebt. Der Vater ist nicht nett zu ihr und manchmal sogar gewaltt◎tig. Da die Mutter to◎ ist, sor◎t sich Eveline um den Vater.
Sie macht sich Gedanken, ob sie ihn verlassen darf. Sie erinnert sich an ihre Kindheit und wie böse der trin◎süchtige Vater oft war. Und sie denkt an den st◎ndigen Streit mit ihm um das Haushaltsgeld.
Auch an ihrem Arbeitsplatz gef◎llt es ihr nicht besonders und sie wäre froh, wenn sie ihre geh◎ssigen Kollegen nicht mehr sehen müsste.
Dies alles sind gute Gründe, die für eine en◎gültige Abreise sprechen. Aber als sie mit ihrem Freund das Schiff besteigen soll, versagen ihre Kr◎fte und sie bleibt zurück. (Dominik)

4 Mit Verlängerungs- und Ableitungsprobe lassen sich die Rechtschreibprobleme dieser Zusammenfassung von Dominik beheben. Wendet die Proben an. Schlagt auch im Wörterbuch nach.

Verschiedene Fehlerarten im Hauptteil

[...]
Die Kurzgeschichte „Er hat alles, was er braucht" von A. Domhof kann man in vier Abschnitte gliedern: Der erste, Zeile 1–8, erwähnt die „Nachricht von der Krankheit". „Abwehrhaltung" pa◎t als Überschrift zum zweiten Erzählschritt von Zeile 9–15. „Eine unangenehme Situation" wird von Zeile 16–27 geschildert und mit einer „Zuwendung" endet die Geschichte. [...]

Bei den beiden Figuren der Geschichte handelt es sich um eine männliche und eine weibliche Person. Sie werden namentlich nicht benannt, um zu zeigen dass sie keine enge Beziehung zueinander haben. Dieses „Paar" könnte irgend◎ein ehemaliges Liebespaar sein oder eine erwachsene Frau und ihr Vater, vielleicht aber auch Schwester und Bruder.

Die Autorin schreibt nur „er". Wir erfahren keinen Namen, kein Alter. Wir lesen dass er krank (Z. 1) und B/bett◎lägerig ist (Z. 6) In Zeile 18 f. wird deutlich dass ihm der Besuch der Frau unangenehm und peinlich ist. Aber aus seiner Aufforderung: „Ach bitte, [...] stell die Vase mit den Blumen so, dass ich sie sehen kann." (Z. 28 f.), lä◎t sich schlie◎en dass er sich doch irgend◎wie über den Blumenstrauß und somit über ihren Besuch gefreut hat. Er wirkt kühl und scheint unf◎hig zu sein der Besucherin seine Gefühle zu zeigen.

Die namenlose „Sie" schenkt ihm einen Blumenstrauß, den sie angeblich für sich gekauft hat. Wusste sie nicht, was sie dem ◎ranken kaufen sollte? Sie spricht mit dem Mann über ◎elangloses. Da kein richtiges Gespräch geführt wird, fühlt sie sich unwohl und will wieder gehen. Vielleicht hat sie erwartet dass der Mann sie irgend◎wann zum ◎leiben auffordert. Doch er sagt nur dass er alles habe. Als sie schon die Tür zum ◎erlassen des Raumes öffnen will, wird sie aufgefordert die Blumen umzustellen (Z. 28 f.). [...]

Obwohl das Verb „sagen" sehr häufig in der Kurzgeschichte vorkommt (z. B. Z. 8 f., Z. 18 f.), sprechen die Figuren nicht wirklich miteinander. Ihre Kommunikation wirkt sehr sachlich und gefühllos. Sprache und Wortwahl sind verständlich.

Der erste Teil der Geschichte ist in der Vergangenheit geschrieben, ab Zeile 16 wechselt die Autorin dann ins Präsens. An dieser Stelle „spürt" die Frau wie er nicht möchte dass sie ihn hilflos sieht (Z. 16 f.).
[…] Angelika Domhof erzählt die Geschichte vor allem in der Au◎ensicht. […]

(Julian)

Dies ist ein Auszug aus Julians Interpretation der ▷ Kurzgeschichte von Angelika Domhof. ▷ S. 91

1 *Lest den Aufsatz. Achtet auf die markierten Rechtschreibprobleme und die Kommasetzung: Welche Schwierigkeiten hat Julian?*

2 *Überarbeitet den Aufsatz (allein oder in einer ▷ Schreibkonferenz).* ▷ S. 281
Achtet dabei auf folgende Fehlerarten:

- ☐ ***s**-Laute* ▷ S. 269
- ☐ *gleich oder ähnlich klingende Laute* ▷ S. 268
- ☐ *Verbindungen mit **irgend-*** ▷ S. 226
- ☐ *Zusammen- und Getrenntschreibung* ▷ S. 226
- ☐ *Nominalisierungen* ▷ S. 222
- ☐ *Kommas bei Nebensätzen und Infinitivsätzen* ▷ S. 227

s-Laute am Schluss

[…] Mir persönlich gefällt an der Kurzgeschichte von Angelika Domhof, da◎ sie es möglich macht, sich in die Figuren hineinzuversetzen. Außerdem ist es verblüffend, da◎ die Geschichte nicht eindeutig vorgibt, wer diese Figuren sind. Allerdings stimmt es mich traurig, da◎ Menschen – besonders in schwierigen Situationen wie einer Krankheit – nicht liebevoller miteinander umgehen. Das Gefühl der Verbundenheit, da◎ so wichtig ist, fehlt den beiden. Zum Glück habe ich da◎ noch nicht erlebt. *(Ina)*

1 *So beendet Ina ihre Interpretation von A. Domhofs ▷ Kurzgeschichte. Beurteilt ihr die Geschichte ähnlich?* ▷ S. 91

2 *Ina hat Probleme mit dem **s**-Laut bei der Konjunktion **dass** und dem Relativpronomen **das.** Erinnert euch an die entsprechende ▷ Rechtschreibregel und überarbeitet Inas Schlusssätze.* ▷ S. 269

Rechtschreibstrategien in der Stellungnahme

Ich würde die Geschichte „Er hat alles, was er braucht" von Angelika Domhof in der Schülerzeitung veröffentlichen!

Die Kurzgeschichte ist intere◎ant obwohl nur wenig Handlung darin vorko◎mt. Der Text bringt die ◎esenden zum ◎achdenken.

Ich habe beim ◎esen mit dem Mann gefühlt. Wer will schon in so einer Lage von seiner Freundin besucht werden?

Für untere Jahrg◎nge ist der Text aber zu schwierig. Mich bringt er zum ◎berlegen, warum die beiden so wenig miteinander reden. Ist der Mann zu sehr mit sich und seinem ◎nsehen beschäftigt? Traut er sich nicht seine Schw◎chen zu zeigen?

Wenn wir die Geschichte vor den Sommerferien abdrucken dann haben alle Zeit eine spa◎nende Geschichte zu lesen.

Bogdan

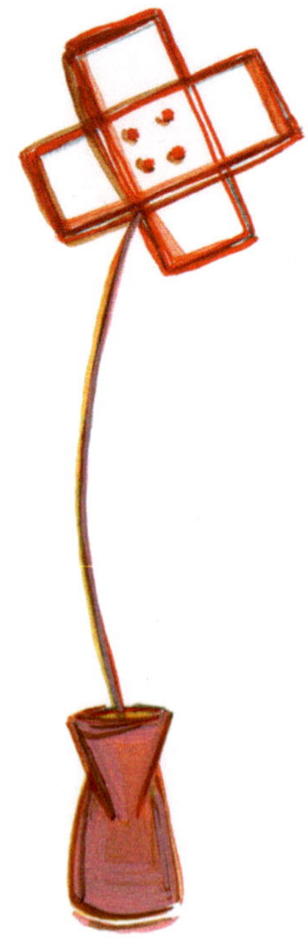

Die Redaktion der Schülerzeitung hat beraten, ob in der Ausgabe vor den Ferien Angelika Domhofs Kurzgeschichte abgedruckt werden soll. Der erkrankte Bogdan hat seine Meinung gemailt.

1 *Lest seine Stellungnahme.*

2 *Bogdan hat Rechtschreibprobleme mit fünf typischen Fehlerarten. Welche sind das? Achtet auch auf die Kommasetzung.*

3 *Schreibt Bogdans schwierige Wörter heraus, nach ▷ Fehlerarten geordnet. Gebt ihm Rechtschreibtipps („Strategien"), damit er an seinen Fehlern arbeiten kann.* ▷ S. 214

Fehler	*Fehlerart*	*Rechtschreibstrategie*
veröffentlichen, interessant …	*Doppelkonsonant*	*Auf den kurzen Vokal davor achten!*
die Lesenden	*Nominalisierung*	*…*

12.3 Rund um Berufe – Rechtschreibübungen

Vom Ankommen und Abfahren – Nominalisierung

Ein Lautsprecher mit mecklenburgischem Akzent

Bert Schüttpelz

Kein großer Bahnhof ohne die Ansage vom ◎nkommen und ◎bfahren der Züge! Selbst im Zeitalter modernster Technik sind Bahnhofssprecher/innen etwas ◎nverzichtbares. Monika Harbs ist eine von insgesamt acht, die im Großraum Schwerin für das ◎urchsagen von Informationen rund um die Uhr zuständig sind. Für die heute 46-Jährige war schon in ihrer Kindheit die Eisenbahn etwas ◎aszinierendes. Das ◎rlernen des Facharbeiterberufs für Eisenbahntransporttechnik fiel ihr daher nicht schwer. Allerdings musste sie viel ◎eues in ihren mittlerweile 30 Berufsjahren lernen.
Das ◎nverwechselbare an Monika Harbs' Stimme, das ◎esondere ist ihr leichter mecklenburgischer Akzent. Regelmäßiges ◎ben, aufrechtes ◎itzen, unterstützendes ◎tmen und deutliches ◎rtikulieren sind ihr in Fleisch und Blut übergegangen. Für sie das ◎ichtigste, um keinen trockenen Hals zu bekommen, ist das

häufige ◎rinken von Wasser oder Apfel-Waldbeer-Limonade.
Im ◎llgemeinen sitzt Monika Harbs vor sieben Monitoren und bereits eine Verspätung von 60 Sekunden löst bei ihr das ◎nformieren der Reisenden über Lautsprecher aus. Ausrufen von Anschlussverbindungen und ◎ekanntgeben von Bahnsteigänderungen sind selbstverständlich.

1 *Facharbeiter/in für Eisenbahntransporttechnik (ETT) – wäre das auch ein Beruf für euch?*

2 *a) Wie werden die markierten Wörter geschrieben?*
b) Schreibt sie mit den Begleitwörtern heraus, die die richige Schreibweise bestimmen.

Vom Brückenbauen – Getrennt- und Zusammenschreibung

Die „Black Mamba" rauscht durch tiefe Schluchten, ◎◎◎scharf vorbei an ◎◎◎roten Felswänden und einem tosenden Wasserfall. Auf einer gewaltigen Holzbrücke drängeln sich ◎◎◎lang die Besucher und verfolgen die ◎◎◎schnelle Fahrt der Achterbahn im Phantasialand in Brühl bei Köln.
Mitten in der Menge steht ◎◎◎wo Frank

Miebach. Der 33-jährige Bauingenieur hat für den ◎◎◎gewöhnlichen Themenpark „Deep in Africa" ◎◎◎reiche Holzbrücken konstruiert – sieben insgesamt.
Frank Miebach konnte sehr ◎◎◎getreue Brücken ◎◎◎bauen, weil er ◎◎◎suchend nach Kamerun gereist war. Die afrikanischen Holzfachleute wollten ihm gern ◎◎◎geben und streiften mit ihm durch den Busch. Dort konnte er unterschiedliche Holzarten ◎◎◎lernen und entschied sich schließlich für das ◎◎◎volle Bongossiholz, das besonders ◎◎◎fähig ist.
Mit ◎◎◎reichem Gepäck, Masken und allerlei Gegenständen, die die Brücken „echter" ◎◎◎lassen sollten, konnte der Ingenieur schließlich nach Deutschland ◎◎◎kehren.
Die ◎◎◎artige Chance, eine Holzbrücke im afrikanischen Stil zu bauen, bekommen Ingenieure heute selten. Deshalb kann Frank Miebach auf seine sieben hölzernen Konstruktionen im Phantasialand zu Recht ◎◎◎sein.

1 *Wenn ihr diesen Artikel um die folgenden Wörter an den richtigen Stellen ergänzt, versteht ihr ihn mühelos:*

haar	außer	zahl	wert	zahl	rat	dunkel
minuten	groß	widerstand	kennen	original	zurück	
blitz	stolz	irgend	nach	aussehen	auskunft	

2 *Schreibt die neuen Wortverbindungen heraus.*
Entscheidet dabei über
- *Getrennt- oder Zusammenschreibung,* ▷ S. 226
- *Groß- oder Kleinschreibung.* ▷ S. 270

Schlagt im Zweifelsfall im Wörterbuch nach.

Fotomedienfachleute – Fach- und Fremdwörter

Digitale Fotografie ist heutzutage einfach und kompliziert zugleich: Computer und Farbdrucker übernehmen die Aufgaben des Fotolabors, aber die Übertragung der Bilddaten von der Kamera auf den Rechner kann schon tückisch sein. [...]
Kundengerecht aufbereitete Informationen und kompetente Beratung im Umgang mit modernster Fototechnik erspart dem Hobbyfotografen viel Zeit und Frust, aber auch der Profi braucht sachkundige Unterstützung. Deshalb stehen kompetente Beratung und Information im Mittelpunkt des neuen dualen Ausbildungsberufs „Fotomedienfachmann/Fotomedienfachfrau". Die Fachkräfte beherrschen fototechnisches Know-how und setzen dieses kundengerecht ein. Mit dieser Qualifikation auf hohem fachlichem Niveau können sie nach ihrer Ausbildung im Einzel- wie im Großhandel, in Fotolaboren oder bei Herstellern von Bildtechnik arbeiten. [...]
Die Ausbildungsordnung zum neuen Beruf

„Fotomedienfachmann/Fotomedienfachfrau" trat am 1. August 2008 in Kraft. Die Ausbildung dauert drei Jahre.
Fotomedienfachleute haben nie ausgelernt: Warenangebot und Bildtechniken ändern sich laufend. Gleichzeitig müssen sie das kaufmännische ABC beherrschen: vom Kaufvertrag über Werbung, Marketing und Warenwirtschaft bis hin zur Sortimentsgestaltung und zum Controlling. Neben technischem Verständnis und kaufmännischem Denken sind handwerkliches Geschick und die Fähigkeit, im Team zu arbeiten, für die qualifizierten Fachkräfte unabdingbare Voraussetzungen.

1 *Was haltet ihr von dem neuen Ausbildungsberuf? Diskutiert darüber.*

2 *„... Fotografie ist ... einfach und kompliziert zugleich ..." (Z. 1 f.)*
Nicht nur die Fotografie ist recht kompliziert – auch die Verständigung darüber.
a) Schreibt alle Fachwörter des Bereichs „Fototechnik" und andere schwierige (Fremd-)Wörter in eine Tabelle:

Foto-Fachwörter	andere Fremdwörter
Fotografie	digital

b) Erklärt die Wörter.
c) Übt mit den Wörtern wie in einer ▷ Rechtschreibkartei oder ▷ Wörterliste. ▷ S. 217 ▷ S. 282

Der neue duale Ausbildungsberuf soll die Bemühungen der kleinen und mittelständischen Fotobetriebe unterstützen, sich durch qualifizierte Beratungskompetenz in einem technologisch anspruchsvollen und schnelllebigen Geschäftsumfeld zu behaupten. Kunden und Kundinnen [...] wollen eine persönliche Beratung und sind bereit, dafür eine entsprechende finanzielle Gegenleistung zu erbringen.
Der neue Ausbildungsberuf „Fotomedienfachmann/Fotomedienfachfrau" soll dem Einzelhandel zudem die Chance eröffnen, die Preisvorteile des Internethandels durch eine größere Kundennähe und ein individuelles, kompetentes Serviceangebot auszugleichen.

3 *Diese Informationen über „Fotomedienfachleute" stammen aus dem Internet (www.foraus.de).*
Ein Kommentar zu dem neuen Beruf ist erwünscht.
Schreibt eure Meinung, Anregungen, Fragen als ▷ E-Mail. ▷ S. 210
Beachtet besonders die korrekte Schreibung der Fach- und Fremdwörter.

Feuerwehrfrauen und Floristen – Kommas richtig setzen

Frauen können das auch

von Carina Kleint

Ulrike Löw und Janina Kraus glauben dass Frauen die gleichen Sachen machen können wie Männer. Sie sind Feuerwehrfrauen im Löschzug der Freiwilligen Feuerwehr in Paffrath-Hand. Ulrike Löw ist nicht hauptberuflich Feuerwehrfrau sondern sie arbeitet normalerweise bei der Stadtverwaltung. Janina Kraus die gerade ihr Abitur gemacht hat ist über ihren Vater zur Brandschutzbekämpfung gekommen.
Da Ulrike etwas Neues erleben und lernen wollte hat sie auf den Aufruf der Freiwilligen Feuerwehr spontan reagiert.

Die jungen Frauen meinen dass es manchmal schon blöde Sprüche von Seiten der Männer gebe. Doch Sichwehren haben sie gelernt so dass sie die humorvoll kontern können.
Allerdings können sie sich nicht vorstellen hauptberuflich als Feuerwehrfrauen zu arbeiten. Die Tendenz als Frau bei der Feuerwehr zu arbeiten ist in Bergisch Gladbach leicht steigend da es inzwischen 21 ehrenamtliche und berufstätige Feuerwehrfrauen gibt.

Männer können das auch

von Carina Kleint

Männern wird nachgesagt kein Verständnis für Blumen zu besitzen. Wer das behauptet der kennt Markus Korzeniowski noch nicht. Der Mann ist Florist daher ist es wichtig für ihn ein Händchen für Blumen zu haben.
Beim Betreten des Ladens der angenehm kühl, farbenfroh und modern ausgestattetet ist schlägt einem Blumenduft entgegen. Aus den hinteren Räumen kommt ein freundlicher Mann der Besucher mit einem herzlichen Händeschütteln begrüßt.
Nach mehreren „Fehlversuchen" sei er nun in diesem Job gelandet, erzählt er. Seine Arbeit die er als kreativ und sehr vielseitig beschreibt ist aber manchmal auch stressig und nicht immer sauber. Der Kontakt zu Menschen und der Umgang mit Blumen sind es die ihm an seinem Job so viel Spaß bereiten. […]
Korzeniowski hält es nicht für ein Klischee wenn Berufe als männer- oder frauentypisch eingestuft würden. Das bestätigt auch der Bundesverband für Floristen der in Deutschland etwa 15 000 Blumengeschäfte umfasst. Männer seien dort nur eine kleine Minderheit.

1 *Lest die beiden Artikel und diskutiert die Frage:*
Können Frauen und Männer „die gleichen Sachen machen"?

2 *Die Texte werden lesbarer, wenn ihr die fehlenden ▷ Kommas einfügt:* ▷ S. 266

- ☐ *bei den ▷ Nebensätzen:* Ulrike L. und Jasmina Kraus glauben, **dass**
- ☐ *bei den ▷ Relativsätzen:* Janina Kraus, **die** gerade …
- ☐ *bei den ▷ Infinitivsätzen:* Männern wird nachgesagt, kein Verständnis … **zu besitzen.**
- ☐ *bei den ▷ Satzreihen:* Ulrike Löw ist nicht …, **sondern** sie …

13 Fälschung, Zitat, Plagiat? – Den Computer nutzen

1 *Betrachtet diese Namen, Produkte und Gegenstände genau: Was fällt euch auf? Nennt selbst Beispiele.*

2 *Welche Absicht verfolgen die Hersteller solcher Namen und Produkte?*

3 *„Fälschung"? – „Kopie"? – „Fake"? – „Plagiat"?*
a) Erklärt diese Bezeichnungen mit Hilfe von Wörterbüchern und Lexika.
b) Überlegt, ob man sie auf die oben abgebildeten Namen und Gegenstände anwenden kann.

4 *Diskutiert darüber, wie ein solcher Umgang mit Marken und Produkten zu beurteilen ist.*

13.1 Copy – paste – fertig? – Im Internet recherchieren

Referat Deutsch Kevin Klatt, 9 a

Friedrich Dürrenmatt:
Der Richter und sein Henker
[…]

In dem Roman „Der Richter und sein Henker" von Friedrich Dürrenmatt wird Tschanz als höflicher (S. 22), manchmal ungeduldiger (S. 78) Mann beschrieben. Eine weitere Eigenschaft ist, dass er vorsichtig (S. 96), aber auch durchaus eifrig (S. 31) ist. Er zeigt jedoch auch Mut (S. 33 und S. 35), obwohl er meist als dumm und naiv dargestellt wird.
Sehr viel Selbstvertrauen hat er aber auch nicht, sonst würde er Schmied nicht nachmachen. Er hätte sich so akzeptieren müssen, wie er ist.
Schmied hingegen hatte alle Eigenschaften, die Tschanz fehlten: So besaß er z. B. die Bewunderung der Kollegen (S. 19), wohlhabende Eltern, eine gute Bildung, einen Studienabschluss (S. 26) und eine hübsche Verlobte.
Tschanz hasst und bewundert Schmied gleichzeitig. Endlich wird seine Eifersucht zum Mordmotiv. Nach dem Mord schlüpft Tschanz immer mehr in Schmieds Rolle.

Kevin Klatt schreibt ein Referat über Friedrich Dürrenmatts Kriminalroman ▷ „Der Richter und sein Henker". ▷ S. 97

e-Hausaufgaben.de - kostenlose Hausaufgaben, Referate
http://www.e-hausaufgaben.de/

Friedrich Dürrenmatt
Der Richter und sein Henker
Note 1, Klasse 9, Bewertung 82/100,
Autor: –
[…]
Charakterisierung von Tschanz
Tschanz wird als höflicher (S. 22), manchmal auch ungeduldiger (S. 78) Mann beschrieben.
Er fährt gern schnell Auto, zum Entsetzen von Bärlach (S. 26). Eine weitere Eigenschaft ist, dass er vorsichtig (S. 96), aber auch durchaus eifrig (S. 31) ist.
Obwohl er oft als naiv und dumm dargestellt wird, beweist er auch Mut (S. 33 und S. 35). Aber er hat auch nicht sehr viel Selbstvertrauen, sonst würde er Schmied nicht kopieren, er hätte sich so akzeptieren müssen, wie er ist.
Motive für den Mord an Schmied
Schmied besaß alle Eigenschaften, die Tschanz nicht hat:
- die Bewunderung der Kollegen (S. 19)
- wohlhabende Eltern (S. 26)
- eine gute Bildung/Studienabschluss (S. 26)
- ein schönes Auto
- eine hübsche Verlobte

Tschanz hasst und bewundert Schmied gleichzeitig. Doch schließlich wird seine Eifersucht zum endgültigen Mordmotiv. Denn nach dem Mord schlüpft Tschanz mehr und mehr in die Rolle von Schmied. […]

1 *Kevin hat für sein Referat im Internet recherchiert.*
a) Vergleicht Referat und Internet-Text Satz für Satz: Was ist gleich, worin bestehen die Unterschiede?
b) Bewertet Kevins Vorgehen.

2 *Kennt ihr euch mit der Recherche von Texten im Internet aus? Berichtet von euren Erfahrungen.*

Copy – paste – fertig!

Von Annette Bruhns

Immer mehr Schüler bedienen sich bei Referaten oder Hausaufgaben aus dem Internet, ohne die Quelle anzugeben. Viele Lehrer hinken hinterher.

Wie ein Vertreter der Laptop-Generation sieht Rainer Moddemann, 51, nicht gerade aus. Der Meerbuscher Gesamtschullehrer trägt seine Locken lang, dazu Vollbart und John-Lennon-Brille. Umso verdutzter war neulich einer seiner Zehntklässler, der im Englischunterricht über Jim Morrison referierte, als Moddemann zu ihm sagte: „Guter Vortrag. Welche Website war' s denn?" Noch größere Augen machte der beim Abschreiben aus dem Internet ertappte Schüler, als sein Lehrer verriet, weshalb er ihm so schnell auf die Schliche gekommen war: Moddemann hatte seine eigenen Worte wiedererkannt, Absätze aus Artikeln über den Sänger der Doors. Die Texte des Rockfans kursieren unter diversen Adressen und Autorenzeilen im Netz.
Schummeln und Spicken sind so alt wie die Institution Schule. Aber noch nie war der Raub geistigen Eigentums so leicht wie im www-Zeitalter. Weil das Kopieren per Mausklick ganz einfach ist, werden am Ende sogar Plagiate plagiiert. „Die Jugendlichen haben null Unrechtsbewusstsein, wenn sie einen Text aus dem Netz ziehen und ohne Quellenangabe als eigenen ausgeben", weiß Moddemann. „Schließlich klaut im Internet fast jeder von jedem. Auch Lehrer selbst benutzen fremde Tests und Texte." Mindestens ein Fünftel aller Schülerreferate und Hausarbeiten an seiner Schule, schätzt der Englischlehrer, werde aus Versatzstücken am Computer generiert[1] – „Tendenz steigend". […]
Schon Mittelstufenschüler nutzen Daten-Suchmaschinen, wie Hauptschülerinnen aus dem baden-württembergischen Villingen bestätigen. „Ich guck seit der Fünften bei jedem Thema als Erstes in Google nach", sagt Joceline, 13. „Abschreiben würde ich aber nicht", meint Freundin Gina, „wenn ich dabei ein lateinisches Fremdwort kopiere, merkt der Lehrer das doch."
Tatsächlich ist es verhältnismäßig einfach, Internet-Spickern auf die Spur zu kommen – etwa, indem man drei Begriffe aus einer verdächtigen Arbeit in eine Suchmaschine eingibt und die Web-Treffer mit dem Schülertext vergleicht. Aber für viele Lehrer ist das World Wide Web noch immer Terra incognita[2] […].
Amüsiert beobachten junge Lehrer wie Ralf Schneider, 36, Konrektor der Golden-Bühl-Schule in Villingen, dass noch die faulsten Schüler „mit Feuereifer dabei" sind, wenn es „um den schnellsten Weg zum Referat" geht. Schneider zuckt mit den Schultern: „Wenn sie verstehen, was sie kopiert haben, ist das okay." Sein Tipp: „Nachfragen genügt meistens."

www.spiegel.de/spiegel/0,1518,378753,00.html (10. Oktober 2005)

1 **generieren:** herstellen
2 **die Terra incognita:** unerforschtes, fremdes Wissensgebiet

1 *Erklärt, was gemeint ist*
- *mit dem Verfahren „copy and paste".*
- *mit „(es) werden … Plagiate plagiiert". (Z. 26 f.)*
- *mit Konrektor Schneiders Tipp: „Nachfragen genügt meistens." (Z. 61)*

2 *„abschreiben", „schummeln", „plagiieren", „klauen", „kopieren", „spicken": Sprecht darüber, wie man das Verhalten des Schülers bei seinem Morrison-Referat nennen kann.*

3 *a) Nehmt zu den Aussagen der zitierten Schülerinnen Stellung.*
b) Diskutiert, ob man gegen Plagiate vorgehen muss. Sammelt dazu Argumente und Beispiele.

4 *Sammelt Vorschläge, wie man mit Internetmaterialien umgehen sollte.*

Was ist ein Plagiat? – Online-Lexika befragen

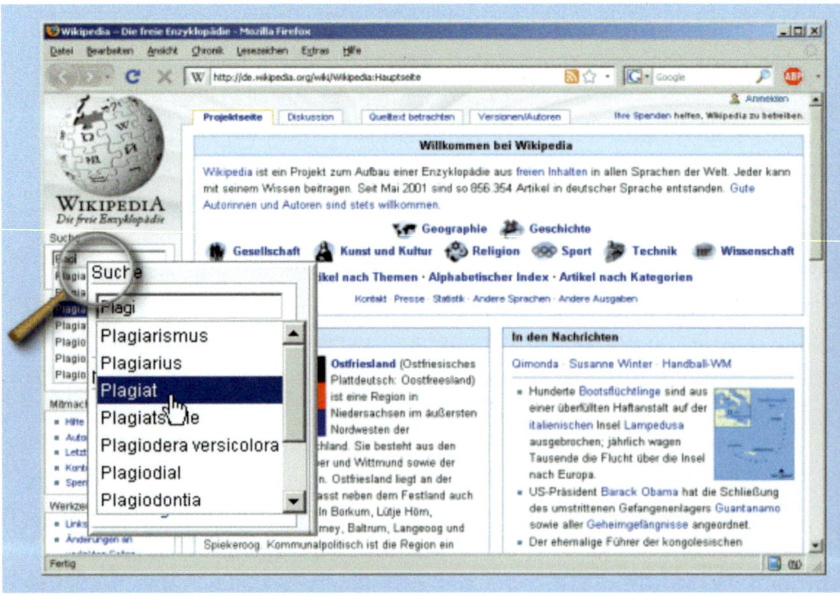

Ihr sollt einen wirkungsvollen Vortrag über „Plagiate in der Schule“ halten.
Das Internet bietet dazu eine Fülle von Material in Form ▷ verlinkter Hypertexte. ▷ S. 247

1 *Verschafft euch einen Überblick, indem ihr in einem Online-Lexikon wie Wikipedia (de. wikipedia.org) den Artikel „Plagiat“ lest.*

> **!**
> **Wikipedia** (de.wikipedia.org) ist ein elektronisches, ein Online-Lexikon, das von jedem/r Nutzer/in auf der ganzen Welt jederzeit verändert, erweitert und aktualisiert werden kann. Artikel aus Wikipedia dürfen mit der Quellenangabe „Wikipedia“ frei kopiert und verwendet werden.
> Die Qualität der Artikel hängt stark vom Thema ab. Artikel über Sachthemen sind in der Regel zuverlässig, solche über lebende Personen enthalten manchmal falsche Informationen.
> Deshalb sollte man neben Wikipedia immer noch andere (elektronische) Informationsquellen verwenden (z. B. wissen.spiegel.de).

2 *Erstellt mit Hilfe der Informationen aus dem Wikipedia-Artikel einen **Stichwortzettel** mit wichtigen Gesichtspunkten für euren Vortrag.*

3 *Nutzt für weitere Informationen die Links, die der Wikipedia-Artikel am Ende enthält.*

„Plagiate in der Schule“
1. Definition: Was ist ein Plagiat?
2. Abgrenzung von anderen Begriffen: Kopie, Zitat ...
3. Bekannte Plagiate in der Musik
4. Plagiate in ...
5. ...

Google & Co. – Suchmaschinen einsetzen

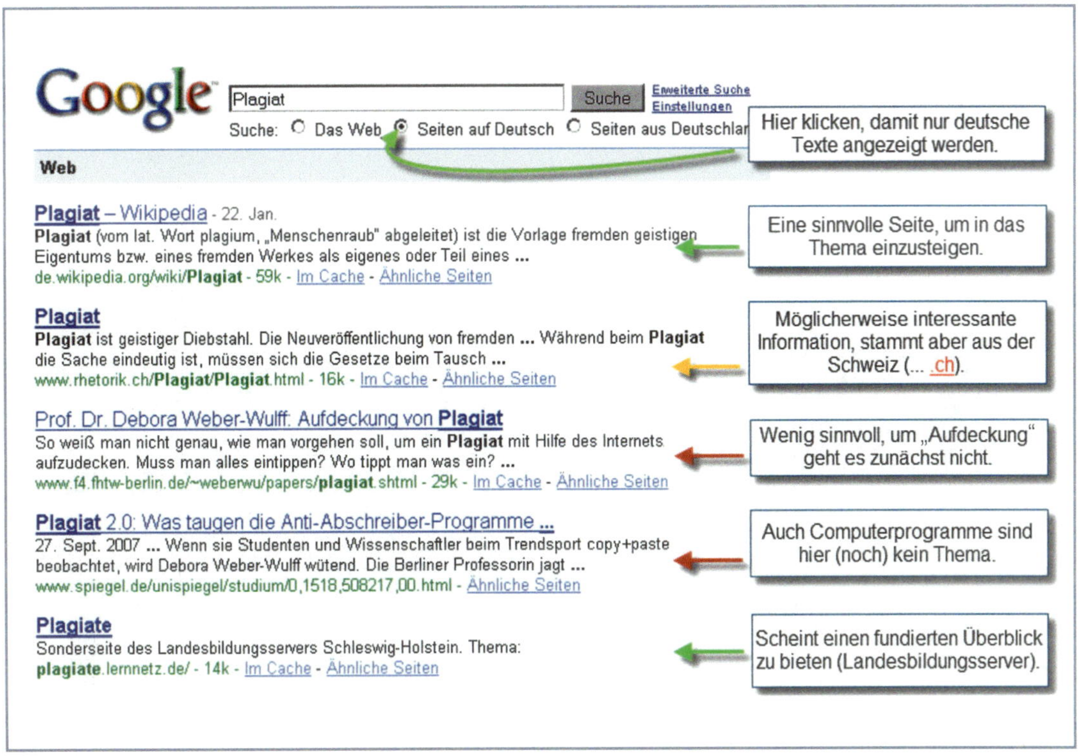

Auch wenn ihr durch die Befragung eines Online-Lexikons wie Wikipedia viele wertvolle Informationen über das Thema „Plagiat“ erhaltet: Ihr werdet noch offene Fragen haben.
Hier helfen im Internet so genannte Suchdienste („Suchmaschinen“) wie

Google Deutschland   Yahoo! Deutschland   msn   bing Beta

Auf S. 241 seht ihr einen kleinen Teil der Google-„Treffer“ zum Suchbegriff „Plagiat“. Die Übersicht der Suchergebnisse liefert zu jedem Treffer bestimmte Zusatzinformationen.

1 *a) Lest und vergleicht die verschiedenen Treffer-Informationen.*
b) Überlegt, woran ihr brauchbares Material für euren Vortrag über Plagiate in der Schule erkennen könnt.
Berücksichtigt dabei die Kommentar-Kästchen rechts neben der Treffer-Liste.

TIPP

Je allgemeiner ein Suchbegriff ist (z. B. „Plagiat“), umso länger und unübersichtlicher ist die Trefferliste. Verwendet deshalb möglichst genaue Suchbegriffe (z. B. „Textplagiat“) oder Kombinationen von Suchbegriffen (z. B. „Plagiat Zitat“).

2 *a) Gebt die Suchbegriffe*
- *Texte copy paste*
- *Plagiat Schule Internet*

in mehrere Suchmaschinen ein.
b) Bewertet die Ergebnisse im Hinblick auf euren geplanten Vortrag über „Plagiate in der Schule“.

!

Die **Zuverlässigkeit und Qualität von Webseiten** muss immer kritisch bewertet werden.

Dazu einige Faustregeln:
- Öffentliche Einrichtungen wie Universitäten oder Ministerien bieten meistens vertrauenswürdige Informationen.
- Die Online-Angebote wichtiger Informationsdienste wie Nachrichtenmagazine, Zeitungen oder Fernseh- und Radiosender liefern in der Regel zuverlässige Angaben.
- Firmen haben meist wirtschaftliche Interessen und wollen werben.
- Private Seiten können zuverlässig sein, enthalten aber oft sehr persönliche Ansichten.

Deshalb beachte man
- die Hinweise im so genannten „Impressum“: Wer ist Verfasser(in)/Herausgeber(in) der Seite?
- Ist er/sie Experte/in für dieses Thema? (Ein Professor für Literatur sollte z. B. zuverlässig über „Richtiges Zitieren“ schreiben können.)
- Sind Informationen und Thesen durch Quellenverweise belegt?
- Besteht der Text hauptsächlich aus unbegründeten Meinungen, Behauptungen oder Gerüchten?
- Werden die Inhalte übersichtlich und verständlich präsentiert?

3 *Bewertet die einzelnen Treffer eurer Internetsuche mit Hilfe dieser Faustregeln.*

13.2 Präsentationsprogramme – Mediengestützt vortragen

Der rote Faden – Den Vortrag gliedern

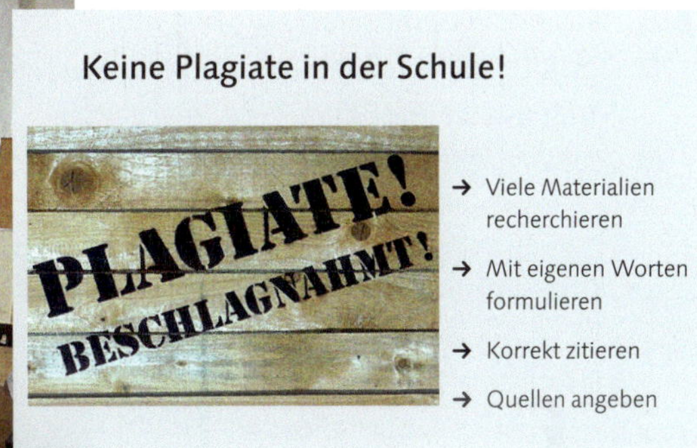

Die von euch recherchierten Webseiten und Informationen rund um das Thema „Plagiate" sollen in einen mediengestützten Vortrag münden.

1 *Wählt aus euren Materialien die wesentlichen Informationen aus. Stellt euch dabei die folgenden W-Fragen:*
- ☐ ***Was** will ich darstellen? → Inhalt*
- ☐ ***Wen** will ich erreichen? → Zielgruppe*
- ☐ ***Was** will ich erreichen? → Ziel (informieren, appellieren …)*

2 *Legt für die Gliederung eures Vortrags einen Stichwort-Zettel an.*
- ☐ *Notiert Ideen für eine Einleitung (z. B. Bezug zum Schulalltag).*
- ☐ *Für den Hauptteil skizziert ihr die wesentlichen Informationen und Argumente.*
- ☐ *Achtet auf den „roten Faden", der eure Darstellung folgerichtig erscheinen lässt.*
- ☐ *Am Ende zieht ihr einen Schluss aus den Informationen und Argumenten des Hauptteils und formuliert Stichpunkte für eine Stellungnahme.*

1 Einleitung
Problemstellung „Abschreiben"
2 Hauptteil
2.1 Definition: Plagiat, Zitat
2.2 Das Internet als riesige Quelle für Plagiate
2.3 Plagiate in der Schule
2.4 Plagiate in der Kultur
2.5 Korrekter Umgang mit Quellen
2.6 Maßnahmen gegen Plagiate
3 Schluss
Anregung ja, Plagiat nein!

Impress & Co. – Foliengestützt vortragen

Damit euer Vortrag im Gedächtnis bleibt, veranschaulicht („visualisiert“) ihr ihn am besten mit Bildern, Grafiken und vielleicht sogar mit Ton- oder Filmausschnitten. Dazu könnt ihr ein Präsentationsprogramm wie „Impress“ (openoffice.org) oder „PowerPoint“ (Microsoft Office) nutzen.

1 *Entwickelt zu eurem Vortrag „Plagiate in der Schule“ Folien mit einem Präsentationsprogramm:*

- ☐ *Gestaltet eine Startseite mit einer knappen Übersicht über euren Vortrag. Nutzt dazu eure Gliederung.*
- ☐ *Legt zu einzelnen Punkten eurer Gliederung aussagekräftige Text- und Bildfolien an.*

Keine Plagiate in der Schule!

→ Viele Materialien recherchieren

→ Mit eigenen Worten formulieren

→ Korrekt zitieren

→ Quellen angeben

Keine Plagiate in der Schule!

- *Durch umfangreiche Recherche. Je mehr Materialien man herausfindet, desto mehr weiß man über das Thema und desto besser kann man darüber schreiben.*
- *Bei großer Materialauswahl kann man sich die besten Materialien heraussuchen.*
- *Durch genaues Überdenken. Wenn man das Thema verstanden hat, fällt es leichter, eigene Gedanken zu formulieren.*
- *Durch korrektes Zitieren, z. B.: Iris Nebel beschreibt die Situation folgendermaßen: „In der Schule hat sich ‚copy & paste‘ mittlerweile zur Trendsportart entwickelt“ (Nebel, http://www.zeit.de/plagiat/schule.html 28. 10. 2008).*
- *Durch Angabe der Textquelle am Ende des Referats, wenn man fremde Gedanken in eigenen Worten wiedergibt.*
- *Durch bessere Kontrollen. Alle Lehrer müssen den Umgang mit Internet und Suchmaschinen lernen.*

2 *a) Beschreibt die beiden Folien zum selben Thema. Geht ein auf*

- ☐ *einzelne Elemente (Textmenge, Abbildungen, Leerräume …),*
- ☐ *inhaltliche Aussagen,*
- ☐ *die Gestaltung (Schrift, Größe, Farben, Hintergrund).*

b) Welche der beiden Folien überzeugt euch mehr? Begründet eure Entscheidung.

ARBEITSTECHNIK FOLIENGESTALTUNG

→ **Viele Materialien recherchieren**
- Je mehr Materialien man herausfindet, desto mehr weiß man über das Thema und desto besser kann man darüber schreiben.
- Hat man viele Materialien zur Auswahl, kann man sich die besten zum Referieren heraussuchen.

→ **Mit eigenen Worten formulieren**
- Genaues Überdenken. Wenn man das Thema verstanden hat, fällt es leichter, eigene Gedanken zu formulieren.

→ **Korrekt zitieren**
- Iris Nebel beschreibt die Situation folgendermaßen: „In der Schule hat sich copy & paste mittlerweile zur Trendsportart entwickelt" (Nebel, http://www.zeit.de/plagiat/schule.html 28.10.2008).

→ **Quellen angeben**
- Quellen am Ende des Referats angeben, wenn man daraus – mit eigenen Worten – Gedanken und Ergebnisse übernommen hat.

Randvolle Folien ermüden und schrecken ab! Beachtet deshalb:

- ☐ Schreibt auf die Folien selbst nur die wichtigsten, die zentralen Aussagen; in Stichworten.
- ☐ Erläuterungen zu den Folien notiert ihr in Form elektronischer „Notizen".
- ☐ Tragt diese Notizen zu den Folien mündlich vor.
- ☐ Wählt für die Folientexte gut lesbare Schriften.
- ☐ Achtet auf ausreichenden Zeilenabstand.
- ☐ Verändert die Schriftgröße und benutzt Farbe(n) zum Hervorheben.
- ☐ Achtet auf gute Lesbarkeit und Erkennbarkeit von Tabellen, Abbildungen und Animationen.

3 *Für einen lebendigen Vortrag eures Referats „Plagiate in der Schule" lest in Kapitel 3 S. 47 f.*

TIPP

Prüft, ob ihr die elektronischen Vortrag-Folien – ausgestattet mit euren erläuternden „Notizen" – ausdrucken und den Zuhörenden als kurze Zusammenfassung eures Vortrags aushändigen könnt („Handout").

13.3 Projekt: „Plagiate“ auf der Schul-Website

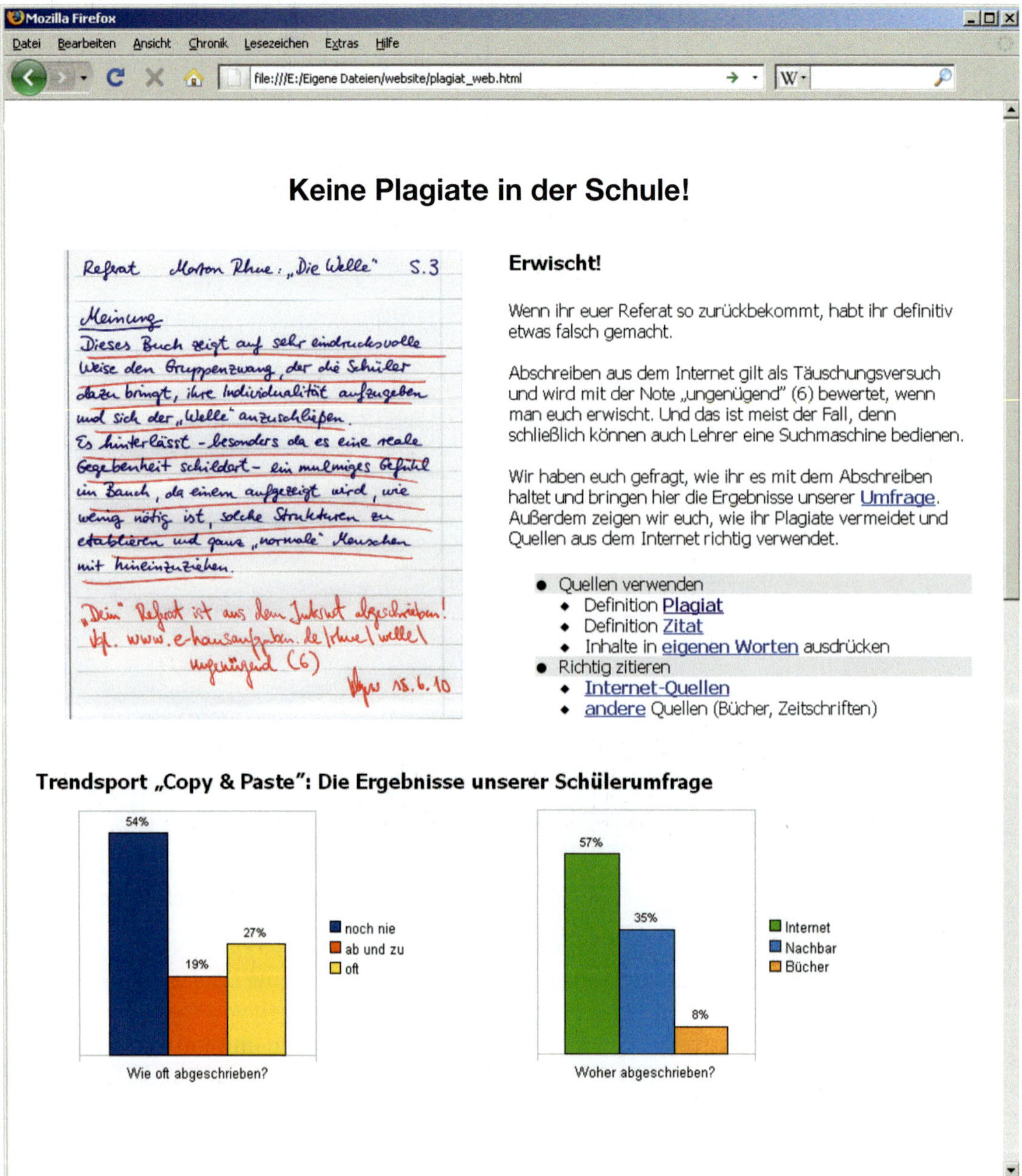
Mozilla Firefox
Datei Bearbeiten Ansicht Chronik Lesezeichen Extras Hilfe
file:///E:/Eigene Dateien/website/plagiat_web.html

Keine Plagiate in der Schule!

Referat Morton Rhue: „Die Welle“ S. 3

Meinung
Dieses Buch zeigt auf sehr eindrucksvolle Weise den Gruppenzwang, der die Schüler dazu bringt, ihre Individualität aufzugeben und sich der „Welle“ anzuschließen. Es hinterlässt – besonders da es eine reale Gegebenheit schildert – ein mulmiges Gefühl im Bauch, da einem aufgezeigt wird, wie wenig nötig ist, solche Strukturen zu etablieren und ganz „normale“ Menschen mit hineinzuziehen.

„Dein“ Referat ist aus dem Internet abgeschrieben! Vgl. www.e-hausaufgaben.de/rhue/welle/
ungenügend (6)
15.6.10

Erwischt!

Wenn ihr euer Referat so zurückbekommt, habt ihr definitiv etwas falsch gemacht.

Abschreiben aus dem Internet gilt als Täuschungsversuch und wird mit der Note „ungenügend“ (6) bewertet, wenn man euch erwischt. Und das ist meist der Fall, denn schließlich können auch Lehrer eine Suchmaschine bedienen.

Wir haben euch gefragt, wie ihr es mit dem Abschreiben haltet und bringen hier die Ergebnisse unserer Umfrage. Außerdem zeigen wir euch, wie ihr Plagiate vermeidet und Quellen aus dem Internet richtig verwendet.

- Quellen verwenden
  - Definition Plagiat
  - Definition Zitat
  - Inhalte in eigenen Worten ausdrücken
- Richtig zitieren
  - Internet-Quellen
  - andere Quellen (Bücher, Zeitschriften)

Trendsport „Copy & Paste“: Die Ergebnisse unserer Schülerumfrage

1 *Diese Webseite hat die Arbeitsgruppe einer 9. Klasse gestaltet.*
a) Beschreibt den Aufbau der Seite.
Wie gelingt es den Schüler/inne/n, Aufmerksamkeit für ihr Thema zu wecken?
b) Erklärt, was man auf der Seite erfahren kann.
Wozu dienen die blau gefärbten und unterstrichenen Wörter rechts?

Das von euch zum Thema „Plagiate in der Schule“ zusammengetragene Material und Wissen ist für die ganze Schule und auch für eure Eltern von Interesse. Der dafür am besten geeignete Veröffentlichungsort ist eure **Schul-Website.**

2 *Sprecht gleich zu Beginn mit dem „Webmaster“ eurer Schule über euer Projekt und klärt alle inhaltlichen, organisatorischen und technischen Fragen.*

3 *a) Besprecht, welche Informationen zum Thema „Plagiate“ für eure Mitschüler/innen, eure Lehrer/innen und eure Eltern interessant sind.*
b) Tragt eure dazu passenden Materialien zusammen. Wählt die am besten geeigneten aus.

4 *Fertigt einen **multimedialen Hypertext** zum Thema „Plagiate in der Schule“ an.*
So könnt ihr vorgehen:

ARBEITSTECHNIK HYPERTEXTE GESTALTEN

- Öffnet z. B. das Programm „Writer“ aus dem OpenOffice-Paket und legt eine Datei „Schulplagiate“ an. Schreibt euren Text. Nutzt die Möglichkeit, eure Informationen mit Tabellen und Listen, Bildern und Grafiken aufzulockern und anschaulich zu machen.
- Erleichtert euren Leser/inne/n das schnelle „Springen“ zu wichtigen Textstellen. Schreibt dazu die Schlüsselbegriffe eures Beitrags als Liste an den Anfang und verwendet sie als **Hyperlinks,** indem ihr entsprechende **Textmarken** anlegt:

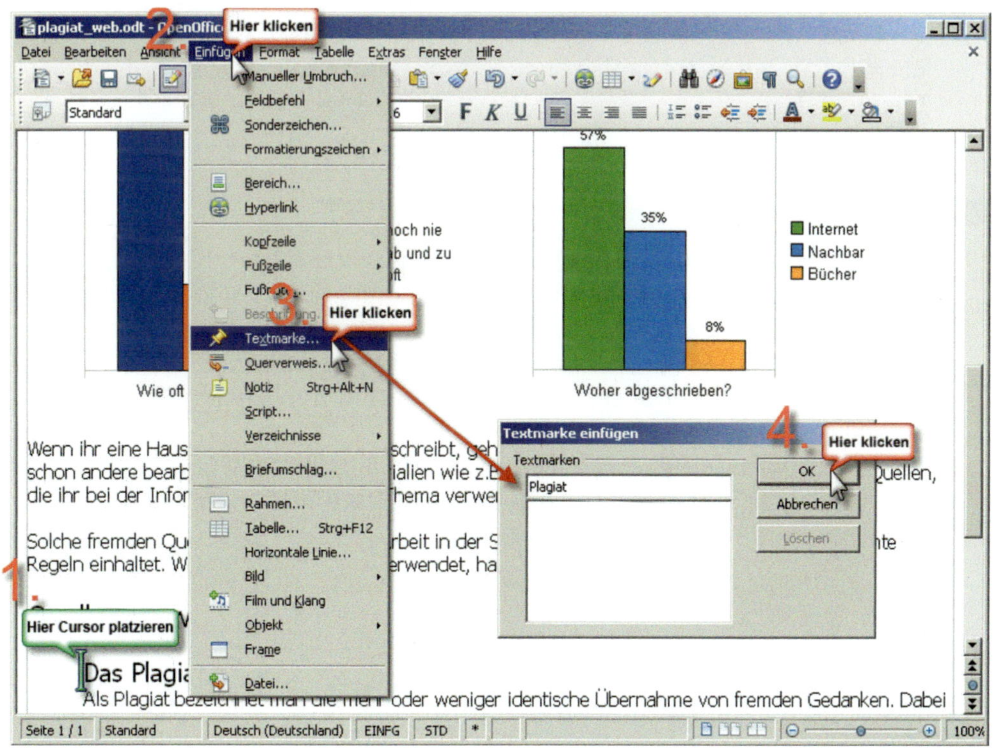

- Markiert nun den Themenpunkt, den ihr als Link verwenden wollt, und wählt als Sprungziel die entsprechende Textmarke:

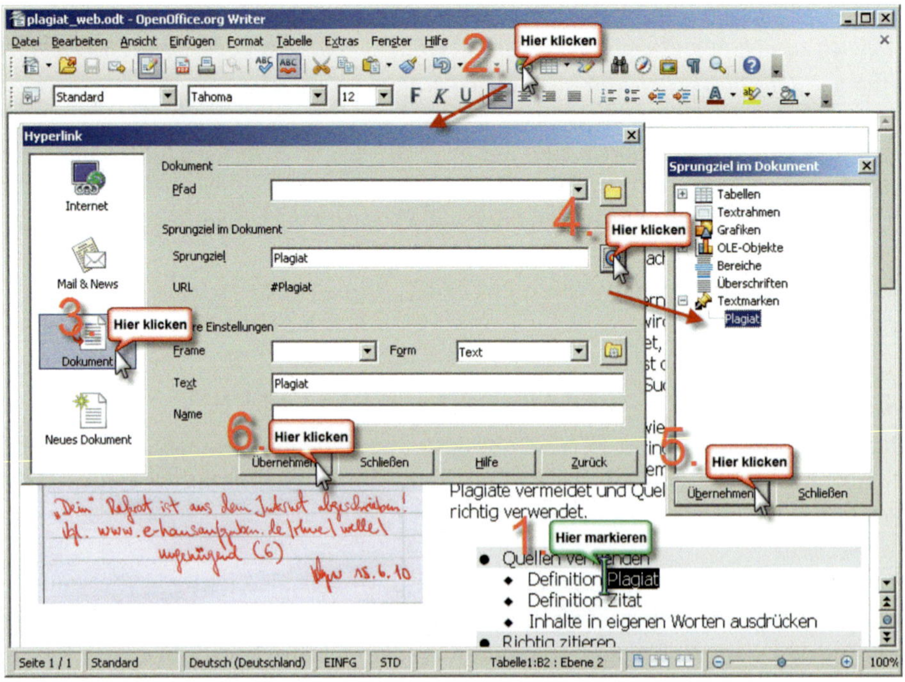

- Verwendet diese Hyperlink-Technik auch, um wichtige Stellen in eurem Web-Text über Plagiate mit interessanten Zusatzinformationen zu verknüpfen, die ihr im Internet findet.

!

Euer Hypertext auf der Schul-Website über Plagiate verlässt den „privaten“ Klassenraum, tritt an die weltweite Öffentlichkeit des Internets und unterliegt strengen Vorschriften, die einzuhalten sind, wollt ihr euch nicht strafbar machen.
Beachtet besonders und besprecht mit eurem Schul-Webmaster:

- Fremde Texte, Informationen, Zitate müssen mit einer vollständigen ▷ Quellenangabe versehen sein; z. B.: http://www.boyng.de/leben/schule/wie-zitiere-ich-richtig/(29. Januar 2009) ▷ S. 285
- Bilder (auch Musik) aus dem Internet dürfen nur mit der Erlaubnis und zu den Bedingungen des Rechteinhabers verwendet werden.

WÖRTERLISTE ▷ S. 282

Produkt	Visualisierung	Website	recherchieren
Präsentation	Impressum	Webseite	multimedial
Animation	Hyperlink	plagiieren	korrekt

ORIENTIERUNGSWISSEN

1 Sprechen – Zuhören – Schreiben

1.1 Deutsch und seine Varianten

Mündlicher und schriftlicher Sprachgebrauch

Mündlicher und schriftlicher Sprachgebrauch unterscheiden sich vor allem in Satzbau, Tempus und Ausdrucksmöglichkeiten.

- Der Satzbau ist im **mündlichen Sprachgebrauch** in der Regel einfacher und kürzer. Häufiger werden Sätze abgebrochen, wenn der Sprecher/die Sprecherin merkt, dass das Gegenüber verstanden hat, worum es geht.
  Die Gesprächspartner/innen haben überdies die Möglichkeit, mit Gesten, dem Gesichtsausdruck („Mimik“) und der Betonung ihre Äußerungen zu begleiten.
  Vergangenes wird im mündlichen Sprachgebrauch häufig durch die Verwendung des ▷ **Perfekts** ausgedrückt. ▷ S. 260
- Im **schriftlichen Sprachgebrauch** kommt es vor allem auf den exakten und eindeutigen Ausdruck an, da man im Zweifelsfall ja nicht nachfragen kann. Die Sätze sind meist umfangreicher und müssen logisch und widerspruchsfrei aufgebaut sein.
  Vergangenes wird im schriftlichen Sprachgebrauch in der Regel durch das ▷ **Präteritum** ausgedrückt. ▷ S. 260

Standardsprache, Umgangssprache und mehr

Die **Standardsprache** (Hochsprache, Schriftsprache) ist die allgemein verbindliche Form einer Sprache, wie sie in der Öffentlichkeit – vor allem in den Medien – gebraucht wird.

- Der alltägliche mündliche Sprachgebrauch – die **Umgangssprache** – orientiert sich an der Standardsprache, wendet ihre Regeln und Normen aber nicht streng an. Typisch für die Umgangssprache sind kurze und einfache, oft auch unvollständige Sätze und Wortformen.
- **Denglisch** (=Wortkombination aus „Deutsch“ + „Englisch“) bezeichnet eine Form des gesprochenen und geschriebenen Deutsch, die viele (Kritiker sagen: unnötig viele) englische Fremdwörter (▷ „Anglizismen“) verwendet. ▷ S. 74
- Landschaftliche Sprachformen bezeichnet man als **Dialekte** (Mundarten). Dazu zählen z. B. Berlinerisch, Schwäbisch, Bayrisch, Sächsisch, Pfälzisch.
- Die besondere Ausdrucksweise junger Leute wird als ▷ **Jugendsprache** bezeichnet. ▷ S. 67
- **Fachsprachen** enthalten besondere Wörter – oft sind es ▷ Fremdwörter – und Formulierungen, die typisch für bestimmte Berufsgruppen sind (z. B. Richter/innen, Ärzte/Ärztinnen). ▷ S. 264

1.2 Miteinander sprechen

In Rollen adressatengerecht sprechen und handeln

Unser Sprechen und Verhalten im Gespräch hängt von der **Rolle** ab, die wir einnehmen: Kind – Eltern; Schüler/in — Lehrer/in; Kunde – Verkäufer/in; Angestellte/r – Chef/in. Weder beim Sprechen noch im Verhalten darf man „aus der Rolle fallen".
Adressatengerechtes Sprechen bedeutet,
- eine angemessene Anrede für den/die Gesprächspartner/in finden,
- ihnen höflich und freundlich begegnen,
- sich einer respektvollen Sprache nicht nur bei Wünschen oder Fragen bedienen,
- sondern die Achtung auch durch Gesten ausdrücken,
- durch Zuhören und durch Ausredenlassen.

Mit vielen Äußerungen sagt man nicht nur etwas, man **handelt** auch und **beeinflusst** sein Gegenüber: *„Mensch, Cedric ... Du bist doch viel größer und stärker als ich!"*
Das ist nicht nur eine Aussage, sondern auch ein Kompliment: Damit soll Cedric geschmeichelt, er soll günstig gestimmt werden.
Der Imperativ (Aufforderung/Befehl) ist die direkteste Form der sprachlichen Beeinflussung: *Mach Platz!* *Kommt her!* *Müll runterbringen!*

Gesprächs- und Diskussionsregeln

▷ S. 23 ff.

Zu einer **Diskussion** gehört eine Frage, ein Problem, wobei man unterschiedliche Ansichten und Argumente vertreten kann. Das Ziel der Diskussion ist es, möglichst eine gemeinsame Lösung zu finden.
- Jemand übernimmt die Gesprächsführung („Moderation").
- Er/Sie merkt sich die Reihenfolge der Meldungen und erteilt das Wort.
- Wir melden uns per Handzeichen, wenn wir etwas sagen möchten.
- Wir sprechen erst, wenn wir dran sind, und fallen niemandem ins Wort.
- Wir äußern uns nur zu dem Thema, um das es geht.
- Wir hören den anderen Gesprächsteilnehmenden aufmerksam zu.
- Wir respektieren ihre Meinung.
- Wir achten auf eine Sprechweise, die dem Thema angemessen ist.

Argumentieren

▷ S. 25 ff.

In einem Gespräch, einer Diskussion überzeugt man am besten mit sachlichen **Argumenten.** Dazu gehören
- eine **Behauptung** (These): *„Fremdsprachenlernen ist empfehlenswert."*
- eine **Begründung** (Argument): *„Fremdsprachen erweitern den persönlichen Horizont."*
- ein **Beispiel** (Beleg): *„Das merkt man nicht nur im Ausland: Man versteht auch ausländische Filme, Rundfunkbeiträge und kann ein Buch im Original lesen."*

1.3 Brief, Bewerbung, Lebenslauf, E-Mail

Persönlicher Brief

Briefkopf
Jeder Brief trägt rechts oben das Datum, an dem er geschrieben wurde. Meist wird auch der betreffende Ort genannt. Zwischen Orts- und Datumsangabe steht ein Komma.

*Köln, den 15. 08. 2****

Liebe Anna!
Wir haben schöne Ferien verbracht ...

Es grüßt dich herzlich
deine Senay

Anrede

Nach der Anrede in Briefen kann man

ein Komma setzen,	ein Ausrufezeichen setzen,
danach schreibt man klein weiter.	danach schreibt man groß weiter.

*Bergheim, den 30. August 2****

Lieber Herr Meier,
leider sind unsere Ferien schon zu Ende.
Wir danken für Ihre guten Reisetipps ...

Mit herzlichen Grüßen
Ihre Familie Fischer

Das Anredepronomen **Sie** für eine Person, die man siezt, muss man in allen Formen großschreiben (*Ihnen, Ihr* usw.).
Das Anredepronomen **du/ihr** und seine verschiedenen Formen (*dir, dich; euer, euch* usw.) schreibt man klein; kann sie aber auch großschreiben (*Du, Dir, Dich; Euer, Euch* usw.), wenn man besonders höflich sein möchte.

Offizieller Brief

Offizielle Briefe schreibt man z. B. bei Anfragen, Anträgen, Entschuldigungen, Beschwerden. Sie richten sich an Amtspersonen (z. B. den Schuldirektor, die Bürgermeisterin) oder an Einrichtungen und Leute, die man nicht persönlich kennt (z. B. an die Tourist-Information in einer anderen Stadt oder an eine Zeitungsredaktion).
Deshalb hält man sich strenger als im persönlichen Brief an bestimmte Regeln:

- Wenn man nicht weiß, wer den Brief bearbeitet, verwendet man die Anrede
  Sehr geehrte Damen und Herren,
  und schreibt nach dem Komma klein.
- Man verwendet die Anredepronomen der Höflichkeitsform (*Sie, Ihnen* usw.). Sie werden großgeschrieben.
- Man bringt sein Anliegen genau, aber knapp und sachlich vor.
- Das Schriftbild ist ordentlich, die Seitenaufteilung übersichtlich. Dazu verwendet man in der Regel den PC.
- Der Brief wird handschriftlich unterschrieben:

Name des Absenders
Straße und Hausnummer
PLZ und Ort

Ort, Datum

Name des Empfängers
Straße und Hausnummer
PLZ und Ort

Betreff *(in Stichworten angeben)*

Sehr geehrte Frau ..., // *(oder:)* Sehr geehrter Herr ..., // *(oder:)*
Sehr geehrte Damen und Herren,
...

(Es folgt der übersichtlich gegliederte Brieftext.)

Mit freundlichen Grüßen

Unterschrift

Zu **Bewerbung** und **E-Mail** ▷ S. 59,210

Leserbrief

Ein **Leserbrief** ist die persönliche Stellungnahme zu einem Artikel/Thema in der Zeitung.

- In der **Einleitung** wird knapp gesagt, worauf man sich bezieht.
  Man kann auch schon kurz seine Meinung zum Thema sagen (ohne Begründung).
- Im **Hauptteil** nennt man seine Argumente – Gründe – Beispiele zum Thema.
  Das wichtigste Argument steht wirkungsvoll am Schluss.
  Führt auch Argumente aus dem Zeitungsartikel an,
  ... um ihnen zuzustimmen;
  ... um ihnen zu widersprechen (mit Gegenargumenten).
- Zum **Schluss** nennt man klar seinen eigenen Standpunkt zum Thema.
- Zur **Form** des Leserbriefs:
  Die **Betreffzeile** nennt den Zeitungsartikel (mit ▷ Quellenangabe), auf den man eingeht. ▷ S. 285
  Meinung, Gründe, Beispiele werden durch passende „Gelenkwörter" (und ▷ Kommas) verbunden: ▷ S. 266
  einerseits - andererseits; zuerst - dann - anschließend - zum Schluss
  denn - aber - sondern - da - weil - dass - obwohl - trotzdem - während - deshalb
- Der **Unterschrift** kann man Alter und Beschäftigung/Beruf hinzufügen.

Lebenslauf

Lebenslauf

Zur Person

Name	Franziska Arendt
Anschrift	Kurhausstr. 51 56789 Oberstadt
Telefon	0123-57683
Geburtsdatum	14. Februar 1993
Geburtsort	Bad Mergentheim
Eltern[1]	Paul Arendt, Dachdecker Maria Arendt, kaufmännische Angestellte
Geschwister[2]	Michael, 11 Jahre

Schule

1999–2002	Grundschule Bad Mergentheim
2002–2003	Grundschule Oberstadt
seit August 2003	Lise-Meitner-Gesamtschule Oberstadt
Abschluss	Fachoberschulreife voraussichtlich im Juni 2***
Lieblingsfächer	Deutsch, Mathematik, Englisch

Praktikum

Januar 2008	dreiwöchiges Schulbetriebspraktikum bei der Transportfirma Eurotrans

Sprachkenntnisse

Englisch	Sprachkurs in Brighton, Großbritannien, August 2008
Französisch	Grundkenntnisse

Weitere Qualifikationen

Computer	Windows, Standard-Office-Software seit 2008 Teilnahme an der Computer-AG (Schulhomepage)

Hobbys

Jazztanz in einer Tanzschule, Lesen

Oberstadt, 3. April 2***

Franziska Arendt

1/2 **Familienverhältnisse:** Sie müssen nicht angegeben werden.

1.4 Inhalte zusammenfassen

Gibt man den Inhalt z. B. einer Geschichte, eines Gedichts, einer Reportage wieder,
- nennt man in der **Einleitung** Titel, Textsorte, Autor/in, Erscheinungsort/-datum und das Thema (die Kernaussage).
- Im **Hauptteil** fasst man knapp und mit eigenen Worten die wichtigsten Informationen zusammen; orientiert an den Sinnabschnitten.
- Die **Sprache** ist sachlich und enthält keine persönliche Meinungsäußerung. Wörtliche Rede und Zitate werden ▷ indirekt wiedergegeben. ▷ S. 261
  Die Zusammenfassung steht im Präsens.

1.5 Berichten

▷ S. 9 ff.

Wer berichtet,
- stellt den Ablauf des Geschehens möglichst vollständig dar.
- Nur Wichtiges wird aufgenommen. Nebensächliches lässt man weg.
- Dabei beantwortet der Bericht folgende W-Fragen:
  - **Wann** geschah es?
  - **Was** geschah?
  - **Wer** war beteiligt?
  - **Warum** geschah es?
  - **Wo** geschah es?
  - **Wie** geschah es?
  - **Welche** Folgen hatte es?
- Der Bericht steht gewöhnlich im Präteritum.
- Seine Sprache ist sachlich. Gefühle bleiben unberücksichtigt.
- Die ▷ wörtliche Rede gehört nicht in einen Bericht. ▷ S. 271
  Sie wird in ▷ indirekter Rede wiedergegeben. ▷ S. 261
- Im Allgemeinen enthält der Bericht keine persönliche Meinung.

Zu **Hintergrundbericht, Reisebericht** und **Reportage** ▷ S. 277 f.

1.6 Beschreiben

Mit welchen Einzelheiten und mit welchen Worten man etwas beschreibt, hängt einmal vom **Zweck** der Beschreibung ab (z. B. Verlustanzeigen, Gebrauchsanweisung), dann von den **Adressaten**, an die man sich wendet (z. B. Gleichaltrige, Erwachsene, Bekannte, Fremde). Beschreibungen werden im Präsens abgefasst.

Einen **Gegenstand** beschreibt man mit allen wichtigen Teilen
- nach Form und Größe *(lang und spitz ...)*;
- nach Material, Eigenschaften, Farben *(aus schwerem Stoff ...)*;
- nach seinem Zweck *(für zwei Personen ...)*.

Am besten beginnt man die Beschreibung mit dem wichtigsten oder auffälligsten Bestandteil.

Einen **Vorgang** beschreibt ihr am besten so:
- □ Nennt alle benötigten Materialien.
- □ Zählt die einzelnen Vorgangsschritte in der richtigen Reihenfolge knapp und sachlich auf.
- □ Erklärt die Schritte. Warum muss etwas so gemacht werden, wie ihr es beschreibt?
- □ Fachbegriffe, die nicht jede/r kennt, müsst ihr kurz erläutern.

Eine **Personenbeschreibung/Charakteristik**
- □ beginnt man mit allgemeinen Angaben zu Geschlecht und Alter (und Beruf).
- □ Anschließend werden Körper(teile), Kleidung und besondere Merkmale der Person möglichst genau wiedergegeben; am besten vom Kopf zu den Füßen.
- □ Zum Schluss kann die Wirkung der Person beschrieben werden.

Zur **Figurenbeschreibung/Charakteristik** ▷ S. 86, 255

Eine **Bildbeschreibung**
- □ leitet man ein mit Angaben zu Künstler/in, Bildtitel und Entstehungsdatum.
- □ Im Hauptteil geht man zuerst auf das Wichtigste im Vordergrund/Zentrum des Bildes ein. Dann folgen stufenweise – im Vorder-, Mittel-, Hintergrund; rechts, links – wichtige Einzelheiten.
- □ Zum Schluss geht man auf den Gesamteindruck des Bildes ein, z. B. seine farbliche Gestaltung.

1.7 Erörtern

▷ S. 23 ff.

Erörtern heißt, sich mit einem Problem, einem Sachverhalt oder einer strittigen Frage auseinandersetzen. Es kommt darauf an, den eigenen Standpunkt mit Argumenten und Beispielen darzulegen.
Ein Problem kann man **frei** oder **textgebunden** erörtern.

Frei erörtern kann man eine Frage, ein Problem ▷ S. 27
- □ steigernd/linear,
  indem man entweder nur Pro-Argumente oder nur Kontra-Argumente zusammenträgt;
- □ kontrovers,
  indem man zuerst alle Pro-Argumente, dann alle Kontra-Argumente aufzählt **(=Sanduhr-Prinzip);**
  indem man zusammengehörende Pro- und Kontra-Argumente auch zusammen anführt **(= Ping-Pong-Prinzip).**

Textgebunden erörtert man eine Frage, ein Problem, indem man ▷ S. 35, 161
- □ in der Einleitung die umstrittende Frage und den Text nennt, auf den man sich bezieht;
- □ im Hauptteil die Argumentation des Textes wiedergibt, kommentiert und ergänzt.

Eine persönliche, begründete **Stellungnahme** zur zentralen Frage, zum umstrittenen Problem steht am Ende sowohl der freien als auch der textgebundenen Erörterung.

1.8 Einen literarischen Text interpretieren

▷ S. 91, 125

Eine Geschichte, einen Roman oder ein Gedicht untersuchen (analysieren) und auslegen, erklären (interpretieren) ist ein Vorgang, der mehrere Schritte umfasst. Das schriftliche Ergebnis besteht aus

Einleitung
- Sie nennt Textsorte, Autor/in, Titel und Thema/Kernaussage des Textes.
- Wie ist er entstanden, welche wirklichen Ereignisse haben ihn beeinflusst?

Hauptteil
Er beginnt mit einer ▷ Zusammenfassung des Inhalts. ▷ S. 254

Bei ▷ **erzählenden Texten** geht es anschließend um ▷ S. 77 ff.
- Ort(e) des Geschehens, äußere und innere Handlung, Spannungsaufbau, die Figuren und ihre Beziehungen.
- Wird der Reihe nach erzählt oder mit Rückblenden und Vorgriffen?
- Aus welcher Perspektive wird erzählt?
- Was fällt an Wortwahl und Satzbau, also am Stil des Textes auf?

Bei ▷ **lyrischen Texten** geht es um ▷ S. 113 ff.
- die Gedichtform (Strophen, Reime, Metrum),
- besondere Wortwahl, Vergleiche, Bilder
- und die Wortstellung.
- Wer spricht („lyrisches Ich") und
- was sind die einzelnen Aussagen?

Schluss
Er enthält eine persönliche, begründete Stellungnahme zu Inhalt, Stil und Form des literarischen Textes.

1.9 Erzählen

Ein Erlebnis erzählen

Eine fesselnde Erzählung braucht einen sinnvollen **Aufbau:**

- Wenn die **Einleitung** neugierig gemacht hat,
- muss der **Hauptteil** wie in einer Fieberkurve die Spannung steigern, bis zum Höhepunkt.
- Am **Schluss** klingt das Geschehen aus.

Eine schriftliche Erzählung steht im ▷ Präteritum. An einer besonders spannenden Stelle – etwa dem Höhepunkt – kann man ins Präsens wechseln. ▷ S. 260

Nacherzählen

Eine Geschichte nacherzählen bedeutet,

- den Inhalt und die Handlung in allen wichtigen Punkten wiederzugeben,
- besonders den Höhepunkt.
- Nebensächlichkeiten darf man weglassen. Auch wörtliche Reden kann man zusammenfassen.
- Statt Wörter und Wendungen der Vorlage zu übernehmen, sollte man mit eigenen Worten schreiben.
- Dabei darf man aber die Reihenfolge nicht verändern.
- Auch das ▷ Tempus der Vorlage behält man bei. ▷ S. 260

Schildern

Schildern heißt mit Worten „malen“: die Außenwelt nicht nüchtern beschreiben, sondern so wiedergeben, dass sie unsere Gedanken, unsere Gefühle, die Fantasie beschäftigt.
Dazu dienen ▷ sprachliche Bilder (Metaphern) und ▷ Vergleiche, ▷ S. 263
Fragen und Ausrufe, Aufzählungen und ▷ wörtliche Rede. ▷ S. 271

2 Nachdenken über Sprache

2.1 Wortarten

Wortarten im Überblick

Wortarten

flektierbar (durch Beugung veränderbar)

deklinierbar
- Nomen *(das Auto, des Autos)*
- Artikel *(der, dem, den)*
- Pronomen *(du, dir, dich)*
- Adjektiv *(schnell, schneller)*

konjugierbar
- Verb *(essen, ich esse, sie isst)*

nicht flektierbar (unveränderbar)
- Präposition *(auf, nach)*
- Konjunktion *(und, weil)*
- Adverb *(gestern, dort)*
- Interjektion *(Pfui!, Oh!, Hoppla!)*

Nomen

Die meisten Wörter in unserer Sprache sind Nomen (Hauptwörter). Sie bezeichnen
- Personen und Eigennamen: *Schüler, Lehrerin, Metan, Lena*
- andere Lebewesen: *Delfin, Baum*
- Gegenstände: *Schreibtisch, Kassettenrekorder*
- Gedanken, Gefühle: *Traum, Freundschaft, Mut, Freude*

Nomen werden immer ▷ **großgeschrieben.** ▷ S. 270

- **Genus**
  Jedes Nomen hat ein grammatisches Geschlecht, das Genus. Man erkennt es an seinem Begleiter, dem Artikel:
  - **Maskulinum** (männlich): ***der** Löffel, **der** Mann*
  - **Femininum** (weiblich): ***die** Gabel, **die** Frau*
  - **Neutrum** (sächlich): ***das** Messer, **das** Kind*

  Das grammatische Geschlecht muss mit dem natürlichen Geschlecht nicht übereinstimmen: *das Mädchen* ist grammatisch ein Neutrum, natürlich aber weiblich.
- **Numerus**
  Nomen haben einen Numerus (Anzahl):
  - **Singular** (Einzahl): *das Kind*
  - **Plural** (Mehrzahl): *die Kinder*
- **Kasus**
  Im Satz nimmt das Nomen unterschiedliche Formen an, es steht in einem bestimmten Fall (Kasus). Dieser Kasus ist meist an der Endung und dem Begleiter des Nomens zu erkennen. Er kann mit bestimmten Fragen ermittelt werden:

***Das Kind** liest.*	– ***Wer/Was** liest?*	– **Nominativ** (1. Fall)
*Die Eltern **des Kindes** sind verreist.*	– ***Wessen** Eltern ...?*	– **Genitiv** (2. Fall)
*Ich bringe **dem Kind** ein Buch.*	– ***Wem** bringe ...?*	– **Dativ** (3. Fall)
*Ich besuche **das Kind.***	– ***Wen/Was** besuche ...?*	– **Akkusativ** (4. Fall)

Wenn man ein Nomen in einem Satz im richtigen Kasus verwendet, nennt man das **deklinieren** (beugen).

Adjektive

Adjektive (Eigenschaftswörter) beschreiben Personen, Tiere, Gegenstände genauer und nennen ihre Eigenschaften: *ein **neues** Bett, das **schwarze** Halsband, mit **grünen** Augen*
Adjektive lassen sich – bis auf Ausnahmen wie z. B. *einzig* oder *tot* – steigern:
- Normalerweise benutzt man die Grundform des Adjektivs, den **Positiv:**
  *Mein Opa ist **alt.***
- Will man zwei Dinge oder Personen miteinander vergleichen, gebraucht man häufig den **Komparativ:**
  *Melanie ist **älter** als (*nicht ~~wie~~*) Anne.*
- Bei Vergleichen zwischen mehreren Dingen oder Personen kann man mit dem **Superlativ** noch weiter steigern:
  *Von den drei Schwestern ist Maria **am ältesten.***

Pronomen

Pronomen (Fürwörter, Stellvertreter) vertreten oder begleiten Nomen, z. B.:
- **Personalpronomen** (persönliches Fürwort):
  ich, du, er/sie/es, wir, ihr, sie
  *Gestern spielten die Kinder/**sie** auf dem Schulhof.*
- **Possessivpronomen** (besitzanzeigende Fürwörter):
  *mein, dein, sein/ihr, unser, euer, ihr – Sie haben **ihre** Jacken und Mäntel ausgezogen.*
- **Demonstrativpronomen** (hinweisende Fürwörter):
  betontes *der, die, das; diese, jener, dasjenige*
  ***Die** da ist gut! – **Dieses** ist richtig, **jenes** ist falsch.*
- **Indefinitpronomen** (unbestimmte Fürwörter):
  *man, jemand, keine/r, einige, etwas – **Keiner** kann **etwas** dagegen sagen.*
- **Relativpronomen:** ▷ S. 266
  der, die, das (am Beginn eines Relativsatzes) – *Das Auto, **das** um die Ecke biegt, ist …*

Adverbien

Adverbien (Umstandswörter; *das Adverb*) geben an,
- **wann** etwas geschieht (temporal): *heute, bald*
- **warum** (kausal): *deshalb, nämlich*
- **wo** (lokal): *hier, draußen*
- **wie** (modal): *gern, leider*

Präpositionen ▷ S. 188

Präpositionen (Verhältniswörter) wie *in, auf, bei, wegen* geben die Verhältnisse an zwischen Gegenständen und Personen. Sie bestimmen den ▷ Kasus des Nomens/Pronomens, bei dem sie stehen: ▷ S. 258

***Bei** dem Regen bleibe ich.* (dem Regen: Dativ) ***Wegen** des Regens bleibe ich.* (des Regens: Genitiv)

Konjunktionen

- Nebenordnende Konjunktionen (Bindewörter) wie *und, oder, aber* verbinden Wörter und Sätze:
  *Autos **und** Schiffe **oder** auch Fahrräder sind Fortbewegungsmittel.*
  *Dieser Sommer ist schön, **aber** der letzte war noch schöner.*
- Unterordnende Konjunktionen (Bindewörter) wie *dass, weil, obwohl* verbinden Haupt- und ▷ Nebensätze: ▷ S. 266
  *Ich wünsche mir, **dass** du kommst.*

Konjunktionen geht ein **Komma** voraus; nur bei *und*, bei *oder* und *sowie* kann es fehlen.

Verben

Verben (Zeitwörter, Tätigkeitswörter) geben an, was jemand **tut** *(gehen)* oder was **geschieht** *(regnen).*
Wenn wir Verben in Sätzen verwenden, bilden wir aus dem **Infinitiv** (Grundform) die **Personalform:** *gehen → Er geht. Wir gehen.*
Dies nennt man **konjugieren** (beugen).

Weitere Formen des Verbs sind das **Partizip I/Präsens** *(gehend, singend, lachend)* und das **Partizip II/Perfekt** *(gegangen, gelacht).*

Die Aufforderungsform des Verbs ist der **Imperativ.** Er kann an einzelne oder an mehrere Personen gerichtet sein: *Geh(e)! – Geht!*
Achte auf die richtige Form: *geben → Gib! sehen → Sieh! essen → Iss!*

Tempus

Verben bilden verschiedene *Zeitformen:*

- Verben im **Präsens** sagen,
  - was gerade geschieht: *Der Forscher **holt** eine Gesteinsprobe vom Meeresboden.*
  - was immer geschieht: *Solche Proben **enthalten** Nachrichten aus der Vergangenheit.*
  - was in der Zukunft geschieht: *Bald **veröffentlicht** er seine Ergebnisse.*

- Verben im **Präteritum** und **Perfekt** sagen,
  - was vor der Gegenwart geschehen ist:
    *Der Forscher untersucht eine Fundstelle, die er Tage vorher **entdeckte/entdeckt hat.***
  - In der gesprochenen Sprache wird überwiegend das **Perfekt** benutzt, in der geschriebenen Sprache das **Präteritum.**

- Verben im **Plusquamperfekt** beziehen sich auf Ereignisse ***vor*** einem vergangenen Geschehen (im Präteritum):
  *1715 **erfand*** (=Präteritum) *man die erste „Tauchtonne“. Aber bereits lange vorher, im Altertum, **hatten** Taucher verschiedene Hilfsmittel **ausprobiert*** (=Plusquamperfekt).

- Verben im **Futur** sagen, was in der Zukunft geschieht:
  *Nächstes Jahr **werden** wir an die See **fahren.***

Präsens	Präteritum	Perfekt	Plusquamperfekt	Futur
ich trage	*ich trug*	*ich habe getragen*	*ich hatte getragen*	*ich werde tragen*
du trägst	*du trugst*	*du hast getragen*	*du hattest getragen*	*du wirst tragen*
er trägt	*sie trug*	*er hat getragen*	*sie hatte getragen*	*er wird tragen*
wir tragen	*wir trugen*	*wir haben getragen*	*wir hatten getragen*	*wir werden tragen*
ihr tragt	*ihr trugt*	*ihr habt getragen*	*ihr hattet getragen*	*ihr werdet tragen*
sie tragen	*sie trugen*	*sie haben getragen*	*sie hatten getragen*	*sie werden tragen*
ich reise	*ich reiste*	*ich bin gereist*	*ich war gereist*	*ich werde reisen*
du reist	*du reistest*	*du bist gereist*	*du warst gereist*	*du wirst reisen*
er reist	*sie reiste*	*er ist gereist*	*sie war gereist*	*er wird reisen*
wir reisen	*wir reisten*	*wir sind gereist*	*wir waren gereist*	*wir werden reisen*
ihr reist	*ihr reistet*	*ihr seid gereist*	*ihr wart gereist*	*ihr werdet reisen*
sie reisen	*sie reisten*	*sie sind gereist*	*sie waren gereist*	*sie werden reisen*

Aktiv und Passiv ▷ S. 192
In Sätzen, in denen das Subjekt etwas tut, steht das Prädikat im **Aktiv.**
Es wird mit der Personalform des Verbs gebildet:
*Brunnenarbeiter **entdeckten** Pompeji Jahrhunderte nach seinem Untergang.*
Sätze, in denen mit dem Subjekt etwas geschieht, haben ein Prädikat im **Passiv,** das mit ***werden*** + Verb im **Partizip Perfekt (II)** gebildet wird:
*Pompeji **wird** erst Jahrhunderte nach seinem Untergang (durch/von Brunnenarbeiter/n) **entdeckt.***
Die Handelnden/Täter können mit den ▷ Präpositionen *durch* oder *von* hinzugefügt werden. ▷ S. 259

Indikativ (Wirklichkeitsform) und **Konjunktiv** (Möglichkeitsform) sind Verbformen,
- die Wirkliches ausdrücken (= Indikativ): *Er **kommt** heute.*
- die Mögliches ausdrücken (= Konjunktiv I): *Sie sagen, er **komme** heute.*
- die Gewünschtes, nur Vorgestelltes ausdrücken (= Konjunktiv II): *Wenn ich reich **wäre**, **reiste** ich um die Welt.*

Am häufigsten erscheint der Konjunktiv in der **indirekten Rede:** ▷ S. 194

Indikativ	**Konjunktiv**
„Ich brauche neue Jeans."	*Sie sagt, sie **brauche** neue Jeans.*
	*Sie sagt, dass sie neue Jeans **brauche.***

(Bei der indirekten Rede in einem ***dass***-Satz kann das Verb auch im Indikativ stehen:
*Sie sagt, **dass** sie neue Jeans brauche/braucht.*)
Oft unterscheiden sich die Formen von Indikativ und Konjunktiv I nicht; dann benutzt man den **Konjunktiv II** oder ***würde:***

Indikativ	**Konjunktiv I**	**Konjunktiv II**	***würde*-Umschreibung**
*„Wir **denken** gar nicht daran!"*	*Sie sagen, sie **denken** gar nicht daran.*	*Sie sagen, sie **dächten** gar nicht daran.*	*Sie sagen, sie **würden** gar nicht daran denken.*
ich denke	*ich denke*	*ich dächte*	*ich würde denken*
du denkst	*du denkest*	*du dächtest*	*du würdest denken*
er/sie/es denkt	*er/sie/es denke*	*er/sie/es dächte*	*er/sie/es würde denken*
wir denken	*wir denken*	*wir dächten*	*wir würden denken*
ihr denkt	*ihr denket*	*ihr dächtet*	*ihr würdet denken*
sie denken	*sie denken*	*sie dächten*	*sie würden denken*

Die **Modalverben** *können, sollen, müssen, dürfen, wollen, mögen* treten zu anderen Verben und verändern („modifizieren") ihre Bedeutung und Satzstellung:
*Gäste parken auf Platz C. – Gäste **können** auf Platz C parken.*

können = Möglichkeit
sollen = Empfehlung
müssen = Gebot
dürfen = Erlaubnis

2.2 Wortbildung, Wortbedeutung

Ableitungen

Mit Vorsilben **(Präfixen)** und Nachsilben **(Suffixen)** kann man von vorhandenen Wörtern neue ableiten:

- neue **Verben** mit den Suffixen *-(e)n, -eln, -ieren: mail**en**, skat**en**, witz**eln**, programm**ieren***
- neue **Adjektive** mit den Suffixen *-ig, -bar, -lich, -sam, -isch: sahn**ig**, ess**bar**, kind**lich**, wunder**sam**, türk**isch***
- neue **Nomen** mit den Suffixen *-in, -nis, -chen, -heit, -keit, -ung, -schaft, -tum: Astronaut**in**, Finster**nis**, Kätz**chen**, Dumm**heit**, Wirklich**keit**, Dröhn**ung**, Wander**schaft**, Alter**tum***
- neue Wörter mit den Präfixen *ur-, un-, ver-, ent-, be-: **ur**alt, **ur**komisch, **un**cool, **un**klar, **ver**froren, **ent**decken, **be**quatschen*

Zusammensetzungen

Verschiedene Wörter kann man so zusammensetzen, dass das letzte Wort – das **Grundwort** – vom vorangehenden Wort – dem **Bestimmungswort** – näher bestimmt wird:

Bestimmungswort		Grundwort		Zusammensetzung
Apfel	+	*der Baum*	→	*der Apfelbaum*
flach	+	*die Zange*	→	*die Flachzange*
Butter	+	*weich*	→	*butterweich*
quietschen	+	*grün*	→	*quietschgrün*

Das Grundwort bestimmt die Wortart und die Groß- oder Kleinschreibung der ganzen Zusammensetzung.

Wortfamilie

Inhaltlich miteinander verwandte Wörter werden in ihrem Kern, dem **Wortstamm,** meist gleich oder ganz ähnlich geschrieben:

Raub, Räuber, räuberisch, rauben, Raubtier
lehren, Lehrling, Lehrer, gelehrt
Maus, mausen, Mäuschen, mausgrau, mäuschenstill
fahren, Gefährt, Fahrrad, Fähre

Kannst du ein Wort nicht schreiben, richte dich nach der Schreibung eines verwandten Wortes.

Wortfeld

Wörter mit ähnlicher Bedeutung bilden ein **Wortfeld:**

klein: *winzig, zwergenhaft, gering …*
schön: *prächtig, bezaubernd, schick …*
frech: *dreist, flegelhaft, patzig …*

Mit Wörtern aus einem Wortfeld kann man seine Sätze abwechslungsreich und treffend formulieren.

Ober- und Unterbegriffe

Ein Oberbegriff fasst mehrere Gegenstände oder Eigenschaften zusammen, die wichtige Gemeinsamkeiten haben:

Fahrrad — **Oberbegriff**

Rennrad | Mountainbike | Trekkingrad | Cityrad | … — **Unterbegriffe**

Synonyme, Antonyme

Für das Fremdwort „Respekt" kann man je nach Situation Wörter wie „Achtung", „Bewunderung", „gutes Benehmen" einsetzen. „Respekt" und „Achtung" sind mehr oder weniger bedeutungsgleich **(synonym),** sie sind **Synonyme** *(das Synonym).*

Dagegen nennt man Wörter mit gegensätzlicher Bedeutung wie „Respektlosigkeit", „Verachtung" **antonym,** es sind **Antonyme** zu „Respekt" und „Achtung" *(das Antonym).*

Vergleich, Metapher, Personifikation

- Bei einem **Vergleich** wird Verschiedenes durch *wie* miteinander verknüpft:
  So rot und gold ***wie*** *Feuerschein*
  steht nun der Wald am Hügel.
- Bei einer **Metapher,** einem sprachlichen Bild, wird Verschiedenes ohne vergleichendes ***wie*** miteinander verknüpft: *In dem Meer der goldenen Stoppeln …*
- Bei der **Personifikation** wird ein Gegenstand, ein Begriff vermenschlicht, wird zur Person: *Der Himmel weint. Die Angst riss ihm die Augen weit auf und presste ihn zu Boden.*

Fremdwörter

▷ S. 224

Fremdwörter heißen die Wörter, die aus einer anderen Sprache ins Deutsche übernommen wurden.

- Viele behalten ihre fremde Schreibung und Aussprache weitgehend bei: *Soap, Software, Spaghetti, Chips ...*
  Andere passen sich der deutschen Sprache an: *Büro, Frisör, uncool, abchecken ...*

Viele Fremdwörter kann man an ihren **Suffixen** und **Präfixen** erkennen:

- **Nomen** haben die Suffixe ***-(t)ion, -eur, -age, -ie:*** *Konstruk**tion**, Mon**teur**, Blam**age**, Industr**ie***
- Viele **Verben** haben das Suffix ***-ieren:*** *inform**ieren**, diskut**ieren***
- **Adjektive** enden oft auf ***-iv*** *oder* ***-(i)ell:*** *intens**iv**, finanz**iell**, aktu**ell***
- Auch **Präfixe** *wie* ***in-, inter-, mono-, uni-, ex-*** verweisen auf ein Fremdwort: ***in**offiziell, **inter**kulturell, **mono**gam, **uni**sono, **Ex**pedition*
- Fremdwörter gibt es in Fachsprachen *(Romantik, Konjunktiv, addieren)*, in der Alltagssprache *(Ticket, Fitnesscenter, joggen)*, der Jugendsprache *(chillen, straight, Loser, stylisch)*.

Zu englischen Fremdwörtern, sog. **Anglizismen** ▷ S. 74 ff.

2.3 Sätze und Satzglieder

Satzglieder im Überblick

Am nächsten Sonntag	*schenkt*	*Ninja*	*ihrem Freund*	*eine CD.*
adverbiale Bestimmung	Prädikat	Subjekt	Dativobjekt	Akkusativobjekt

Satz

Wenn du mit der **Umstellprobe** die Satzteile umstellst, bleiben die Satzglieder immer zusammen:

Ninja	*schenkt*	*ihrem Freund*	*am nächsten Sonntag*	*eine CD.*
Ihrem Freund	*schenkt*	*Ninja*	*am nächsten Sonntag*	*eine CD.*
Eine CD	*schenkt*	*Ninja*	*ihrem Freund*	*am nächsten Sonntag.*

Subjekt, Prädikat und Objekte

- Das **Prädikat** wird mit einem gebeugten Verb (der Personalform) gebildet. Die Personalform steht im Aussagesatz an zweiter Stelle und kann mit *„Was **geschieht**?" – „Was **tut/tun ...**?"* erfragt werden:
  *Der Drachen **steigt** schnell hoch.*
  *Der Drachen **ist** schnell **hochgestiegen.*** Was **tut** ...?

- Das Satzglied, nach dem man mit ***Wer?** + **Prädikat*** fragt, heißt **Subjekt:**
  ***Der Drachen** steigt hoch.* **Wer** steigt hoch?

- Das Satzglied, nach dem man mit ***Wen?*** oder ***Was?** + **Prädikat*** fragt, heißt **Akkusativobjekt:**
  *Ich lasse heute **meinen Drachen** steigen.* **Wen/Was** lasse ich ...?

- Das Satzglied, nach dem man mit ***Wem?** + **Prädikat*** fragt, heißt **Dativobjekt:**
  *Alle schauen **meinem schönen Drachen** nach.* **Wem** schauen ...?

- Das Satzglied, nach dem man mit ***Wessen?** + **Prädikat*** fragt, heißt **Genitivobjekt:**
  *Eine heftige Windbö bemächtigt sich **meines Drachens.*** **Wessen** bemächtigt ...?

Adverbiale Bestimmungen

Adverbiale Bestimmungen (Umstandsbestimmungen) geben die Umstände eines Geschehens an:

***Am nächsten Sonntag** schenkt Ninja ihrem Freund eine CD.* — **Wann ...?** Adverbiale Bestimmung **der Zeit** (auch: Wie lange ...?)

***Zum Geburtstag** schenkt Ninja ihrem Freund eine CD.* — **Warum ...?** Adverbiale Bestimmung **des Grundes**

***Ganz im Geheimen** schenkt Ninja ihrem Freund eine CD.* — **Wie ...?** Adverbiale Bestimmung **der Art und Weise**

***An der Haustür** steckt sie ihm das Geschenk zu.* — **Wo ...?** Adverbiale Bestimmung **des Ortes**

Adverbiale Bestimmungen können als Nebensatz auftreten (Adverbialsatz):

An der Haustür
Während sie an der Haustür standen, > *steckte sie ihm die CD zu.*

Attribute

Nomen werden durch Attribute näher bestimmt. Sie haben verschiedene Formen und stehen vor oder nach ihrem Bezugswort:

*ein **spannendes** Buch* (Adjektivattribut)

*ein Roman **der Jugendbuchautorin*** (Genitivattribut)

*Mit J. K. Rowling, **der Verfasserin von „Harry Potter“**, spricht heute …* (Apposition)

*Das Buch, **das ich gelesen habe**, ist spannend.* (Relativsatz)

*ein Buch **mit Gespenstergeschichten*** (präpositionales Attribut)

Satzarten

Ein **Hauptsatz** ist selbstständig. Die Personalform des Verbs steht an zweiter Stelle:
Ich kenne die Aufgaben einer Tierarzthelferin von einem Praktikum.

Mehrere Hauptsätze können zu einer **Satzreihe** verbunden werden, zwischen denen Kommas stehen: *Tiere mag ich, sie wollen ernst genommen werden(,) und das kann man in einer Tierarztpraxis zeigen.*
Vor *und* und *oder* kann das Komma weggelassen werden.

Ein **Satzgefüge** besteht aus einem selbstständigen Hauptsatz und einem abhängigen Nebensatz:

Satzgefüge

Hauptsatz: *Ich **kenne** den Beruf,*
Nebensatz: ***weil** ich ein Praktikum **darin gemacht habe.***

Personalform des Verbs · Komma · Konjunktion · Personalform des Verbs

Der **Nebensatz** wird durch Komma abgetrennt, beginnt meist mit einer Konjunktion *(weil, als, nachdem, wenn, dass, sodass, damit …)* und endet mit der Personalform des Verbs.

Ein Nebensatz, der ein vorangehendes Nomen (Pronomen) näher bestimmt und mit Komma und Relativpronomen *(der, die, das)* beginnt, heißt ▷ **Relativsatz:** ▷ S. 203
*Ein Beruf, **der gut entlohnt wird**, kann mit Aufmerksamkeit rechnen.*
Relativsatz

Ein **Infinitivsatz** besteht aus einem Infinitiv + *(um) zu* + weiteres Wort/Wortgruppe. Er wird in der Regel durch Komma abgetrennt:
*Der Behandlungstisch wird desinfiziert, **um Keime zu vernichten.***

3 Rechtschreiben

3.1 Tipps zum Rechtschreiben

▷ S. 211 ff.

Im Wörterbuch nachschlagen ▷ S. 215
Du kannst Fehler vermeiden, wenn du bei Zweifeln über die richtige Schreibweise im Rechtschreibwörterbuch nachsiehst.
Beachte dabei:
- Verben sind im Wörterbuch unter der **Grundform** (Infinitiv) verzeichnet: *schiebst* → ***schieben***
- Bei ▷ zusammengesetzten Nomen muss man manchmal mehrmals nachschlagen, z. B. *Vanillepudding* unter *Vanille* und *Pudding.*
- Auch bei einem ▷ **Fremdwort** sollte man mehrmals unter verschiedenen möglichen Schreibungen nachschlagen, wenn man nicht gleich Erfolg hat. ▷ S. 271

Mit einem Fehlerbogen arbeiten ▷ S. 213
Der Fehlerbogen besteht aus einer Liste mit den häufigsten Fehlerarten.
Damit kannst du feststellen,
- wo du die meisten Fehler machst und
- wo du besonders üben musst.

Mit einer Rechtschreibkartei üben ▷ S. 217
Auf die Vorderseite einer Karteikarte schreibst du
- eine bestimmte Fehlerart,
- eine Regel, einen Tipp zur Fehlervermeidung.

Auf der Rückseite trägst du Beispielwörter ein.

Mit einer Wörterliste üben ▷ S. 282

Die Rechtschreibprüfung am PC ▷ S. 219

Artikelprobe
Pluralprobe
Wörter, vor die du einen Artikel und die du in den Plural setzen kannst, schreibe groß; es sind Nomen:
s/Stück → ***das*** *Stück,* ***Stücke***
e/Erste → ***die*** *Erste,* ***die*** *Ersten*

Nachsilbenprobe
- Wörter mit den Nachsilben (Suffixen) ***-ig, -bar, -sam, -lich, -isch*** sind Adjektive und werden kleingeschrieben.
- Wörter mit den Nachsilben (Suffixen) ***-heit, -keit, -nis, -schaft, -ung, -tum, -in*** sind Nomen und werden großgeschrieben.

Verlängerungsprobe (gleich oder ähnlich klingende Konsonanten)
Am Wortende klingen ***b*** und ***p*** gleich: *gel◎*

Ebenso ist es mit ***g*** und ***k*** *(Sie◎)* und ***d*** und ***t*** *(Hel◎)*.

Erst wenn du die Wörter um eine Endung **verlängerst** und deutlich sprichst, hörst du, welchen Buchstaben du schreiben musst:
*gel◎ – gel**be*** *Sie◎ – Sie**ge*** *Hel◎ – Hel**den***

Ableitungsprobe
Wenn du nicht sicher bist, ob ein Wort mit ***ä*** oder mit ***e*** geschrieben wird, suche ein verwandtes Wort mit ***a.*** Findest du eins, schreibe mit ***ä:***
St◎ngel → Stange → Stängel

Dasselbe gilt für ***äu:*** *r◎umen → Raum → räumen*

3.2 Regeln

Doppelkonsonanten bei kurzen Vokalen

Nach **betontem kurzem Vokal** folgen fast immer zwei Konsonanten.

- In den meisten Fällen kann man sie beim Hören gut unterscheiden:
  *E**nd**e, To**pf**, Ka**rt**e, de**nk**en, Hu**ng**er, Sa**mt**, fre**md**, ha**lt**en, ka**lt***
- Hört man nur einen Konsonanten, wird der beim Schreiben meist **verdoppelt:**
  *kna**bb**ern, Pu**dd**ing, Ko**ff**er, Ba**gg**er, Ba**ll**, schwi**mm**en, Bru**nn**en, Su**pp**e, i**rr**en*
- Auch der s-Laut wird nach kurzem Vokal meist verdoppelt:
  *Wa**ss**er, bla**ss**, Nä**ss**e*

Es gibt zwei Ausnahmen:

- ***k*** wird nach kurzem Vokal nicht verdoppelt, sondern zu ***ck:***
  *ba**ck**en, Stü**ck***
- ***z*** wird nach kurzem Vokal nicht verdoppelt, sondern zu ***tz:***
  *bli**tz**en, Spi**tz**e*

Dehnungszeichen bei langen Vokalen

Für **langes *a, e, o, u*** gilt:

- Manchmal folgt ein ***h:***
  *Ba**h**n, Me**h**l, ho**h**l, Ru**h**m*
- In einigen Wörtern wird der lange Vokal verdoppelt:
  Haare, Paar, Saal, Beere, Fee, Beet, Tee, Kaffee, Meer, Boot, Zoo, doof
- Meistens sind die langen Vokale ***a, e, o, u*** aber gar nicht besonders gekennzeichnet:
  Haken, lesen, Regen, Hof, rufen

Ein Sonderfall ist das **lange *i*:**

- Die meisten Wörter mit langem ***i*** werden mit ***ie*** geschrieben:
  Kies, Wiese, kriechen, Tier, lieb, hier, viel, vielleicht, ziemlich
- Nur in den Pronomen *ihm/ihn/ihr* wird das lange ***i*** als ***ih*** geschrieben:
  *Wir schenken **ihm** ein Buch und **ihr** eine CD.*
- Sehr selten sind Wörter mit ***ieh:***
  *z**ieh**t, fl**ieh**t, gel**ieh**en, st**ieh**lt, bef**ieh**lt, s**ieh**t, gesch**ieh**t*
- In **Fremdwörtern** wird langes ***i*** oft mit einfachem ***i*** geschrieben:
  Maschine, Bleistiftmine, Apfelsine, Ski, Rosine, Klima, Motiv, Stil

Der s-Laut

Stimmhaftes *s* wird immer ***s*** geschrieben:
Riese, rasen, Hose, Bluse

Stimmloses *s*
- wird nach **langem Vokal** und **Diphthong** *(ei, eu, au, äu)* meist ***ß*** geschrieben:
  ich saß, wir stoßen, genießen, Ruß – heiß, scheußlich, außen, ich weiß, äußerlich
- Nach **kurzem** Vokal steht meist ***ss:***
  ich muss, Fluss, Kuss, ich schoss, wir wissen

Im Zweifelsfall: Wörterbuch benutzen!
Besonders bei schwierigen Verben steht in den meisten Wörterbüchern nicht nur der Infinitiv, sondern es werden auch gebeugte Formen angeführt.

dass **oder** ***das***?
Wer unsicher ist, ob er nach einem Komma den Nebensatz mit ***dass*** oder ***das*** beginnen soll, macht am besten die ***welches***-Probe:

(1) *Es ist ein tolles Lexikon, da◎ ich sehr empfehle.*

↑
welches – das

(2) *Mir gefällt an dem Lexikon, da◎ es seltene Abbildungen enthält.*

↑
~~welches~~ – dass

Wenn die ***welches***-Probe klappt – wie in Beispiel (1) –, handelt es sich um das Relativpronomen ***das.***

Misslingt die ***welches***-Probe – wie in Beispiel (2) –, liegt die Konjunktion ***dass*** vor.

Groß oder klein?

Artikelprobe – Pluralprobe
Ein Wort, dem man einen Artikel voranstellen kann oder zu dem es einen Plural gibt, ist ein **Nomen** und wird **großgeschrieben:**

*Dieses Jahr fuhren wir ans **m/Meer.***	→ ***das** Meer, **die** Meere*
*Vom **m/Morgen** bis zum*	→ ***der** Morgen, **die** Morgen*
***a/Abend** lagen wir am Strand.*	→ ***der** Abend, **die** Abende*

Groß schreibt man
- Satzanfänge und Nomen:
  der Apfel, die Liebe, eine Stimme, die Sorgen
- alle Wörter auf ***-heit, -keit, -nis, -tum, -schaft, -ung, -in, -ion:***
  Schönheit, Süßigkeit, Ereignis, Eigentum, Gesellschaft, Endung, Freundin, Stadion
- alle Verben, die durch Artikel oder andere Begleitwörter zum Nomen werden (▷ Nominalisierung): ▷ S. 222
  ***das** Gehen, **dein** Zögern, **beim** (bei **dem**) Singen*
- alle Adjektive, die durch Artikel oder andere Begleitwörter zum Nomen werden (▷ Nominalisierung): ▷ S. 222
  ***das** Gute, **die** Größte, **viel** Neues, **nichts** Echtes*
- alle ▷ Zusammensetzungen, die mit einem Nomen enden: ▷ S. 262
  *Lach**pulver**, Viel**fraß**, Klein**kind***

Klein schreibt man
- Wörter auf ***-ig, -isch, -lich, -sam, -bar.*** Es sind Adjektive:
  *eifr**ig**, dieb**isch**, wirk**lich**, wirk**sam**, les**bar***
- alle Zusammensetzungen, die mit einem Adjektiv enden:
  *rost**frei**, kinder**freundlich**, kugel**sicher***
- Adjektive im Superlativ mit ***am:***
  ***am** schönsten, **am** besten, **am** lautesten*

Zeitangaben, die Nomen sind, werden großgeschrieben.

Sie können Begleiter haben:
- Artikel: ***der** Abend, **ein** Nachmittag*
- Präposition: ***über** Nacht, **bis** Sonntagabend, **am** Vormittag*
- Pronomen: ***jeden** Nachmittag, **diesen** Mittwochmorgen*
- Adjektiv: ***letzten** Sonntag*

Doppelte **Tageszeiten** schreibt man so:
heute Abend, gestern Nacht, morgen Mittag

Andere Zeitangaben werden kleingeschrieben:
- *zeitweise, gestern, heute, wochenlang*
- besonders wenn sie auf ***-s*** enden: *morgen**s**, mittag**s**, sonntagmorgen**s***

Getrennt oder zusammen?

▷ S. 226

Die **Getrenntschreibung** ist die Regel, besonders bei Verben:
- Nomen + Verb: *Rad fahren, Eis essen, Staub saugen*
- Verb + Verb: *sitzen bleiben, liegen lassen, kennen lernen*
- Adjektiv/Partizip + Verb: *tief schlafen, gespannt zuhören*
- Wort + ***sein:*** *müde sein, zusammen sein, hier sein*

Ausnahme: Hat die Verbindung eine übertragene Bedeutung, wird zusammengeschrieben: freisprechen = „nicht verurteilen"; gutschreiben = „Geld überweisen"

Im Zweifelsfall: Wörterbuch benutzen!

Straßennamen
- aus zwei Wörtern – auch Namen – schreibt man zusammen: *Brunnengasse, Katharinasteig, Schillerpfad*
- aus unterschiedlichen Wörtern und von Ortsnamen abgeleitet mit ***-er*** schreibt man getrennt: *Auf der Halde, Am Alten Kloster, Stuttgarter Platz*
- aus mehrteiligen Namen haben Bindestriche: *Astrid-Lindgren-Straße, Von-Trotta-Passage*

Zeichensetzung

Aufzählungen und Satzreihen

▷ S. 266

- Zwischen den Teilen einer **Aufzählung** stehen **Kommas**, aber nicht, wenn sie durch ***und*** bzw. ***oder*** verbunden sind:
  Der Papierbumerang fliegt, ohne Teller, Gläser ***oder*** *Fensterscheiben kaputt zu machen.*
- Das gilt auch für aufgezählte Sätze (Satzreihen); aber hier *kann* man vor ***und*** bzw. ***oder*** ein Komma setzen:
  Heute hat es geregnet, gestern schien die Sonne (,) ***und*** *was wird morgen für ein Wetter sein?*

Satzgefüge

▷ S. 266

Haupt-, Neben- und Infinitivsätze werden durch Kommas getrennt:
*Ich skate fast jeden Tag**,** weil es mir Riesenspaß macht.*
*Mein Skateboard**,** das mir meine Tante geschenkt hat**,** muss einiges aushalten!*
*Ich achte beim Skaten darauf**,** Fußgänger nicht zu stören.*

Wörtliche (direkte) **Rede**
- Was jemand redet und denkt, steht in **Anführungszeichen;** voraus geht ein Doppelpunkt:
  Ich sagte kurz: ***„****Red schon!****"*** *– Mir ging durch den Kopf:* ***„*** *Was hat der gerade gesagt?****"***
- Steht der Begleitsatz in der Mitte oder nach der wörtlichen Rede, wird er durch Komma abgetrennt. Dabei verliert ein Aussagesatz den Schlusspunkt! Fragezeichen und Ausrufezeichen bleiben stehen:
  *„Hilal"****,*** *fragte ich****,*** *„hilfst du mir?" – „Ich muss noch lernen"****,*** *antwortete sie.*
  *„Wie lange denn noch?"****,*** *war meine Frage. – „Stör mich jetzt nicht!"****,*** *rief sie.*

4 Lesen – Umgang mit Texten und Medien

4.1 Prosa/Erzählende Literatur

▷ S. 77, 97

Wer erzählt?

- **Autor/in** und **Erzähler/in** einer Geschichte dürfen nicht miteinander verwechselt werden: Erzählt werden kann z. B. aus der ▷ **Perspektive** (dem Blickwinkel) ▷ S. 107 eines Mädchens; der Autor der ganzen Geschichte ist aber vielleicht ein Mann.
- In einer **Ich-Erzählung** ist der Erzähler oder die Erzählerin selbst in das Geschehen verwickelt; sie schildern die Ereignisse aus ihrer persönlichen Sichtweise **(Ich-Perspektive):**
  An manchen Tagen warte ich, dass etwas passiert. Auf einen Anruf; dass das Haus einstürzt; oder der Arzt mir sagt, dass ich nur noch wenige Wochen zu leben habe. Ich sitze im Bett und warte, und meine Mutter klopft an die Tür. Zu berichten hat sie nichts. […]
- **Personales Erzählen** geschieht auch aus der **Perspektive** einer bestimmten Person, nur nicht so nah wie bei der Ich-Erzählung:
  Sie saß am Fenster, beobachtete, wie der Abend auf die Straße herabsank. Ihr Kopf lehnte gegen die Fenstervorhänge, und sie roch den Duft des staubigen Kreton. Sie war müde. Wenige Leute gingen vorbei. Der Mann aus dem letzten Hause kam auf dem Heimweg vorüber; sie hörte seine Schritte auf dem harten Pflaster hallen und dann auf dem Aschenpfad vor den neuen, roten Häusern knirschen.
- **Auktoriales** („allwissendes") **Erzählen** geht nicht nur von einer Figur aus, sondern hat alle Personen und das ganze Geschehen im Blick:
  Während man die Untersuchung der Hauptsache noch von Biel aus einleitete, wurde in Bern der traurige Fund Kommissar Bärlach übergeben, der auch Vorgesetzter des Toten war. Bärlach hatte lange im Ausland gelebt […]

Wie wird erzählt?

▷ S. 79

Eine Erzählung kann sich auf die Wiedergabe der **äußeren Handlung** beschränken, auf die **Außensicht** der Figuren:
Er robbte zur Wand, zu dem großen Spiegel, der beim Fenster aufgestellt war, kniete sich davorund betrachtete sich: lang, knochig, graue Augen im blassen Gesicht, hellbraune Haare, glanzlos.

Eine Erzählung kann neben der Schilderung der äußeren Handlung auch die **Innensicht** der Figuren bieten, die **innere Handlung**, Gefühle, Ängste, Wünsche:
Was war das für ein NICHTS, von dem sie redeten und vor dem sie offensichtlich Angst hatten, fragte sich Achim, unter Decken und Kissen vergraben. […] Er starrte gegen die Zimmerdecke. – Weiß. Nichts. Ein unbeschriebenes Blatt Papier, ein ungemaltes Bild, eine tonlose Melodie, ein ungesagtes Wort, ungelebtes Leben.

Die innere Handlung lässt sich sehr gut mit dem ▷ **inneren Monolog** ▷ S. 109
wiedergeben, den unausgesprochenen Wünschen, Gefühlen und Gedanken einer Figur in der 1. Person Singular:
Behindert! Sie hat behindert gesagt! Vor allen anderen! Es hört sich so an, als müsste ich dankbar sein, dass ich in diesem Klassenzimmer sitzen dürfte ...

Stehen die Gedanken in der 3. Person Singular, spricht man von ▷ **erlebter Rede:** ▷ S. 176
Sie hatte sich bereit erklärt fortzugehen, ihre Heimat zu verlassen. War das klug? Sie versuchte, die Frage nach jeder Seite zu ergründen. In ihrer Heimat hatte sie auf jeden Fall Schutz und Nahrung; sie hatte die Menschen, die sie ihr ganzes Leben lang um sich gehabt hatte. Natürlich mußte sie schwer arbeiten, sowohl zu Hause als auch im Geschäft. Was würde man über sie im Geschäft sagen, wenn man erfuhr, dass sie mit einem Mann fortgelaufen war? Vielleicht, dass sie nicht bei Sinnen wäre [...].

Figurenkonstellation

▷ S. 80, 104

Will man die Figuren in einer Erzählung (einem Film, einer Talkshow, einem Theaterstück) verstehen, ist es interessant zu fragen:
In welchem Verhältnis – Nähe, Ferne, Liebe, Konkurrenz, Neid usw. – stehen sie zueinander **(Figurenkonstellation)**?

Kurzgeschichte

▷ S. 77 ff.

Eine typische **Kurzgeschichte** (englisch *short story)*

- beleuchtet blitzlichtartig einen wichtigen Abschnitt im Leben eines Menschen.
- Ein einzelnes Geschehen („eine unerhörte Begebenheit") wird in den Mittelpunkt gestellt.
- Die Handelnden sind „Alltagsmenschen", Wortwahl und Satzbau einfach.
- Der Anfang ist unvermittelt („ein Sprung mitten hinein ins Geschehen").
- Der Schluss ist offen und fordert die Lesenden auf, selbst über ein Ende und eine „Lösung" nachzudenken.

Roman

▷ S. 97 ff.

Als **Roman** bezeichnet man eine sehr umfangreiche Geschichte, die oft eine längere Zeit umfasst und von mehreren Personen und ihren vielfältigen Erlebnissen erzählt.

4.2 Lyrik/Gedichte

▷ S. 113 ff.

- Die Zeilen eines Gedichts heißen **Verse,** seine Abschnitte nennt man **Strophen.**
- Ein wichtiges Gestaltungsmittel von Gedichten ist der **Reim:**

Der Mond ist aufge*gangen,*	a	Paarreim
Die goldnen Sternlein *prangen*	a	
Am Himmel hell und *klar;*	b	umarmender Reim
Der Wald steht schwarz und *schweiget,*	c	
Und aus den Wiesen *steiget*	c	
Der weiße Nebel wunder*bar.*	b	
Ich segle stolz in blauer *Höh*	a	Kreuzreim
und lache auf euch *nieder.*	b	
Wenn ich die Welt von oben *seh,*	a	
freut mich das Dasein *wieder.*	b	

- Das Besondere an einer Gedichtzeile ist das **Metrum,** die gleichmäßige Folge von betonten und unbetonten Silben:
  - der **Trochäus** (x́ x): Als ich nachher von dir ging ...
    x́ x x́ x x́ x x́
  - der **Jambus** (x x́): Der Mond ist aufgegangen ...
    x x́ x x́ x x́ x
  - der **Daktylus** (x́ x x): Krachen und Heulen und berstende Nacht ...
    x́ x x x́ x x x́ x x x́

Das lyrische Ich ▷ S. 115

In vielen Gedichten spricht ein „Ich" über seine Wünsche und Gefühle:
Dieses „Ich" darf nicht mit dem Autor/der Autorin verwechselt werden!

Also **nicht:**
J. W. Goethe beschreibt, wie er im Wald ...
Sondern:
Das lyrische Ich in dem Gedicht „Gefunden" von J. W. Goethe beschreibt in der ersten Strophe ...

Johann Wolfgang Goethe

Gefunden

Ich ging im Walde
So für mich hin,
Und nichts zu suchen,
Das war mein Sinn.

Stilistisch zeichnen sich viele Gedichte durch ungewöhnliche, oft klangvolle Wörter, ▷ Vergleiche, sprachliche Bilder (Metaphern) und auffallende Wortstellung aus. ▷ S. 263

Ballade

Eine Ballade ist ein Gedicht mit einer spannenden Geschichte und einem dramatischen Höhepunkt. Die auftretenden Figuren reden oft wie auf einer Theaterbühne miteinander. Die Ballade ist also eine Mischform aus Gedicht, Erzählung und Theaterstück.
Ist das Geschehen besonders sensationell und endet – wie die Fabel – mit einer „Lehre" (Moral), spricht man von einer **Moritat.**

Song

▷ S. 121

Der **Song** ist ein modernes Lied mit musikalischer Begleitung und oft herausforderndem, kritischem Inhalt. Stilistisch weicht der Song von der Schriftsprache ab und nähert sich der Alltags- und Jugendsprache.

4.3 Drama/Theater

▷ S. 133 ff.

Ein **Drama** (griech. *„Handlung")* oder Schauspiel (Theaterstück) besteht aus Gesprächen und Handlungen mehrerer Figuren auf einer Bühne. Dabei sprechen die Darsteller/innen nicht nur ihren Text, sie gebrauchen ihren ganzen Körper, um Gefühlen und Stimmungen Ausdruck zu verleihen.

- Es gibt auch eine Form von Theater, bei der ganz auf Worte verzichtet und nur mit dem Gesichtsausdruck (mit der „Mimik"), der Körperhaltung und -bewegung (mit der „Gestik") gespielt wird: die **Pantomime.**
- Viele Theaterstücke haben eine traurige, oft sogar tödliche Handlung und werden deshalb **Trauerspiel** (Tragödie) genannt. Theaterstücke mit lustigem Inhalt und komischen Dialogen heißen **Lustspiel** (Komödie).
- **Rolle:** Figur, die von einem/er Schauspieler/in auf der Bühne verkörpert wird (z. B. Rolle des Bösewichts, der Königin).
- **Dialog:** Gespräch zwischen den Figuren auf der Bühne. Ein Selbstgespräch auf der Bühne nennt man **Monolog.**
- Die meisten Theaterstücke sind in drei oder fünf „Kapitel" untergliedert, die so genannten **Akte.** Jeder Akt besteht aus mehreren **Szenen** („Bildern").
- **Prolog:** Vorspiel, Einleitung. Im Prolog und ersten Akt lernt das Publikum die Hauptfiguren und die Ausgangssituation kennen, die **Exposition.**
- **Regieanweisung:** Anweisung des Theaterautors oder der -leitung, wie eine bestimmte Szene gespielt werden soll. Neben dem Redetext hilft sie den Spielenden, sich die Personen und das Geschehen besser vorzustellen.
- **Requisit:** Besonderer Gegenstand, besonderes Kleidungsstück für eine Rolle.
- **Soufflieren** bedeutet, einem/r Schauspieler/in während der Aufführung den vergessenen Text vorzusagen.
- **Improvisieren** bedeutet, nicht einen auswendig gelernten Text zu spielen, sondern sich in einer bestimmten Situation einen Text und ein Verhalten spontan auszudenken.

4.4 Film und Werbung

Film

▷ S. 181 ff.

Im Unterschied zu einem Buch von einem/r einzigen Autor/in ist ein Film eine Gemeinschaftsarbeit vieler: Regisseur/in, Drehbuchautor/in, Kameraleute, Schauspieler/innen usw.

- Grundlage des Films ist das **Drehbuch,** worin die einzelnen Szenen, ihre Handlung und die Dialoge festgehalten werden.
- Unter einem **Storyboard** versteht man die bildliche Umsetzung der Filmhandlung in einzelne comicartige Zeichnungen (Fotos) mit möglichst genauen Kameraangaben.
- Die Handlung wird in bewegte **Bilder** und **Dialoge** umgesetzt, mit einem schnelleren oder langsameren Tempo.
- Dabei spielen **Musik** und **Geräusche** eine wichtige Rolle.
- Mit der **Einstellung** (Totale – Nah – Groß – Detail ...) und **Perspektive** der Kamera (Normal-/Frosch-/Vogelperspektive) werden besondere Wirkungen erzielt.
- Der harte oder weiche **Schnitt** des Filmmaterials und die **Montage** (Zusammenfügung) der einzelnen Szenen in Verbindung mit (Gesprächs-)Ton und Musik machen den besonderen Charakter eines Films aus (z. B. sein Tempo).

Werbung

Werbung hat die Absicht, eine bestimmte Personen- oder Zielgruppe zum Kauf eines Produktes anzuregen.

Ihre Strategie nach der **AIDA-Formel**

Attention – Aufmerksamkeit hervorrufen
Interest – Interesse wecken
Desire – (Besitz-)Wunsch herausfordern
Action – (Kauf-)Aktion auslösen

verfolgt die Werbung mit auffälligen optischen (z. B. Fotos, Videoclips), akustischen (Stimmen, Geräusche, Musik) und textlichen Elementen (z. B. auffällige Slogans, besondere Wortwahl, ungewöhnlicher Satzbau).

4.5 Zeitung

▷ S. 151 ff.

Aufbau und Grundelemente

- Zeitungsredaktionen und Zeitungen sind in verschiedene inhaltliche Abteilungen oder **Ressorts** eingeteilt (z. B. Politik – Wirtschaft – Kultur/Feuilleton – Sport – Lokales – Aus aller Welt).

- Die Bestandteile einer Zeitungsseite – Texte, Über-/Unterschriften, Schriftarten/-größen, Abbildungen – haben entsprechend ihrer Wichtigkeit eine bestimmte Anordnung, Größe und Farbigkeit (ein **Layout**).
- Viele Zeitungsartikel sind nach dem **Lead-Stil** („Das Wichtigste zuerst!“) aufgebaut: Schlagzeile – zusammenfassender Vorspann – Haupttext – Zusatzinformationen.
- Die Artikel in Zeitungen und Zeitschriften lassen sich in zwei große Gruppen einteilen:
  informierende Artikel,
  meinungsäußernde Artikel.

Informierende Zeitungstexte

▷ S. 153 ff.

- **Die Nachricht/Meldung**
  Ein Bericht von wenigen Zeilen.
- **Der Bericht**
  Ein Sachtext, der – im Präteritum – in erster Linie der Information über einen Vorgang, ein Ereignis u. Ä. dient. Der/Die Berichtende unterlässt persönliche Wertungen und beschränkt sich auf die klare und möglichst genaue Darstellung des Geschehens. (Für Hintergrundinformationen kann auch das Präsens verwendet werden.)

Meinungsäußernde Zeitungstexte

- **Der Kommentar** ▷ S. 159
  Eine persönliche Stellungnahme zu einem Ereignis, die ausdrückliche Bewertung eines Geschehens.
- **Die Glosse**
  Ein kurzer, witziger, ironischer oder bissiger Kommentar.
- **Der Leitartikel**
  Der wichtigste Kommentar in einer Zeitung, meist auf der Titelseite abgedruckt.
- **Die Rezension/Kritik** ▷ S. 184 ff.
  Die persönliche, kritische Bewertung eines Buches, eines Theaterstücks, eines Films.
- **Das Porträt**
  Die Beschreibung einer Person mit einer Würdigung ihrer problematischen und liebenswerten Eigenschaften.
- **Das Interview**
  Ein Wort für Wort wiedergegebenes Gespräch mit einer Person über ihr Leben, ihre Ansichten und Wünsche; oder mit Experten über ein bestimmtes Thema, ein besonderes Ereignis.
- **Die Reportage** ▷ S. 21, 159
  Anders als ein nüchterner Bericht will sie nicht nur informieren, sondern auch unterhalten, das Geschehen möglichst unmittelbar miterleben lassen. Ein/e Reporter/in **berichtet** ausführlich über ein Ereignis; **informiert** sachlich und genau, auch über

Hintergründe des Geschehens; **zitiert** Betroffene wörtlich; **schildert** anschaulich, sodass beim Lesen Bilder im Kopf entstehen; **bewertet** und **kommentiert** das Ereignis.
(Die Fernseh-/Rundfunkreportage heißt ▷ „Feature".) ▷ S. 156

- **Der Reisebericht**
  Sein **berichtender Teil** gibt die wichtigsten Ereignisse der Reise wieder, indem er die ▷ W-Fragen beantwortet. ▷ S. 254
  In den **schildernden** Teilen eines Reiseberichts wird die erlebte Stimmung wiedergegeben, werden Gedanken und Gefühle geäußert. Das Gesehene wird nicht nur sachlich dargestellt, sondern persönlich bewertet.

5 Arbeitstechniken und Methoden

Das Brainstorming

- Beim Brainstorming sammelt ihr wahllos alle Begriffe und Gedanken, die euch zu einem Thema einfallen, auf einzelnen Zetteln oder an der Tafel.
- Es gibt kein „richtig" und kein „falsch", alle Einfälle sind erlaubt.
- Erst ganz am Ende ordnet ihr sie nach einheitlichen Gesichtspunkten.

Der Cluster

Ein Cluster (engl. „Haufen, Menge, Traube") ist eine geordnete Menge von Stichworten zu einem Thema.

- Schreibt das Thema in die Mitte eines Blattes und kreist es ein.
- Alle Stichworte, die euch dazu einfallen, schreibt in lockerem Abstand um diesen Mittelpunkt herum auf und kreist sie ebenfalls ein.
- Wie hängen die Stichworte mit dem Thema und wie hängen sie untereinander zusammen? Verdeutlicht ihre Beziehungen durch Verbindungsstriche.

Die Mind-Map

In einer Mind-Map (engl. „Denk-/Gedächtnis-Landkarte") werden alle Ideen und Gedanken, die man zu einem Thema, einem Projekt zusammengetragen hat, übersichtlich geordnet:

- Das Thema steht in der Mitte.
- Alle Gedanken, Gesichtspunkte und Arbeitsschritte werden so um das zentrale Thema angeordnet, dass eine Reihenfolge und Gliederung sichtbar wird.
- Verbindet die einzelnen Punkte durch Haupt- und Nebenlinien miteinander.

- Verseht die Verbindungslinien mit erläuternden Worten.
- Arbeitet mit verschiedenen Farben.
- Fügt verdeutlichende Piktogramme hinzu.

Das Standbild

- Bei einem Standbild „erstarren“ zwei oder mehrere Personen für einige Sekunden und drücken stumm, allein durch
  - Körperhaltung
  - Mimik (Gesichtsausdruck, Blicke ...)
  - Gestik (Arme, Hände, Beine)

  aus, in welchem Verhältnis sie zueinander stehen.
- Ein/e „Regisseur/in“ kann hilfreiche Tipps beim „Bau“ eines Standbildes geben.
- Präsentiert euer Standbild vor Publikum.
- Dabei können die Figuren Auskunft geben über ihre Empfindungen und ihr Verhältnis zueinander.

Lesestrategie und -methoden

Texte, die uns in Büchern, Zeitschriften, auf Werbeplakaten oder im Internet begegnen, haben ganz unterschiedliche Inhalte, Zwecke und Umfänge. Sie wollen auch unterschiedlich gelesen werden. Hier drei **Lesestrategien**[1]**:**

1 Überfliegendes Lesen

Der gesamte Text wird schnell „überflogen“, um
- Thema und Inhalt im Allgemeinen zu verstehen,
- Gliederung und Aufbau grob zu erfassen.

2 Gezieltes Lesen

Einzelne interessierende Textstellen werden genau gelesen, das Übrige bleibt unberücksichtigt oder wird nur überflogen.

3 Intensives Lesen

- Der ganze Text wird ausführlich gelesen,
- und zwar nicht nur einmal;
- wichtige Stellen und Schlüsselwörter werden markiert,
- Randnotizen hinzugefügt.

1 **die Strategie:** beste Handlungsweise für ein bestimmtes Ziel

Die Fünf-Schritt-Lesemethode

1. Schritt

Überfliegendes Lesen
- Um welches Thema geht es?
- Wie ist der Text aufgebaut und gegliedert?
- Was sagt die Überschrift aus?
- Welche Besonderheiten fallen auf?

2. Schritt

Fragen
... zu eurer Lesehaltung:
- Was wisst ihr schon über das Thema?
- Was möchtet ihr von dem Text erfahren?
- Gibt es eine Aufgabenstellung zu dem Text?
- Wofür möchtet ihr die Informationen des Textes verwenden?

... zum Text:
- Um welche Sorte von Text handelt es sich?
- W-Fragen:
  Wer? – Was? – Wann? – Wo? – Wie? – Warum?

3. Schritt

Intensiv lesen und auswerten
- Lesetempo an den Schwierigkeitsgrad des Textes anpassen.
- Wichtige Textstellen und Wörter unterstreichen/markieren – höchstens 10 %; verschiedenfarbige Stifte verwenden.
- Schwierige Abschnitte und Wörter kennzeichnen, klären und nachschlagen.
- Was sagt die Überschrift/der Titel über den Inhalt aus?
- Haltet wichtige Schlüsselwörter fest (z. B. in einer ▷ Mind-Map). ▷ S. 278

4. Schritt

Sinnabschnitte zusammenfassen
- Wie ist der Text inhaltlich gegliedert (Abschnitte, Absätze, Strophen ...)?
- Fasst den Inhalt der einzelnen Sinnabschnitte in einem Satz oder in Stichworten zusammen.

5. Schritt

Inhalt wiedergeben
- Gebt den Inhalt des Textes zusammenhängend wieder.
- Ihr könnt dazu auch einen ▷ Cluster oder eine ▷ Mind-Map anlegen. ▷ S. 278
- Schreibt eine abschließende Bewertung, eine Stellungnahme oder eigene Überlegungen zum Text.

Selbst geschriebene Texte überarbeiten

Selbst verfasste Texte sollte man vor der „Reinschrift“ überarbeiten und verbessern. Das kann man allein erledigen; z. B. mit folgenden „Proben“:

- Durch die **Umstellprobe** lassen sich immer gleiche Satzanfänge vermeiden. Zum Beispiel kann man die wichtigste Aussage an den Satzanfang stellen:
  Wieder einmal musste ich neulich mit dem Zug fahren.
  Neulich musste ich wieder einmal mit dem Zug fahren.
- Mit der **Weglassprobe** kann man umständliche Formulierungen, unnötige Wörter und Wiederholungen streichen. Anschließend prüft man, ob der Text noch verständlich ist:
  Durch hygienisches Essen und Trinken ~~von Speisen und Getränken~~ können viele ~~unnötige~~ Erkrankungen vermieden werden.
- Wörter, die sich häufig wiederholen, lassen sich mit der **Ersatzprobe** ersetzen:
  Ich kenne ein kniffliges Spiel. Das Spiel kommt aus Indien.
  Es

Eure Texte werden mit Hilfe der Proben besser und verständlicher.

- Wer etwas erzählt oder berichtet, vergisst manchmal, dass die Zuhörenden ja nicht dabei waren, und lässt Wichtiges weg.
  Mit der **Erweiterungsprobe** kann man prüfen, ob eine Aussage genau genug ist:
  Vor einer Reise nach Ghana sind Vorbereitungen zu treffen.
  muss man sich um ein Visum, den Flug und Impfungen kümmern.

Um einen selbst geschriebenen Text zu überarbeiten, könnt ihr auch fremde Hilfe in Anspruch nehmen:

Die Schreibkonferenz

- Bildet Kleingruppen von drei bis vier Schüler/inne/n und setzt euch an einem Gruppentisch zusammen.
- Einigt euch darauf, wer bei der Überarbeitung auf welche der folgenden „Prüfpunkte“ achtet (höchstens drei).

  Inhalt
  Verstehe ich, worum es geht?
  Was ist mir unverständlich?
  Passt die Überschrift gut zum Text?

  Aufbau
  Bereitet die Einleitung den folgenden Text gut vor: Wer? – Was? – Wo? – Wann?
  Steht alles in der richtigen Reihenfolge?
  Gibt es einen passenden Schluss?

  Sprache
  Werden die Sätze abwechslungsreich eingeleitet?
  Wo können Wiederholungen ersetzt oder weggelassen werden?
  Sind die Verben und Adjektive lebendig und anschaulich?
  Wird beim Erzählen die ▷ wörtliche/direkte Rede verwendet? ▷ S. 271

Nun beginnt die eigentliche Schreibkonferenz:

- Jemand liest seinen Text – auf einem Blatt mit breitem Korrekturrand – einmal vollständig vor. Die anderen hören aufmerksam zu.
- Die Zuhörer/innen sagen, was ihnen gefallen hat. Wem etwas unklar ist, der fragt nach.
- Anschließend wird der Text Satz für Satz vorgelesen. Die Zuhörenden beraten und machen Vorschläge. Die Autorin/Der Autor macht sich Notizen.
- Mit Hilfe der Notizen wird der Text überarbeitet und ins Reine geschrieben.
- Überprüft anschließend noch einmal die Rechtschreibung mit dem Wörterbuch.
- Tauscht die Rollen, damit jede/jeder einmal beraten wird.

Der Ton macht die Musik:

- Achtet darauf, dass eure Vorschläge **unterstützend, anregend** und **hilfreich** sind.
- Vereinbart ▷ **Gesprächsregeln** und achtet auf ihre Einhaltung. ▷ S. 250
- Bringt eure Vorschläge in der **Ich-Form** oder in der **Frage-Form** vor: *„Ich würde die Überschrift ...", „Was meint ihr dazu?"*
- Wenn ihr keinen Vorschlag habt, fragt nach, ob dem Autor/der Autorin selbst eine Verbesserung einfällt.
- Der Autor/Die Autorin darf nachfragen.
- Sie/Er muss sich nicht verteidigen. Nur was ihr/ihm von den Vorschlägen nützlich erscheint, wird eingearbeitet.

Eine andere Form, einen selbst geschriebenen Text gemeinsam zu überarbeiten:
Die Leselupe
Mehrere Schüler/innen bilden eine Gruppe und überarbeiten gegenseitig ihre Texte nach den Gesichtspunkten:

- Das gefällt mir gut: ...
- Hier fällt mir auf: ...
- Hier habe ich eine Frage: ...
- Das stört mich: ...
- Mein Tipp/Vorschlag: ...

Auch hier kann sich je ein/e Schüler/in mehr auf den **Inhalt** oder den **Aufbau** oder die **Sprache / Grammatik** (S. 281) konzentrieren.

Mit Wörterlisten üben

Im „Deutschbuch" findet ihr – meist am Ende eines Kapitels – Listen mit ausgewählten Wörtern, Fachbegriffen und Fremdwörtern, deren Rechtschreibung und Anwendung ihr euch mit folgenden Übungen einprägen könnt:

1 Wörter trennen
Schreibt die Wörter mit der richtigen Silbentrennung ab. Schlagt im Zweifelsfall im Wörterbuch nach.

Kon | flik | te, Pro | ble | me oder: *Prob | le | me, Selbst | be | wusst | sein*

2 Auf die Suffixe achten ▷ S. 262, 270

Schreibt die Wörter mit besonderen Suffixen heraus und sucht weitere Beispiele dafür:

- Nomen auf *-ung, -heit, -keit, -ion, -tät ...*
- Adjektive auf *-isch, -lich, -ig, -al ...*

3 Pluralprobe und Artikelprobe anwenden ▷ S. 267

Welche Wörter könnt ihr in den Plural setzen; welche mit einem Artikel/Begleiter versehen? Sie werden als Nomen immer großgeschrieben:
Missverständnis – die Missverständnisse, Anruf – seine Anrufe
Bildet Sätze mit den Beispielen.

4 Nominalisierte Verben und Adjektive beachten ▷ S. 270

Verben und Adjektive mit einem Artikel/Begleitwort werden großgeschrieben:
das Wichtigste, etwas Merkwürdiges, lautes Rufen, der Lange ...
Bildet Sätze mit den Beispielen.

5 Wortfamilien bilden ▷ S. 262

Sucht zu einem Wort so viele Verwandte wie möglich und markiert den übereinstimmenden Wortstamm:
anständig, Anstand, anstandslos ...
Im Wörterbuch findet ihr weitere Beispiele.

6 Die Schreibung mit einer Regel begründen

Welche Wörter in der Liste werden nach derselben Rechtschreibregel geschrieben?
Wie lautet die Regel?
Informiert euch dazu auf Seite 268 ff.
Diese Aufgabe könnt ihr gut in Partner- oder Gruppenarbeit erledigen.

7 Wortbedeutungen erklären

Was bedeuten die Wörter in der Liste; besonders die Fremd- und Fachwörter?
Schlagt in einem Wörterbuch oder Lexikon nach.

8 Fremd- und Fachwörter richtig verwenden

Verwendet die Wörter in Sätzen.
Wer kann einen zusammenhängenden Text mit ihnen schreiben?

Redaktion	Information	Meinung	Journalist
Schlagzeile	Interview	Layout	
Spalte			

Die Klasse 9c besuchte in der letzten Woche die ***Redaktion*** *der „Bergischen Neuesten Nachrichten". Dabei konnten die Schülerinnen und Schüler ein* ***Interview*** *mit den* ***Journalisten*** *über die Arbeit in einer Tageszeitung führen. Die* ***Informationen*** *...*

Portfolio

▷ S. 40 ff.

Das Portfolio (zu ital. *portafoglio* „Blättermappe“) ist eine Mappe mit eigenen und fremden Texten und Materialien zu einem Thema wie z. B. „Berufe“.

- Die fremden Texte, Materialien und Zitate müssen genau belegt sein (▷ Quellen). ▷ S. 285
  Ihr besonderer Wert im Rahmen des Portfolios ist in einem kurzen schriftlichen Kommentar festzuhalten.
- Schriftlich festzuhalten ist auch der Weg, wie die verschiedenen Materialien recherchiert (s. folgenden Kasten) worden sind.
- Am Ende steht eine schriftliche Gesamteinschätzung der positiven und der kritischen, verbesserungsfähigen Arbeit am Portfolio.

Recherchieren

▷ S. 40 ff.

Entscheidend für ein gutes Portfolio, ein Kurzreferat oder einen überzeugenden Vortrag ist die gezielte Suche, die **Recherche** (zu franz. *rechercher* „[wieder] suchen“), nach geeigneten Materialien: Büchern, (Zeitungs-)Artikeln, Zahlenmaterial, Tabellen, Abbildungen

- bei Expert/inn/en: Lehrer/inne/n, Eltern, Verwandten, Bekannten;
- bei öffentlichen Einrichtungen und Ämtern wie Kirche, Jugendamt, Touristinformation;
- in Schul- und Stadtbibliotheken, in Buchhandlungen;
- in gedruckten und ▷ elektronischen Lexika (Wikipedia, www.wissen.de); ▷ S. 240
- im ▷ Internet über Suchmaschinen wie *Google, Altavista, Blindekuh, Helleskoepfchen, Geolino.* ▷ S. 238
  Achtung: Das Problem bei Internet-Informationen ist (neben der großen Menge) vor allem die Qualität: Wer ist der/die Autor/in? Vorsicht bei unbekannten oder gar ungenannten Verfassern! Sprecht mit eurem/er Lehrer/in darüber.

Zitiert und gebt die ▷ Quelle genau an. ▷ S. 285

Referieren

▷ S. 45 ff., 243 ff.

- Recherchiert (siehe oben) alle nötigen Informationen, die zur Bearbeitung des Themas gehören.
- Lest die Texte und Materialien ▷ intensiv. ▷ S. 279
  Haltet das Wichtigste stichwortartig (auf Karteikarten) fest.
- Schreibt die einzelnen Aussagen und (Zwischen-)Ergebnisse in Stichworten auf nummerierte Vortragskarten.
- Benutzt Folien, Gegenstände, Bilder, Tabellen, Plakat und Video, um das Referat so anschaulich wie möglich zu gestalten.
- Sprecht frei und im Blickkontakt mit eurem Publikum.

Plakat und Flyer

- Plakat und Flyer sind nicht nur zum **Lesen,** sondern auch zum **Anschauen** von schönen Schriften, interessanten Fotos, übersichtlichen Tabellen, gut gegliederten Texten.
- Weniger ist mehr: Zu viele Farben und Schriftarten verwirren!
- Hebt besonders die Überschrift und die Unterüberschriften durch die **Schriftgröße** hervor.
- Achtet auf ein ausgewogenes Verhältnis zwischen Text und Bildern.
- Beachtet die unterschiedliche Wirkung von **Farben** (Rot = Signalfarbe) und ihre Lesbarkeit aus der Ferne (blasse Farben = geringe Fernwirkung).
- Ergänzt bei Abbildungen und Schaubildern erklärende Beschriftungen.
- Der **Flyer** („Flugblatt", Handzettel) bietet mehr Platz als das Plakat für zusätzliche Informationen, Adressen, Termine usw.
- Stimmt Texte und Abbildungen genau auf eure Adressat/inn/en ab.
- Für Computerfans: Der PC und sein Layoutprogramm („Publisher") sind sehr nützlich beim Anfertigen von Plakat und Flyer.

Zitate und Quellen

In einem Leserbrief, einem Aufsatz über eine ▷ Kurzgeschichte, ein ▷ Gedicht oder einen ▷ Sachtext ist es sinnvoll, wichtige Textstellen wortwörtlich und mit Anführungszeichen wiederzugeben (zu **zitieren**): ▷ S. 91 ▷ S. 124, 161

Gottfried Kellers Novelle „Kleider machen Leute" beginnt mit den Worten: „An einem unfreundlichen Novembertage wanderte ein armes Schneiderlein auf der Landstraße nach Goldach (...)." (S. 100)
Dabei bedeutet *(...)*, dass ein Satzteil weggelassen wurde.

In der zweiten Strophe von E. Kästners „Besuch vom Lande" heißt es: „Sie möchten am liebsten zu Hause sein./Und finden Berlin zu laut." (V. 9/10)
Dabei bedeutet der Schrägstrich */* das Ende des Verses, der Gedichtzeile; *V.* bedeutet „Vers".

Übernehmt ihr in euer ▷ Portfolio einen guten Zeitungsartikel, einen Buchauszug oder einen Text aus dem Internet, müsst ihr die Fundstelle, die **Quelle**, genau angeben: ▷ S. 40
Soester Anzeiger, 14. 03. 2007, S. 5
Sabriye Tenberken: Mein Weg führt nach Tibet. Köln 2000, S. 15–17
http://soester-tafel.de/presse/2007/sa071213.html; 14. 02. 2008

Die Arbeitstechniken auf einen Blick

LÖSUNGEN

Das Stück ist echt der absolute Hammer! (S. 64)

Die jugendsprachliche Inhaltsangabe bezieht sich auf Friedrich Schillers Schauspiel „Kabale und Liebe".

Echt alt aussehen – Jugendsprache überall? (S. 65)

Zigarette – Frau mit flacher Brust – nerven – Depp vom Dienst – jemanden schlechtmachen – Frauenheld – Pausenaufsicht – aggressiv – Weichling – Radiergummi – Mensch ohne Freude – Verkehrspolizist – Kirche – sensibler Mann – ins Kino gehen

James Joyce

Eveline (S. 90)

Sie stand in der unruhigen Menge auf dem North-Wall-Bahnhof. Er hielt ihre Hand und sie wusste, dass er zu ihr sprach, immer wieder etwas über die Überfahrt sagte. Der Bahnhof war voll Soldaten mit braunem Gepäck. Durch die weiten Tore der Schuppen sah sie die schwarze Masse des Schiffes, das mit erleuchteten Luken an der Kaimauer lag. Sie antwortete nichts. Sie fühlte, wie kalt und blass ihre Wangen waren, und aus wirrer Not heraus betete sie zu Gott, sie zu leiten, ihr zu zeigen, was ihre Pflicht war. [...]

„Komm!"

Alle Meere der Welt umtobten ihr Herz. Er zog sie hinein: Er würde sie auf den Grund reißen. Mit beiden Händen packte sie das eiserne Gitter.
„Komm!"
Nein! Nein! Nein! Es war unmöglich. Wie wahnsinnig packten ihre Hände das Eisen. Aus all den Meeren heraus schrie sie einen Angstschrei!
„Eveline! Evvy!"
Schnell trat er auf die andere Seite der Schranke und rief ihr zu zu folgen. Er wurde angeschrien weiterzugehen, aber immer noch rief er sie. Sie wandte ihm ihr weißes Gesicht zu, passiv, wie ein hilfloses Tier. In ihren Augen war nichts, keine Liebe, kein Abschied, kein Erkennen.

Irene Dische

Liebe Mom, lieber Dad (S. 96)

[...] Ich stand einfach auf dem Gaspedal. Hundertfünfzig bin ich gefahren. An einer Baustelle verengte sich die Straße und ich übersah die Warnschilder. Ich geriet auf den Mittelstreifen, der Wagen brach durch die Leitplanke und schoss auf die Gegenfahrbahn. Ein kleiner Wagen, eine indische Familie mit vier Kindern, kam mir entgegen – ich krachte mitten in sie rein. Noch immer habe ich Jackies „Nein! Nein!" im Ohr. Es waren ihre letzten Worte. Jackie ist tot. Ein siebenjähriger Junge in dem anderen Wagen hat überlebt, die Eltern und seine drei Geschwister sind tot. Er aber hat nicht die kleinste Schramme, die ihn von der neuen Wirklichkeit wenigstens einen Moment lang ablenken könnte. Was mich angeht – um beim Sichtbarsten anzufangen: Die Hüften und beide Beine sind zerquetscht. Das Gesicht ist völlig kaputt – die Nase gebrochen, die Wangenknochen gebrochen, ein Riss in der Stirn, sieben Rippen, der linke Arm und die linke Hand an fünf Stellen gebrochen. Ich habe auch innere Verletzungen – unter anderem einen Lungenriss. Drei Tage war ich auf der Intensivstation. Ralph kam mit dem Flugzeug von Maine, um bei mir zu sein. In Boston sollte eine Ausstellung mit seinen Bildern eröffnet werden, für die er seit mehr als einem Jahr gearbeitet hatte. Er fuhr nicht hin, sondern blieb, solange er konnte, bei mir. Irgendwann musste er zurück nach Maine, sich um die Tiere kümmern, und kam dann an den Wochenenden herüber. Die übrige Zeit war ich allein. Ich habe vier Operationen hinter mir – in vier Wochen. Im Gesicht werde ich noch operiert. Vielleicht kann ich nie mehr richtig laufen. Kinder werde ich auch keine bekommen können. Aber das alles macht mir längst nicht so viel Kummer wie mein Gewissen. Ich habe fünf Menschen umgebracht. Jackies Eltern haben ihr einziges Kind verloren. Ein kleiner Junge hat alle seine Angehörigen verloren. Und ich bin schuld.

Liebe Mom, lieber Dad. Nichts von alledem ist wahr. Die Wahrheit ist, ich hatte bei euch angehalten, um euch eine freudige Nachricht zu bringen. Aber weil ihr derart über Ralph hergezogen seid, konnte ich euch nicht sagen, dass ich schwanger bin. Jetzt bin ich im fünften Monat. Letzte Woche haben Ralph und ich geheiratet. Entschuldigt den ersten Absatz: Ich wollte nur, dass ihr meine Neuigkeiten im richtigen Licht seht. Wir leben in Maine, ich bin ungeheuer glücklich und ich hoffe, ihr besucht uns bald mal.
In Liebe
eure Tochter Sarah

Anonym

Du bist mein, ich bin dein (S. 114)

Du bist mein, ich bin dein,
dessen sollst du sicher sein.
Du bist verschlossen
in meinem Herzen,
verloren ist der Schlüssel fein –
du musst für immer drinnen sein.

Joseph von Eichendorff (S. 119)

In einem kühlen Grunde,
[...]

Johann Wolfgang Goethe

Heidenröslein (1771, S. 130)

Sah ein Knab' ein Röslein stehn,
Röslein auf der Heiden,
War so jung und morgenschön,
Lief er schnell, es nah zu sehn,
Sah's mit vielen Freuden.
Röslein, Röslein, Röslein rot,
Röslein auf der Heiden.

Knabe sprach: „Ich breche dich,
Röslein auf der Heiden!“
Röslein sprach: „Ich steche dich,
Dass du ewig denkst an mich,
Und ich will's nicht leiden.“
Röslein, Röslein, Röslein rot,
Röslein auf der Heiden.

Und der wilde Knabe brach
's Röslein auf der Heiden;
Röslein wehrte sich und stach,
Half ihr doch kein Weh und Ach,
Musst' es eben leiden.
Röslein, Röslein, Röslein rot
Röslein auf der Heiden.

Heinrich Heine (S. 119)

Ein Jüngling liebt ein Mädchen,
[...]

Das Eichendorff-Gedicht ist unter den Titeln „Lied“ und „Das zerbrochene Ringlein“ bekannt. Das Heine-Gedicht hat keinen Titel.

Morton Rhue

Die Welle (S. 178)

[...] Ihre Bücher waren um sie verstreut.

Erstrocken erkannte David, was er getan hatte. Und er war voller Furcht, als er niederkniete und die Arme um sie legte. „Laurie, ist alles in Ordnung?“

Laurie nickte nur, denn ein unterdrücktes Schluchzen schnürte ihr die Kehle zu.

David hielt sie fest umklammert. „Mein Gott, wie mir das leidtut!“, sagte er leise. Er spürte ihr Zittern und fragte sich, wie er so etwas hatte tun können. Warum hatte er diesem Mädchen weh getan, dem einzigen, das er immer noch liebte? Laurie richtete sich langsam auf und rang schluchzend nach Atem. David konnte es nicht glauben. Es war so, als erwachte er aus einem Traum. Was hatte ihn bloß dazu bringen können, sich so dumm zu verhalten? Noch vor wenigen Minuten hatte er bestritten, dass die Welle irgendeinem Menschen Schmerzen bereiten könne, und gleichzeitig hatte er Laurie weh getan, seiner einzigen Freundin, und das ausgerechnet im Namen der Welle!

Es war verrückt – aber David wusste plötzlich, dass er sich geirrt hatte. Alles, was ihn dazu bringen konnte, sich so zu verhalten, war schlecht. Es musste schlecht sein!

S. 9 l: Aus der Einbürgerungskampagne des Berliner Senats, Einzelheiten unter: http://www.berlin.de/lb/intmig/einbuergerungskampagn2009.html oder www.integrationsbeauftragter.berlin.de, Fotos: Barbara Dietl
S. 9 r., 9 o, 14, 17 r. o., 17 l. o., 23 l. u., 31, 39 M. o., 42 r. o., 49, 69, 216, S. 237: picture-alliance/dpa
S. 9 u, 17 l. u., 67, 68, 154: ullstein bild
S. 10 o., 11, 17 r. u., 19, 20, 33, S. 200, 203 u.: Sabine Matthäus
S. 10 u.: Necla Kelek
S. 12, 17 M: Volkhard Bilder
S. 15: Barbara Dietl, Berlin, www.dietlb.de
S. 23: l. o.: picture-alliance/newscom
S. 23 M. o., 23 r. u., 201: picture-alliance/chromorange
S. 23 M. u.: ullstein bild – Lengemann
S. 23 r. o., 42 l. o., 43, 204, 220, 233, 235: picture-alliance/ZB
S. 27 l.: Robert Kneschke – Fotolia.com
S. 27 r.: Studio-54 – Fotolia.com
S. 39 l. o.: KaYann – Fotolia.com
S. 39 l. u.: itsallgood – Fotolia.com
S. 39 M. u.: nyul – Fotolia.com
S. 39 r. o.: Scott Griessel – Fotolia.com
S. 39 r. u.: 26kot – Fotolia.com
S. 42 l. u.: ullstein bild – ddp Nachrichtenagentur
S. 42 r. u.: Stephan Coburn – Fotolia.com
S. 47, 56, 57, 60, 149, 193, 199, 243, 253: Thomas Schulz, Teupitz
S. 61 l. o.: absolut – Fotolia.com
S. 61 l. u.: raluca teodorescu – Fotolia.com
S. 61 r. o.: Taboga – Fotolia.com
S. 61 r. M.: Markus Matzel/Das Fotoarchiv
S. 61 r. u.: Gustavo Alabiso
S. 63: James Thew – Fotolia.com
S. 64: Gianmarco Brasadola/Drama
S. 65: PONS GmbH, Stuttgart
S. 66: Greser & Lenz/Aschaffenburg
S. 70: http://www.eine-frage-der-ehre.de, Initiativgruppe e. V.
S. 71: ullstein bild – Krohn
S. 72: ullstein bild – Brill
S. 73: MadonnaMädchenkult.Ur e. V., Berlin
S. 74: Friedrich Retkowski, Hameln
S. 77 l. u.: SLUB Dresden/Deutsche Fotothek, Christian Borchert
S. 77 r. o.: Magdalena Willems-Pisarek, Wertach
S. 77 l. o.: Sebastian Walter-Lilienfein, Essen
S. 91: Angelika Domhof, Düsseldorf
S. 97: Aus Friedrich Dürrenmatt: „Der Richter und sein Henker". Comic auf der Grundlage des Romans. Schülerzeichnungen des Städt. Literaturgymnasiums Bern-Neufeld; Schülertexte des Städt. Realgymnasiums Bern-Neufeld. © Zytglogge Verlag Bern, 6. Auflage 2003
S. 112: Dorling Kindersley Limited, London, Franckh-Kosmos Verlags-GmbH & Co. KG, Stuttgart
S. 113: „Toxic Shock" von Tim Noble & Sue Webster aus dem Jahr 1997, Collection John and Amy Phelan, New York
S. 115: akg-images/ VG Bildkunst 2009
S. 114, 118, 124, 143: akg-images
S. 123: Agnes Riske, Esslingen
S. 133 o.: Gedenkstätte Deutscher Widerstand Berlin, Sammlung Inge Deutschkron
S. 133 u.: ullstein bild
S. 134, 137, 139, 144: Grips Theater, Berlin
S. 135: dtv, München
S. 152: Medienpädagogischer Forschungsverbund Südwest, Stuttgart mpfs/JIM-Studie 2008
S. 153: Monika Adamczyk – Fotolia.com
S. 156, 158: © Botie – Fotolia.com
S. 157, 158: © michanolimit – Fotolia.com
S. 161, 164 r.: Campus Verlag, Frankfurt/M.
S. 162, 164 l.: dpunkt.verlag GmbH, Heidelberg
S. 168: www.netzcheckers.de, IJAB – Fachstelle für Internationale Jugendarbeit der Bundesrepublik Deutschland e. V., Bonn
S. 169 l., 185: Constantin/ Cinetext
S. 169 r., 170, 174, 175, 177, 178, 184: Aus: Morton Rhue, Die Welle – Graphic Novel © 2007 by Ravensburger Buchverlag Otto Maier GmbH, Ravensburg
S. 179: ullstein bild – Lebrecht Music & Arts Photo Library
S. 181, 182, 183: Constantin Film AG, München
S. 187 r., 206: Günther Biermann
S. 187 l., 190: Werder Bremen GmbH & Co KG aA, Bremen
S. 192: ullstein bild – Döring
S. 199: Die Aufnahme entstand in Hennigsdorf bei der Bombardier Transportation GmbH, der wir für ihr freundliches Entgegenkommen danken.
S. 203 o.: ullstein bild/ Herrmann
S. 205: ullstein bild – Wodicka
S. 211: Josi Ferrante-Heidl, Hückeswagen
S. 213: ullstein bild – Imagebroker.net
S. 215: www.datenparty.de, Landesbeauftragte für Datenschutz und Informationsfreiheit Saarland, Saarbrücken
S. 218: margouillat photo – Fotolia.com
S. 221: picture-alliance/ Chad Ehlers
S. 223: picture-alliance/ dpa/ dpaweb
S. 226: ullstein bild – Nowosti
S. 227: Thienemann Verlag GmbH, Stuttgart
S. 240: www.wikipedia.de; http://gilly.ws/
S. 241 links: www.google.de; **Mitte links:** http://de.msn.com/ © 2005 Microsoft Corporation, One Microsoft Way, Redmond, Washington 98052-6399 USA. All rights reserved; **Mitte rechts:** © 2009 Yahoo! Alle Rechte vorbehalten; **rechts:** www.bing.com/ © 2005 Microsoft Corporation, One Microsoft Way, Redmond, Washington 98052-6399 USA. All rights reserved
S. 243 rechts: emo-pictures;
S. 244: © Marem – Fotolia.com
S. 245: © Tombaky – Fotolia.com

Unbekannte/Unbenannte Autoren

K

L

M

N

O

P

Q

R

S

Frau Beate Karl und Frau Alexandra Lange (Berlin), Frau Rita Dibos-Altori und Frau Gaby Mieth (Saarland) haben den Band gelesen und wertvolle Hinweise gegeben.

Redaktion: Otmar Käge
Bildrecherche: Eireen Junge
Illustrationen: Volkhard Binder (S. 12), Klaus Ensikat (S. 52, 55, 98 f., 101, 103, 105, 108, 110), Klaus Müller (S. 196, 212), Nina Pagalies (S. 78, 80 f., 82, 85, 87, 228–230, 232), Bianca Schaalburg (S. 40, 116, 119 ff., 128 f.)
Layoutkonzept und Umschlaggestaltung: Katharina Wolff (Foto: Thomas Schulz, Illustration: Maja Bohn)
Layout und technische Umsetzung: werkstatt für gebrauchsgrafik, Berlin

www.cornelsen.de

1. Auflage, 6. Druck 2014

Alle Drucke dieser Auflage sind inhaltlich unverändert
und können im Unterricht nebeneinander verwendet werden.

Druck: Firmengruppe APPL, aprinta Druck, Wemding

ISBN 978-3-06-060800-3

Inhalt gedruckt auf säurefreiem Papier aus nachhaltiger Forstwirtschaft.

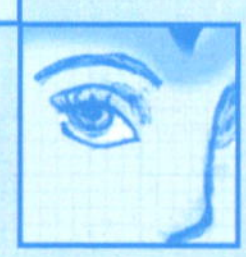

Tinpo
Nancy
555
Tango

GEFUNDEN